Evan Imber-Black und Janine Roberts
Vertrauen und Geborgenheit

W0060862

Evan Imber-Black und Janine Roberts

VERTRAUEN UND GEBORGENHEIT

Familienrituale und alte Bräuche neu entdeckt

Aus dem Amerikanischen von
Ulrike Bischoff

ECON Verlag
Düsseldorf · Wien · New York · Moskau

Bis auf Beispiele und Schilderungen, die persönliche Erfahrungen der Autorinnen mit Ritualen wiedergeben, sind alle Namen und Hinweise, die zu einer Identifizierung der angeführten Personen beitragen könnten, zum Schutz ihrer Persönlichkeit geändert. Einige Beispiele haben die Autorinnen aus verschiedenen Fällen ihrer fünfzehnjährigen Erfahrung mit Ritualen konstruiert.

Titel der amerikanischen Originalausgabe:
Rituals for Our Times
Originalverlag: Harper Collins Publishers, Inc. New York
Übersetzt von: Ulrike Bischoff
Copyright © 1992 by Evan Imber-Black + Janine Roberts

Die Deutsche Bibliothek – CIP-Einheitsaufnahme

Imber-Black, Evan:
Vertrauen und Geborgenheit: Familienrituale und alte Bräuche neu entdeckt / Evan Imber-Black und Janine Roberts. [Übers. von: Ulrike Bischoff]. – Düsseldorf; Wien; New York; Moskau: ECON Verl., 1993
Einheitssacht.: Rituals for our times ⟨dt.⟩
ISBN 3-430-14939-8
NE: Roberts, Janine:

Lektorat: Anne Slenczka
Gesetzt aus der Aldus, Fa. Berthold
Satz: Dörlemann-Satz, Lemförde
Papier: Papierfabrik Schleipen GmbH, Bad Dürkheim
Druck und Bindearbeiten: Pustet, Regensburg
Printed in Germany
ISBN 3-430-14939-8

Dieses Buch ist in Liebe gewidmet:

Meiner Mutter, Dena Imber,
die die ersten Rituale meines Lebens
gestaltet hat.
E. Imber-Black

Meiner Mutter, Phyllis Pennell,
und meiner Schwester, Tanya Roberts,
den beiden Frauen,
die immer für mich da waren.
J. Roberts

INHALT

VORWORT

Als Familientherapeutinnen haben wir über zwei Jahrzehnte mit Einzelpersonen, Paaren und Familien gearbeitet. Ende der siebziger Jahre fingen wir wie viele Therapeuten in unserem Fachgebiet an, uns für Rituale zu interessieren. Uns faszinierte der Umstand, daß Rituale in der Lage sind, schwierige Übergangsphasen des Lebens zu erleichtern, eine bestimmte Sicht auf die Familiengeschichte und die gegenwärtigen Beziehungen zu ermöglichen, Quellen individueller und gemeinsamer Kreativität zu erschließen, persönlichen Schmerz zu lindern und das Leben zu feiern. Unsere ersten Forschungen über Rituale fanden ihren Ausdruck in der Aufsatzsammlung *Rituals in Families and Family Therapy*, die wir 1988 gemeinsam mit Richard Whiting herausgegeben haben.

Im Laufe unserer weiteren Arbeit zu Ritualen, die wir in der Therapie wie auch in Workshops mit Fachkollegen und Laien fortsetzten, hörten wir immer mehr von Menschen, die sich nach einer Wiederbelebung der Rituale in ihrem Leben sehnten. Die Notwendigkeit von Ritualen, die ein Gefühl der persönlichen Identität und der Familienzusammengehörigkeit vermitteln können, stellte sich für uns als besonders wichtig heraus, die wir ja alle in einer Zeit schneller und drastischer Veränderungen leben. Doch wo können Menschen sinnvolle Rituale finden? Viele, mit denen wir sprachen, fühlten sich den festgefahrenen, obligatorischen Ritualen entfremdet, mit denen sie aufgewachsen waren. Andere rangen mit der Schwierigkeit, wie sie in einer ethnischen oder religiösen Mischehe Rituale schaffen sollten. Kinder aus geschiedenen Ehen fühlten sich hin- und hergerissen in ihrer Loyalität gegenüber den

Ritualen aus der mütterlichen Familie und jenen aus der Familie des Vaters. Manche stammten aus Familien, in denen Alkoholismus, Drogenmißbrauch oder Mißhandlungen das Familienleben völlig erdrückt hatten und Rituale entweder verfremdet oder völlig verschwunden waren. Und viele, die warme, liebevolle Erinnerungen an die Rituale ihrer Herkunftsfamilie hatten, suchten nach Möglichkeiten, nun befriedigende Rituale in ihrem eigenen Leben zu schaffen – einem Leben, in dem beide Elternteile berufstätig, geschieden oder wieder verheiratet sind, Situationen, die in den Ritualen ihrer Kindheit nicht vorkamen.

Wie wir in unserer Arbeit feststellten, waren viele imstande, eine Fülle sinnvoller Rituale in ihrem gegenwärtigen Leben zu entwikkeln, wenn sie einen Rahmen an die Hand bekamen, in dem sie frühere und heutige Rituale unter die Lupe nehmen konnten. Wir entdeckten auch, daß Rituale einen Schlüssel zu gestörten und schmerzlichen Familienbeziehungen und Freundschaften darstellen. Wir sahen, wie schon die Beschäftigung mit einem einzigen Ritual Bände über unsere eigenen Überzeugungen und wiederkehrenden Interaktionen mit jenen sprechen, die uns wichtig sind. Und wir beobachteten manchmal mit großem Respekt, wie Menschen ihre Rituale gestalteten und umgestalteten, um ihr Leben grundlegend zu ändern. Dieses Buch soll nun den eben genannten Rahmen einem breiteren Publikum zugänglich machen.

Wir haben versucht zu zeigen, wie Rituale für uns eine Verbundenheit mit den Gemeinsamkeiten aller Menschen und zugleich mit unserem individuellen Lebensweg herstellen können. Sie erfahren, wie Sie Elemente aus den Ritualen Ihrer Herkunftsfamilie für die Gestaltung zeitgenössischer Rituale nutzen und wie Sie schmerzliche Erinnerungen an frühere Rituale zur Ruhe bringen können. Unser Bemühen, in der Vielfalt einen Reichtum zu sehen, zieht sich durch das gesamte Buch in Form von Ritualen, die einem breiten ethnischen und religiösen Erbe entstammen. Unsere Erfahrung als Familientherapeutinnen zeigten uns, daß die unterschiedlichsten Paare und Familien Rituale wirkungsvoll einsetzen können. Jedes Kapitel geht auf spezielle Fragen und Anwendungs- beziehungsweise Gestaltungsmöglichkeiten für Rituale in Kernfamilien, Großfamilien, Familien alleinerziehender oder wiederverheirateter

Eltern sowie für Singles, heterosexuelle und homosexuelle Paare ein. Unsere jeweiligen persönlichen und beruflichen Erfahrungen haben es uns ermöglicht, Rituale nachzuzeichnen, die das Leben in der Großstadt über die Kleinstadt bis hin zur ländlichen Umgebung sowie eine Vielzahl sozioökonomischer Schichten abdecken. Wir haben in diesem Buch besonderes Augenmerk auf die Frage gerichtet, welche Rolle Rituale für die Herausbildung von Geschlechtsrollen und ihre Ausdrucksformen spielen. Unser Engagement für eine Gleichberechtigung der Geschlechter hat uns geholfen zu untersuchen, wie Rituale für oder gegen eine solche Gleichberechtigung arbeiten können. Dieses Buch soll Ihnen zu erkennen helfen, wie sich Ihre eigenen Rituale auf die sich wandelnden Rollen von Männern und Frauen auswirken und wie Sie sie bewußt einsetzen können, um Geschlechtsrollen und -beziehungen zu ändern.

Es will vermitteln, wie man die Kraft der Rituale nutzt, um wichtige Beziehungen zu erhalten und zu verändern, schwierige Übergangsstadien des Lebens zu erleichtern, Verluste zu verschmerzen, seinen tiefsten Überzeugungen Ausdruck zu verleihen und das Leben zu feiern. Die vielen Beispiele von Menschen, die ihre Rituale selbst gestalten, sollen zum Nachdenken über die eigenen Rituale anregen. Wir haben dieses Buch fortlaufend mit Übungen versehen, die Hilfestellungen für ein Nachdenken über die bisherigen persönlichen Erfahrungen mit Ritualen geben. Man kann sie alleine machen oder mit jemandem, der einem nahesteht, oder auch mit der ganzen Familie. Sie sind dafür gedacht, Gespräche über Rituale und Beziehungen anzuregen und praktische Hilfestellungen bei der Gestaltung sinnvoller Rituale zu geben. Manche der Beispiele und Übungen mögen in Ihnen wunderschöne, anregende Erinnerungen wecken, während andere schmerzliche Erfahrungen wachrufen. Wir empfehlen, das Buch langsam zu lesen und andere mit in die Lektüre einzubeziehen: den Ehegatten oder Partner, die Kinder, enge Freunde, den Therapeuten, die Selbsthilfegruppe oder den Seelsorger.

Rituale hat es immer gegeben – sie scheinen ein Bestandteil des menschlichen Daseins zu sein. Wir hoffen, dieses Buch vermittelt eine neue Art, Rituale zu erfahren und zu leben, die Geist, Herz und Seele bereichert.

TEIL I
RITUALE UND BEZIEHUNGEN

KAPITEL 1

ANLÄSSE FÜR ZEITGEMÄßE RITUALE

Wir sind von Ritualen umgeben, die uns die Möglichkeit bieten, dem Vertrauten wie dem Geheimnisvollen gleichermaßen Sinn zu verleihen. Rituale, die sich um Symbole und symbolische Handlungen aufbauen wie zum Beispiel Geburtstagskuchen und Kerzen ausblasen, Ringtausch und Ehegelöbnisse, sind uns durchaus vertraut. Diese Vertrautheit liefert uns Bezugspunkte, die uns helfen, Schritte ins Unbekannte zu vollziehen, wie ein Jahr älter zu werden oder zu heiraten. Rituale bieten einen geschützten Raum und geschützte Zeit, um innezuhalten und über die Veränderungen des Lebens nachzudenken. Sie fesseln uns mit ihrer einzigartigen Kombination aus Gewohnheit und Spannung. Man muß sich etwas wünschen, ehe man alle Kerzen mit einem Atemzug ausbläst, und diesen Wunsch muß man vor anderen geheimhalten. Wenn Kinder schlafen gehen, wollen sie eine Geschichte erzählt bekommen oder auf eine ganz bestimmte Art und Weise umarmt und geküßt werden, und anschließend sagen Eltern und Kinder sich Dinge wie »Schlaf schön« und »Träum etwas Schönes«. Zu bestimmten Feiertagen macht man sich Geschenke, die allerdings geheim bleiben müssen, indem man sie versteckt oder einpackt. Alle Kulturen markieren das Wunder der Geburt und das Geheimnis des Todes mit Ritualen des Lebenskreises, angefangen von der Namensgebung für das Kind bis hin zum Begräbnis. Das Bekannte wie das Unbekannte werden uns durch Rituale zugänglich.

15

Rituale im Kontext

Rituale bilden einen zentralen Teil des Lebens, sei es durch die Art, wie man gemeinsame Mahlzeiten gestaltet oder wichtige Ereignisse begeht. Sie sind eine Brille, durch die wir unsere emotionalen Bindungen zu Eltern, Geschwistern, Ehegatten, Kindern und engen Freunden sehen können. Rituale bieten uns Freiräume, um spielerisch zu sein, den Sinn unseres Lebens zu erforschen und Familienbeziehungen neu zu erarbeiten und zu gestalten. Sie stellen eine Verbindung zu unserer Vergangenheit her, definieren unser gegenwärtiges Leben und weisen uns einen Weg in die Zukunft, indem wir Zeremonien, Traditionen, Objekte, Symbole und Formen des Zusammenseins weiterreichen, die wir von früheren Generationen übernommen haben. Das können so simple Dinge sein wie ein Ritual, das die zweiundsechzigjährige Eveline Miller vollzieht, wenn sie mit etwas fertig werden muß. Sie setzt sich in den Schaukelstuhl ihrer Großmutter und schaukelt. Als Kind ging sie immer dorthin, wenn sie Trost suchte, und legte den Kopf in den Schoß ihrer Großmutter. Sie streichelte ihr dann übers Haar und sagte: »Es wird schon wieder vorbeigehen.« Wenn Eveline heute schaukelt und nachdenkt, wiederholt sie sich diese Worte, um sich zu beruhigen und die Dinge ins rechte Lot zu bringen.

Vielleicht ist es aber auch ein komplexeres Ritual wie das Treffen der Musikgruppe Celeste Jemison am Erntedanktag. Jedes Jahr treffen sie sich reihum bei einem der Mitglieder. Jeder bringt etwas zu essen mit, und jedes Jahr ist eine andere Familie an der Reihe, den Truthahn und die Füllung zu machen. Anfangs trugen die Erwachsenen zu diesem Erntedanktreffen Gedichte, Lieder und Sprüche zusammen, die sie sich ausgedacht und aufgestöbert hatten oder aus ihrer Kindheit wiederaufleben ließen. Sie planten das Essen und den Tagesablauf. Die Kinder bastelten Platzdeckchen, Dekorationen und kleine Geschenke. Als die Kinder älter wurden, beteiligten sie sich mehr und mehr an der Planung und Zubereitung des Essens und schrieben Segenswünsche und Lieder für das Festessen. Die Erwachsenen fingen an, ihnen kleine Geschenke zu kaufen, die sie ihnen bei Tisch geben konnten. Jedes Jahr hatte das Ritual herzliche, vertraute Bestandteile, und jedes Jahr änderte es sich ein wenig.

Vielleicht ist es aber auch ein neugeschaffenes, sich entwickelndes Ritual wie das, das sich Jed und seine Frau Isabel für seinen Bruder ausdachten. Einige Monate nach Jeds und Isabels Hochzeit starb plötzlich Jeds Mutter. Da sein Vater bereits einige Jahre zuvor gestorben war, zog Jeds jüngerer Bruder, der neunzehnjährige Brian, zu ihnen. Mit Anfang Zwanzig war dieses Paar nun also nicht nur frisch verheiratet, sondern mußte zugleich einem jungen Erwachsenen die Eltern ersetzen. Eines Tages erklärte Brian seinem Bruder und seiner Schwägerin: »Wißt ihr, ich habe das Gefühl, mir fehlt ein Sicherheitspolster.«

»Wie meinst du das?« fragte Isabel.

»Ach, meine Freunde in der Schule, die anderen in meiner Klasse – die meisten haben mindestens einen Elternteil, der noch lebt. Sie können ihnen helfen, wenn sie Schwierigkeiten in der Schule haben oder ein Dach über dem Kopf brauchen oder keine Arbeit finden. Und ich habe überhaupt kein Sicherheitspolster, weil meine Eltern beide tot sind.«

Isabel und Jed dachten gründlich über Brians Worte nach, weil es ihm so wichtig zu sein schien. Jed fiel die Wolldecke ein, die seine Mutter für ihn gemacht hatte, als er von zu Hause fortging, und er überlegte, ob er sie vielleicht Brian schenken sollte. Aber das wollte er doch nicht, die Decke lag auf seinem Bett und war ihm ein besonderes Andenken an seine Mutter. Als Jed und Isabel sich weiter darüber unterhielten, überlegten sie: »Warum machen wir ihm nicht eine Decke?« und beschlossen, ihm eine Patchworkdecke zu nähen. Als sie später mit Jeds Schwester darüber sprachen, stellte sich heraus, daß sie eine alte Schwesterntracht ihrer Mutter aufbewahrt hatte.

»Wir können ihre Tracht in Stücke schneiden und Quadrate für die Decke daraus machen«, schlug Jeds Schwester vor. Ein älterer Bruder hatte noch ein Marinetarnhemd von ihrem Vater. Auch das wollten sie für die Patchworkdecke verwenden. In den Sachen ihrer Mutter fanden sie noch einige alte Stoffe. Als sie anfingen, die Quadrate auszuschneiden, fiel ihnen ein, daß sie Hilfe beim Zusammennähen brauchen würden. Jed kam auf ihre Großmutter mütterlicherseits, die bereits für andere Verwandte einige Quilts genäht hatte.

Heimlich trafen sich von nun an die Geschwister mit der Großmutter, nähten, tauschten Erinnerungen an ihre Eltern und an ihr
früheres Leben aus. Sie beschlossen, Brian die Decke am achtzigsten Geburtstag ihrer Großmutter zu schenken und eine gemeinsame Party zu veranstalten. Brian bekam die Familiendecke – ein
Symbol für Jeds und Isabels Fähigkeit, die Führung zu übernehmen und kreative Wege zu entwickeln, wie sie ihm die ›Eltern‹
ersetzen konnten, und zugleich für die neuen Bindungen, die sie
zwischen den Geschwistern und ihrer Großmutter hergestellt hatten. Sie zeigten, daß sie alle sein »Sicherheitspolster« waren.

Rituale als lebendige Geschichte

Rituale geben einzelnen und Familien die Möglichkeit, ihr Leben
auf vielfältige Weise zu gestalten und zu interpretieren. Symbole
beinhalten eine Bedeutung, die sich nicht immer leicht in Worte
fassen läßt. Eveline Millers Schaukelstuhl war mehr als nur ein
bequemer Sitzplatz. Er gab ihr ein Gefühl der Sicherheit und Geborgenheit und erinnerte sie an ihre Großmutter. Die Decke für
Brian war mehr als eine Bettdecke, sie stand für ein Netz von
Menschen in seinem vergangenen und gegenwärtigen Leben, ein
Netz, das er in seine Zukunft mitnehmen konnte. Die symbolischen Handlungen, die in diesen drei Ritualen enthalten waren,
halfen den Beteiligten, Übergänge in ihrem Leben zu vollziehen.
Als Isabel und Jed die Patchworkdecke für Brian machten und ihm
schenkten, *vollzogen* und *markierten* sie zugleich den Schritt anzuerkennen, daß sie symbolisch seine neuen Eltern waren, die ihm
Rückhalt geben konnten. Im Erntedankfestritual der Gruppe Celeste Jemison spiegelte sich die Verschiebung der Beziehungen wider, als die Kinder älter wurden und immer zentralere Rollen übernahmen, in der Vorbereitung und beim Festessen ebenso wie in
ihren Familien.

Symbole und symbolische Handlungen sind ein wirkungsvolles
Mittel, um sinnliche Erinnerungen an Gerüche, Materialstruktu-
ren und Geräusche wachzurufen. Sie beschwören Erinnerungen
an Szenen und Episoden herauf, als man ähnliche Rituale bei früheren Gelegenheiten vollzogen hat oder mit denselben Menschen
zusammen war. Die geschützte Zeit und der geschützte Raum bie-

ten Gelegenheit, im Alltag innezuhalten und über die Einzigartigkeit eines jeden Lebens nachzudenken. Rituale sprechen durch
ihren Handlungsablauf und ihre sinnlichen Elemente alle Altersgruppen an. Sie schaffen eine besondere Zeit außerhalb der alltäglichen, die dem Woher und Wohin unseres Lebens Sinn verleiht.
Doch wie können uns solche Rituale helfen, den Bedürfnissen
heutiger Familien gerecht zu werden?

Die Familie im Wandel
Als Familientherapeutinnen ist uns aufgefallen, wie sehr die Familien der neunziger Jahre sich in ihrem Erscheinungsbild von jenen
vor fünfzig oder auch noch vor zwanzig Jahren unterscheiden.
Heute wird in den Vereinigten Staaten jedes vierte Kind von einem
alleinerziehenden Elternteil aufgezogen. Zwei Drittel aller Mütter
sind berufstätig, unter ihnen auch mehr als die Hälfte aller Mütter
von Kleinkindern. Manche Väter bemühen sich, ihrer Elternrolle
bewußter nachzukommen. Viele Menschen bekommen später und
weniger Kinder, als es in früheren Generationen der Fall war. Mehr
und mehr gleichgeschlechtliche Paare entschließen sich, Kinder zu
bekommen oder zu adoptieren.
    Die Scheidungsrate hält sich bei etwa fünfzig Prozent. Die Hälfte
aller heute geschlossenen Ehen ist für mindestens einen der Partner eine Zweitehe. Es leben mehr Menschen in Stieffamilien, und
viele Menschen leben länger.[1] Die Großfamilie lebt häufig nicht
mehr so nah beieinander. In Anbetracht dieser Veränderungen
erklären uns viele Menschen, daß sie das Gefühl haben, keine
festen Orientierungspunkte zu besitzen, wie das Familienleben
aussehen sollte. Tamara Kruger sagte zum Beispiel: »Meine Nach-
barinnen und ich sprechen oft darüber, daß wir für jeden Schritt
neue Wege suchen müssen. Als wir aufwuchsen, arbeiteten nur
unsere Väter außer Haus – und Gott bewahre, wenn jemand geschieden oder alleinerziehend oder wieder verheiratet war. Wer
kannte das schon? Wir haben keine Vorbilder, wie wir damit umgehen sollen.« Rituale, die Anleihen in der Vergangenheit aufnehmen und entsprechend den Bedürfnissen heutiger Beziehungen
umgestaltet sind, können eine solche Orientierung bieten.
    Als weiterer Gesichtspunkt kommt hinzu, daß die meisten Län-

der der Erde stärker denn je multikulturell geprägt sind. Es gibt mehr Mischehen, und die Wahrscheinlichkeit, in der Nachbarschaft und anderen Gemeinschaften Menschen zu begegnen, die aus einem anderen kulturellen Hintergrund stammen, als man selbst, wächst ständig. Dieser unterschiedliche ethnische Hintergrund kann ein unerschöpfliches Reservoir für das Ritualleben bieten, da er ein vielfältiges Erbe an besonderen Gerichten, Kleidung, Sprache und Aktivitäten eröffnet. Er kann allerdings für den einzelnen gleichzeitig bedeuten, daß das Leben von widerstreitenden Traditionen geprägt ist. So zum Beispiel, wenn Ehepartner einem unterschiedlichen religiösen Hintergrund oder verschiedenen Kulturen entstammen und sich um Rituale bemühen, die für beide Seiten befriedigend sind. Es mag aber auch sein, daß die Abstammung der Herkunftsfamilie ein solches Gemisch verschiedener Hintergründe aufweist, daß die einzelnen Traditionen nicht genügend hervortreten, um den Ritualen Sinn zu geben.

Doch was heißt das für Erwachsene und Kinder in den heutigen Familien? Ein Beispiel: Janines zehnjährige Tochter Natalya ist väterlicherseits russisch-jüdischer Abstammung, während ihr Erbe mütterlicherseits walisisch, britisch, schottisch, französisch und irisch-protestantisch geprägt ist. Sie hat fünf Großmütter (darunter drei Stiefgroßmütter) und drei Großväter (davon zwei Stiefgroßväter). Ihre beiden Halbschwestern sind 25 und 33 Jahre alt, ihr Stiefbruder ist 13 und ihre Stiefschwester 10 Jahre. Die nächste Großmutter lebt sechseinhalb Autostunden entfernt, die anderen sieben Großeltern wohnen alle 5000 Kilometer entfernt. Ihre Urgroßmutter starb vor kurzem im Alter von 101 Jahren, ihre älteste Verwandte ist heute 85. Mit zwei Jahren kam Natalya in die Obhut einer Tagesmutter; ihre Mutter hat immer außer Haus gearbeitet. Im Laufe ihres ersten Lebensjahrzehnts hat sie in einer Kernfamilie gelebt, in einem Haushalt allein mit ihrer Mutter und nun in einer Stieffamilie.

Veränderungen des Familienlebens, wie Natalyas Beispiel sie verdeutlicht, wirken sich auf die Gestaltungsmöglichkeiten heutiger Rituale aus. Da die Menschen heute zu mehr als einer Familie gehören, von ihren Verwandten weit entfernt leben und beide Eltern außer Haus arbeiten, brauchen wir Rituale, die sich den neuen

Gegebenheiten anpassen. Wie wir zeigen werden, stellen Rituale ein reiches Reservoir zur Bewältigung familiärer Veränderungen dar, sie verbinden Menschen über geographische und emotionale Entfernungen hinweg und würdigen das jeweilige kulturelle Erbe.

Da Rituale viele unserer Beziehungsmuster in verdichteter Form zum Ausdruck bringen, bietet ihre Betrachtung eine gute Möglichkeit, unser Leben zu verstehen. Allein schon die Erinnerung an ein Ritual aus der Kindheit kann Assoziationen an viele schwierige, ungelöste oder schmerzliche Familienprobleme wecken. Wir möchten mit diesem Buch einen Leitfaden anbieten, in der Auseinandersetzung mit Ritualen zu einem neuen Verständnis alter Familienbeziehungen zu gelangen. Wir wollen zeigen, wie Menschen in unserer Zeit Rituale entsprechend ihrer sich wandelnden Lebensweise gestaltet haben. Wir möchten auch Anregungen und Beispiele geben, wie es sich mit Ritualen bewußter umgehen läßt, damit sie Veränderungen im Leben zu vollziehen und zu markieren helfen.

Wir leben *nicht* in einer Zeit des Untergangs der Familie. Die Zugehörigkeit zu einer Familie ist nach wie vor für die meisten Menschen der vorrangige Weg, sich selbst zu definieren. Allerdings sieht die Familie heute anders aus. Unser Rituelleben ist eine Quelle, die uns helfen kann, die sich wandelnde Gestalt der Familie zu würdigen, denn *jede* Familie hat ihre Rituale, ganz gleich, welcher Abstammung sie ist und in welchem Lebensabschnitt sie sich befindet.

Familien kommen zusammen, um zu feiern, zu gedenken oder sich zu erinnern. Ein Deutscher, der sechs Monate in den Vereinigten Staaten gelebt hatte, sagte: »Ich kann gar nicht glauben, was amerikanische Familien alles daransetzen, um zusammenzukommen und gemeinsam Feiertage und Familienfeste zu verbringen.«

Dieses Rituelleben findet jedoch nicht nur innerhalb der Familie statt. Es ist weitgehend von gesellschaftlichen Erwartungen geprägt. Medien und religiöse Gemeinschaften üben Zwänge aus, die großen Einfluß auf unsere Einstellung zu unserem Rituelleben haben können. Auch unsere Erwartungen, was Männer, Frauen und/oder Kinder im Familienleben zu tun haben, wirken sich auf die Praxis der Rituale aus.

Botschaften von außen: Der soziale Kontext
Im Laufe unserer Workshops, die wir in den Vereinigten Staaten, Kanada, Australien und Europa durchgeführt haben, sind viele Menschen zu uns gekommen und haben uns erzählt, wie sie nach Möglichkeiten zu feiern suchen, die frei sind von jenen starken kommerziellen Zwängen, die bei Feiertagen häufig bestehen: Zwänge, was man kaufen, wem man Karten schreiben, wie man dekorieren und was man essen muß. Sie wissen, daß solche Erwartungen natürlich der Grußkartenindustrie, den Spielzeugherstellern und den Anbietern von Hochzeitskleidern Milliardeneinnahmen sichern. Manche Familien, mit denen wir gesprochen haben, konnten auf verschiedene religiöse Traditionen zurückgreifen, die oftmals helfen, Lebensübergänge zu einer sinnreicheren, inneren Erfahrung zu machen. Viele Menschen haben uns allerdings erklärt, daß sie sich einer kirchlichen Gemeinschaft nicht eng genug verbunden fühlen; häufig, weil sie den Eindruck haben, daß die religiösen Traditionen sich den wandelnden Wertvorstellungen und Familienverhältnissen nicht angepaßt haben. Auch sie suchen nach Möglichkeiten, ihren Überzeugungen, ihrer Identität und ihrer Lebensgeschichte Ausdruck zu verleihen.

Das ist manchmal schwierig, wenn sie sich von Werbebotschaften bombardiert fühlen, die sich in die Gestaltung der Rituale hineindrängen. Tom Onoff schilderte, daß seine sieben und neun Jahre alten Kinder auf bestimmten Spielzeugen, für die sie im Fernsehen Werbung gesehen hatten, beharrten, weil ihnen sonst Weihnachten verdorben wäre. Die vierjährige Lucia Woodward hatte feste Vorstellungen von den besonderen Leckereien, die zu einem sonntäglichen Brunch im Familienkreis gehörten: Sie wollte Maistörtchen. Heidi Glazer fühlte sich gezwungen, mehr Geld zu verdienen, damit sie ihrer Familie einen Urlaub in einem jener Urlaubsparks bieten konnte, für die in Zeitschriften so einladend geworben wurde.

Überlieferungen, die sich den heutigen Wertvorstellungen nicht angepaßt haben, können die Sinngebung ebenfalls beeinflussen. Bei Hochzeiten ist es üblich, daß der Brautvater die Braut »übergibt«. Als Bob und Sara Wilson beschlossen zu heiraten, baten sie ihre beiden Eltern, sie an den Altar zu führen. Dieses Symbol kenn-

zeichnete für sie eine gleichberechtigtere Beziehung, in der beide
ihre Herkunftsfamilien verließen, um eine neue Familie zu gründen.

Weitere Botschaften von außen: Geschlecht und Kultur
Verschiedene Familien haben uns erzählt, wie sie mit Botschaften
zu kämpfen haben, die in ihren Ritualen über das Rollenverständnis von Männern und Frauen innerhalb und außerhalb des
Hauses eingebettet sind. Dagmaris Cabezas schilderte es so: »Bei
Familienfesten fallen mir immer nur die Anzeigen und Fernsehsendungen ein, in denen die Männer das Fleisch zerlegen oder
grillen und die Frauen das Essen einkaufen, zubereiten und hinterher aufräumen. Wann haben Sie zum letztenmal einen Mann die
Vorzüge eines Purdue-Puters oder des Spülmittels Joy preisen sehen? Ich meine, das gibt es genauso in meiner eigenen Familie. Die
Frauen machen die Dreckarbeit, während die Männer am Kopf der
Tafel sitzen und die besten Stücke Fleisch bekommen. Oder mein
Vater: Wann hat er mir zuletzt ein Geschenk gekauft? Er gibt
Mama das Geld, und sie sucht es aus, bezahlt es und packt es dann
ein. Auf der Karte steht immer: ›Alles Liebe, Mama und Papa‹, aber
er weiß nicht einmal, was es ist, bis ich es auspacke.«

Traditionell haben Frauen sich mehr um das gekümmert, was
›innerhalb‹ der Familie vorging. Das hat vielfältige Auswirkungen
auf unser Ritualleben. Frauen haben oft den Eindruck, daß sie in
diesen Dingen mehr zu sagen haben, und manchmal bestehen zu
ihrer Herkunftsfamilie und ihrem Freundeskreis stärkere Beziehungen. Sie tragen zwar vielleicht mehr zu Ritualen bei, aber sie
haben auch mehr Arbeit damit. Viele Männer auf dem Land haben
erklärt, daß sie sich nicht so in Rituale einbezogen fühlen, wie sie es
gerne wären. Manche wünschen, die Rituale wären etwas schlichter, damit sie es einfacher hätten, sich zu beteiligen. Andere meinten, daß Traditionen offensichtlich stärker durch die Frauen in der
Familie weitergegeben werden.

Paare stellen gelegentlich überrascht fest, daß in der Vorbereitung und Durchführung von Ritualen Geschlechterrollen zum Ausdruck kommen. Joanie Ross schilderte, daß es bei jedem Familienurlaub Aufgabe ihres Mannes war, nach dem Wagen zu sehen und ihn vor der Abfahrt zu beladen. Ed fuhr und entschied auch meist, wann es an der Zeit für eine Essenspause war. Sie bereitete das Essen vor, half den Kindern, ihre Kleider zu packen und packte auch Eds Sachen. Joanie war ärgerlich, daß sich dieses Spiel Jahr für Jahr wiederholte und sie beide auf diese Weise Vorstellungen über Geschlechterrollen in der Familie ausdrückten und aufrechterhielten.

Da Frauen mehr und mehr außer Haus arbeiten, versuchen manche Männer und Frauen, die Verteilung der anfallenden Arbeit innerhalb der Familie neu zu überdenken. Frauen wollen nicht unbedingt Überstunden machen, indem sie die Verantwortung für die Planung und Vorbereitung der meisten Familienrituale auf sich nehmen. Andererseits haben Männer nicht unbedingt gelernt, sich um rituelle Angelegenheiten zu kümmern. Wir werden in diesem Buch untersuchen, wie Rituale Geschlechterrollen und andere gesellschaftliche Erwartungen widerspiegeln.

Andere haben angemerkt, daß bestimmte Feiertage von einem dominierenden kulturellen oder religiösen Erbe so sehr in Beschlag genommen sind, daß für andere Deutungen dieses Tages kaum Raum bleibt. Es ist wichtig, nicht mit Vorurteilen an die Bedeutung heranzugehen, die ein Feiertag für den einzelnen oder die Familie hat. Das Erntedankfest kann für eine amerikanische Indianerfamilie etwas völlig anderes sein als für eine Familie, die seit sechs Generationen in den USA lebt und sich in die vorherrschende Kultur eingegliedert hat. Und beide dürften sich sehr von einer Familie unterscheiden, die erst kürzlich aus Kambodscha gekommen ist! Jede Familie nimmt Sinnzusammenhänge aus der umgebenden Kultur auf eigene Weise auf. Im Laufe dieses Buches werden Sie Wege entdecken, Ihr kulturelles und religiöses Erbe in Rituale zu fassen, die sich glaubwürdig und sinnvoll anfühlen.

Kartoffellattkes und Bacalao

In der Familie Lieberman-Narciso war der Ehemann Raul portugiesisch-katholischer Abstammung, während Rachel Lieberman jüdisch erzogen war. Das Paar fand es schwierig, im Dezember *Chanukka** zu feiern, da das Fest mit dem ganzen Weihnachtstru-

---

* *Chanukka:* jüdisches Lichterfest

bel zusammenfiel, dem Countdown der verbleibenden Einkaufs-
tage, den allgegenwärtigen Weihnachtsmännern und den Weih-
nachtsliedern, die überall in Geschäften, Einkaufszentren und sogar
Aufzügen gespielt wurden. Als Rachel älter wurde, erlebte sie
Chanukka immer mehr wie Weihnachten. Der Schwerpunkt lag
auf Dingen wie Geschenken, die man sich an jedem der acht Tage
überreichte, um mit dem Weihnachtsfest mithalten zu können.
Doch *Chanukka* war ein wichtiger Teil ihrer Kindheit, und Rachel
wollte es an ihre drei kleinen Kinder weitergeben, vor allem ihre
Deutung des Festes, die Vorstellungen über die Bedeutung der
Freiheit und der Befreiung aller Völker enthielt.

Raul Narciso fand seine katholische Erziehung wenig hilfreich
für die eher egalitäre Art, in der er sein Leben zu gestalten versuchte, allerdings bedeuteten ihm die Traditionen der Festtage mit
ihren besonderen Gerichten, den Familientreffen und dem Sinn
fürs Spirituelle sehr viel. In seiner Familie übernahm seine Mutter
hauptsächlich die Vorbereitungen der Feste, und er hatte diese Zeit
als recht belastend für sie in Erinnerung. Er wollte sich an den
Vorbereitungen stärker beteiligen, als es in seiner Herkunftsfamilie der Fall gewesen war. Also machten sich Rachel und Raul daran,
ihre eigene jüdisch-portugiesisch-katholische Feiertagstradition zu
entwickeln, die die kommerziellen Zwänge umgehen, ihre unterschiedliche Herkunft berücksichtigen und ihre heutige Lebenssi-
tuation ausdrücken sollte. Sie rückten zu *Chanukka* die Geschenke
in den Hintergrund und legten den Schwerpunkt auf die verschiedenen Aspekte ihrer kulturellen Traditionen. An einem Abend
machten sie ein traditionelles jüdisches Essen mit *Kartoffellattkes**,
Apfelsauce, *Kugel*** und *Challa****. An einem anderen spielten sie
mit den Großeltern *Chanukka*-Spiele. Am dritten gab es Erzählungen aus der jüdischen und portugiesischen Freiheitsgeschichte
und so weiter. Um die Gleichberechtigung der Geschlechter auszudrücken, übernahmen sie abwechselnd die Vorbereitungen für
jeweils einen Abend. An Heiligabend gab es dann bei Rauls Her-

---

* *Kartoffellattkes:* eine Art Kartoffelpuffer
** *Kugel:* eine kugelförmige Mehlspeise
*** *Challa:* Abgabe von zum Backen bestimmten Teig

kunftsfamilie ein großes Festessen mit traditionellen portugiesischen Gerichten: Bacalao (gesalzener Kabeljau) und portugiesisches Brot. An den Vorbereitungen beteiligte sich jeder, wie es gerade kam.

Rachel und Raul griffen teilweise Strukturen des *Chanukka-* und des Weihnachtsfestes auf und gestalteten die Feiertage entsprechend ihren eigenen Wertvorstellungen und ihrem kulturellen Erbe. Ihre Kinder waren alle unter sechs Jahren, als sie damit anfingen. Sie akzeptierten diese Art, die Feiertage zu begehen, als selbstverständlich und fühlten sich mit beiden Eltern verbunden.

Kontinuität und Wandel

Rituale umfassen gleichzeitig Beständigkeit und Wandel. Zu wissen, daß bei einer Beerdigung Gebete für den Verstorbenen gesprochen werden, daß sein Leben gewürdigt wird und daß eine Gruppe zusammengekommen ist, um gemeinsam ihrer Trauer Ausdruck zu verleihen, hilft Menschen, den Verlust in ihrem Leben zu akzeptieren. Gleichzeitig brauchen diese stärker strukturierten Teile in Ritualen ein Gegengewicht offener Elemente, damit das Ritual die besondere Veränderung des einzelnen, der Gruppe oder der Familie widerspiegelt.

Elinor und Bill Walters feiern ihren Hochzeitstag, indem sie alljährlich wieder in das Restaurant gehen, das sie bei ihrem ersten Rendezvous besucht haben. Das ist ein vereinbarter strukturierter Bestandteil ihres Rituals zum Hochzeitstag. Sie bestellen auch das gleiche Essen wie an ihrem ersten Abend. Wenn sie den gleichen Chardonnay einschenken, lachen sie und erinnern sich daran, wie Bill bei ihrem ersten Rendezvous vorgab, ein Weinkenner zu sein, aber noch nie zuvor in seinem Leben Wein bestellt hatte. All diese immer wiederkehrenden Bestandteile schaffen für sie einen Bezug zur Vergangenheit und zu einem ganz besonderen Abend in ihrem Leben. Anschließend tauschen sie ihre Geschenke aus. »Vor vielen Jahren haben wir beschlossen, uns gegenseitig Kleinigkeiten zu schenken – eine Kleinigkeit, die symbolisch ausdrückt, was das vergangene Jahr bedeutet hat, eine, die zeigt, auf was wir im Augenblick achten müssen, und eine, die sagt, was wir uns für das nächste Jahr erhoffen«, erklärte Bill. Dieser Austausch von Geschenken macht das offene und ständig sich wandelnde Element ihres Rituals aus.

Idell L'Tainen litt fünf Jahre lang an Krebs. Als ihr klar wurde, daß sie sterben würde, plante sie ihre Beerdigung, folgte dem Schema der strukturierten Teile jeder Beerdigung und fügte spezielle offene Teile hinzu. Die Musik, die Idell auswählte, die Menschen, die sie bat, eine Ansprache zu halten, die Worte, die sie an die dort versammelten Freunde und Verwandten schrieb – all das war Ausdruck ihrer ganz besonderen Lebensgeschichte. Die Zeremonie begann wie die meisten Beerdigungen mit einem Eingangsgebet. Anschließend erzählte Idells engste Freundin, die sie in ihren letzten Lebenstagen begleitet hatte, den versammelten Freunden und Verwandten, wie es war, diesen Gottesdienst zusammen mit Idell zu planen, und schilderte den Mut, mit dem sie ihrem Tod ins Auge gesehen hatte. Idells Mann sprach und gab ihre letzten Worte an jeden einzelnen von ihnen weiter. Die Anwesenden hatten den Eindruck, als sei Idell dort bei ihnen in der Kirche und als habe jeder die Gelegenheit, sich wirklich von ihr zu verabschieden. Die vertrauten Seiten einer Beerdigung verbanden sich mit offenen Elementen in einer Weise, die Idells besondere Eigenheiten hervortreten ließen. Die Beerdigung wurde zur Feier von Idells Leben, einer Feier, die in Wort und Tat zeigte, daß sie eine Frau war, der sehr an dem lag, was nach ihr kam.

Symbole und symbolische Handlungen in unseren Ritualen sind offen für die unterschiedlichsten Deutungen. Das ermöglicht es, Kontinuität und Wandel zu verflechten.

Der scheinbar simple Vorgang, einen Weihnachtsbaum zu schmücken, war für Bonnie Johnson mit jahrelangen warmen und liebevollen Erinnerungen an ihre Familie verbunden. Sie war ärgerlich, daß ihr Mann Doug alljährlich das Haus verließ, während sie den Baum schmückte, zunächst allein und später zusammen mit ihren Kindern. Nach zehn Jahren Ehe weigerte Bonnie sich, so weiterzumachen. Als sie eine Erklärung verlangte, erzählte ihr Doug schließlich, daß in seiner Kindheit sein Vater jedes Jahr wochenlang von dem fabelhaften Weihnachtsbaum geschwärmt hatte, den sie bekommen würden, und wie er jedes Jahr zu sehr mit seiner Arbeit beschäftigt war und spät am Heiligabend mit einem dürren, übriggebliebenen Bäumchen nach Hause gekommen war. »Wenn ich dich den Baum schmücken sehe, habe ich nur die Enttäuschung im Gesicht meiner Mutter vor Augen und höre nur den unvermeidlichen Streit zwischen ihnen«, erzählte Doug Bonnie. Das Symbol des Weihnachtsbaums und die symbolische Handlung, ihn zu schmücken, war für dieses Paar mit sehr unterschiedlichen Erinnerungen an die Vergangenheit verbunden. Als Bonnie Dougs Geschichte gehört hatte, sagte sie nur ruhig: »Das ist ein anderer Baum, Doug, laß uns diesmal ein anderes Weihnachten machen«, und gab ihm damit zu verstehen, daß das gleiche Symbol nun für Bedeutungen aus ihrer eigenen Familie und für Veränderungen stehen konnte.

Rituale erinnern uns ständig daran, daß das Leben nicht stehenbleibt. Nach der Scheidung von ihrem Mann Joe hatte Sara Marks nicht mehr sooft Lust zu kochen, ohne einen Erwachsenen, der ihr beim Planen des Einkaufs und beim Kochen half. Außerdem fühlten sie und ihre drei Kinder sich, wenn sie im Eßzimmer am Tisch saßen, immer an die Zeiten erinnert, als Joe mit ihnen gemeinsam gegessen hatte – und bei diesen Gelegenheiten vermißten sie ihn besonders. Sie gingen mehr und mehr zu Fertiggerichten über, zu Tiefgekühltem, Konserven oder Gerichten aus dem Schnellimbiß, die sie oft im Wohnzimmer vor dem Fernseher aßen – alles, um nicht an ihre früheren Eßgewohnheiten erinnert zu werden. Mit der Zeit fühlte Sara sich dabei unbehaglich; ihr wurde klar, daß sie Rituale für die Mahlzeiten brauchten, die ihrer veränderten Familiensituation Rechnung trugen und nicht auf reiner Vermeidung ihrer früheren Familienzusammensetzung beruhten. Mit Hilfe ihrer Kinder begann sie also, ihre Mahlzeiten zu ändern. Zunächst gestalteten sie den Eßbereich um, stellten den Tisch anders und räumten den überzähligen Stuhl fort. Sie trafen neue Abmachungen, wer sich am Kochen und Spülen beteiligte, damit Sara mehr Hilfe hatte. Sie sprachen darüber, daß sie sich am Tisch alle besonders an die Abwesenheit des Vaters erinnert fühlten und gestanden sich das unausgesprochene Gefühl von Verlust offen ein.

Alle Rituale besitzen die Fähigkeit, Kontinuität und Wandel zu umfassen, angefangen bei so schlichten, alltäglichen Ritualen wie der Gestaltung der Mahlzeiten und des Schlafengehens über Familientraditionen wie Geburtstage und Jahrestage bis hin zu Feiertagen wie dem 4. Juli und Silvester und zu Lebenskreisritualen wie Kindtaufe, Schulabschlüssen, Hochzeit, Pensionierung und Beerdigung.

Die vier Ritualtypen

Wichtige Alltagsrituale: Essen, Schlafen, Grüßen

Die siebenjährige Zoe nimmt abends immer ihren Plüschteddybär mit ins Bett. Anschließend wird eine Geschichte vorgelesen, und sie bekommt einen Gutenachtkuß. Die Tür muß angelehnt bleiben, und den Teddy hält sie dicht an sich gedrückt im Arm.

Wenn die zehnjährige Carol, ihr zwölfjähriger Bruder Jim und ihre vierzehnjährige Schwester Susan den Tisch decken, wissen sie, daß ihre Eltern nebeneinandersitzen möchten. Auch die Kinder sitzen gewöhnlich am gleichen Platz. Das Essen beginnt, wenn alle am Tisch sitzen. Zu besonderen Gelegenheiten sprechen sie ein Tischgebet oder fassen sich kurze Zeit an den Händen.

Joseph Collins und Peter Korn sorgen dafür, daß sie jeden Abend zwanzig Minuten Zeit haben, sich über ihren Tag zu unterhalten. Beide arbeiten lang und drohten, den Bezug zum Leben des anderen zu verlieren. Dieses Ritual schafft einen Bezugspunkt, auf den sie sich verlassen können.

Alltagsrituale vermitteln uns ein Gefühl für den Rhythmus unseres Lebens, helfen uns, den Übergang von einem Tagesabschnitt zum nächsten zu vollziehen, und bringen zum Ausdruck, wer wir als Familie sind. Sie sorgen für Kontinuität und Sicherheit in der Zeit, da wir wissen, unser Ehepartner oder Kind gibt uns jeden Morgen, wenn wir uns verabschieden, einen Kuß und wünscht uns einen guten Tag, oder jeden Abend erledigt jemand den Abwasch, der nicht gekocht hat. Wir brauchen diese Gewohnheit, um uns verbunden zu fühlen und um nicht jeden Tag in der Familie viel Zeit auf neue Verhandlungen zu verschwenden, wann das Essen beginnen und ob das Fernsehen während des Essens laufen soll.

Das ist keine bloße Routine. Es sind bedeutungsvolle Handlungen, die häufig Symbole enthalten, die mehr sagen als Worte. Zoes Teddy ist zum Beispiel mehr als nur ein heißgeliebtes Stofftier. Er ist ein Symbol für die Bindung zwischen den Generationen und für Kontinuität. Zoe hat ihn von ihrer Großmutter bekommen, als sie sieben Wochen alt war. Sie hört immer wieder gerne die Geschichte, wie sie aufgeregt mit den Ärmchen gewedelt hat, als ihre Großmutter ihn ihr gab. Der Teddy begleitet Zoe auch, wenn sie in ihren beiden unterschiedlichen Betten in ihren zwei Elternhäusern übernachtet. Als Kind geschiedener Eltern pendelt sie zwischen der Wohnung ihrer Mutter und der ihres Vaters hin und her. Der Teddy begleitet sie immer als Teil ihres allabendlichen Rituals und schafft eine Verbindung nicht nur zu ihren Großeltern, sondern auch zwischen ihren beiden verschiedenen Familien. Symbole in Alltagsritualen können Gefühle, Gedanken, Beziehungen und Wertvorstellungen ausdrücken.

Welchen Platz die einzelnen am Tisch einnehmen, wann sie bedient werden, welche Rolle sie bei der Essensvorbereitung übernehmen, all das sagt eine Menge über die Art der Verbundenheit in einer Familie aus. Bei den Isaacsons sitzt der Vater am ›Kopfende‹ des Tisches, wird als erster bedient, um die freie Auswahl zu haben, und beteiligt sich nicht an den Vorbereitungen. In der Familie Odo nehmen sich alle das Essen selbst und teilen sich die verschiedenen Arbeiten. Beide Familien erleben ihr Leben und ihre Beziehungen recht unterschiedlich.

Da Alltagsrituale sehr häufig vollzogen werden, bieten sie mehr Gelegenheit zu Spontaneität als ein Ritual, das nur ein- oder zweimal im Jahr vorkommt. Es ist auch sehr wahrscheinlich, daß sich mit der Zeit bestimmte Muster einspielen, ohne daß den Beteiligten bewußt wäre, wie sehr festgelegt sie sind. Und in dem Maße, wie sich eine Familie entwickelt, müssen Alltagsrituale den sich ändernden Bedürfnissen der Familie angepaßt werden. Die Familie Jensen zum Beispiel aß häufig gemeinsam zu Abend, als die Kinder noch in der Grund- und Mittelschule waren. Das war ein wichtiger Tagesabschnitt, bei dem sie austauschen konnten, was sich in ihrem Leben jeweils ereignet hatte, ein Gefühl von Familienzusammengehörigkeit entwickelten und Pläne koordinierten. Als die

Kinder älter wurden, hatten sie Teilzeitjobs, besuchten Freunde oder gingen zum Training, und die Familie setzte sich immer seltener zum Abendessen zusammen. Es gab keinen regelmäßigen Zeitpunkt mehr, auf den sie sich verlassen konnten, um die Verbindung zueinander aufrechtzuerhalten, und alle hatten den Eindruck, sich auseinanderzuleben. Zunächst versuchten die Eltern durchzusetzen, daß alle zum Abendessen zu Hause sein müßten. Da das nicht wirkte, riefen sie die Familie zusammen und besprachen, zu welchen Zeiten wahrscheinlich alle zu Hause seien und wie oft sie sich realistischerweise zusammensetzen könnten. Die Jensens regten an, sich jeden Montag und Donnerstag um halb zehn abends zu heißer Schokolade und Keksen (im Sommer zu Saft und Obst) zu treffen und baten alle Familienmitglieder, zu diesen Zeiten zu Hause zu sein.

Andere Familienrituale kommen nicht so häufig vor, sind dafür aber manchmal aufregender, weil sie die Geschichte einmaliger Ereignisse im Leben des einzelnen oder der Familie erzählen. Wir wollen uns nun einem anderen Typus von Ritualen zuwenden, die dies in besonderer Weise leisten: Familientraditionen.

Familientraditionen: Der interne Kalender
In Familientraditionen wird der Alltag durchbrochen, um besondere Anlässe zu feiern, wie die Gründung der Familie (Hochzeitstag), den Eintritt in die Welt (Geburtstag), Familienbindungen (Familientreffen) oder bestimmte der Familie vorbehaltene Zeiten (Urlaub). Diese Anlässe stehen auf dem *internen Kalender* der Familie, wie wir ihn nennen, und sind nicht wie staatliche und kirchliche Feiertage auf vorgedruckten Kalendern zu finden. Doch jede Familie hat solche Tage in ihrem internen Kalender und trägt sie oftmals auch in gedruckte Kalender ein. Außenstehende kennen diese Daten nicht unbedingt, es sei denn, die Familie gäbe sie durch eine besondere ›Anzeige‹ bekannt.

Es gibt Symbole und symbolische Handlungen, die durchgängig in Familien zur Feier der eigenen Traditionen zu finden sind, zum Beispiel Kuchen, Geschenke und Blumen, bestimmte Gerichte oder der Besuch eines bestimmten Ortes. Doch diese Gebräuche sind sehr flexibel und lassen sich an die besondere Situation der jeweiligen Familie anpassen. Es wird nicht *erwartet*, zu einem Hochzeitstag Eier zu färben oder Feuerwerkskörper zum Geburtstag zu zünden. Auch der Zeitpunkt, an dem bestimmte Anlässe gefeiert werden, ist nicht unbedingt festgelegt. So wird häufig die Geburtstagsfeier eines Kindes vom eigentlichen Datum auf ein Wochenende verschoben, um andere leichter einladen zu können, oder die Feier einer Goldhochzeit findet im Sommer statt, obwohl der eigentliche Jahrestag im März liegt, weil es in dieser Jahreszeit für entferntere Verwandte leichter ist, zu reisen und zusammenzukommen. Im Gegensatz dazu lassen sich Feiertage des externen Kalenders, wie Erntedank oder Silvester, nicht so leicht verschieben und sind mit stärker festgelegten Symbolen und symbolischen Handlungen verbunden, wie zum Beispiel dem Putenbraten oder den Vorsätzen für das neue Jahr.

Familientraditionen gehen häufig mit einprägsamen Gebräuchen einher, die über Generationen hinweg weitergegeben wurden. Da zum Beispiel in China die Farbe Rot für Glück steht, führte die Familie Jen die Sitte ein, am Geburtstag eines Familienmitglieds rote Dinge zu essen (viel rote Paprika, Granatäpfel, Tomaten und so weiter). Selbst Geburtstagskuchen und Brot färben sie rot. Mit dieser einfachen und spielerischen Handlung stellt die Familie eine leicht erkennbare Verbindung zu ihrer Geschichte her, gibt ihr Erbe an die heranwachsenden Kinder weiter und drückt ohne Worte ihre Zuneigung aus.

Beziehungen sind in vielfacher Hinsicht davon geprägt, wer was für wen zur Feier dieser Anlässe tut. Wenn zum Beispiel Kinder kleiner sind, organisieren gewöhnlich die Eltern die Geburtstagsfeiern für sie. Werden sie älter, möchten sie lieber mit Gleichaltrigen als mit ihren Eltern feiern. Wenn dann die Eltern älter werden, übernehmen die Kinder häufig die Verantwortung, ihnen eine Geburtstagsfeier auszurichten, vor allem an runden und besonderen Geburtstagen. Ehepaare feiern ihren Hochzeitstag gewöhnlich zu zweit, bis sie höhere Jahrestage erreichen und andere Familienmitglieder sich ihrer auf die ein oder andere Weise erinnern.

Wo es größere Veränderungen gegeben hat, bieten Familientraditionen gute Gelegenheiten, ihnen Rechnung zu tragen. Der Jahrestag einer Hochzeit ist zum Beispiel für ein Paar und eine Familie etwas Besonderes, wenn es sich um eine zweite Eheschließung handelt und die Kinder an der Hochzeit teilgenommen haben. Amira, neun Jahre alt, fragte ihre Mutter Jane und ihren Stiefvater Ken, was für einen Kuchen sie *alle* zum ersten Jahrestag ihrer Heirat bekommen würden. Da sie und ihre beiden Brüder drei verschiedene Geschmacksrichtungen für die drei Lagen des Hochzeitskuchens hatten aussuchen dürfen, meinte sie, sie sollten nun auch bei dem Kuchen für den Jahrestag der Hochzeit ein Wörtchen mitzureden haben. Amira fragte auch, ob die Familie wieder dorthin fahren würde, wo die Hochzeit stattgefunden hatte. Der Hochzeitstag einer Familie wiederverheirateter Partner ist nicht nur ein besonderes Datum für das Zusammenkommen des Paares, sondern auch für die neue Familie. Das ist ein erheblicher Unterschied zu Hochzeitstagen, die sich stärker auf das Paar beschränken.

Stellen Familientraditionen denkwürdige Ereignisse im Leben des einzelnen und der Familie in den Vordergrund, so stehen offizielle Feiertage für wichtige Ereignisse in der umgebenden Kultur. Die Geschichte, die sie erzählen, erstreckt sich auf Sinnzusammenhänge der Gemeinschaft. Durch diese Rituale bieten sich einzelnen, Familien und Gemeinschaften wichtige Möglichkeiten, ihre Bindungen zu benennen und zu feiern.

Feiertage: Der externe Kalender

Feiertage des externen Kalenders bieten uns Gelegenheiten, mit unseren Verwandten und Freunden zusammenzukommen und sich über die Gemeinschaft und die gemeinsame Kultur in die äußere Welt einzugliedern. Menschen können solche Rituale allerdings auch als sehr befremdend empfinden, wenn sie den Eindruck haben, daß diese Feiertage ihnen aufgezwungen werden, bedrückend sind und/oder nicht ihrer Erfahrung entsprechen. So feiert zum Beispiel der Kolumbustag die ›Entdeckung‹ Amerikas, die der europäischen Einwanderung den Weg geebnet hat. Dabei waren die Ureinwohner schon seit Tausenden von Jahren da.

Menschen kommen häufig zusammen, um Anlässe zu feiern, die die umgebende Kultur für wichtig hält. Sie stehen oft in Zusammenhang mit jahreszeitlichen Veränderungen wie der Sonnenwende, mit nationalen Ereignissen wie der 4. Juli in den Vereinigten Staaten oder der »Tag der Bastille« in Frankreich, oder mit religiösen und kulturellen Gedenktagen wie *Pessach**, *Ramadan***, Dreikönigstag, Weihnachten, das chinesische Neujahrsfest oder *St. Patricks Day****. Es gibt auch Feste, die nur für ein oder zwei Gemeinden typisch sind wie der *Goose Day* in West Pennsylvania, oder Ereignisse, die nur in bestimmten Gegenden eines Landes gefeiert werden, wie der *Decoration Day* in Teilen der Appalachen.

Für diese Anlässe gibt es meist mehr allgemein gebräuchliche Symbole und symbolische Handlungen. Die Menschen fänden es zum Beispiel komisch, wenn jemand am 4. Juli einen Tannenbaum aufstellen und mit gefärbten Eiern schmücken würde oder wenn sich ein Kind am Erntedanktag verkleiden und von Haus zu Haus ziehen und Süßigkeiten sammeln würde. Das heißt, es besteht über die Zeit hinweg eine gemeinsame Deutung, die von Generation zu Generation weitergegeben wird. Oft sind auch Zeit und Raum geschützt, um diese Feiertage hervorzuheben. Ein arbeits- oder schulfreier Tag oder ein Feiertag am Wochenende macht es uns möglich, eine feste Zeit für diese Rituale einzuplanen. Aufgrund dieser gemeinsamen Deutungen und weil diese Daten im externen Kalender für alle festgelegt sind, mag auch der kommerzielle Druck stärker sein, diese Anlässe auf eine bestimmte Weise zu begehen.

Viele Familien nennen Weihnachten das Fest, bei dem sie sich unter starkem Druck fühlen, es auf ganz bestimmte Weise zu feiern – entweder weil bestimmte religiöse Traditionen dominieren oder weil die Medien sie mit Vorstellungen bombardieren, was sie kaufen und essen, wie sie dekorieren und wann sie zusammenkommen sollen. Eltern wie Kinder sind idealisierten Vorstellungen unterworfen, wie die Familie aussehen und handeln sollte. Wir haben mit vielen Menschen gesprochen, die den Eindruck haben, hinter diesen ›vollkommenen‹ Familien zurückzubleiben.

Es kann auch sein, daß Feiertage des externen Kalenders erstar-

* *Pessach:* jüdisches Frühlingsfest
** *Ramadan:* islamischer Fastenmonat
*** *St. Patrick:* Schutzpatron Irlands

34

ren, im Laufe der Zeit unverändert bleiben und den Beteiligten nicht viel Sinn bieten. Jim Taggart schilderte, wie sie in seiner siebenköpfigen Familie, selbst als viele der Kinder schon erwachsen waren, immer noch den Baum mit Filz- und Papierschmuck schmücken mußten, den sie in der Schule und bei den Pfadfindern gebastelt hatten. Sie mußten in die Mette gehen, obwohl manche von ihnen bereits seit Jahren nicht mehr die Kirche besuchten. Das Weihnachtsessen hatte sich im Laufe der letzten 22 Jahre kaum geändert. Seine Hauptaufgabe bei den Festvorbereitungen bestand darin, die Bar aufzubauen. Er erzählte:»Die Bar besteht aus etwa fünf Flaschen und einem Eiskübel. Da niemand sie benutzt, ist sie ziemlich sinnlos. Mein Vater, der überhaupt nichts trinkt, besteht auf der Bar nur zum Vorzeigen.« Jims Schilderung des Feiertages erweckt den Eindruck einer Pflichtveranstaltung.

Kwanza*, die Festwoche, in der sich die Afroamerikaner ihres kulturellen Erbes erinnern, bietet ein gutes Beispiel für Gemeinschaften, die neue und sinnvollere Rituale entwickeln. Ins Leben gerufen wurde das Fest 1966 von Maulana Karenga, einem Professor an der University of California in Los Angeles. Einige kirchliche Organisationen haben es aufgenommen, und Millionen Familien sowie einige Schulen und Gemeinden feiern damit die Bindungen der Afroamerikaner an Afrika. Da kein amerikanischer Feiertag diese Bindungen ausdrückte, liegen die Wurzeln dieses Feiertages in afrikanischen Erntefestlichkeiten. Jeder Tag des *Kwanza*festes betont ein anderes Prinzip oder Attribut, das für eine erfolgreiche Ernte nötig ist: Einheit (*umoja*); Selbstbestimmung (*kujichagulia*); kollektive Arbeit und Verantwortung (*ujima*); genossenschaftliches Wirtschaften (*ujamaa*); Zielstrebigkeit (*nia*); Kreativität (*kuumba*) und schließlich Glaube (*imani*). Da die meisten Afroamerikaner nicht mehr im buchstäblichen Sinne ›ernten‹, bietet dieses Fest vielfältige Gelegenheiten, die Fülle symbolischer Bedeutungen dieser Prinzipien auszuloten. Die Symbole des *Kwanza*festes sind ein siebenarmiger Leuchter mit einer schwarzen und je drei roten und grünen Kerzen und ein Vereinigungskelch, der sowohl eine Verbindung zur Vergangenheit als auch der

---

* *Kwanza*: bedeutet ›erste Früchte‹ auf Swahili

35

Feiernden des *Kwanzafestes* untereinander herstellt. Wir haben Menschen sagen hören, man könne keine neuen Rituale schaffen. *Kwanza* ist ein hervorragendes Beispiel für ein neugeschaffenes Ritual, das die Phantasie angeregt und den bis dahin unbefriedigten Bedürfnissen einer ganzen Gemeinschaft entsprochen hat. Feiertage des externen Kalenders bieten beides, die Kontinuität bekannter Daten, Symbole, symbolischer Handlungen und die alljährliche Wiederkehr, und sie müssen immer wieder ›neu erfunden‹ werden, um sinnvoll zu sein. Wenn Familien sie nutzen, bieten sie vielfältige Möglichkeiten, Wertvorstellungen und ethnische Traditionen des kulturellen Umfelds weiterzureichen. Wenn Paare Kinder haben, nehmen sie an solchen Feiertagen meist stärker teil. Der große Reiz, den Geheimnisse, Mysterien und das Zusammenkommen in Gruppen für Kinder haben, scheint Menschen zum Nachdenken anzuregen, was sie an die nächste Generation weitergeben möchten, und weckt in den Eltern häufig starke Erinnerungen an ihre eigene Kindheit. Diese Feiertage bieten auch Erwachsenen Gelegenheit, verschiedene Feiertage neu zu erfahren, indem sie bestimmte Aspekte für ihre Kinder zu neuem Leben erwecken.

Rituale des Lebenskreises finden dagegen meist nur einmal im Leben statt. Sie verbinden alle Völker auf ihrer gemeinsamen Lebensreise von der Geburt zum Tod.

Lebenskreisrituale: Von der Geburt zum Tod

Lebenskreisrituale finden meist im größeren Familien- und Gemeinschaftsrahmen als Ereignisse statt, bei denen eine soziale Gruppe an Geburt, Tod und anderen Meilensteinen des Familienlebens teilnimmt und sie unterstützt. Kindtaufe, Adoptionstag, Namensgebungsfeste, Verlobungen, Konfirmationen, *Bar* und *Bar-Mizwa**, Schul- und Berufsabschlüsse, Hochzeiten, Ruhestandsfeiern und Beerdigungen sind unserem gemeinsamen Menschsein geweiht. So sind Rituale des Lebenskreises dazu da, um die generationsbedingte Verschiebung von Rollenzuweisungen zu kennzeichnen. Wenn zum Beispiel ein Kind geboren oder in eine Fami-

---

* *Bar-Mizwa:* Zeremonie, die männliche Juden nach Vollendung des 13. Lebensjahres auf die religiösen Regeln des Judentums verpflichtet

lie adoptiert wird, werden Frau und Mann zu Mutter und Vater (oder Mutter und Mutter, Vater und Vater), ihre Eltern werden zu Großeltern und ihre Großeltern werden zu Urgroßeltern. In der gesamten weiteren Verwandtschaft vollzieht sich eine Umschichtung der Beziehungen. Solche Anlässe zu feiern kann uns helfen, innezuhalten und die Auswirkungen dieser Veränderungen zu begreifen, die nähere Umgebung auf die Veränderungen aufmerksam zu machen und ihre Unterstützung anzuregen.

Bei der Beerdigung von Horace Nielsen versammelten sich die Angehörigen und Freunde in mehreren ineinander verschachtelten Kreisen im Gemeindesaal der Quäker. Seine Witwe und zwei erwachsene Kinder eröffneten den Gottesdienst mit einigen Worten, wie sie seiner und der Bedeutung der Versammelten in seinem Leben gedenken wollten. Andere wurden aufgefordert, ihre Erinnerungen, ihre Trauer und ihre Abschiedsgrüße zu teilen. Manche trugen Musik bei, die Horace besonders gemocht hatte, andere erzählten Episoden, die illustrierten, was er ihnen bedeutet hatte. Worte des Trostes wurden an seine Familie gerichtet. Anschließend teilten die Versammelten ein Mahl aus Gerichten, die er besonders gemocht hatte. Sie organisierten untereinander einen zweiwöchigen Hilfsdienst für die Witwe. Jeden Tag brachte ihr jemand Essen ins Haus und fragte, ob sie etwas brauche.

Mit dieser Feier hatten die Menschen geschützte Zeit und Raum, zusammenzukommen und mit Unterstützung der Gemeinde zu trauern. Sie hatten Zugang zu den Erinnerungen und Erlebnissen der anderen und entwarfen ein wesentlich vollständigeres Bild von Horaces Leben, als es ein einzelner allein haben konnte. Sie schufen ein fortdauerndes Gefüge, das den Kontakt zu Horaces Witwe und zueinander aufrechterhielt.

In dem Maße, wie sich die Familien gewandelt haben, haben sich auch die Ereignisse im Verlauf eines Lebens geändert, und manche Rituale haben damit nicht Schritt gehalten. Fehlgeburten, Scheidungen, neue Stiefkinder oder Stiefgeschwister sind zum Beispiel Dinge, die heute in Familien häufig vorkommen, doch nur wenige besitzen Rituale, die ihnen helfen, solche Veränderungen in ihr Leben zu integrieren. Viele Familien gehen zunehmend bewußter mit ihren Ritualen um und suchen nach Wegen, solchen Ereignissen Rechnung zu tragen. In diesem Buch werden Sie viele Möglichkeiten entdecken, Rituale zu entwickeln, die solche Übergänge einbeziehen.

Manchmal haben sich Rituale nicht mit den sich wandelnden Rollen geändert. Bei traditionellen Hochzeitsfeiern wird zum Beispiel erwartet, daß die Braut den Bräutigam mit dem ersten Stück des Hochzeitskuchens füttert. Und wenn sich jemand wundern sollte, warum Leute alte Schuhe an den Wagen eines frischvermählten Paares binden, so geht dieser Brauch auf die alte angelsächsische Sitte zurück, daß der Brautvater dem Bräutigam einen Schuh übergab. Es war das Zeichen dafür, daß die Autorität des Vaters über die Braut nun auf ihren Mann überging.[2] Vielleicht überlegen Sie es sich in Zukunft zweimal, ehe Sie solche Schuhe an die Stoßstange binden. Denn da Rituale auf ständiger Wiederholung beruhen und tief in die kulturelle Überlieferung eingebettet sind, ist es häufig schwierig, sie zu ändern, ohne sorgfältig darüber nachzudenken und geplant vorzugehen.

Es kann auch sein, daß Menschen aufgrund von Kulturunterschieden, Krieg, Verlust oder Angst, ein Ereignis offen zu kennzeichnen, Lebenskreisrituale nicht feiern können. So holte eine russisch-jüdische Familie, die aus Angst vor Verfolgung in Rußland keine Bar-Mizwa für ihren Sohn feiern konnte, das Fest nach ihrer Emigration nach Israel nach, obwohl ihr Sohn damals bereits fast achtzehn war.

Gleichgeschlechtlichen Paaren steht traditionell die Möglichkeit zu Hochzeits- oder Verlobungsfeiern nicht offen. Wenn jemand Selbstmord begangen hat, findet die Beerdigung meist im engsten Kreis und in aller Stille statt.

Lebenskreisrituale bieten den Beteiligten nicht nur Zeit und Raum, innezuhalten und über die familiären Veränderungen nachzudenken, sie vollziehen auch den Übergang. Als Janine und David sich entschlossen zu heiraten, war es für beide die zweite Ehe. Sie vereinbarten eine einjährige Verlobungszeit, um alle – sich selbst, ihre drei Kinder, Großeltern, Geschwister und sogar die ehemaligen Ehepartner – darauf vorzubereiten. Die Verlobung ist als Ritual etwas aus der Mode gekommen, doch sie bietet vielfältige Möglichkeiten, der Tatsache Rechnung zu tragen, daß

eine Wiederverheiratung zugleich Verlust und Verbindung beinhaltet.

Zunächst besuchten sie Eltern und Geschwister und teilten ihnen die bevorstehende Verlobung im privaten Kreis mit. Das gab
allen Zeit, mit den nächsten Angehörigen eventuell noch vorhandene Gefühle über die zwei vorangegangenen Scheidungen aufzuarbeiten. Die ehemaligen Ehepartner informierten sie unmittelbar vor ihren Kindern, um die Kinder nicht in Konflikt zu bringen,
ob sie es ihrem anderen Elternteil sagen sollten oder nicht. Anschließend schickten sie Verlobungsanzeigen mit den Namen der
neuen Familienmitglieder und Altersangaben der Kinder an Verwandte und Freunde. Sie legten Photos bei, die jeweils das Paar und
die Kinder zusammen zeigten, um zu demonstrieren, daß diese
Verlobung für jede Generation eine Zeit der Neuausrichtung war.
Im Familienkreis fand eine Verlobungsfeier statt, bei der es für die
Erwachsenen wie für die Kinder Ringe gab, jedes Familienmitglied
ein Lieblingsgericht aussuchen durfte und alle ein T-Shirt von dem
Ort bekamen, an dem Janine und David sich kennengelernt hatten. In die Planung und Durchführung dieses Rituals flossen viele
Beziehungsfragen mit ein. Es berücksichtigte die Familiendynamik, um die Gefahr auf ein Minimum zu reduzieren, daß einzelne
sich übergangen, überrumpelt oder in die Enge getrieben fühlten.
Die Planung und Durchführung eines Rituals kann ebenso wichtig
sein wie das Ritual selbst. In der Planung werden viele Beziehungen definiert, Probleme aufgearbeitet und neue Rollen ausprobiert.

Rituale: Eine wirkungsvolle Lebenshilfe

An dieser Fülle von Ritualen teilzunehmen ermöglicht uns, unserem sich ständig wandelnden Leben Sinn zu verleihen. Im Umgang mit diesem Buch werden Sie entdecken, wie Rituale das
Bekannte und Vertraute durch Zeremonien, Objekte und Worte
übermitteln, die von Generation zu Generation weitergegeben
werden, während ihre ständige Wiederholung zugleich auf wun-
dersame Weise Gefühle, Überzeugungen und Beziehungen ver-

wandeln. Sie werden sehen, wie Rituale uns helfen, uns und unsere Wertvorstellungen zu erkennen und in der Gemeinschaft zusammenzukommen, um Freud und Leid unseres Daseins anzunehmen und zu teilen. Im nächsten Kapitel befassen wir uns eingehender mit der Fähigkeit der Rituale, menschliche Grundbedürfnisse anzusprechen.

KAPITEL 2

DIE FÜNFFACHE KRAFT DER RITUALE

Jennifer wird erwachsen

Evans Tochter Jennifer kam mit schweren Behinderungen zur
Welt, die ihre Fähigkeiten zu lesen, zu schreiben und zu sprechen
einschränkten. Ihre Mutter beobachtete fasziniert, wie Jennifer in
der Kindheit ihre Behinderung meisterte, obwohl andere Kinder
sie manchmal grausam mit ihrer Andersartigkeit aufzogen und
obwohl sie aus einer Familie kam, in der hervorragende akademi-
sche Leistungen die Norm waren. Bereitwillig verbrachte sie Stunde
um Stunde mit Nachhilfelehrern und Sprachtherapeuten. Sie besuchte einige gute Schulen mit hervorragenden Lehrern, die sich
bemühten, Behinderte zu verstecken, als könnten sie andere Kinder ›anstecken‹. Während sie zu einem herzlichen, humorvollen,
einfühlsamen Menschen mit ausgeprägtem Verantwortungsgefühl für Beziehungen und ihre Arbeit heranreifte, lehrte sie ihre
Familie gleichzeitig eine Menge, wie man schweren Kämpfen mit
Ausdauer begegnet und Stärke entwickelt, anstatt sich auf die
Schwächen zu konzentrieren.

Als Jennifer neunzehn wurde, rückte ihr Oberschulabschluß
näher. Anders als ihr Bruder Jason hatte sie keine *Bar-Mizwa*
gefeiert, um ihren Übergang von der Kindheit ins Erwachsenenleben zu kennzeichnen. Und wegen ihrer Behinderung würde sie
auch nicht aufs College gehen. Der Oberschulabschluß war eindeutig ihr Übergangsritus, und ihre Familie sprach eingehend über
die Frage, wie sie Jennifers Eintritt ins ›Erwachsenenleben‹ mit
einem Ritual begehen könnte, das all ihre bisherigen Leistungen

würdigen und sie zugleich vertrauensvoll in die Erwachsenenwelt entlassen sollte.

Jennifer wünschte sich eine Party in einem chinesischen Restaurant, da sie am liebsten chinesisch aß. Ihre Mutter und ihr Stiefvater suchten ein Lokal aus und stellten eine Liste der Gäste zusammen, die Jennifer wichtig waren, darunter auch entferntere Verwandte, die weiter weg lebten, Freunde, die sie von Kindheit an unterstützt hatten sowie besondere Lehrer und Arbeitskollegen von ihrer Teilzeitstelle. Ohne Jennifers Wissen legten sie der Einladung eine heimliche Mitteilung bei: ›Wir machen für Jenni ein Album ›Ich werde eine erwachsene Frau‹. Wenn ihr zu diesem Album etwas beitragen möchtet, Gedichte, Briefe, Photos, Geschichten, Zeichnungen und so weiter, bringt es bitte mit.« In den Wochen vor der Party stellte Jennifers Mutter heimlich ein Album zusammen, das begann, als Jennifer als Adoptivkind in die Familie kam, und kennzeichnete jeden wichtigen Abschnitt ihrer Entwicklung, wie ihre frühe Kindheit, Schulanfang und Jugend. Da ihre Behinderung es Jennifer selbst wie auch ihrer Umgebung manchmal erschwert hatte, ihre Entwicklung und ihre Veränderungen zu bemerken, war dieses Album ein Dokument, das ihre Fortschritte für alle erkennbar dokumentierte. Als Jennifer auf der Party eintraf, wartete dort auf sie das Album als besonderes Symbol ihrer Entwicklung. Was sie noch nicht wußte, war, daß es ein Album mit offenem Ende war und daß ein weiterer Abschnitt, ›Ich werde eine erwachsene Frau‹ erst noch hinzukommen sollte. Nach Jennifers Lieblingsessen wurden alle aufgefordert, ihren Beitrag vorzutragen. Es begann eine unerwartete und bewegende Zeremonie, in deren Verlauf ein Gast nach dem anderen darüber sprach, was Jenni ihm bedeutete und wie er sie erlebte und ihr einen ganz persönlichen Rat mit auf den Weg gab.

Ihre Großmutter Dena, Evans Mutter, gab Jenni ein Photo von ihrem verstorbenen Mann, Jennis Großvater, wie er auf den Knien vor ihr lag und um ihre Hand anhielt, sprach von dauerhafter Liebe und ihrem Wunsch, Jenni möge sie in ihrem Leben finden. Ihre Tante Meryle Sue, Evans Schwester, hatte ein Gedicht verfaßt, »Porträt von Jenni«, und sagte, nachdem sie es vorgetragen hatte, mit Tränen in der Stimme, was dieser Tag Jennis Großvater bedeutet hätte und wie stolz er auf sie gewesen wäre. Ihre Cousine Stacey Landsman hatte ebenfalls ein Gedicht geschrieben, das ausdrückte, was Jenni ihr bedeutete, und Jennis Zukunft in Worte faßte:

J steht für Jenni

Freude, Juwel. Eben Jenni.
Leicht zu lieben.
Nun macht sie sich auf und
Nichts kann sie halten,
Interessante Orte und Menschen zu sehen.
Frei zu wachsen voller Vertrauen und Zuversicht.
Jederzeit, überall, besonders jetzt.
Brenn' drauf zu gehen, Jenni!

Ein Gast nach dem anderen sprach wohlwollend und liebevoll, erzählte besondere Geschichten von Jennifers Stärke, die er erlebt hatte. Jennifers Stiefgroßvater gab ihr Ratschläge über Männer und wovor sie sich hüten solle mit auf den Weg und erntete viel Gelächter. Photos starker Frauen der Geschichte machten die Runde. Ihre Mutter beobachtete, wie Jennifer all das aufnahm, was sie diesen Menschen bedeutete, den manchmal ungeahnten Einfluß, den ihr Mut auf Verwandte und Freunde hatte. Und dann erlebten die Versammelten, wie Jennifer als erwachsene Frau aufstand und flüssig sprach, ohne jede Spur ihrer üblichen Scheu; sie dankte jedem einzelnen für das, was er ihr im Leben gegeben hatte, sprach über den Verlust ihres Großvaters und ihren Wunsch, daß er heute bei ihr sein könnte, und schloß mit ihren Erwartungen an ihr zukünftiges Leben.

Die Wochen und Monate nach diesem Ritual waren vielleicht noch bemerkenswerter, denn die Familie erlebte eine veränderte Jennifer, eine Jennifer, die vom Teenager zur jungen Frau heranreifte, eine Ganztagsstelle annahm, einen Volkshochschulkurs belegte, allein auf Reisen ging, neue Freundschaften schloß und in bislang ungekanntem Maße Kontakte pflegte.

Dieses Ritual enthielt alle Elemente, die bewirken, daß ein Ritual uns positiv beeinflußt. Jennifers Ritual des ›Erwachsenwerdens‹

enthielt den *Beziehungsaspekt*, wichtige Beziehungen zu gestalten, zum Ausdruck zu bringen und aufrechtzuerhalten. Es kamen Menschen zusammen, die selten an einem Ort beisammen sind, auch entferntere Verwandte, die in anderen Teilen des Landes lebten. Bestehende Beziehungen wurden gefestigt und Möglichkeiten zu neuen Beziehungen eröffnet. Es umfaßte auch den *Wandel*, die Möglichkeit, Veränderungen für sich und andere zu vollziehen und kenntlich zu machen. Jennifers Übergang vom Teenager zur jungen Frau wurde zugleich kenntlich gemacht und vollzogen. Ihre Mutter und ihr Stiefvater veränderten sich ebenfalls von den Eltern eines Teenagers zu den Eltern einer jungen Erwachsenen. Der Aspekt des *Heilens*, die Überwindung eines Verlustes drückte sich in der besonderen Erwähnung von Jennifers Großvater aus, der vier Jahre zuvor gestorben war; sie machte eine neue Art von Heilung möglich. Das Ritual umfaßte auch *Glauben*, zum Ausdruck gebrachte Überzeugungen und die Schaffung von Sinn. So äußerte jeder Gast tiefe Überzeugungen über das Leben und half Jennifer, dem, was sie angesichts ihrer Behinderung geschafft hatte, neuen Sinn zu verleihen. Schließlich war dieses Ritual geprägt vom *Feiern*, dem Ausdruck tiefer Freude und der Würdigung des Lebens mit einem Fest, bei dem alle Jennifers Leistungen und ihr Dasein feierten.

Wenn Sie die Rituale Ihres Lebens betrachten, werden Sie feststellen, daß Sie in Ihrer persönlichen Entwicklung und in Ihren Interaktionen mit anderen *Beziehungen, Wandel, Heilung, Glauben* und *Feiern* möglich machen – wichtige Themen jedes menschlichen Lebens. Jedes Ritual, sei es ein Alltagsritual, eine besondere Tradition, ein Feiertag oder ein Lebenskreisritual, kann natürlich eines oder mehrere dieser Elemente enthalten. Ein Ritual läßt sich auch so gestalten und umgestalten, daß es die Aspekte beinhaltet, die Sie für nötig halten

Beziehungsarbeit

Alle menschlichen Systeme müssen sich mit Beziehungen auseinandersetzen und die Fragen klären, wer innerhalb und wer außerhalb des Systems steht, wer dazugehört, wer über die Zugehörigkeit entscheidet, wer wem nahesteht, wer mehr Abstand hat. Rituale können uns helfen, bestimmte Beziehungsaspekte zu erkennen, und uns in die Lage versetzen, Beziehungsmuster, Regeln, Rollen und Möglichkeiten zu überarbeiten. Sie ermöglichen es uns, menschliche Bindungen selbst in Umbruchzeiten zu erhalten. Der Beziehungsaspekt der Rituale taucht tagtäglich bei den Mahlzeiten auf, wenn Sitzordnung, erlaubte Themen und erlaubte Gefühle Familienbeziehungen bildlich definieren und umdefinieren. Wer eingeladen wird, wer der Einladung folgt und wer von einem bestimmten Ritual ausgeschlossen bleibt, sagt natürlich unterschwellig sehr viel über Beziehungen aus. Wo ein Ritual stattfindet – zum Beispiel bei wem alljährlich das Weihnachtsessen stattfindet – kann uns eine Menge darüber sagen, wer im Familienrahmen Macht und Einfluß hat.

Der 1990 entstandene Film *Avalon* porträtiert prägnant sich wandelnde Familienbeziehungen anhand dreier verschiedener Erntedankfeste. Am ersten nimmt die gesamte weitere Verwandtschaft einschließlich vieler Tanten, Onkel, Cousins und Cousinen teil. Die ältere Generation erinnert sich an ihre Einwanderung nach Amerika und erzählt Geschichten über ihren inzwischen verstorbenen Vater. Die mittlere Generation lacht und macht sich über diese Geschichten lustig. Die jüngste Generation freut sich ganz einfach am Beisammensein, am Essen und am Feiertag. Die Beziehungen wirken herzlich, eng verbunden und in einem gemeinsamen Sinn für die Vergangenheit verankert. Beim zweiten Erntedankfest ist ein Teil der Familie in die Vorstädte gezogen und hat den wichtigen Sprung von der Arbeiter- zur Mittelschicht vollzogen, der sich nachhaltig auf Familienbeziehungen und -rituale auswirken kann. Bei diesem Erntedankfest wird eine langjährige Familienregel durchbrochen, als der Truthahn zerlegt wird, noch ehe alle Verwandten eingetroffen sind. Das mag auf den ersten Blick als Nebensächlichkeit erscheinen, doch es ist symbolisch für einschneidende Veränderungen in den Familienbeziehungen, in denen die frühere Nähe einer gewissen Distanziertheit und Mißverständnissen gewichen ist. Beim dritten Erntedankfest gibt es kein Treffen im größeren Familienkreis mehr: Wir sehen eine

Kernfamilie, die ihren Truthahn vor dem Fernseher ißt. Die Erosion des gesamten Beziehungsnetzes der Großfamilie zeigt sich in ihrer Abwesenheit.

Wo sind die Kinder?

Jonas und Ellen Korba lebten in zweiter Ehe zusammen. Beide hatten zwei Kinder aus erster Ehe. Jonas hatte zwei Töchter, und Ellen hatte zwei Söhne. Alle Kinder lebten bei ihnen. Die Kinder eines jeden von ihnen lebten in ständiger Auseinandersetzung mit dem neuen Ehepartner, und die Brüder zankten sich ständig mit den Schwestern. Jeder Ehepartner ergriff die Partei seiner eigenen Kinder, und beide stritten sich darüber miteinander. Um die Ehe zu retten, zog das Paar ernsthaft in Erwägung, das Sorgerecht für alle Kinder abzugeben. Jonas und Ellen schilderten in einer Therapiestunde ihre Hochzeit, die mittlerweile drei Jahre zurücklag. Auf die Frage: »Welchen Anteil hatten die Kinder an der Hochzeit?« antwortete Ellen: »Ach, sie waren gar nicht dabei – sie hatten so einen Zirkus veranstaltet, weil wir heirateten, und ich wollte mir wirklich während meiner Hochzeit nicht den Kopf über streitende Kinder zerbrechen.« Dieses ungemein wichtige Lebenskreisritual fand also *ohne* die Kinder statt. Ohne es zu merken oder zu wollen, hatten Jonas und Ellen ihren Kindern zu verstehen gegeben, daß sie nicht von ihnen erwarteten, in der neuen Familie gute Beziehungen herzustellen. Statt das Ritual zu nutzen, um Beziehungen innerhalb einer Familie wiederverheirateter Partner aufzubauen, schufen Jonas und Ellen ein Ritual, das eher einer ersten Hochzeit entsprach, in der es keine Kinder gibt.

Alle Rituale haben eine wesentliche Beziehungskomponente. Sie helfen uns zu erkennen, was in Beziehungen vorgeht, und bieten besondere Zeit und Raum, laufende Beziehungen in den Mittelpunkt zu stellen und Änderungen in Beziehungen vorzunehmen. Rituale zur Begrüßung von Babys bieten Gelegenheit, eine Großelterngeneration und neue Geschwisterbeziehungen zu schaffen. Kinder haben schon seit langem besondere Freundschaften durch ›Blutsbrüderschaft‹ oder andere Geheimzeremonien besiegelt. Die Vorbereitung eines Rituals, der eigentliche Vollzug des Rituals und die Zeit danach können einen nachhaltigen Einfluß auf Beziehungen haben, der unter Umständen über viele Jahre bestehen bleibt.

Wenn wir uns zum Verzicht auf ein wichtiges Ritual entschließen, stehen gewöhnlich gestörte Verwandtschaftsbeziehungen dahinter, bei denen sich niemand vorstellen kann, wie man die Beziehungsarbeit bewältigen könnte, die für das Zustandekommen des Rituals notwendig wäre. Wenn zum Beispiel Eltern eine schmerzliche Scheidung hinter sich haben, kann es sein, daß ein erwachsenes Kind in aller Heimlichkeit heiratet, weil es einerseits zu schwierig ist, die Eltern zusammenzubringen, und andererseits zu schmerzlich, bei der Hochzeit auf den einen oder den anderen verzichten zu müssen. *Wenn Sie feststellen, daß Sie es vermeiden, Rituale zu vollziehen oder daran teilzunehmen, ist das ein wichtiges Signal dafür, daß Sie sich um Beziehungsprobleme kümmern müssen.* Es können vorbereitende Arbeiten nötig sein, um Spannungsfelder für Gespräche zu öffnen und abgebrochene Beziehungen wieder ins Lot zu bringen, ehe ein Ritual zustande kommt. Wenn Sie mit Ihrem Bruder nicht mehr sprechen und ihn einfach zu einem Neujahrsbrunch einladen, wird seine zu erwartende Absage den Bruch nur noch weiter zementieren.

Manchmal kann allerdings schon allein die Initiative, zur gleichen Zeit am gleichen Ort zu einem bestimmten Ritual zusammenzukommen, eingefahrene Muster von Wut und Distanz ändern. Sammy Cohens Eltern waren geschieden, und ihre beiden Familien hatten sich seit sieben Jahren nicht mehr gesehen und gesprochen. Alle Verwandten wollten jedoch zu Sammys *Bar-Mizwa* kommen, und die Bedeutung dieses Ereignisses half allen, die Wut zu überwinden. Zu diesem Ritual gehört es auch, die *Thora* von einer Generation an die nächste weiterzugeben. Die Großeltern mütterlicher- und väterlicherseits reichten die *Thora* Sammys Mutter und Vater, und gemeinsam legten sie sie in Sammys Hände. Diese starke symbolische Handlung, geheiligtes Wissen von Generation zu Generation weiterzugeben, zeigte Sammy, daß die Familie für ihn da war, trotz aller Konflikte. Hier war die Macht des Rituals *an sich* in der Lage, kleinere Beziehungskonflikte zu begrenzen. Sich an der symbolischen Handlung zu beteiligen, die Thora von einer Generation an die nächste weiterzugeben, anstatt die Spaltung in verschiedene Fraktionen der Familie beizubehalten, trug dazu bei, Beziehungsmöglichkeiten innerhalb der gespaltenen Familie neu zu definieren.

Veränderungen in Beziehungen können sich stillschweigend äußern, wenn ein Ritual von einem Haushalt in einen anderen verlegt wird. Ginny Grangers Familie feierte Geburtstage und Feste immer im Hause ihrer Eltern. Als der Vater starb, beschloß ihre älteste Schwester Anna auf eigene Faust, es sei für ihre Mutter zuviel Arbeit, diese Feste auszurichten. Als das Erntedankfest näherkam, verkündete Anna, das Fest finde bei ihr zu Hause statt. Ihre Brüder und Schwestern ärgerten sich über diese Verlegung, doch niemand zeigte Anna, daß er mit ihrer einseitigen Entscheidung nicht einverstanden war. Untereinander murrten sie zwar, aber alle kamen. Der Anfang war gemacht, Entscheidungsgewalt und Machtbefugnis innerhalb der Familie zu verlagern und Anna schließlich zum unbestrittenen ›Boss‹ in allen Angelegenheiten des größeren Familienkreises zu machen.

Wenn Sie sich die Rituale in Ihrem Leben ansehen, dürfte Ihnen das Beziehungsthema deutlich werden. Haben Menschen schmerzliche Erinnerungen an Rituale aus ihrer Kindheit, so sind es häufig Aspekte gestörter Beziehungen, an die sie sich erinnern. Doch wie wir gesehen haben, können Rituale uns auch helfen, unsere gegenwärtigen Beziehungen zu ändern und zu vertiefen. Ein sorgfältig geplantes abendliches Essensritual kann die Spannungen mildern, die entstehen, wenn ein Stiefvater sich der bestehenden Einheit aus Mutter und Kindern zugesellt. Ein allwöchentlicher Sonntagsbrunch kann es einem vielbeschäftigten, berufstätigen Paar ermöglichen, sich jede Woche eine besondere Zeit füreinander vorzubehalten. Jedes Ritual, an dem sich alle in der Familie beteiligen, kann ihnen ein Gefühl von Familiensolidarität und Zusammenhalt vermitteln. Und eine Verlobung kann die Entstehung einer neuen Beziehung deutlich machen und eine Abgrenzung um das junge Paar schaffen.

Nehmen Sie sich Zeit, über ein täglich ablaufendes Ritual oder ein bevorstehendes Ritual anläßlich eines traditionellen Jahrestages oder eines Feiertages zu sprechen. Sind Sie mit den Beziehungsaspekten zufrieden, die dieses Ritual ausdrückt? Sind die anderen zufrieden? Wenn nicht, wie ließe sich dieses Ritual ändern? Häufig ist zunächst an den Beziehungen zu arbeiten. Wenn Sie und Ihr Partner jeden Freitagabend essen gehen und während des Essens kaum miteinander sprechen, dürfte es wenig ändern, wenn Sie dem ein gemeinsames Abendessen am Samstag hinzufügen. Sich darüber zu unterhalten, wie Sie das Ritual des Freitagabendessens gerne anders hätten, ist gewöhnlich jedoch wesentlich weniger bedrohlich und erheblich produktiver, als sich über den ›Mangel an Kommunikation‹ in Ihrer Beziehung zu beklagen. Wenn Sie anfangen, das *Ritual* des Freitagabendessens zu ändern, bilden sich neue Beziehungsmöglichkeiten im Tun heraus.

Wandel

Zu allen Zeiten und in allen Kulturen dienten Rituale dazu, Übergänge zu vollziehen und kenntlich zu machen. Die regelrecht magische Qualität der Rituale liegt in ihrem Vermögen, einen Wandel nicht nur zu verkünden, sondern tatsächlich zu schaffen. Jennifers Ritual des ›Erwachsenwerdens‹ war eine Feier ihres Schulabschlusses und markierte somit den Übergang von der Jugendlichen zur jungen Erwachsenen. Zugleich vollzog das Ritual den Übergang durch das Handeln der Verwandten und Freunde, die sie in die ›Geheimnisse‹ des Erwachsenenlebens einweihten, und schließlich durch Jennifer selbst, die dies in ihrer sehr erwachsenen Dankesrede annahm.

In Anbetracht der Tatsache, daß bändeweise Ratgeber geschrieben werden, wie Menschen sich ändern können, und unzählige Therapiestunden oft quälend über der Unfähigkeit vergehen, die notwendigen Änderungen tatsächlich vorzunehmen, ist es kein Wunder, daß es in allen Kulturen Rituale gibt, die den Übergang von einem Lebensabschnitt zum anderen erleichtern. Indem Rituale vertraute Symbole, bekannte symbolische Handlungen und sich wiederholende Worte benutzen, machen sie eine Veränderung bewältigbar und sicher. Einfach zu wissen, welche Rituale uns im Laufe eines Tages, eines Jahres oder eines Lebens erwarten, lindert unsere Ängste. Rituale *vollziehen* den Wandel und reden nicht

49

nur darüber – Paare vollziehen die Wandlung zu Ehepartnern nicht, indem sie über die Ehe reden, sondern durch eine Zeremonie; Jugendliche machen den Schulabschluß nicht, indem die Lehrer ihnen sagen, »Jetzt seid ihr fertig«, sondern durch eine Prüfung, Bälle und Picknicks.

In der heutigen amerikanischen Gesellschaft ist die Kraft der Rituale teilweise verlorengegangen, Übergänge zu vollziehen und zu markieren und unsere Identität und unser Selbstverständnis tatsächlich zu verändern. Der Aspekt des Rituals als ›gesellschaftliches Ereignis‹ kann leicht die Fähigkeit unserer Rituale überlagern, eine Wandlung der Persönlichkeit und der Beziehungen aktiv zu vollziehen. Durch sorgfältiges Nachdenken und Planen läßt sich diese Fähigkeit wiedergewinnen, um ein bestehendes Ritual tatsächlich zu einem ›Übergangsritus‹ zu machen.

Die Statusänderung einer Person, zum Beispiel vom Ledigen zum Verheirateten, ist ein augenfälliger Bestandteil solcher Rituale. Weniger offensichtlich sind die gleichzeitigen Änderungen, die sich für alle Beteiligten ergeben und die manchmal mit einer symbolischen Handlung betont werden. Ein Paar, das nie seinen Hochzeitstag gefeiert hat, weil die Frau vor der Hochzeit schon schwanger war, tanzt mit Begeisterung, als auf der Hochzeit ihrer Tochter der ›Anniversary Waltz‹ gespielt wird, und demonstriert damit öffentlich seine Freude über sein Zusammensein.

Eigene Veränderungen durch Rituale vollziehen und markieren
Ist das Element des Wandels in all unseren Lebenskreisritualen enthalten, so können doch auch andere Rituale Veränderungen und Übergänge erleichtern. Etwas so Simples wie eine tägliche Mahlzeit kann Veränderungen bei Kindern bewirken und kenntlich machen, zum Beispiel wenn sie nicht mehr von Erwachsenen bedient werden, sondern bei den Vorbereitungen und beim Aufräumen helfen. Die Geschlechtsrollenerwartungen können sich erheblich ändern, wenn der Vater sich an der Zubereitung der täglichen Mahlzeiten wirklich beteiligt, statt nur sonntags das Grillen zu übernehmen. Geburtstage und Jahrestage, die den Übergang von einem Jahr zum nächsten markieren, bieten einmalige Gelegenheiten, Änderungen zu verkünden. Von Zahlenkerzen auf dem

Geburtstagskuchen, die für jüngere Kinder angemessen sind, zu Trickkerzen überzugehen, von denen Zehnjährige meist begeistert sind, trägt der Tatsache des Wandels und des Wachstums Rechnung. Wenn solche Rituale Jahr für Jahr haargenau gleichbleiben, gehen die Möglichkeiten zur Veränderung, die Ritualen innewohnt, verloren. Es mag sein, daß Familienmitglieder Ihnen recht unmißverständlich zu erkennen geben, wann sie bereit sind, daß eine Veränderung in ihrem Leben durch ein Ritual anerkannt wird, wie zum Beispiel als Corie Spalding zu ihrem 15. Hochzeitstag einfach nicht in dem Restaurant erschien, in dem sie und ihr Mann diesen Tag die letzten 14 Jahre gefeiert hatten. Wenn Sie die Notwendigkeit zu bestimmten Veränderungen sehen oder bestimmte Übergänge auf sich zukommen sehen, können Sie Rituale entwickeln, die diesen Wandel ermöglichen.

Katie wird ein ›großes Mädchen‹

Katie Murphy war vier, als ihre Schwester Dawn geboren wurde. Dawns Wiege stand in Katies Zimmer. Bis dahin war Katie ein recht einfaches Kind, aber als Dawn auf der Bildfläche erschien, machte sie beim Zubettgehen Schwierigkeiten, bekam Wutanfälle und weigerte sich solange zu schlafen, bis sie und ihre Eltern völlig erschöpft waren. Monatelang fanden sie erst nach Mitternacht Schlaf, ohne daß sich etwas änderte. Katies Mutter Karen war mit ihrer Weisheit am Ende. Karen und ihr Mann Alan sahen jedem Abend mit Schrecken entgegen, und ihre Beziehung begann unter dem Mangel an gemeinsamer Zeit und an Schlafmangel zu leiden. Als Dawn geboren wurde, hatten Karen und Alan eigentlich vor, Katie ein eigenes Zimmer einzurichten, aber nun zögerten sie es hinaus, weil Freunde ihnen erklärt hatten, sie könne sich dadurch noch stärker isoliert und verwirrt fühlen. Als sie in ihrer Therapie etwas über Rituale lernten, trafen sie eine neue Entscheidung. Zunächst sprachen sie mit Katie über ihr eigenes Zimmer. Sie sagten ihr, sie dürfe die Farben aussuchen, die ihr gefielen, und betonten, daß ein Baby das nicht machen könne. Katie fand das recht aufregend. Als der Tag des Einzugs in ihr neues Zimmer näherrückte, sagten sie Katie, daß eine Party stattfinden solle, die deutlich mache, daß sie allmählich groß werde. Diese Party sollte an dem

Abend, an dem sie zum erstenmal in ihrem neuen Zimmer schlief, nach dem Abendessen stattfinden, und sie erklärten ihr, daß nur große Mädchen Abendparties haben. Sie erzählten ihr auch Geschichten über die Rituale zur Schlafenszeit, die sie selbst in ihrem Alter gehabt hatten und die sie ebenfalls haben könne, sobald sie in ihr neues Schlafzimmer gezogen sei. Diese Vorbereitungsphase dauerte etwa eine Woche, in deren Verlauf Katie abends zusehends früher zur Ruhe kam. Sie luden Katies Großeltern zu diesem besonderen Ritual ein und baten sie, Geschenke mitzubringen, die »für das Zimmer eines großen Mädchens« geeignet waren. Am Abend der Party kamen sie mit einem neuen Puppenhaus mit kleinen Möbeln und Bewohnern und erklärten ihr, das sei gewiß etwas, mit dem Babys nicht spielen könnten. Nach einer kleinen Feier trug Alan Katie auf den Schultern in ihr neues Zimmer, um sie zu Bett zu bringen. Als sie an die Tür kamen, bat Katie, sie herunterzulassen, denn »ich bin jetzt ein großes Mädchen, Daddy!« Sie zog ihren Schlafanzug an, wartete auf das versprochene Gute-Nacht-Ritual und schlief. Ihre Wutanfälle zur Schlafenszeit kamen nie wieder vor.

Karen und Alan nutzten die Vorbereitung für ein ungewöhnliches Ritual und das Ritual selbst, um Katie ein neues Selbstverständnis zu vermitteln. Sie setzten am normalen Bedürfnis kleinerer Kinder an, als »großes Mädchen« gesehen und akzeptiert zu werden, und entwickelten ein Ritual, das die allabendliche Qual des Zubettgehens beendete. Das können Sie mit notwendigen Veränderungen bei sich und in Ihren Beziehungen ebenfalls tun.

Früher übliche ethnische oder religiöse Lebenskreisrituale lassen sich wiederbeleben und an die veränderten Umstände anpassen. So hat sich die ghanaische Gemeinde in New York City bemüht, wandlungsorientierte Rituale lebendig zu erhalten. Sie feiern eine Einweihungszeremonie für Mädchen, bei der die älteren Frauen den ganzen Tag in Liedern und Geschichten von den Aufgaben einer Frau und allem erzählen, was sie über Männer wissen muß, ebenso wie sie es in Ghana getan hätten, doch heute benutzen sie große Stereolautsprecher, ein Mikrophon und eine Videokamera.[1] Das Ritual ist so weit modifiziert, daß inzwischen auch Männer daran teilnehmen dürfen, was wir vielleicht als Vorgang betrachten dürfen, der auf weitergehende Wandlungen im Verhältnis zwischen ghanaischen Männern und Frauen hindeutet, die in den Vereinigten Staaten leben. Vielleicht bitten Sie Ihre Eltern und Großeltern oder andere ältere Menschen einmal, Ihnen von Ritualen zu erzählen, die Veränderungen im Lebensstatus oder in Beziehungen förderten. Möglicherweise möchten Sie ja Teile solcher Rituale aufgreifen und in Rituale einbauen, die Sie entwickeln, um Veränderungen zu vollziehen und zu markieren.

Manchmal finden wichtige Veränderungen statt, ohne Beachtung zu finden. Vielleicht ist es schwierig, über diese Veränderungen zu sprechen, sie beschwören schmerzliche Erinnerungen an die Vergangenheit herauf, oder niemand hat darüber nachgedacht, wie man diese Veränderung kenntlich machen könnte. Unserer Erfahrung nach ist die Genesung von einer körperlichen oder seelischen Erkrankung ein Aspekt von Veränderung, der selten durch ein Ritual markiert wird. Familien, Beziehungen und die Identität des einzelnen bleiben mit dem Stigma der Krankheit behaftet, und Verwandte und Freunde verhalten sich weiterhin, als sei die Person noch krank. Heranwachsende, die von einer Krebserkrankung genesen sind, oder Erwachsene, die nach einer Herzoperation wieder gesund sind, behalten häufig eine ›Krankheitsidentität‹, und andere behandeln sie entsprechend. Ein Ritual kann aktiv illustrieren, daß eine Person den Übergang von Krankheit zu Gesundheit vollzogen hat. Bei einem solchen Ritual könnte sie feierlich Medikamente oder medizinische Geräte wegwerfen, die sie nicht mehr braucht, Symbole eines langwierigen Krankenhausaufenthalts verbrennen oder begraben oder ein Dokument verfassen, in dem sie ein neues Leben und ihre wiedergewonnene Gesundheit verkündet. Als Gerry Sims von Brustkrebs geheilt war, ließ sie sich ein T-Shirt mit der Aufschrift »Gesunde Frau!« machen. Das trug sie bei einem Essen im Familienkreis und erklärte allen, sie wolle nicht länger als Leidende behandelt werden und vor allem wolle sie, daß ihre Angehörigen sich mit ihr stritten, wie sie es getan hatten, ehe sie krank wurde. Dann verteilte sie an ihren Mann und ihre Kinder T-Shirts mit den Aufschriften: »Mann einer gesunden Frau«, »Kind einer gesunden Frau«, »Teenager einer gesunden Frau«. Alle zogen ihre T-Shirts an, und zum erstenmal fingen sie spontan an, darüber zu sprechen, was sie während Gerrys jahrelanger Krankheit durchgemacht hatten. Sie weinten zusammen und sprachen darüber, wie besorgt sie alle gewesen waren, ohne es aussprechen zu können. Anschließend fing Gerrys halbwüchsige Tochter an, sich mit ihr zu streiten, wie Gerry es sich gewünscht hatte!

Gesellschaftliche Erwartungen

Wenn Sie Rituale planen, um eine Veränderung zu verkünden und zu vollziehen, denken Sie darüber nach, was Sie eigentlich über sich und andere zum Ausdruck bringen wollen. Leider stehen bei vielen Gemeinschaften inzwischen eher Drogen und Alkohol im Mittelpunkt der Übergangsriten Heranwachsender als die neuen, aufregenden Rechte und Pflichten, die mit dem Erwachsenwerden auf sie zukommen. Als Kontrast dazu haben viele schwarze Kirchengemeinden ein neues Ritual des Erwachsenwerdens entwickelt, das Elemente der *Bar-Mizwa* mit alten afrikanischen Einweihungsriten verbindet und zu dem ein einjähriges Studium afro-amerikanischer Geschichte und Kultur gehört, das in einer Feier vor versammelter Gemeinde gipfelt.

Hochzeiten sind gelegentlich zu ostentativen Demonstrationen materiellen Wohlstands ausgeartet, statt Familien und Gemeinschaften Gelegenheit zu bieten, ein neues Paar zu unterstützen. Wenn Sie eine Hochzeit planen oder an einer teilnehmen, denken Sie über die eigentlich wichtigen Veränderungen nach, die dieses Ritual Ihrer Ansicht nach ausdrücken soll.

Der Aspekt des Wandels in Ritualen ist sehr stark, und Sie können ihn sich zunutze machen. Fragen Sie sich und Ihre Angehörigen, ob es in Ihrer Beziehung Veränderungen gibt, die eigentlich stattfinden sollten, aber nicht zustande kommen. Rechnen Sie in den nächsten sechs Monaten oder zwei Jahren mit besonderen Veränderungen? Überlegen Sie, ob sich bestimmte Änderungen ergeben haben, die unbeachtet geblieben sind. Wie auch immer Ihre persönlichen Umstände sind, es gibt immer Rituale, die Entwicklung, Wachstum und Veränderung markieren und vollziehen können.

Heilung

In jedem Leben gibt es Zeiten, die eine Heilung des einzelnen oder der Beziehung erfordern. Ein schwerwiegender Verlust durch Tod oder Scheidung bedarf einer Zeit der Trauer, um sich ganz seinem Kummer zu überlassen und dann wieder dem Leben zuzuwenden. Treuebrüche in Beziehungen wie ein Seitensprung, der Bruch eines wichtigen Versprechens oder der Betrug durch einen Freund bedürfen, auch wenn es weniger anerkannt ist, ebenfalls der Heilung, wenn die Beziehung in der Lage sein soll, weiter zu bestehen und zu wachsen. Jede Kultur und Religion kennt Rituale, die nach einem Todesfall den Heilungsprozeß der Hinterbliebenen einleiten. Weniger verbreitet sind Rituale zur Überwindung eines Traumas durch Gewalt oder Mißbrauch, obwohl viele inzwischen beginnen, solche Rituale aus einem tiefen Bedürfnis nach Heilung zu entwickeln.

Sich von einer tiefgreifenden persönlichen Krise zu erholen ist ein langwieriger Prozeß, der Zeit braucht und den jeder in der ihm eigenen Geschwindigkeit vollzieht. Rituale können diese Genesung zwar erleichtern oder ihren erfolgreichen Abschluß verkünden, sie sind jedoch kein Mittel, sie im Hauruckverfahren herbeizuführen. Wenn Sie weiterlesen, fallen Ihnen wahrscheinlich eigene Erfahrungen mit Verlust, Treuebruch oder Trauma ein. Vielleicht überlegen Sie, an welchen heilenden Ritualen Sie teilgenommen haben und ob sie wirklich eine Erneuerung ermöglicht haben. Rituale können echte Heilung bewirken, indem sie uns in Berührung bringen mit Vergebung, Einfühlungsvermögen, Mitgefühl und Gerechtigkeit sowie mit jenen Dingen, in denen wir uns in unserer menschlichen Sehnsucht nach Liebe, Unterstützung und Verständnis alle eher ähneln als unterscheiden.

Vertrauensbrüche mit Versöhnungsritualen heilen

Eine Krise durch Vertrauensbruch oder ein gebrochenes Versprechen kann zu echter Reue, Vergebung, Versöhnung und Erneuerung der Beziehung führen oder andernfalls zu chronischen Vorwürfen, Bitterkeit, Entfremdung und Bruch. Da Rituale in der Lage sind, stark widersprüchliche Gefühle wie Liebe und Haß, Wut und

Verbundenheit aufzunehmen und auszudrücken, fördern sie die Möglichkeit, eine Beziehung zu heilen.

Die Vergangenheit begraben

Sondra und Alex Cutter waren seit zwölf Jahren verheiratet. Sieben Jahre lebten sie in erbittertem Streit über eine Affäre, die Alex kurz vor ihrem fünften Hochzeitstag gehabt hatte. Sondra wollte ihren Mann zwar nicht verlassen, konnte aber die Vergangenheit nicht ruhenlassen. Alex wiederum hatte sich in eine extreme Verteidigungshaltung zurückgezogen. In der Paartherapie sollten Sondra und Alex jeder zwei Symbole für diese Affäre mitbringen. Das erste sollte zeigen, was dieses Verhältnis damals für jeden von ihnen bedeutet hatte. Das zweite sollte ausdrücken, welche Bedeutung es in ihrem gegenwärtigen Zusammenleben angenommen hatte. Sondra brachte ein zerrissenes Hochzeitsphoto mit als Symbol, daß diese Affäre ursprünglich einen Bruch ihres Eheversprechens dargestellt hatte. Alex' Symbol überraschte Sondra, denn er hatte ein altes Bild seines Vaters mitgebracht, der viele Affären gehabt hatte. »Ich dachte, Ehemänner täten das einfach. Ich dachte, das macht einen zum Mann, aber ich stellte bald fest, daß es für mich und für die Ehe, die ich wollte, nichts war. Und dann kamen wir nicht darüber hinweg.« Sondra hatte Alex noch nie so über sein Verhältnis reden hören. Zum erstenmal in sieben Jahren geriet ihre Überzeugung ins Wanken, daß die Affäre bedeutet habe, er liebe nicht sie, sondern eine andere Frau.

Als Symbol für die heutige Bedeutung dieser Affäre brachte Alex ein Hamsterlaufrad mit und erklärte: »Wir drehen uns ständig im Kreis, und es führt zu nichts.« Sondra brachte eine Flasche Magenbitter mit und sagte: »Das ist aus mir geworden!« Nach einem langen Gespräch, angeregt durch ihre Symbole, meinte Sondra ruhig: »Das ist das erstemal in sieben Jahren, daß wir ohne zu brüllen und zu schreien darüber gesprochen haben.« Als die Therapeutin fragte, ob sie bereit seien, die Vergangenheit auf sich beruhen zu lassen, erklärten sich beide dazu bereit. Sie beschlossen, an einen Lieblingsplatz ihrer ersten Jahre zu fahren und die Symbole dort zu begraben. Während dieser Zeremonie weinte Alex und bat Sondra zum erstenmal, ihm zu verzeihen, was sie auch bereitwillig tat. Anschließend feierten sie ihren Hochzeitstag, was sie seit sieben Jahren nicht mehr getan hatten.

Dieses Heilungsritual, das im Rahmen einer Paartherapie entwickelt wurde, eröffnete Sondra und Alex eine neue Möglichkeit, über ihre chronisch unglückliche Ehe zu sprechen. An Stelle bitterer Erinnerungen trat Verständnis füreinander, aus dem eine neue Sicht erwachsen konnte, was sie als Paar eigentlich miteinander wollten. Es ist jedoch nicht notwendig, eine Therapie zu machen, um Rituale zu entwickeln, die eine Heilung bewirken. Allen Heilritualen gemeinsam ist die Zeitdimension: Zeit, um festzuhalten und Zeit, um loszulassen. Symbole auszuwählen, die schmerzliche Probleme ausdrücken, ermöglicht meist eine neue Gesprächsweise. Eine gemeinsame Handlung wie das Begraben der Vergangenheit kann neue Möglichkeiten zur Zusammenarbeit eröffnen. Zusammen ein Ritual zu entwickeln kann Ihnen helfen, spielerische Elemente Ihrer Beziehung wiederzuentdecken, wie es das Paar tat, das »eine Affäre auf Eis legte«, indem es Symbole in der Tiefkühltruhe deponierte und vereinbarte, über dieses Verhältnis erst dann zu streiten, wenn sie die Symbole aufgetaut hätten.

Traumatische Erlebnisse heilen

Als Familientherapeutinnen arbeiten wir häufig mit Menschen, die mit körperlichem oder sexuellem Mißbrauch fertig werden müssen. Die heilende Dimension der Rituale bildet einen wichtigen Aspekt unserer Arbeit. Heilrituale können auch Familien helfen, die politischen Terror verarbeiten müssen.[2]

Traumatische Erinnerungen verbrennen und verwahren

Corinne spürte, daß die Erinnerungen an den sexuellen Mißbrauch, dem sie als Kind ausgesetzt war, sie überfluteten. In der Therapie begann sie, ein Heilritual zu entwickeln. Sie nahm sich jeden Tag eine Stunde Zeit, ihre Erinnerungen aufzuschreiben. Um diese Erinnerungen symbolisch aus dem Haus zu schaffen, ging sie zum Schreiben in ein nahgelegenes Café. Indem sie die Erinnerungen auf eine Stunde am Tag einschränkte, ging es ihr den Rest des Tages besser. In der Therapie begann sie den langwierigen Prozeß, aufzuarbeiten, was ihr als Kind zugestoßen war. Sie entschloß sich, unterstützt von der Therapeutin, am Ende jeder Therapiestunde vor den Augen der Therapeutin einen Teil der Seiten, auf denen sie ihren Mißbrauch festgehalten hatte, zu verbrennen. Bestimmte Aspekte ihrer Aufzeichnungen sortierte sie aus, um sie zu verwahren. Abschnitte, die sich auf ihre Stärke und ihren Überlebenswillen bezogen, schnitt sie sorgfältig aus und klebte sie zusammen; jene, die sie als Opfer beschrieben, verbrannte sie. Was sie verwahren wollte, deponierte sie in einem Bankschließfach, das nicht in unmittelbarer Nachbarschaft lag.

In diesem Ritual arbeiteten Corinne und ihre Therapeutin ständig an einem Gleichgewicht zwischen Festhalten und Loslassen, ein Prozeß, der allen Heilritualen gemeinsam ist. Da Geschwindigkeit, Symbole und symbolische Handlungen dieses Rituals völlig in Corinnes Hand lagen, forderte sie sich wieder als diejenige ein, die selbst den Gang ihres Lebens bestimmte. Das Ritual war alles andere als eine ›Hauruckmethode‹, es war vielmehr sorgsam eingebettet in eine Therapie, die auf ihre Genesung abzielte. Wenn Sie mißbraucht worden sind und mit Heilritualen arbeiten wollen, empfehlen wir Ihnen, dies in der Geborgenheit zu tun, die eine therapeutische Beziehung oder eine Selbsthilfegruppe bieten. Lassen Sie sich von niemandem drängen, schneller vorzugehen, denn an einem Ritual teilzunehmen, das nicht authentisch ist oder bei dem Sie nicht das Gefühl haben, daß es das Ihre ist, kann mehr schaden als nützen. Rituale, die Mißbrauch und Gewalt in ihrem ganzen Ausmaß erfassen sollen, entwickeln sich langsam und versetzen Sie in die Lage, Ihre eigene Stimme zurückzufordern.

Um die tiefgreifende Heilkraft von Ritualen nutzbar zu machen, hat die Organisation *Cape Cod Women's Agenda* das *Clothesline Project* ins Leben gerufen.[3] Dieses fortlaufende Ritual, das der Genesung von Mißbrauch gewidmet ist, besteht aus einer wachsenden Sammlung von T-Shirts, handbemalt von mißbrauchten Frauen. Wenn diese T-Shirts ausgestellt werden, hängen sie ironischerweise auf einer Wäscheleine. Die Ausstellung wird begleitet von Gong- und Glockenschlägen und Hörnern, die symbolisieren, wie oft Frauen geschlagen (alle 15 Sekunden), vergewaltigt (alle sechs Minuten) und ermordet werden.[4] Dieses Ritual bewirkt Heilung durch den autonomen Akt, ein eigenes T-Shirt zu bemalen, und durch die Verbundenheit gemeinschaftlicher Trauer und öffentlicher Bewußtmachung, die jede Ausstellung der Wäscheleine schafft. Diese handgemalten Darstellungen der Gewalt, die auf einer Wäscheleine hängen, bringen deutlich den erstaunlichen Widerspruch zum Ausdruck, angesichts einer Situation der Unterdrückung Stärke wiederzuerlangen.

Verluste heilen

Ein Leben ohne Verluste gibt es nicht. Wir alle erleben den Tod von Menschen, die wir lieben und die uns viel bedeuten. Rituale, deren zentrale Aufgabe die Bewältigung des Todes ist, markieren den Tod eines Menschen, würdigen sein Leben, erleichtern den Ausdruck der Trauer auf eine der jeweiligen Kultur angemessene Art und weisen eine Richtung für das Weiterleben. Die Gefahr, sich unmittelbar nach dem Tod eines Angehörigen selbst von der Außenwelt zurückzuziehen, läßt sich mit Ritualen eindämmen, die gemeinsame Mahlzeiten und vorgeschriebene Besuche bei den Hinterbliebenen vorsehen. Bei Kondolenzritualen tauschen die Menschen meist Geschichten über den Verstorbenen aus, da die Aufarbeitung eines Lebens im Geschichtenerzählen den Trauerprozeß unterstützt.

Da die meisten Menschen heutzutage im Krankenhaus sterben und nicht zu Hause, ist die frühere Verbindung von Tod und Verlust als Bestandteil des Lebenskreises fast völlig verlorengegangen, ein Umstand, der eine Heilung erschwert. Und die Heilkraft des Geschichtenerzählens steht heute vielleicht weniger im Mittelpunkt der Kondolenzrituale, weil es den Menschen peinlich ist, über die Verstorbenen zu sprechen. Als Susan Jacksons Vater starb, vermißte sie eine echte Heilung. Sie erklärte: »Nach dem Begräbnis kamen Leute zu uns nach Hause. Sie umarmten mich. Sie aßen und tranken. Aber wir haben überhaupt nicht von Vater gesprochen. Vielleicht ist es deshalb so schwierig, von ihm zu sprechen, selbst heute noch – wir haben nie damit angefangen.« Als Extrem an Oberflächlichkeit und Mangel an menschlichen Beziehungen angesichts des Todes ist wohl die neue US-amerikanische Sitte zu sehen, bei Beerdigungen dem Verstorbenen die ›letzte Ehre zu erweisen‹, indem man ihn auf einem Videofilm sieht und

sich in eine Computer-Kondolenzliste einschreibt. Solche Prakti-
ken tragen ganz offensichtlich nichts zur Heilung bei.

Wenn keine Heilrituale stattgefunden haben oder sie nicht aus-
reichten, um den Trauervorgang abzuschließen, kann ein Mensch
in der Vergangenheit steckenbleiben oder unfähig sein, wieder zu
einem sinnvollen Leben zu finden. Selbst unverarbeitete Verluste
der vorhergehenden Generation können sich als schwächende
Symptome in der Gegenwart bemerkbar machen. Wenn dies geschieht, lassen sich neue Rituale entwickeln, die der notwendigen
Heilung dienen.

Heimkehr

Carolyn Bell war achtundzwanzig, als sie erkannte, daß sie eine
Frau war, die »nie etwas fertigmachte«. Sie hatte ohne Abschluß
das College verlassen, mehrere Arbeitsstellen aufgegeben, zwei
wichtige Beziehungen abgebrochen, ohne zu wissen, weshalb. Als
sie über ihr Leben nachdachte, fielen ihr viele ›unfertige‹ Bereiche
auf, über die sie in ihrer Therapie zu sprechen begann.

Carolyns Mutter starb, als sie vierzehn war. Da sie über den
plötzlichen und unerwarteten Verlust ihrer Mutter so verstört war,
empfahl der Hausarzt der Familie, sie solle nicht an der Beerdigung
ihrer Mutter teilnehmen. Ihr Vater war einverstanden, und so
wurde sie zu Freunden geschickt, während alle anderen zur Beerdigung gingen. Ihr Vater trauerte sehr um seine Frau, und da er
nicht mit so vielen täglichen Erinnerungen an sie leben konnte,
verkaufte er das Haus von einem Tag auf den anderen, ohne es mit
seiner Tochter zu besprechen. Carolyn verpaßte ihre Abschlußfeier
an der Junior High School, und so verlief auch dieser Übergang
ihres Lebens unbeachtet. In ihrer neuen Schule beklagten sich die
Lehrer, daß Carolyn nie ihre Hausaufgaben oder angefangene
Arbeiten fertig machte und Aktivitäten, die sie anfing, einfach
fallenließ. Während ihrer High-School-Zeit fragte sie ihren Vater
zweimal, ob sie nicht ihr altes Haus besuchen könnten, doch er
lehnte es beide Male ab und erklärte: »Das würde dich zu sehr aufregen.« Im Rückblick auf diese Zeit ihres Lebens fielen Carolyn
viele Brüche auf.

Als sie darüber nachdachte, wurde das Verlassen des Hauses für
sie immer stärker und lebhafter zum Sinnbild für den Verlust ihrer

Mutter. Alle Verbindungen zu ihrer Mutter lagen in diesem Haus. Allmählich entwickelte Carolyn für sich ein Heilritual, das mehrere Schritte umfaßte. Sie nahm Kontakt zu den jetzigen Bewohnern ihres alten Hauses auf und erklärte ihnen, weshalb sie es besuchen wollte. Sie dankte ihrem Vater, daß er sie beschützt hatte, als sie jünger war, und erzählte ihm dann von ihrem Plan, das Haus zu besuchen, und machte es damit möglich, daß sie endlich über ihre Mutter und ihr gemeinsames Leben im alten Haus sprechen konnten. Er gab ihr einige Photos, die in diesem Haus aufgenommen waren und die sie sich seit dem Tod ihrer Mutter nicht mehr angesehen hatten. Anschließend machte sie ihre ›Pilgerfahrt‹ – wie sie es nannte – zum alten Haus. Sie ging durch alle Zimmer, die glückliche wie schmerzliche Erinnerungen wachriefen. Sie machte neue Photos von der Außenansicht des Hauses und sprach mit ihrem Vater über ihren Besuch und über Dinge, die gleichgeblieben waren, sowie über Dinge, die sich geändert hatten. Vier Monate später fragte ihr Vater sie, ob sie zusammen zum alten Haus fahren könnten, und sie unternahmen eine zweite ›Pilgerfahrt‹, bei der sie zum erstenmal zusammen weinten. Nach diesem Heilritual der ›Heimkehr‹ ging Carolyn wieder aufs College und machte ihren Abschluß.[5]

Indem Carolyn dieses Heilritual entwickelte, konnte sie über das in ihrem Leben wiederkehrende Muster nachdenken, nie etwas fertigzumachen, und es mit ihrem Bedürfnis nach Genesung von all den Verlusten in Zusammenhang bringen, die mit dem Tod ihrer Mutter verbunden waren. Sie erkannte, daß ein einfacher Gang auf den Friedhof nicht das Heilritual war, das sie brauchte, und daß ein Besuch des alten Zuhauses wesentlich wichtiger war. Wenn Sie neue Heilrituale für sich entwickeln, müssen Sie sorgfältig darüber nachdenken, was für Sie das Richtige ist, und das kann durchaus etwas völlig anderes sein, als das, was anderen hilft.

Während Carolyn ihr Ritual schuf, entdeckte sie ihren eigenen Mut, als sie mit der Familie Kontakt aufnahm, die heute in dem Haus lebt, und auch als sie mit ihrem Vater über etwas sprach, das bis dahin tabu war. Neue Heilrituale zu schaffen erfordert häufig, mit allen Regeln zu brechen, die bestimmen, was man ansprechen darf und was nicht.

Carolyn wandte sich nicht wütend gegen ihren Vater, weil er sie nicht zur Beerdigung hatte gehen lassen und die Familie zum Umzug gezwungen hatte – eine Herangehensweise, auf die er vermutlich abwehrend und unzugänglich reagiert hätte –, denn sie spürte, daß er getan hatte, was er damals für das Beste hielt, und das sagte sie ihm auch. Unserer Erfahrung nach entwickeln sich Heilrituale selten in einer Atmosphäre gegenseitiger Vorwürfe. Wenn die Verarbeitung eines Todesfalles nicht stattgefunden hat, so nicht, weil Menschen es bewußt verhindert hätten, sondern weil sie einfach nicht wußten, was sie tun sollten.

Indem Carolyn dieses Ritual von Anfang bis Ende plante und durchführte, erfuhr sie nicht nur die Heilung der Wunde, die der Tod ihrer Mutter über so viele Jahre hinweg hinterlassen hatte, sie stellte auch den Mythos von sich als einer »Person, die nie etwas fertigmacht« in Frage, der sie seit diesem Verlust gehemmt hatte.

Gemeinschaftsverluste heilen

Auch Gemeinschaften und Nationen können Rituale schaffen, um mit schwerwiegenden Verlusten fertig zu werden. Ein zeitgenössisches Beispiel ist das Denkmal für die Opfer des Vietnamkrieges in Washington DC, das ein fortlaufendes Heilritual darstellt. Verwandte und Freunde, die Männer und Frauen im Krieg verloren haben, unternehmen dorthin sogenannte ›Pilgerfahrten‹, wie sie Bestandteil vieler Rituale sind. An der Wand suchen sie den Namen ihres Angehörigen und nehmen Reibeabzüge davon mit nach Hause. Dieses Ritual, das Tausende von Menschen wiederholen, kann den persönlichen Verlust mit dem einer wesentlich größeren Trauergemeinde in Zusammenhang stellen. Diese Wand hat die öffentliche Trauer um einen Krieg erleichtert, der mit soviel Geheimhaltung und Schande einherging.

In jüngerer Zeit hat die amerikanische Homosexuellengemeinschaft ein Heilritual entwickelt, das sich »Namenprojekt« nennt. Teil dieses Rituals ist eine Patchworkdecke aus einzelnen, handgenähten Flicken, die jeweils an einen Menschen erinnern, der an Aids gestorben ist. Das Ritual hat sich über die Schwulengemeinschaft hinaus ausgeweitet, und nun kann jeder, der einen Menschen durch Aids verloren hat, ein Stück zu dieser Decke beitragen. Jeder Stofflicken enthält eine ganz persönliche Aussage, die einen wichtigen Aspekt des Verstorbenen festhalten und wiedergeben soll. Jedesmal, wenn die Decke öffentlich ausgestellt wird, findet eine Zeremonie statt, bei der all die tausend und abertausend Namen laut verlesen werden und die Decke nach einem festgelegten Schema entfaltet wird. Für dieses Ritual eine Patchworkdecke zu nehmen ist eine faszinierende Wahl. Patchworkdecken entstehen oft in Gemeinschaftsarbeit, die die Trauernden miteinander verbindet, statt sie zu isolieren, wie es die Reaktion der breiteren Öffentlichkeit auf Aids tendenziell tut. Und mit Sicherheit symbolisiert eine Patchworkdecke die Kraft von Wärme und Fürsorge und bestätigt damit das Leben selbst angesichts eines schrecklichen Todes. Die Decke ist unvollendet, eine schmerzliche Mahnung an die übrige Gemeinschaft, welches Ausmaß der Verlust hat.

Rituale zur Heilung von Gemeinschaftsverlusten erinnern uns, wie wichtig es für jeden Heilungsprozeß ist, Zeugnis von unseren Verlusten abzulegen. Die Wand, die Patchworkdecke, die Gedenkstätte Yad Vaschem für die Opfer des Holocaust und ähnliche Gedenkstätten werden für uns zu Heilritualen, wenn wir Pilgerfahrten dorthin unternehmen, Symbole erleben, die das gewaltige Ausmaß dieser Verluste widerspiegeln, öffentlich betrauern, was geheimgehalten wurde, und verändert durch unser Zeugnis in unsere eigene Gemeinschaft zurückkehren.

Kulturverlust heilen

Emigranten erleben häufig den Verlust ihrer Heimat als sehr schwer. Vertraute Rituale lebendig zu erhalten, kann solche Verluste heilen, aber nicht immer ist es leicht, das in einem fremden Land auch zu tun. Vielleicht gibt es nicht die passenden Lebensmittel. In der Umgebung mag es niemanden geben, der an den alten Ritualen teilgenommen hat. Und heranwachsende Kinder, die auf eine ›Amerikanisierung‹ brennen, sträuben sich vielleicht, mitzumachen. Auffallend ist die Tatsache, daß eine Familie am 15. November in die Vereinigten Staaten einwandern kann, die noch nie im Leben einen Truthahn gesehen hat, und anderthalb Wochen später feiert sie das Erntedankfest mit allem Drum und Dran.

Einwandererfamilien, die sich begeistert ihrer neuen Kultur anschließen, mögen anfangs wenig darüber nachdenken, was sie aufgeben, nur um später ein tiefgreifendes Gefühl von Verlust zu erleben.

Es ist für Einwandererfamilien eine zentrale Herausforderung, mit ihrer Herkunft verbunden zu bleiben, zu betrauern, was unwiederbringlich mit der Auswanderung verlorengegangen ist, *und* Anschluß an die neue Kultur zu suchen. Viele Einwandererfamilien versuchen anscheinend, diese Herausforderung zu meistern, indem sie unbewußt einzelnen Familienmitgliedern unterschiedliche Rollen zuweisen. In Gina Napolitanos Familie trauerte die Großmutter ständig dem nach, was die Familie verloren hatte. Ihre Mutter versuchte, die Verbindung zum ›alten‹ Land durch ihre Küche, durch Photos und Briefe aufrechtzuerhalten und hatte nur wenig Energie übrig, sich um ihr neues Leben in Amerika zu kümmern. Ihr Vater, ihr Bruder und sie selbst gliederten sich vollständig in die neue Kultur ein, ignorierten die Trauer der Großmutter und machten sich über das ›altmodische‹ Essen der Mutter lustig. Mit der Zeit wurde die Rollenverteilung immer festgefahrener. Zu einer Heilung der Verluste kam es nicht, und die ganze Familie empfand einen krassen Bruch.

El Salvador und die Bronx

Die Familie Torres begegnete dem Bedürfnis, die mit der Auswanderung verbundenen Verluste zu heilen, mit einem Ritual. Nachdem sie als politische Flüchtlinge aus El Salvador in der Bronx eingetroffen waren, mußten Frau Torres, ihr dreizehnjähriger Sohn Manuel und ihre elfjährige Tochter Maria mit dem Tod ihres Mannes und Vaters fertig werden und sich von ihren Kriegserlebnissen erholen. Zwei Jahre lang blieben sie sehr eng verbunden. Die Kinder lernten schnell Englisch. Frau Torres fürchtete, daß sie ihre salvadorianische Herkunft bald vergessen würden. Sie sprach mit ihnen Spanisch, aber die Kinder beharrten darauf, ihr in Englisch zu antworten. Bald gab es Streit, wenn Frau Torres mit ihnen über ›zuhause‹ sprechen wollte, und ihre Kinder erwiderten, ihr Zuhause sei die Bronx.

In der Familientherapie wurden alle aufgefordert, zur nächsten

Stunde Symbole für El Salvador und die Bronx mitzubringen. Frau Torres war sehr überrascht, als ihre Kinder Symbole mitbrachten, die zeigten, wie sehr sie ihrer Heimat noch verbunden waren. Manuel und Maria hatten Spielzeug und Photos mitgebracht, von denen ihre Mutter nicht einmal wußte, daß sie sie aufbewahrt hatten. Ihre Symbole für die Bronx waren eine Rock-and-Roll-Kassette und ein Poster für ein Konzert, und nun konnten sie sich ohne die üblichen Streitereien über Musik unterhalten. Frau Torres hatte als Symbole zwei Gerichte mitgebracht, ein salvadorianisches und eine kleine Pizza, die sowohl die Bronx als auch die Auseinandersetzungen symbolisierte, die sie hatten, als die Kinder statt ihrer heimatlichen Küche lieber Pizza wollten. Gemeinsam aß die Familie beide Gerichte. Nachdem sie die Symbole miteinander geteilt und gegenseitig akzeptiert hatten, vereinbarte die Familie ein allwöchentliches Ritual des Geschichtenerzählens, bei dem die Kinder sich bereit erklärten, den Erzählungen der Mutter aus El Salvador zuzuhören, und Frau Torres sich bereit erklärte, den Geschichten ihrer Kinder aus der Bronx zuzuhören. Mit der Zeit ermöglichte dieses Erzählritual es allen dreien, den schweren Verlust und die Trauer zum Ausdruck zu bringen, die mit ihrer erzwungenen Auswanderung verbunden waren. Dieses Ritual bot nicht nur Heilung, sondern ließ sie zugleich in einem neuen Leben Fuß fassen, das nun Elemente aus El Salvador und der Bronx enthielt.[6]

Heilrituale zu anderen Verlusten

Im Laufe unseres Lebens werden wir mit Verlusten konfrontiert, für die es in der Kultur keine vereinbarten Rituale gibt. Der Verlust eines Ehepartners durch Scheidung, der Verlust einer Beziehung oder der Verlust eines Körperteils oder einer Körperfunktion durch Krankheit erfordern alle eine Heilung, die durch ein Ritual ermöglicht werden kann. Rituale für Verluste durch Scheidung oder Trennung sind gesondert in Kapitel 11 beschrieben.

Wenn Sie einmal alle Rituale durchgehen, die Sie in Ihrem Leben mitgemacht haben, werden Sie feststellen, daß Heilung an unerwarteter Stelle stattfinden kann, selbst wenn sie nicht der zentrale Zweck eines bestimmten Rituals ist. In Jennifers Ritual des

›Erwachsenwerdens‹ entstand spontan Raum für eine weitere Heilung von dem Verlust ihres Großvaters. Viele Familien nehmen sich an Feiertagen und bei der Feier von Jahrestagen und Lebensabschnitten etwas Zeit, der Toten der Familie zu gedenken, indem sie eine Schweigeminute den Verstorbenen weihen, ihre Lieblingsmusik spielen, ein Gebet sprechen oder Geschichten erzählen, die die Erinnerung an frühere Rituale wachrufen, an denen sie teilgenommen haben. Solche Momente im Rahmen größerer Rituale zeigen uns, daß Heilung ein fortlaufender Prozeß ist, der uns in allen Ritualen offensteht.

Glauben

Jedesmal wenn wir an einem Ritual teilnehmen, bringen wir mit oder ohne Worte unsere Überzeugungen zum Ausdruck. Familien, die sich jeden Abend gemeinsam zu Tisch setzen, drücken damit wortlos ihren Glauben an die Notwendigkeit aus, daß Familien gemeinsame Zeiten miteinander brauchen. Wenn eine Familie vegetarisch ißt oder ausschließlich von Fertiggerichten lebt, drückt sie damit Wertvorstellungen aus. Abendliche Rituale des Zubettbringens bieten Eltern und Kindern Gelegenheit, sich gegenseitig zu zeigen, was sie von allen möglichen Dingen halten. Allein schon im Akt des Zubettbringens drückt sich der Glaube an ein bestimmtes Eltern-Kind-Verhältnis aus, das Wärme, Zuneigung und Geborgenheit enthält. Viele Familien nutzen das Erntedankfest, um klar zum Ausdruck zu bringen, wofür sie dankbar sind und was ihrer Ansicht das Wichtigste in ihrem Leben ist. Die Tatsache, daß das Erntedankfest der amerikanische Feiertag ist, an dem es das höchste Reiseaufkommen gibt, ist Ausdruck der Wertschätzung, die die Menschen für das Zusammenkommen trotz großer Entfernungen haben.

Geburtstage und Jahrestage drücken unsere Vorstellungen über das Vergehen der Zeit in unserem Leben aus. Welchen Platz Menschen bei einem religiösen Ritual einnehmen kann Ausdruck der Ansichten über Wert und Stellung von Männern und Frauen sein. In Hochzeiten äußern sich Vorstellungen über das Wesen der Ehe.

Wenn Paare sich entschließen, ein eigenes Hochzeitszeremoniell zu entwickeln oder den festgelegten oder traditionellen Ehegelübden eigene hinzuzufügen, so geschieht dies, weil sie erkannt haben, wie dieses Ritual solche Überzeugungen schafft und zum Ausdruck bringt. Übergangsriten für Heranwachsende bieten gewöhnlich einer Kultur Gelegenheit, ihre Auffassungen vom Erwachsenenleben weiterzugeben. In Jennifers Ritual des ›Erwachsenwerdens‹ gaben Freunde und Verwandte ihr ihre tiefsten Überzeugungen mit auf den Weg. Rituale bieten unendlich viele Möglichkeiten, Überzeugungen zu äußern, tiefe Glaubenseinstellungen auszudrücken, unterschiedliche Auffassungen auszuhandeln, Ansichten zu ändern und Sinn zu vermitteln.

Wenn Sie die Erfahrung gemacht haben, daß ein bestimmtes Ritual für Sie zur leeren, sinnlosen Routine geworden ist oder sogar zur Belastung, dann entspricht dieses Ritual vermutlich nicht mehr Ihren Überzeugungen. Rituale, die lebendig und sinnvoll bleiben, stehen weiterhin in Verbindung mit tiefen Überzeugungen und Wertvorstellungen. Kraftvolle Rituale bieten Raum für Variationen, die sich wandelnde Normen und Auffassungen zum Ausdruck bringen können, während sie uns weiterhin das Gefühl vermitteln, in einer gemeinsamen Geschichte verwurzelt zu sein. Ein gutes Beispiel bietet der *Pessachseder.** Über Jahrhunderte hinweg findet dieses Ritual zur Feier der Befreiung des jüdischen Volkes aus jahrhundertelanger Knechtschaft statt. Während des *Seders* nimmt das Familienoberhaupt sich Zeit, über die Bedeutung des Feiertages zu sprechen. In vielen Familien nehmen auch andere, die sich dort zusammengefunden haben, an diesem Gespräch teil, das es ermöglicht, Überzeugungen zu äußern und zu ergründen. In der jüdischen Praxis und in bestimmten Familien finden sich verschiedene Variationen des *Seders*. Auch diese Unterschiede drücken tiefe Überzeugungen aus. So gehören zum Beispiel zum Pessachseder vier Becher Wein. In einer neueren Form des *Seders* im Reformjudentum wurde ein fünfter Becher hinzugefügt. Als ›Becher der Erlösung‹ bleibt er der Zukunft vorbehalten, einer Zeit, in der alle, die noch in Unfreiheit leben, frei sein werden. Diese

* *Seder*: jüdischer Familiengottesdienst

Ergänzung eines Rituals, das über Generationen bestanden hat, ist ein gelebtes Zeichen für den Glauben, daß der Seder nicht nur ein Gedenken der Vergangenheit darstellt, sondern darüber hinaus eine lebendige Feier der Gegenwart und der Zukunft ist. Viele Menschen haben uns von anderen Änderungen erzählt, die sie beim *Seder* eingeführt haben, obwohl sie an seiner Form im wesentlichen festhalten. So werden zum Beispiel beim *Seder* die zehn Plagen aufgezählt. Evans Familie läßt hier zusätzlich Raum, so daß jeder seine Auffassungen und Vorstellungen von zeitgenössischen ›Plagen‹ wie Rassismus, Sexismus, Armut und Krieg äußern kann. Feministinnen haben neue *Seder* entwickelt, die sich unter dem Leitthema des Übergangs von der Knechtschaft zur Freiheit mit Fragen der Gleichberechtigung der Geschlechter befassen.

Wenn Überzeugungen sich ausweiten, ändern oder in Frage gestellt werden, entstehen neue Rituale, die diese Veränderungen ausdrücken, oder es kommt zu tiefgreifenden Wandlungen wichtiger Aspekte bestehender Rituale. Wenn Sie römisch-katholisch und vor dem Zweiten Vatikanischen Konzil aufgewachsen sind, erinnern Sie sich gewiß an die lateinische Messe. Sie erinnern sich auch, daß der Priester mit dem Rücken zur Gemeinde stand. Denken Sie darüber nach, was es bedeutet, heute an einer Messe in Ihrer Landessprache teilzunehmen, gelesen von einem Priester, der der Gemeinde das Gesicht zuwendet. Das sich wiederholende Ritual der Messe kann Sie mit dem Glauben Millionen anderer Katholiken über Jahrhunderte hinweg verbinden. Die Änderung der Sprache und der Stellung des Priesters drückt jedoch eine neue Vorstellung von einer eher aktiven als passiven Gemeinde aus.

Was glauben wir wirklich?

Als Shanna und Bill Watson ihr erstes Kind bekamen, hatten sie lange, harte Auseinandersetzungen, eine Namensgebungszeremonie zu entwickeln, mit der sie ihr Kind in der Welt auf eine Weise willkommen heißen konnten, die ihre Vorstellungen vom Leben zum Ausdruck brachte und dennoch die unterschiedlichen Auffassungen ihrer Eltern würdigte. Shanna und Bill waren christlich erzogen, aber als Erwachsene zu Agnostikern geworden. Während Shannas Schwangerschaft fühlten sie sich stark von ihren Eltern unter Druck gesetzt, eine christliche Taufe zu planen. Eine Taufe machte für sie keinen Sinn mehr, da sie an die in diesem Ritual ausgedrückten Inhalte nicht mehr glaubten. Es nur der Eltern wegen zu tun wäre leer und unecht gewesen. Eine Weile dachten sie daran, von einer Zeremonie völlig abzusehen, doch es wurde ihnen klar, daß sie sich damit einer Möglichkeit berauben würden, das Leben ihres Kindes und ihr neues Dasein als Eltern mit einer Feier zu beginnen, die ihre eigenen tiefen Überzeugungen über die Bedeutung familiärer Beziehungen zum Ausdruck bringen könnte. Mit der Zeit entwickelten sie eine Zeremonie zur Namensgebung und Begrüßung des Babys, die weitgehend nichtreligiöser Natur war und doch den Großeltern Gelegenheit bot, ihre Wertvorstellungen einzubringen.

Shanna und Bill gingen jeder für sich zu ihren Eltern und erzählten ihnen, wie sie die Geburt ihres Kindes feiern wollten. Bei diesen Besuchen würdigten sie, was ihre Eltern ihnen mit auf den Lebensweg gegeben hatten, und gaben ihrer Hoffnung Ausdruck, daß sie ihrem Kind ähnliches mitgeben könnten. Sie achteten sorgfältig darauf, keine Auseinandersetzungen über die Überzeugungen ihrer Eltern anzuzetteln, sondern ihnen einfach und ruhig ihre eigenen Ansichten darzulegen. Schließlich luden sie ihre Eltern zur geplanten Feier ein und sagten ihnen, daß sie Gelegenheit bekämen, ihre Wünsche und ihre Gebete für das neue Enkelkind zu sprechen. Das eigentliche Ritual der Namensgebung fand in einem Park statt, der Shanna und Bill viel bedeutete. Während der Zeremonie baten sie ihre Freunde und Verwandten, Ansprachen an das Kind und an sie als neue Eltern zu halten. Dieses Ritual war letztlich so gestaltet, daß es eine große Bandbreite unterschiedlicher Überzeugungen aufnehmen und in den gemeinsamen Glauben einfügen konnte, daß neues Leben etwas Kostbares ist, das es zu würdigen gilt.

Vielleicht möchten Sie die verschiedenen Rituale in Ihrem Leben überdenken und sich fragen, welche Überzeugungen sie zum Ausdruck bringen. Sind es die Überzeugungen, die Sie zum Ausdruck bringen möchten? Haben Ihre Ansichten sich in einer Weise verändert, der Ihre Rituale noch nicht Rechnung tragen? Merken Sie, wie Sie stillschweigend bei Ritualen ›mitmachen‹, nur um anderen einen Gefallen zu tun, innerlich aber unbeteiligt sind?

Vielleicht suchen Sie sich ein Ritual in Ihrem Leben aus und sprechen mit allen Beteiligten darüber, welche Überzeugungen es zum Ausdruck bringt. Oder Sie schauen sich ein bestimmtes Ritual an, das sich in Ihrem Leben ständig wiederholt, zum Beispiel Weihnachten oder Silvester, und fragen sich und Ihre Familie, welche Überzeugungen sich im Laufe der Jahre verändert haben und welche gleich geblieben sind. Schließlich kommen Sie vielleicht zu dem Schluß, einen oder mehrere Aspekte eines bestimmten Rituals zu ändern, damit es Ihre Überzeugungen aufnimmt und ausdrückt.

Rituale als Verständigungshilfe

Rituale bringen Überzeugungen nicht nur zum Ausdruck. Sie ermöglichen es auch, uns miteinander über unterschiedliche Wertvorstellungen zu verständigen. Als Familientherapeutinnen benutzen wir häufig ein Ritual, das sich ›gerade und ungerade Tage‹ nennt,[7] um Paaren bei der Verständigung über gegensätzliche Ansichten zu helfen. Sie brauchen nicht in einer Therapie zu sein, um dieses Ritual anzuwenden. Wenn Sie und Ihr Partner sich über unterschiedliche Überzeugungen streiten, versuchen Sie, die Woche in ›gerade‹ und ›ungerade‹ Tage einzuteilen. Sie müssen sich vorher einigen, daß montags, mittwochs und freitags die Ansicht Ihres Partners zu einer bestimmten Frage unbestritten im Vordergrund steht, während Sie zuhören und sorgfältig prüfen, was Sie daraus lernen können. Dienstags, donnerstags und samstags steht Ihre Ansicht im Vordergrund, und Ihr Partner hört zu und prüft, was er oder sie lernen kann. Sonntags nehmen Sie sich etwas Zeit, über das Geschehene zu sprechen. Dieses Ritual zur Verhandlung von Überzeugungen ermöglicht es Ihnen, aus Ihrer normalen Beziehung miteinander herauszutreten. Heftige Auseinandersetzungen, wer Recht hat, hören während der Dauer des Rituals schlagartig auf. Es eröffnen sich Möglichkeiten, den Standpunkt des Partners wirklich wahrzunehmen.

›Gerade und ungerade Tage‹ in der Praxis: Janna nimmt ein Bad
Anne Wright und Susan Pollard adoptierten ein kleines Mädchen,
Janna, als sie vier Jahre alt war. Schon bald nachdem Janna in die
Familie gekommen war, gerieten Anne und Susan in Streit, wie sie
sie am besten erziehen sollten. Janna hatte Angst vorm Baden.
Anne bestand auf einem allabendlichen Bad, während Susan sich
auf Jannas Seite schlug und ihr oft ein Bad erließ. Die Kämpfe
zwischen Anne und Janna entwickelten sich sehr bald zu Auseinandersetzungen zwischen Susan und Anne. Die tägliche Badezeit
gestaltete sich zunehmend schwieriger. Sie beschlossen, es mit
dem Ritual ›gerade und ungerade Tage‹ zu versuchen, um diesen
Streit beizulegen. Wenn Susan sich aus Annes Versuchen heraushielt, Janna zu baden, war Anne wesentlich ruhiger, und das wirkte
sich auch auf Janna aus. Wenn Anne sich aus Susans Methoden
heraushielt und lediglich zusah, lernte sie manch spielerische Art,
Janna mit Wasser in Berührung zu bringen, die nicht bis zu einem
Bad reichten. Jannas Angst legte sich, während Anne und Susan
jeweils von der Herangehensweise der anderen an dieses Problem
lernten. Janna sprach von ›Annes Janna baden‹ und ›Susans Janna
nicht baden‹ und wurde jeden Abend sauber. Was anfangs feste
Überzeugungen über die Frage zu sein schienen, wie oft Kinder
baden müßten, löste sich schließlich in Luft auf.

Nicht alle Streitigkeiten mögen sich so leicht beilegen lassen,
aber wenn Sie es mit dem Ritual der ›geraden und ungeraden Tage‹
versuchen, können Sie Ihre eigenen Gründe, weshalb Sie sich
verhalten, wie Sie es tun, voll ausloten, ohne daß sich die Abwehr-
haltungen zwischen Ihnen und Ihrem Partner aufschaukeln. Sie
haben die Möglichkeit, eine andere Herangehensweise wirklich
kennenzulernen, die sich von Ihrer eigenen radikal unterscheiden
kann. Wenn ein ganzer Tag Ihnen zu lang erscheint, können Sie
dieses Ritual auf Ihre eigenen Toleranzgrenzen zuschneiden und
es eine Stunde täglich ausprobieren. Indem Sie und Ihr Partner sich
auf dieses Ritual einigen, entdecken Sie vielleicht ein neues Vertrauen in Ihre Zusammenarbeit.

Rituale verlangen von uns manchmal, neue Rollen auszuprobieren, Rollen, deren Werte und Überzeugungen uns fremd sein
mögen. Ein anderes Ritual zur Verständigung über Meinungsver-

schiedenheiten nennt sich ›Gesprächsritual‹. Jim und Ellen Marcus stritten sich tagtäglich über die Frage, ob sie noch ein drittes Kind bekommen sollten. Ellen wollte es, und Jim blieb unnachgiebig bei seinem Nein. Dieser Streit überschattete mittlerweile ihr ganzes Zusammenleben. Jeder wiederholte beharrlich seine festgefahrene Position. Sie vereinbarten, es mit einem Gesprächsritual zu versuchen, das aus drei Unterhaltungen bestand, die jeweils in ihrem Wintergarten stattfinden sollten, einem Ort, mit dem beide symbolisch positive Gefühle verbanden. Beim ersten Gespräch wollten beide alle Gründe vorbringen, die für ein weiteres Kind sprachen. Beim zweiten sollten beide die Gründe zusammentragen, die für eine Beschränkung ihrer Familie auf zwei Kinder sprachen. Beim dritten würden sie besprechen, was sie gelernt hatten und wie jeder von ihnen nun über diese Frage dachte und was sie dazu empfanden. Um diese Gespräche als Ritual zu kennzeichnen, das außerhalb der üblichen Gespräche und Streitigkeiten lag, sollte es jeweils zur gleichen Zeit am gleichen Ort stattfinden, und zwar mit einwöchigem Abstand am Sonntag nachmittag um 14 Uhr, weil ihre beiden Kinder um diese Zeit bei Freunden spielten. Außerhalb dieser festgelegten Zeit durfte das Thema nicht zur Sprache kommen.

Von ihren üblichen Streitereien befreit, hatten Jim und Ellen beide das Gefühl, auf neue Weise Gehör und Verständnis zu finden. Während des ersten Gesprächs konnte Jim zum Ausdruck bringen, was herrlich an einem weiteren Kind wäre. Er sprach aus, was es ihm bedeutete, Vater zu sein – etwas, das Ellen noch nie von ihm gehört hatte. Bei ihrem zweiten Gespräch äußerte Ellen einige der Befürchtungen, die sie bei dem Gedanken an ein drittes Kind hatte und die sie bislang vor Jim verborgen hatte, weil sie fürchtete, er könne sie dazu benutzen, ihr ein drittes Kind auszureden. Indem sie ihre Ansichten zu dieser Frage vollständig aussprachen und nicht nur die Teile, die sie gewöhnlich vorbrachten, fühlten sie sich einander wesentlich stärker verbunden. Jeder fing an, die Sicht des anderen auf neue Weise zu sehen. Sie trafen die Entscheidung, sechs Monate zu warten, und die Sache dann noch einmal zu besprechen. Ihre alltäglichen Gespräche konnten sich anderen Themen zuwenden.

Vielleicht haben Sie als Kind ein spielerisches Ritual der ›vertauschten Rollen‹ kennengelernt. Viele Schulen haben einen Tag im Jahr, an dem die Kinder die Lehrer und die Erwachsenen die Schüler sind. Solche Umkehrungen finden sich quer durch alle Kulturen in Ritualen, bei denen sich einmal im Jahr die Männer als Frauen verkleiden und die Frauen als Männer. Wenn wir für begrenzte Zeit und auf ritualisierte Art in die Rollen anderer schlüpfen, erhalten wir Gelegenheit, die Standpunkte des anderen zu sehen und Ansichten zu äußern, die uns gewöhnlich recht fremd sind. Nach solchen Umkehrritualen neigen wir zu mehr Flexibilität in unseren Ansichten. Wenn Sie sich das nächste Mal in einem Streit mit einem Ihrer Kinder festgebissen haben, versuchen Sie es vielleicht einmal mit einem solchen Umkehrritual und geben für begrenzte Zeit vor, der andere zu sein und seine oder ihre Position in der strittigen Frage zu vertreten. Anschließend besprechen Sie, was Sie herausgefunden haben. Umkehrrituale machen Ihre eigenen Überzeugungen vermutlich deutlicher und lassen Sie die andere Seite besser verstehen. Auch Paare können einen solchen Rollentausch vornehmen, ebenso wie erwachsene Kinder und ihre Eltern. Sie brauchen nur die echte Bereitschaft, sich für einen vorher vereinbarten Zeitraum unvoreingenommen auf den Standpunkt oder die Ansicht des anderen einzulassen und anschließend Ihre Erkenntnisse zu diskutieren.

Kleidung:
Ein rituelles Ausdrucksmittel und Verhandlungsinstrument
Zu vielen Ritualen gehören Kostüme. Wie wir uns für ein bestimmtes Ritual kleiden, ist ein sichtbarer Ausdruck unserer Überzeugungen. Kinder gehen in die Kirche in ihren ›Sonntagskleidern‹ – Kleidern, die sie den Rest der Woche nicht anziehen –, um ihren Glauben an das Besondere dieses Ereignisses auszudrücken. Im Judentum bedecken Männer ihren Kopf mit einer Kappe (*Jarmulke*), um ihrer Ehrerbietung vor Gott Ausdruck zu verleihen. Vor kurzem haben in den Reformkirchen einige Frauen begonnen, die gleichen *Jarmulkes* zu tragen und damit ihren Glauben an die Gleichheit der Geschlechter in religiösen Dingen ausgedrückt. Vor dem Zweiten Vatikanischen Konzil mußten Frauen im Gegensatz

zu Männern in der katholischen Kirche ihren Kopf bedecken, eine Vorschrift, in der die Auffassung des heiligen Paulus zum Ausdruck kam, daß Frauen lediglich ein Abglanz männlicher Herrlichkeit seien und in der Gewalt ihrer Ehemänner stünden.[8]

Wie wir uns zu bestimmten Ritualen kleiden, kann auch den Wandel in Glaubensfragen zum Ausdruck bringen. In den sechziger Jahren wandten sich viele junge Paare von den althergebrachten Hochzeitskleidern ab, um einerseits die Sitten und Gebräuche ihrer Kultur in Frage zu stellen und andererseits neue Ansichten über das Wesen der Ehe zum Ausdruck zu bringen. In den achtziger Jahren erlebten das weiße Hochzeitskleid und der Smoking ein Comeback, das stärker konservative Ansichten der Gesellschaft widerspiegelte.

T-Shirts: Rituelle Kostüme der neunziger Jahre

In unserer Arbeit mit Paaren, die sich bemühen, sich über ihre Ansichten zu verständigen, schlagen wir häufig ein spielerisches und wirkungsvolles Ritual vor, das mit T-Shirts arbeitet. Da es in jedem Einkaufszentrum mittlerweile Läden gibt, in denen Sie für wenig Geld Ihr eigenes T-Shirt gestalten können, steht dieses Ritual jedem offen. Wenn Sie und Ihr Partner Schwierigkeiten haben, einen gemeinsamen Nenner zu finden und sich über differierende Ansichten zu einigen, können Sie beide überlegen, welches T-Shirt-Design ihre eigene Position am besten symbolisiert. Fahren Sie gemeinsam in den Laden, und lassen Sie sich Ihre T-Shirts anfertigen. Beim nächsten Streit halten Sie einen Moment inne, und ziehen Sie Ihre T-Shirts an als Symbol für einen neuen Gesprächskontext. Und schon bewegt sich Ihr Streit in einem Rahmen, der von etwas Humor und gutem Willen geprägt ist. Oder ziehen Sie Ihr T-Shirt als Signal an Ihren Partner an, daß es Zeit ist, über wichtige Dinge zu sprechen. Während Sie Ihre T-Shirts tragen, erhalten Gespräche jene besondere Note, die Rituale kennzeichnet.

Sie können auch T-Shirts machen lassen, um überlebte oder festgefahrene Ansichten in Frage zu stellen. Geraldine und Willie Jackson stellten fest, daß sie aufeinander reagierten, als stritten sie sich wieder mit ihren eigenen Eltern. Sie gingen in einen Laden und ließen sich zwei T-Shirts machen. Auf Geraldines T-Shirt stand: »Weißt du was? Ich bin nicht deine Mutter!« und auf Willies stand: »Weißt du was? Ich bin nicht dein Vater!« Jedesmal wenn sie feststellten, daß sie aufeinander wie Eltern und Kind reagierten, rief einer von beiden: »T-Shirts!«, und sie zogen ihre neuen Kostüme an. Sehr bald fielen die alten Verhaltensmuster von ihnen ab. Heftige Streits wichen ihrem Gelächter, und sie konnten anfangen, sich miteinander zu verständigen. Nach einer Weile brauchten sie nur noch das Wort »T-Shirts« zu sagen, um den Bezugsrahmen zu schaffen, der Streit verhinderte und den Weg zur Einigung ebnete.

Sie können solche Rituale zur Verständigung über unterschiedliche Ansichten auch mit vielen Ihrer Verwandten und Bekannten entwickeln. Es bedarf lediglich einer gewissen beiderseitigen Bereitschaft, den immer gleichen, nervenden Streit zu durchbrechen und sich auf ein Experiment mit speziellen rituellen Symbolen und ritueller Zeit einzulassen, in dem neue Regeln des Umgangs herrschen. Wählen Sie eine Zeit, in der Sie beide wirklich ungestört sind. Wählen Sie einen Ort, der für Sie beide warme, angenehme Assoziationen weckt. Spielen Sie mit neuen Wegen, zuzuhören und sich Gehör zu verschaffen, zum Beispiel Symbole für Ihre unterschiedlichen Ansichten auszutauschen, Schriftstücke aufzusetzen, die Ihre Positionen zum Ausdruck bringen, oder einheitliche Kleidung wie solche T-Shirts zu tragen. Ein Paar, das wir kennen, erfand ein Brettspiel, um sich über Meinungsverschiedenheiten zu verständigen. Schon die gemeinsame Arbeit, dieses Spiel herzustellen, ließ etwas Neues zwischen ihnen entstehen. Und dieses Spiel als allwöchentliches Ritual zu spielen ermöglichte ihnen, sich über ihre Meinungsverschiedenheiten zu verständigen.[9] Die erbitterte Polarisierung, die so oft entsteht, wenn Menschen unterschiedlicher Auffassung sind, kann sich mittels der Fähigkeit von Ritualen legen, Widersprüche aufzunehmen und neue, unerwartete Sichtweisen aufzudecken.

Feiern

Rituale des Lebenskreises wie Hochzeiten, Kindtaufen, Schulabschlüsse und Beerdigungen, religiöse und weltliche Feiertage, Ge-
burts- und Jahrestage – sie alle gehen mit einer Feier einher.
Häufig ist der festliche Aspekt der Rituale das augenfälligste und
deutlichste Kennzeichen für Kontinuität und Wandel des einzelnen, der Familie und der Gemeinschaft. Indem wir mit den freudi-
gen und feierlichen Momenten des Rituals verkünden, wer wir
sind und wer wir werden, reihen wir uns in gewisser Weise in den
Lauf der menschlichen Geschichte ein. Wir können die Leistungen
eines individuellen Lebens feiern, die positiven Elemente einer
Beziehung, die Wärme und Fürsorge einer Familie.

Alle Kulturen kennen Feiern. Zu diesen Ritualen gehören meist
bestimmte Speisen und Getränke, ethnische, religiöse oder kulturelle Ausdrucksformen, spezielle Musik, Geschenke und besondere
Kleidung, Dinge, die die Feier als etwas ›Besonderes‹ kennzeichnen.
In Jennifers Ritual des ›Erwachsenwerdens‹ aßen die Gäste ihr Lieblingsessen, um ihre Vorlieben zu würdigen. Die jüdisch-amerikanischen wie auch die jamaikanischen Aspekte ihrer Familienkultur
waren vertreten. Janine und Natalya spielten wunderschöne Musik.
Jennifer bekam Geschenke, die sie in ihr Erwachsenenleben entlassen sollten. Das ganze Ritual feierte ihre Leistungen im Leben und
jene, die ihr beigestanden und geholfen hatten.

Da das Feiern eines der wirkungsvollsten Elemente von Ritualen
ist, kann es vielleicht sinnvoll sein, daß Sie Ihre eigenen Rituale
darauf überprüfen, welche Ihnen ein Gefühl von Feiern vermitteln
und welche nicht. Rituale, die den Aspekt der Feier enthalten, bringen Wärme, Behaglichkeit, Unterstützung, Lebensfreude und Verbundenheit mit anderen zum Ausdruck. Es sind zwar nicht alle
Rituale als Feier gedacht, doch wenn Sie von einem Ritual kommen, bei dem Sie mit einer Feier gerechnet hatten und sich statt
dessen angespannt, erschöpft, heuchlerisch oder von sich und anderen abgeschnitten fühlen, dann hat dieses Ritual eine Schlüssel-
funktion, das Feiern, nicht erfüllt. Da Rituale eine Brille sind, durch
die Sie Entwicklungen und Beziehungen sehen können, ist die Er-
kenntnis, daß Rituale, die Sie als Feier erwartet haben, dies nicht

leisten, ein Signal dafür, daß hier etwas geschehen muß. Häufig fehlt eine echte Feststimmung bei Ritualen, wenn es in Beziehungen zur Entfremdung gekommen ist, wenn wichtige Fragen unter den Teppich gekehrt wurden und nicht besprochen werden können oder wenn Verluste unverheilt, unbesprochen und unverarbeitet geblieben sind.

Das unerwartete Weihnachtsfest: Eine Feier für Jim

Sophie und Joel sahen dem alljährlichen Weihnachtsfest bei Joels Mutter mit Sorge entgegen. »Es ist eher wie eine Beerdigung, nicht wie Weihnachten«, beklagte sich Sophie. »Niemand kann über deinen Bruder Jim sprechen, und doch ist er den ganzen Tag anwesend!« Joels Bruder Jim war vor sechs Jahren mit dem Boot tödlich verunglückt. Jedes Jahr zu Weihnachten kam die Familie wie immer zusammen, doch Jims Tod überschattete das Fest wie ein Gespenst. Jim wurde niemals erwähnt, und die Familie absolvierte die weihnachtliche Zeremonie ohne jede Feststimmung.

Joel und Sophie dachten lange nach, wie sie das Weihnachtsfest ändern könnten. Sie überlegten, gar nicht zu Joels Mutter zu fahren, wollten sie aber auch nicht vor den Kopf stoßen. Schließlich beschlossen sie, ein gewisses Risiko einzugehen, um das Weihnachtsfest und die Familienbeziehungen aufzubrechen. Sie stellten ein Album zusammen, das Jims Leben würdigte. Es enthielt Photos, Zeitungsausschnitte über seine Leistungen und Briefe, die er geschrieben hatte. Als sie zu Weihnachten die Geschenke tauschten, erklärte Joel, er und Sophie hätten ein Geschenk für die ganze Familie, und holte das Album hervor. Zuerst verließ Joels Schwester wütend das Zimmer, kam aber dann zurück. Die ganze Familie saß zusammen, durchstöberte das Album unter vielen Tränen und Geschichten über Jim, die sie zum erstenmal seit seinem Tod erzählten. Das anschließende Weihnachtsessen war ein echtes Fest. Die Familie lachte. Joels Mutter erinnerte sich an das Jahr, als Jim zwei Tage vor Weihnachten all seine Geschenke ausgepackt hatte und gerade wieder einzupacken versuchte, als sie ihn erwischten. Diesmal aßen sie ihre Lieblingsgerichte mit Genuß und nicht mit heimlichen Schuldgefühlen. Die Familie forderte ihr Recht zu feiern wieder ein.

Weihnachten, ein Ritual, das Freude und Feiern beinhalten soll, war für diese Familie erstarrt. Alle hatten das Tabuthema von Jims Tod im Kopf, doch keiner wagte, es anzusprechen. Joel und Sophie wußten, wenn sie die anderen Familienmitglieder gefragt hätten, ob sie das Album machen und ihnen schenken sollten, hätten sie ihnen geantwortet, sie sollten es lieber lassen, es würde Joels Mutter zu sehr aufregen. Indem sie Jims Leben offen feierten, konnten sie wieder Kontakt zum reichen Schatz der Erinnerungen an Familienfeiern herstellen, die sie zusammen erlebt hatten. Joels Mutter faßte die echte Feier, zu der es so gekommen war, in Worte, als sie Joel und Sophie beim Abschied sagte: »Ihr habt mir Weihnachten zurückgegeben, und ihr habt mir Jim zurückgegeben.«

Das Ungefeierte feiern

In unseren allgemein anerkannten Ritualen zu Ereignissen des Lebenskreises, Feiertagen und Familientraditionen ist das Thema des Feierns offenkundig, doch es gibt viele Ereignisse im Leben, die unbemerkt und ohne Feiern vonstatten gehen. Daß es diese Feiern nicht gibt, mag an Scham oder Schuldgefühlen liegen, am Mangel an Unterstützung in der Gemeinschaft oder Gesellschaft oder einfach an der Tatsache, daß Leistungen und Veränderungen unbemerkt geblieben sind. Da die Möglichkeit besteht, neue Rituale zu schaffen, möchten Sie sich vielleicht überlegen, ob es in Ihrem Leben oder bei Ihnen nahestehenden Menschen Dinge gibt, für die eine neue Feier angebracht wäre.

In unserer Arbeit lernten wir zum Beispiel ein Paar kennen, das in einer christlich-jüdischen Mischehe lebte und ständig darum rang, wie es *Chanukka* und Weihnachten feiern sollte. Schließlich lösten sie das Dilemma, als in einem Jahr jeder dem anderen Raum ließ, sein eigenes Fest zu feiern, gefolgt am 27. Dezember von einem Tag, den sie als Tag zur »Feier unserer Unterschiede« bezeichneten. Jeder bereitet besondere Gerichte entsprechend seiner ethnischen und religiösen Herkunft zu und erzählte eine bislang ungehörte Geschichte aus seinem kulturellen Erbe. Sie beendeten den Tag mit dem Satz: »Danke, daß du so anders bist und mein Leben bereicherst!«

In unserer Gesellschaft gibt es nur wenige etablierte Übergangsriten. Manche Familien sind dazu übergegangen, verschiedene Übergangsriten zu feiern, wie die Menarche oder die erste Rasur. Diesen Übergang in die Pubertät zu markieren, bietet eine Gelegenheit, Wertvorstellungen der Familie darüber zu feiern, was es heißt, eine Frau oder ein Mann zu sein.

Viele gleichgeschlechtliche Paare, denen unsere Gesellschaft eine legale Ehe und Hochzeitsfeier nicht erlaubt, haben begonnen, ein eigenes Ritual zu entwickeln, um sich für alle sichtbar aneinander zu binden und ihre Beziehung mit Verwandten und Freunden zu feiern, die ihre Bindung bezeugen und ihnen Unterstützung anbieten.

Eine Familie, deren Sohn stark in seiner Entwicklung zurückgeblieben war, schuf ein kleines Familienritual, um jeden neuen Schritt zu feiern, den er schaffte; es gab sein Lieblingsessen, Spaghetti, und die Eltern sprachen sich gegenseitig einen Toast aus, mit dem sie würdigten, was jeder von ihnen dem Sohn gab.

John und Sue hatten geheiratet, weil Sue schwanger war. Ihren Hochzeitstag und den Geburtstag ihrer Tochter Karen feierten sie nie, weil beides für sie mit einem tiefen Gefühl der Scham verbunden war. Nach einer erfolgreichen Therapie wählten sie einen neuen Jahrestag aus, einen Tag, der ihr Zusammensein aus eigenem Entschluß markierte und nicht die von ihren Eltern erzwungene Eheschließung. Zum dritten Geburtstag ihrer Tochter und zur Verkündung ihrer eigenen Befreiung von der Scham luden sie Verwandte und Freunde ein, »Karens ersten, zweiten und dritten Geburtstag zu feiern«.

Der Aspekt des Feierns in Ritualen würdigt das Leben mit all seinen Schwierigkeiten, Problemen und Sorgen sowie mit all seinen Freuden, Erfolgen und Leistungen. Manchmal verdient allein die Ausdauer angesichts gewaltiger Widrigkeiten schon eine Feier. Vielleicht fällt Ihnen ein kleines, aber wichtiges Detail oder auch ein tiefgreifendes, aber unbemerktes Ereignis in Ihrem Leben oder im Leben der Menschen, die Ihnen nahestehen, ein, das eine Feier verdient. Nicht jedes Ritual erfordert wochenlange Vorbereitungen. Ein besonderes Essen, ein kurzer Austausch von Symbolen oder auch nur eine gemeinsame Tasse Tee am Abend können eine Feier des Lebens beinhalten und ausdrücken.

Die Kraft der Rituale nutzen

Jedes Ritual kann auf eine oder mehrere dieser Arten positiv für uns wirken. Wenn Sie über die Rituale in Ihrem Leben nachdenken, überlegen Sie, wie sie Beziehungen, Wandel, Heilung, Glauben und Feiern ansprechen und zum Ausdruck bringen. Leisten Ihre Rituale, was Sie von ihnen erwarten und brauchen? Entspricht ein bestimmtes Ritual zum Beispiel Ihren Überzeugungen, trägt aber nichts oder wenig zur Heilung von Beziehungen bei? Konnten Sie eine persönliche Statusänderung mit einem Ritual bekräftigen, fühlen sich aber nach wie vor nicht durch Beziehungen unterstützt? Wenn Sie die fünf Arten durchdenken, in denen Rituale menschliche Bedürfnisse aufnehmen, überlegen Sie, welche davon in Ihrem gegenwärtigen rituellen Leben vielleicht fehlen. Welche Ritualfunktionen möchten Sie ausbauen? Wie Sie in Kapitel 3 sehen, wirken Ihre Familiengeschichte und eine Vielzahl von Lebensumständen kraftvoll zusammen, Ihren eigenen Ritualstil zu gestalten.

KAPITEL 3

FAMILIENTRADITIONEN:
ZUM VERSTÄNDNIS VON RITUALSTILEN

Jede Familie entwickelt ihren eigenen Stil, Rituale zu praktizieren. In den meisten Fällen sind die Ritualstile ihres heutigen Lebens beeinflußt von Erfahrungen in ihrer Herkunftsfamilie. Vielleicht stellen Sie fest, daß Ihre Rituale verkümmert, durch ein traumatisches Erlebnis oder einschneidendes Ereignis in Ihrem Leben unterbrochen, starr und unveränderlich, Pflichtveranstaltungen oder unausgewogen sind, oder Sie merken, daß Ihre Alltagsrituale von einem Stil geprägt sind und Ihre Lebenskreisrituale von einem anderen. Ihren Ritualstil zu ändern dürfte sich nachhaltig auf Ihr Selbstverständnis und Ihre Beziehungen auswirken. In dem Maße, wie Sie zu Ihrem eigenen Ritualstil finden und mit dessen Veränderung experimentieren, werden Sie herausfinden, daß die Auswirkungen auf Nähe, Verbundenheit und Sinn füreinander lange über das eigentliche Ritual hinaus anhalten.

Verkümmerte Rituale

Manche Familien haben nur wenige Rituale. Geburtstage, Jahrestage und Feiertage vergehen unbeachtet ohne Feiern oder nehmen im Familienleben nur sehr wenig Raum und Zeit ein. Gemeinsame Mahlzeiten ergeben sich mehr oder weniger zufällig oder gar nicht. Vielleicht gibt es fast gar keine Alltagsrituale, die den Menschen ein Gefühl von Familienzusammengehörigkeit vermitteln. Besondere Leistungen wie Schulabschlüsse erfahren wenig oder gar keine Beachtung. In Familien, die mit nur sehr wenigen Ritualen leben, können andere Lebensbereiche geplante Rituale leicht verdrängen. So mag zum Beispiel die Arbeit des Vaters Vorrang vor einer Geburtstagsparty haben, oder ein Telephongespräch kann ohne weiteres ein Familienereignis unterbrechen. Zeit und Raum für Rituale sind nicht geschützt, und dem rituellen Aspekt des Familienlebens kommt weniger Wert zu als anderen Lebensbereichen.

Da Rituale für uns Kontinuität und Wandel betonen und ermöglichen, bedeutet ein verkümmerter Ritualstil, daß eine Familie im großen und ganzen wahrscheinlich wenig Familiensinn besitzt. Alles vermischt sich mit allem. Familien, die eine Kontinuität mit der Vergangenheit aufgrund schmerzlicher Erinnerungen vermeiden möchten, entwickeln häufig einen verkümmerten Ritualstil.

Schwindende Rituale: Ein Fallbeispiel

Regina Jackson stammt aus einer Familie, in der die Eltern sehr unglücklich miteinander waren. Ihre Mutter war Alkoholikerin. An fast jedem Geburts- und Feiertag gerieten ihre Mutter und ihr Vater in heftigen Streit, und ihre Mutter betrank sich, was Regina und ihren jüngeren Bruder stark verängstigte. Als Regina heiratete, wurde sie vor jedem Feiertag recht deprimiert, verstand aber nicht, warum. Ihr Mann Jeff, der über die Kindheit seiner Frau – wenn überhaupt – nur wenig wußte, dachte, sie sei mit den Feiertagsvorbereitungen einfach überlastet. Zunächst versuchte er nach bestem Wissen bei den Vorbereitungen zu helfen, aber er und Regina bekamen jedesmal Streit, und schließlich brach sie in Tränen aus und ging auf ihr Zimmer. Mit der Zeit schlug Jeff vor, die Feiern einfach auf ein Minimum einzuschränken, obwohl Regina weiterhin um Feiertage herum deprimiert war. Über einige Jahre hinweg entwickelte das Paar einen verkümmerten Ritualstil, der eigentlich keinen von beiden zufriedenstellte.

Jeff stammte aus einer Familie mit einer reichen und inhaltsvollen Ritualtradition. Da seine Familie am anderen Ende des Landes lebte, hatte das Paar in seinem gegenwärtigen Leben keinen Anschluß an diese Rituale. Jeff spürte, daß er den in seiner Familie üblichen Umgang mit Ritualen vermißte, vor allem als sie dann eigene Kinder hatten. Als der dritte Geburtstag seiner Tochter ohne Feier verging, geriet Jeff mit Regina in Streit über eine völlig andere, nebensächliche Kleinigkeit. Bald wurde ihm klar, daß er sich eigentlich über den völligen Mangel an sinnvollen Ritualen in ihrer Familie ärgerte. Als er das Regina sagte, erzählte sie ihm schließlich von den äußerst schmerzlichen Ritualen ihrer Familie, Ritualen, die sich als immer wiederkehrende Dramen voller Unfrieden und Unglück gestaltet hatten. Diese Geschichten zu erzählen und bei Jeff auf liebevolles Verständnis zu stoßen tat Regina gut, denn sie hatte sich zu sehr geschämt, über die Vorgänge in ihrer Familie zu sprechen. Jeff zuzuhören, wie er von den Ritualen seiner Kindheit sprach, vermittelte ihr einen völlig neuen Begriff von den Möglichkeiten, die Rituale zur Bereicherung ihres Lebens boten. Zusammen beschlossen sie, es mit neuen Ritualen zu versuchen, die Regina nicht an die schmerzlichen Rituale ihrer Herkunftsfamilie erinnern würden.

Einen verkümmerten Ritualstil erkennen

Wenn Sie wissen möchten, ob Ihre Familie einen verkümmerten Ritualstil entwickelt hat, können Sie folgende Fragen allein oder im Familienkreis durchgehen:

- Machen Sie wichtige Ereignisse wie Geburts- oder Hochzeitstage kenntlich, oder lassen Sie sie einfach ohne sonderliches Aufhebens verstreichen?
- Behalten Sie bestimmte Zeiten für Familienfeiern vor, oder können andere Dinge wie Arbeit oder Schule sie leicht verdrängen?
- Setzt die Familie sich mit einer gewissen Regelmäßigkeit zum Essen gemeinsam zu Tisch, oder nimmt sich jeder einfach etwas zu essen, wann er möchte? Läuft bei Familienmahlzeiten *immer* das Fernsehen?
- Finden einschneidende Ereignisse im Lebenslauf wie Schulabschluß oder Ruhestand besondere Beachtung oder gehen sie einfach im alltäglichen Leben unter?

Wenn Sie diese Fragen durchgehen, achten Sie auf Trends und Tendenzen. Wir haben noch nie eine Familie getroffen, die überhaupt keine Rituale gehabt hätte, allerdings verlieren in vielen die Rituale aus unterschiedlichen Gründen mehr und mehr an Bedeutung. Einwandererfamilien und vor allem erwachsene Kinder aus Einwandererfamilien, die sich sehr schnell ihrem neuen Umfeld anpassen, gehen vielleicht von früheren Ritualen ab, ohne sie durch neue zu ersetzen. Heranwachsende weigern sich eine Zeitlang, an Familienritualen teilzunehmen. Das ist meist eine Entwicklungsphase, die mit dem Wunsch eines Jungendlichen einhergeht, mit Freunden zusammenzusein oder sich eine Weile von der Art abzugrenzen, in der die Familie Dinge regelt. Manche Familien reagieren darauf, indem sie sich den Heranwachsenden anpassen, die meisten Familienrituale fallenlassen und einen verkümmerten Ritualstil entwickeln. Das geschieht häufig, wenn Familien ihre Rituale vorwiegend nach den Bedürfnissen der Kinder ausgerichtet und die Erwachsenen ihr eigenes Bedürfnis nach sinnvollen Ritualen vernachlässigt haben. Als alleinerziehender Elternteil mit erwachsenen Kindern oder als Single stellen Sie vielleicht fest, daß Ihr Ritualleben recht spärlich geworden ist. Die Entdeckung, daß Ihre Rituale sich in dem Maße auf ein Minimum reduziert haben, wie die Kinder groß geworden sind und das Haus verlassen haben, ist ein nützliches Signal, daß Sie sich um Ihre Beziehungen zu anderen Erwachsenen kümmern sollten. Wenn dies in Ihrer eigenen Familie geschehen ist, möchten Sie vielleicht über Möglichkeiten sprechen, Rituale zu entwickeln, die sich auf die Belange von Erwachsenen und Paaren und auf Übergänge von einem Lebensabschnitt zum nächsten konzentrieren.

Wenn Sie zu dem Ergebnis gekommen sind, daß Ihr Ritualleben auf ein Minimum reduziert ist, raten wir Ihnen nicht, loszustürmen und jede Menge Rituale zu entwerfen. Es geht gar nicht um die Anzahl der Rituale, sondern um Ihre Zufriedenheit mit Ihrem Ritualleben. Sie könnten versuchen, sich einen Abend in der Woche Zeit für ein gemeinsames Abendessen im Familienkreis zu nehmen, bei dem die Erwachsenen Geschichten von den Ritualen in ihrer Herkunftsfamilie erzählen. Wenn Sie allein leben, sprechen Sie vielleicht mit Freunden über Rituale in ihrem Leben und versuchen es mit einem gemeinsamen Ritual. Dabei werden Sie besser verstehen, wie Sie zu einem verkümmerten Ritualstil gekommen sind, und können dann entscheiden, ob Sie das ändern möchten oder nicht.

Unterbrochene Rituale

Plötzliche, unerwartete Änderungen im Leben wie Krankheit, Tod oder Krieg oder auch absehbare, aber traumatische Ereignisse wie Scheidung oder Auswanderung können Familienrituale verdrängen. Es kann sein, daß manche oder alle vertrauten Rituale Ihrer Familie aus der Bahn geworfen werden und Sie sie über Monate und Jahre hinweg nicht wieder aufnehmen und auch keine neuen entwickeln, die an die veränderten Umstände anknüpfen und sie zum Ausdruck bringen.

Ein unterbrochener Ritualstil ist eindeutig ein Signal, daß Sie oder Ihre Familie sich durch eine Krise hindurchkämpfen. Wenn Ihre Familie immer gemeinsam gegessen hat und es nun nicht mehr kann, weil ein kleines Kind im Krankenhaus liegt, oder wenn sie Weihnachten ›ausfallen läßt‹, weil der Großvater gestorben ist, dann ist schon allein das Ausfallen dieses Rituals ein Zeichen, daß die Familie Schwierigkeiten hat, mit diesen Dingen fertig zu werden. Eine Familie, die ein schweres Trauma zu bewältigen hat, wird häufig feststellen, daß ihre Alltagsrituale verschwinden und an ihre Stelle ein gewisses Chaos tritt. In der Familie Colon wurde die neunzehnjährige Tochter Wanda vergewaltigt. Die Familie reagierte auf diese furchtbare Krise, indem sie Wanda sachkundige Hilfe besorgte, aber gar nicht merkte, daß auch sie Hilfe benötigte. Nach einem Monat fiel Wandas Mutter auf, daß sie gänzlich aufgehört hatten, gemeinsam zu essen, und jeder sich auf dem Weg durch die Küche etwas nahm, sichtlich bemüht, Gesprächen aus dem Weg zu gehen. An diesem Punkt rief sie die Familie zusammen und verlangte, daß sie besprachen, was mit ihnen vorging.

Jede Familie mag zeitweise ihre Rituale aufgeben, weil sie alle Kräfte zur Bewältigung einer Krise benötigt. Leider gelingt es manchen Familien nicht, ihre Rituale wiederaufzunehmen, wenn die Ausnahmesituation vorüber ist. Dann wird aus einem unterbrochenen Ritualstil ein verkümmerter Ritualstil, der die Familie häufig unbefriedigt läßt, ohne daß sie wüßte, wie sie zu ihren Ritualen zurückkehren soll.

Der ›Chili-Geburtstagskuchen‹

Als Carrie Sullivan sieben Jahre alt war, bekam sie eine juvenile Diabetes. Ihre Eltern waren sehr ängstlich und achteten äußerst sorgsam auf ihre Ernährung. Ihr Vater meinte, sie solle nicht mehr zu Geburtstagsfeiern anderer Kinder gehen, weil sie dort Geburtstagstorte und Süßigkeiten essen würde. Sie wurde zusehends einsamer und reizbarer, weil sie spürte, daß sie nicht wie andere Kinder war, und sie begann mit allen kleinen Mädchen zu zanken, mit denen sie früher befreundet war. Bald kamen keine Einladungen zu Geburtstagsfeiern mehr. Als Carries Geburtstag nahte, spielten ihre Eltern das Ereignis herunter und gingen mit ihr ins Kino. Aus einem irregeleiteten Bemühen, nett zu Carrie zu sein, durfte auch ihr Bruder seinen Geburtstag nicht mit einem Fest, Kuchen und Eis feiern. An ihrem neunten Geburtstag schlich Carrie sich aus dem Haus und ging in eine Bäckerei; sie gab ihr ganzes Taschengeld für Kuchen aus, aß ihn ganz alleine auf und erlitt ein Diabeteskoma, das zu ihrer Einweisung ins Krankenhaus führte.

Dort schlossen sich die Sullivans einer Elterngruppe an, die sich traf, um die Schwierigkeiten und Erziehungsprobleme bei chronisch schwerkranken Kindern zu besprechen. Es kam auch die Frage der Geburtstagsfeiern zur Sprache, da viele Eltern sich bemühten, ihren Kindern das Gefühl zu geben, nicht so völlig anders zu sein, aber dennoch auf ihre Gesundheit zu achten. Die Familie Beren schilderte ihre Lösung: Sie hatten für den Geburtstag ihres Sohnes Jerrold ein anderes Symbol gefunden als einen Geburtstagskuchen. Jerrolds Leib-und-Magen-Gericht war Chili. Zu seinem elften Geburtstag, sechs Monate nach Beginn seiner Diabeteserkrankung, bekam er eine, wie er es nannte, ›Chili-Geburtstagstorte‹. Seine Mutter machte einen großen Topf Chili und setzte elf große, lange Kerzen hinein. Jerrolds Freunde fanden das toll und machten von nun an ›Hähnchen-Geburtstagstorte‹, ›Hamburger-Geburtstagstorte‹ und ›Spaghetti-Geburtstagstorte‹. Der Familie war es gelungen, ein Geburtstagsritual zu entwickeln, das sowohl den Aspekten entsprach, in denen Jerrold immer noch war wie andere Kinder, als auch jenen, in denen er sich von anderen unterschied.

Wenn Sie und Ihre Familie eine Scheidung erlebt haben, dann wissen Sie sicher, daß Rituale häufig eine Zeitlang abbrechen, bis

die Familie in ihrer neuen Form mit einem alleinerziehenden Elternteil oder einem gemeinsamen Sorgerecht beider Eltern die
nötige Zeit gehabt hat, neue und passendere Rituale zu entwickeln.
Wenn der Vater die Kinder immer mit einem Ritual zu Bett gebracht hat und nun ausgezogen ist, gibt es vielleicht einige Zeit
kein allabendliches Zubettgehritual mehr. Wenn das Erntedankfest im größeren Familienkreis immer bei einem jungen Paar gefeiert wurde, das sich nun scheiden läßt, fällt das Fest vielleicht in
einem Jahr aus, bis die Familie ihre Beziehungen neu geklärt hat.
Häufig verlangen die Kinder eine Wiederaufnahme der unterbrochenen Rituale, gewöhnlich mit Klagen, daß »alles wieder so werden soll wie früher«. Corey Andrews bestand zum Beispiel beharrlich auf einem zimmerhohen Weihnachtsbaum, wie sie ihn vor der
Scheidung ihrer Eltern immer gehabt hatten. Coreys Mutter Janice
ertrug jedoch nichts, das sie an ihren geschiedenen Mann erinnerte. Mit dem Weihnachtsbaum waren all die herzlichen Erinnerungen verbunden, ihn gemeinsam auszusuchen, aufzustellen und
zu schmücken. Um diesen schmerzlichen Erinnerungen zu entflie-
hen, fuhr sie mit Corey über Weihnachten nach Disneyland, mußte
dort allerdings erstaunt feststellen, daß Corey an dem Besuch
keine Freude hatte. Da nach einer Scheidung zwangsläufig alle
Rituale anders sind, wissen die einzelnen Elternteile vielleicht
nicht, wie sie oder er auf den Wunsch des Kindes nach unveränder-
ten Ritualen reagieren sollen, und verzichten möglicherweise auf
alle Rituale.

Denken Sie einen Augenblick darüber nach, wie einschneidende Veränderungen in Ihrem Leben Ihre Rituale möglicherweise verdrängt oder unterbrochen haben. Ob Ihr Ritualstil unterbrochen ist, erkennen Sie an einem klaren Gefühl für Rituale *vor*
einem einschneidenden Ereignis wie einer Krankheit, einer Scheidung, einem Umzug oder einem Todesfall und für deren Verschwinden *nach* diesem Ereignis.

Der Herausforderung, die unterbrochene Rituale für Sie und
Ihre Familie darstellen, läßt sich in verschiedenen Schritten begegnen. Zunächst muß jemand in der Familie diese Unterbrechung
erkennen und in Worte fassen. Ein oder zwei Gespräche darüber,
was jeder einzelne vermißt und wie es früher in der Familie war,

helfen Ihnen bei der Entscheidung, was Sie tun müssen, um bestimmte Rituale wieder einzuführen. Da das Schöne an Ritualen mit in ihrer Fähigkeit liegt, sich mit der Familie zu ändern, sind neue Rituale möglich. Rituale haben eine erstaunliche Fähigkeit, einerseits unsere Gemeinsamkeiten mit anderen Menschen und andererseits unsere Einzigartigkeit zum Ausdruck zu bringen. Familien, die nach einer Scheidung oder einem Todesfall starke Veränderungen ihrer Beziehungen durchmachen oder die ihr Leben auf eine chronische Erkrankung einstellen müssen, können nach einer Unterbrechung ihrer Rituale wieder zu einem sinnvollen Ritualleben zurückfinden.

Starre Rituale

Eine Frau sagte uns: »Ich will in meinem Leben keine Rituale – Rituale sind wie ein Gefängnis!« Diese Frau war in einer Familie aufgewachsen, in der alle Rituale starr und zwingend waren und die Entwicklung oder die Ausdrucksmöglichkeiten des einzelnen einschränkten. Das ist der Stil starrer Rituale. Wenn eine Familie einen solchen Ritualstil hat, sind alle oder fast alle Verhaltensweisen bestimmter Rituale in hohem Maße festgelegt und unwandelbar. Das Ritual muß heute ganz genau so ablaufen wie gestern oder ebenso wie im letzten Jahr. Starre Rituale lassen kaum Raum für Neues, Ungewohntes oder Spontanes. Ihnen fehlt alles Spielerische und Humorvolle, das doch ein so wesentlicher Bestandteil sinnvoller Rituale ist. Häufig sind sehr starre Rituale in einer Familie ein Zeichen für stark eingeschränkte Beziehungsmöglichkeiten. Die Rollen für Männer und Frauen, Großeltern, Eltern und Kinder sind in hohem Maße festgelegt. Familien, die einen starren Ritualstil praktizieren, laden zu ihren Ritualen selten Menschen ein, die nicht zum Familienkreis oder zur unmittelbaren Gemeinschaft zählen, denn das könnte ihre feste Ordnung bedrohen. Die Kinder dürfen meist nicht an Ritualen ihrer Freunde teilnehmen – zum Beispiel bei ihnen essen –, denn sie könnten ja neue Ideen mit nach Hause bringen, wie sich die Beziehungen in einer Familie gestalten ließen.

Gebete, kalte Dusche und Porridge

Susan Slate, siebenunddreißig, erzählte uns über das allmorgendliche Ritual ihrer Kindheit und Jugend. »Wir waren neun, und jeden Morgen weckte mein Vater uns um 5.30 Uhr, obwohl die Schule erst um 9.00 Uhr anfing. Er ließ uns in Reih und Glied ums Haus marschieren und nannte das unsere ›Morgengymnastik‹. Dann mußten wir Gebete sprechen, immer mit der gleichen Betonung auf den gleichen Worten. Anschließend nahmen wir in der Reihenfolge unseres Alters eine kalte Dusche, die, wie mein Vater erklärte, den ›Charakter festigt‹. Schließlich setzten wir uns an den Frühstückstisch, jeder auf seinen Platz, und Vater gab jedem eine große Schüssel Porridge, den wir aufessen mußten, ehe wir vom Tisch aufstehen durften. Während des Frühstücks durfte keiner ein Wort sagen. Meine Mutter wurde behandelt wie ein Kind. Wenn einer aufbegehrte, gab es Schläge. Ich fürchtete jeden Morgen!« Susan erzählte uns weiter, daß es in ihrem heutigen Leben bewußt keine Rituale gibt.

Einen starren Ritualstil erkennen

Wenn Sie feststellen wollen, ob Sie einen starren Ritualstil haben, gehen Sie einmal folgende Fragen durch:

- Müssen Rituale jedes Jahr genau zur gleichen Zeit, am gleichen Ort stattfinden?
- Sind alle oder die meisten Ihrer Rituale in hohem Maße festgelegt und bieten wenig Raum für Neuerungen oder Spontaneität?
- Wie reagieren Familienmitglieder, wenn jemand in einem bestimmten Ritual etwas anderes ausprobiert – stehen sie dem Gedanken sofort ablehnend gegenüber?
- Sind die festgeschriebenen Rollen bei Ritualen wichtiger als ihr Inhalt und die Gefühle der Teilnehmer?
- Sind sich die Rituale gleichgeblieben, obwohl es offensichtliche Veränderungen in der Zahl der Familienmitglieder, ihrer Altersstruktur und ihren Ansichten gegeben hat?

Wenn Sie diese Fragen überdenken, stellen Sie vielleicht fest, daß in Ihrer Familie ein vorwiegend starrer Ritualstil herrscht oder daß eine bestimmte Kategorie von Ritualen oder ein bestimmtes Ritual wie der Geburtstag starr und unwandelbar geworden ist. Stellen Sie sich vor, was mit den Familienbeziehungen geschähe, wenn sich ein bestimmtes Ritual änderte. Versuchen Sie es mit kleinen Abwandlungen, kochen Sie zum Beispiel am Erntedankfest ein neues Gericht, und beobachten Sie die Reaktionen der Familienmitglieder. Vielleicht stellen Sie fest, daß zum Beispiel eine neue Sitzordnung bei Tisch riesige Diskussionen auslöst. Das kann als Sprungbrett dienen, einen starren Ritualstil zu überprüfen.

Wie bereits gesagt, unterstützen uns Rituale in zwei wichtigen Dimensionen des Lebens: Kontinuität und Wandel. Wenn Rituale erstarren, befaßt sich die Familie lediglich mit der Dimension der Kontinuität und bleibt immer gleich, entgegen den Bedürfnissen der Menschen, sich zu ändern und zu entwickeln. Die wertvolle Eigenschaft von Ritualen, Veränderungen zu erleichtern und kenntlich zu machen, geht Familien verloren, deren Rituale unverändert bleiben müssen. Sie verlieren die Dimension des Wandels, ebenso wie Familien, deren Ritualstil auf ein Minimum reduziert ist, die Kontinuitätsdimension der Rituale verlieren. Menschen, die in einer Familie wie der von Susan aufwachsen, reagieren häufig in der nächsten Generation mit einem verkümmerten Ritualstil, um der von ihnen empfundenen Tyrannei der Rituale zu entrinnen. Wenn das geschieht, geht das gesamte positive Potential der Rituale verloren.

Starre Rituale entspringen häufig dem Wunsch, sich zu schützen. Es kann sein, daß eine Familie zum Beispiel durch Scheidung oder Tod eine traumatische Veränderung erfahren hat und versucht, das Trauma zu mildern, indem sie an alten Ritualen festhält. Als Suzanne Elners vierzehnjähriger Bruder Keith bei einem Verkehrsunfall tödlich verunglückte, bestand seine Mutter darauf, die Feiertage genauso zu begehen »wie wir es getan haben, als dein Bruder noch lebte«. Sie gab sich besondere Mühe, das Haus zu schmücken, wie sie es auch vor seinem tragischen Tod getan hatte. Sie kochte die gleichen Gerichte, unter anderem auch solche, die nur Keith gemocht hatte. Suzanne sagte: »Es war, als wären wir in der Zeit eingefroren. Niemand wagte, über Keith zu sprechen, und niemand wagte, Mutter zu sagen, daß wir uns ändern müßten.«

Wenn starre Rituale sich während oder nach einer Krise herausbilden, ist das ein Signal, daß Sie und Ihre Familie Schwierigkeiten haben, mit Veränderungen fertig zu werden, die Ihnen angst machen. Wenn Sie offen über Ihre Rituale sprechen, werden Sie feststellen, daß dies ein Gespräch über die Veränderungen möglich macht, mit denen Ihre Familie konfrontiert ist. Überlegen Sie gemeinsam, an welchen Aspekten der Rituale aus der Zeit vor einer einschneidenden Veränderung Sie festhalten möchten und welche wirklich einer Änderung bedürfen, um Ihren geänderten Lebensverhältnissen Ausdruck zu verleihen.

Pflichtrituale

An jedem 4. Juli packen Paul und Linda Hoffman ihre drei Kinder und ihren Hund in den Wagen und fahren die 400 Kilometer zu Pauls Schwester, bei der sich alle Hoffmans treffen. Es ist eine recht unerfreuliche Veranstaltung. Die Frauen sind den ganzen Tag mit Kochen beschäftigt, was Linda gar nicht gefällt, während die Männer im Fernsehen Sport schauen, obwohl Paul sich nicht für Sport interessiert. Die jungen Cousins und Cousinen streiten sich meist den ganz Tag lang. Abends veranstaltet Großvater Hoffman ein Feuerwerk, aber niemand schenkt ihm viel Beachtung. Am 5. Juli fahren Paul und Linda erschöpft nach Hause und schwören sich, daß sie den Feiertag zum letztenmal auf diese Weise verbracht haben. Wenn sie im nächsten Juni dann auch nur schon daran *denken*, etwas anderes zu unternehmen, ruft prompt Pauls ältere Schwester an und sagt, wie sehr es ihre Eltern aufregen würde, wenn Paul und Linda mit ihren Kindern dieses Jahr nicht kämen. Sie lassen alternative Pläne fallen, und am 4. Juli sitzen sie wieder im Wagen. Wenn Ihnen diese Geschichte bekannt vorkommt, dann sind vielleicht einige oder alle Rituale in Ihrem Leben zu Pflichtveranstaltungen geworden.

Wenn Rituale Pflichtveranstaltungen sind, begehen die Teilnehmer ein Ereignis mehr aus Pflichtgefühl als aus einem inneren Bedürfnis. Sowohl die Vorbereitungen als auch das eigentliche Ritual sind eher eine Last als ein Vergnügen. Pflichtrituale lassen keinen

Raum für Spontaneität und spielerische Elemente, und meist nehmen die Teilnehmer sie als recht anstrengend wahr. Familienmitglieder empfinden Angst und Sorge, wenn sie Versuche ins Auge fassen, diese Pflichtrituale zu ändern, und Schuldgefühle, wenn sie ihnen ganz fernbleiben. Häufig ist ein Familienmitglied, im obigen Fall Pauls Schwester, der ›Wächter‹, der dafür sorgt, daß alle teilnehmen, und deutlich macht, wie sehr eine mögliche Änderung irgend jemanden, meist die Eltern, ›aufregen wird‹.

Die Erwartungen, die unsere Kultur an Frauen als Trägerinnen der Rituale und als Veranstalterinnen aller Familienfeste stellt, bedeuten, daß sie das Essen einkaufen und zubereiten, die Geschenke besorgen, mit den Kindern geeignete Kleidung aussuchen, die Einladungen verschicken und schließlich dafür sorgen müssen, daß alle sich wohl fühlen. Mit der Zeit werden Rituale für Frauen zur leeren Belastung, die sie nur noch aus Pflichtgefühl und recht widerstrebend erfüllen. Diese geschlechtsspezifische Anforderung an Frauen als Trägerinnen der Familienrituale ist ein kulturelles Überbleibsel aus früheren Zeiten. In Familien, in denen Mann und Frau außer Haus arbeiten, erledigen Frauen nach wie vor neunzig Prozent der täglichen Essensvorbereitungen. Die meisten Frauen kaufen immer noch die Geschenke und Grußkarten zu Feiertagen für die Familie des Mannes ein und überlassen ihm nur wenig Verantwortung an den Vorbereitungen von Familienritualen. Um das Verantwortungsgefühl einer Frau für Familienrituale zu ändern, bedarf es offener Diskussionen und ganz bewußter Bemühungen aller Familienmitglieder. Solche Veränderungen kommen nicht leicht zustande, da sie viele unserer unausgesprochenen Ansichten über die Rollen von Mann und Frau in der Familie in Frage stellen.

Pflichtrituale erkennen

Denken Sie über die wesentlichen Rituale Ihres Lebens in den letzten Jahren nach:

- Freuen Sie sich darauf oder empfinden Sie sie als Belastung und Schrecken?
- Wenn ein Ritual vorüber ist, empfinden Sie eine gewisse Zufrie-

denheit und Auffrischung der Beziehungen, oder sind Sie einfach erleichtert, daß Sie es wieder einmal für ein Jahr hinter sich gebracht haben?
– Wenn Sie mit einem bestimmten Ritual unzufrieden sind, können Sie darüber in der Familie sprechen oder gibt man Ihnen zu verstehen: »Ordne dich gefälligst ein«?

Wenn Sie zum Schluß kommen, daß manche oder alle Rituale Ihres Lebens Pflichtveranstaltungen sind, können Sie das als Hinweis nutzen, daß sich etwas ändern muß. Pflichtrituale sind häufig nur ein Aspekt einer Familienstruktur, die belastend und mit Schuldgefühlen behaftet ist und nur wenig Spielraum für Abweichungen läßt. Von einem verpflichtenden Ritualstil abzugehen ist allerdings eine langwierige Arbeit, bei der Sie wohlüberlegt vorgehen müssen. Es dürfte meist nicht funktionieren, bis zum 15. Juni zu warten, um ein in zehn Jahren eingefahrenes Muster der üblichen Feier zum 4. Juli zu ändern; das dürfte wohl eher zu Auseinandersetzungen, wütendem Abbruch von Beziehungen und Unzufriedenheit aller Beteiligten führen.

»Bloß nichts Neues!«
Karen Sissel versuchte ohne große Vorplanung, ein österliches Familienritual zu ändern. Sie lebte mit ihrem Freund Joe Moore zusammen. Jedes Jahr erwartete Karens Familie, daß sie Ostern den ganzen Tag bei ihren Eltern verbrachte. Jede Andeutung, daß sie und Joe vielleicht gerne einen Teil des Tages bei Joes Familie verbrächten oder mit Freunden feiern würden, tat Karens Mutter mit den Worten ab, wie sehr das ihren Vater aufregen und krank machen würde. Karens Mutter erinnerte Karen dann daran, daß sie ihr Zusammenleben mit Joe akzeptiert hatten, ohne auf einer Heirat zu bestehen, und gab ihr damit zu verstehen, daß das Paar dankbar sein müsse und nicht alles umwerfen dürfe. Eingebettet in diese österliche Pflichtveranstaltung waren also viele unausgesprochene und bedrohliche Probleme. Zwei Tage vor Ostern rief Karen ihre Mutter an und sagte ihr, daß sie in diesem Jahr nicht kämen. Diese Erklärung löste Tränen, Wutausbrüche und viele Telephongespräche in der ganzen Familie aus, darunter auch ei-

nige, in denen Karen zu hören bekam, was für eine schlechte Tochter sie sei und daß man den Kontakt zu ihr abbrechen werde. Am Ostermorgen rief Karen an und entschuldigte sich. Karen und Joe sagten schnell ein Essen ab, das sie bei sich hatten geben wollen, und verbrachten wieder einmal den Tag bei Karens Eltern.

Karen hatte versucht, ein Pflichtritual ohne sorgfältige Planung und ohne klare Einsicht in alle Beziehungsfragen zu ändern, die von einer solchen Änderung betroffen waren. Unserer Erfahrung nach kommen Pflichtrituale meist in Familien vor, die großen Wert auf Familiensinn und den äußeren Eindruck von Familienzusammenhalt legen. Einen pflichtgemäßen Ritualstil in Frage zu stellen bedeutet häufig, die Art in Frage zu stellen, in der Loyalität in Beziehungen zum Ausdruck gebracht wird. Wenn Sie meinen, die geplante Änderung eines bestimmten Rituals oder Ihrer Beteiligung daran würde Fragen nach Ihrem Familiensinn aufwerfen, dann ist der Ritualstil Ihrer Familie wahrscheinlich pflichtgemäß.

Wenn Sie zu dem Schluß kommen, daß ein Ritual oder mehrere in Ihrem Leben pflichtschuldigst und unbefriedigend ablaufen, sollten Sie das behutsam und mit viel Zeit ändern. Wählen Sie ein Ritual, das erst in sechs Monaten oder später stattfindet. Überlegen Sie, welche Änderungen Sie vornehmen möchten. Stellen Sie sich die Reaktionen aller Familienmitglieder auf die geplanten Änderungen vor. Wahrscheinlich werden einige Familienmitglieder Ihnen sagen, weshalb Sie Ihren Plan nicht durchführen sollten, wen Sie damit aufregen werden und warum Sie auf keinen Fall Ihr Vorhaben ausführen dürfen. Sprechen Sie direkt und ohne Zorn oder Abwehrhaltung mit jedem einzelnen Familienmitglied. Sie brauchen niemanden um Erlaubnis zu bitten. Erwarten Sie nicht, daß alle von Ihrem Plan begeistert sind. Nach Karens und Joes gescheitertem Versuch, ihre Teilnahme am Osterritual zu ändern, beschlossen sie, auf eine Änderung beim Erntedankfest hinzuwirken. Im Mai besuchten beide Karens Eltern und sagten ihnen, es sei wichtig, Joes Eltern dieses Jahr zum Erntedankfest einzuladen. Als Karens Mutter protestierte, das sei mehr Arbeit, erwiderten Karen und Joe, sie würden früher kommen und helfen. Als Karens Vater erklärte, sie hätten nicht genug Platz (in Wirklichkeit eine Metapher für den Wunsch der Familie, alles beim alten zu belassen), legten Karen und

Joe eine Sitzordnung vor, die sie ausgearbeitet hatten. Als Karens Schwester zwei Tage später anrief und sagte, wie sehr ihr Vater sich aufrege, rief Karen ihren Vater an und erklärte ihm, offenbar herrsche in der Familie die Auffassung, er könne keine Veränderung vertragen, und fragte ihn, ob das stimme. Allmählich lösten sich die Einwände in Nichts auf. Die Familie feierte ein neues Erntedankfest, das die sich vollziehenden Änderungen in den Beziehungen aktiv ausdrückte und daher lebendig war.

Unausgewogene Rituale

Evan sorgte während ihres Studiums allein für ihre beiden kleinen Kinder. Um sich etwas Geld zu verdienen, verkaufte sie in einem Jahr Weihnachtsbäume und beobachtete dabei immer wieder folgende Szene: Ein Paar kam auf den Platz mit den Weihnachtsbäumen und stöberte sie durch. Er: »Wir müssen eine Kiefer nehmen, Liebling, die hatten wir zu Hause immer!« Sie: »Kiefern sind hübsch, Schatz, aber wir müssen eine Douglastanne nehmen, die hatten wir zu Hause immer!« Allmählich gingen ›Liebling‹ und ›Schatz‹ in einer immer lauteren und heftigeren Unterhaltung unter. Da Evan aus einer jüdischen Familie ohne Weihnachtsbäume stammte, war die ganze Szene für sie eher verwirrend, bis sie zu begreifen begann, daß alle Paare bei ihren Ritualen vor einer entscheidenden Entwicklungsaufgabe stehen – nämlich ein Gleichgewicht herzustellen zwischen der Geschichte, dem Erbe und den Ritualgestaltungen, die beide Seiten mitbringen. Was Evan zunächst als Nebensächlichkeit erschien, ein Weihnachtsbaum, besaß für diese Paare tatsächlich einen hohen Symbolwert, der mit der jeweiligen Herkunftsfamilie und -gemeinschaft verknüpft war.

Ein unausgewogener Ritualstil kann auf der Ebene einer Generation vorkommen, zum Beispiel, wenn ein Paar Feste ausschließlich nach Art der Herkunftsfamilie des Mannes feiert. Sind verschiedene Generationen beteiligt, kann er so aussehen, daß sich zum Beispiel die Gestaltung aller Rituale ausschließlich an den Bedürfnissen der Kinder orientiert oder nur an den Erwartungen der Großeltern, statt an denen aller Generationen.

Unausgewogenheit innerhalb einer Generation

Wenn Rituale innerhalb einer Generation unausgewogen sind, kann ein Paar wie Luke und Judy Spencer zum Beispiel alle Feiertage bei Judys Familie verbringen, mit Judys Familie in Urlaub fahren, bei Tisch die Sitzordnung einhalten, die in Judys Familie galt, in seinen Ritualen Symbole verwenden, die allein aus Judys Familie stammen, und nur wenig oder gar keinen Kontakt zum rituellen Erbe aus Lukes Familie halten.

Es gibt verschiedene Gründe, aus denen Rituale innerhalb einer Generation unausgewogen sein können. Vielleicht haben Sie in Ihrer Herkunftsfamilie sehr unglückliche Erfahrungen gemacht, geben in der Anfangszeit Ihrer Beziehung nur allzu gerne alle Familienrituale auf und schließen sich denen Ihres Partners an, nur um später festzustellen, daß es Aspekte Ihrer eigenen Familienrituale gibt, die Sie vermissen.

Paare, die von unterschiedlicher ethnischer oder religiöser Herkunft sind, ringen oft um ein ausgewogenes Verhältnis ihrer Rituale, das die Traditionen beider zum Ausdruck bringen kann. Viele lösen diesen Konflikt vorschnell, indem sie einfach alle Rituale eines Partners übernehmen. Kathy erlebte in ihrer Ehe solche unausgewogenen Rituale. Ihr Mann Michael war Jude und sie Unitarierin. Keiner konvertierte zur Religion des anderen. Michael hatte in seiner Kindheit schmerzliche Erfahrungen mit Antisemitismus gemacht, der jeweils zu Weihnachten und Ostern offen ausbrach. Aus diesem Grund meinte er, keine christlichen Feiern in seinem Haus dulden zu können. Kathy hatte Verständnis für seinen Schmerz und war zehn Jahre lang einverstanden, ihre Feiertage aufzugeben und selbst zu Weihnachten ihrer Familie keinen Besuch abzustatten. Mit der Zeit entwickelte ihr Ritualleben eine deutliche Unausgewogenheit, und Kathy begann, sich an Feiertagen zusehends einsamer zu fühlen. Ihre eigene Familie war nicht sonderlich religiös gewesen, hatte jedoch viele vergnügliche Dinge unternommen – Schnitzeljagden, Plätzchen backen und gemeinsam in den Wald gehen, um einen Weihnachtsbaum zu schlagen –, die sie nun sehr vermißte. Nach und nach fanden sie Kompromisse, mit denen auch Kathys Traditionen in ihrer Beziehung lebendig bleiben konnten, ohne Michaels Gefühle zu verletzen, unter anderem, daß Kathy Weihnachten ihre Familie besuchte, während Michael zu Hause blieb. Ein ausgewogenes Verhältnis zwischen Ritualen aus zwei sehr unterschiedlichen Traditionen bedeutet nicht, sie zu einem inhaltslosen Gemisch zu vermengen oder einen Partner zu zwingen, an Ritualen teilzunehmen, bei denen er sich nicht wohl fühlt, es heißt vielmehr, Raum zu schaffen für zwei Arten von Lebendigkeit.

Paare, die zwar derselben Religion angehören, aber unterschiedlicher ethnischer Herkunft sind, merken manchmal nicht, wie verschieden ihr Ritualleben ist, bis sie die Rituale des anderen erleben und versuchen, ein sinnvolles eigenes Ritualleben für sich zu entwickeln. Cara Santucci, eine US-Amerikanerin italienischer Abstammung, ist verheiratet mit Mickey O'Donnel, einem US-Amerikaner irischer Herkunft. Da beide katholisch sind, glaubten sie, ihre Feiertagsrituale seien deckungsgleich, bis sie anfingen, sie mit den Familien des Partners zu feiern. Es gab gewaltige Unterschiede, angefangen vom Essen über das Maß, in dem die weitere Verwandtschaft einbezogen war, den Geräuschpegel der Unterhaltung und die Rollen der Kinder bis hin zu den Geschenken. In Caras Familie herrschte an Feiertagen rege Betriebsamkeit, während sie in Mickeys Familie gedämpfter verliefen. Schon der Gedanke an Meeresfrüchte zu Heiligabend kam Mickey recht abstrus vor, während Cara sich gar nichts anderes vorstellen konnte. Als sie anfangs an den Ritualen der Familie des Partners teilnahmen, kam sich jeder vor, als sei er auf einem anderen Planeten gelandet. Jeder hielt die Familie des anderen für recht seltsam und fand ihre Art fast schon ›falsch‹ oder ›schlecht‹, bis ihnen klar wurde, daß die Rituale Ausdruck der jeweiligen ethnischen Herkunft waren. So wurden allmählich die Stärken und Schwächen der verschiedenen Rituale auf eine Weise deutlich, die es Cara und Mickey ermöglichte, das Beste aus beider Tradition zu nehmen und es in ihrer eigenen Familie zu bewahren und zu würdigen. Heute glauben die Kinder der Familie Santucci-O'Donnel, in jeder Familie gebe es an Heiligabend zuerst Meeresfrüchte und anschließend Rindfleisch mit Kohl.

Manche Paare entwickeln einen unausgewogenen Ritualstil, weil einer der Partner aus einem anderen Land eingewandert ist.

Evan wurde in Chicago geboren und wuchs mit allen US-amerikanischen Feiertagen wie Erntedankfest und dem 4. Juli sowie mit allen jüdischen Feiertagen auf. Ihr Mann Lascelles ist in Jamaika geboren. Ihm waren die amerikanischen Feiertage nicht vertraut, zudem hatte seine Familie auch andere Feste wie Geburtstage oder Jahrestage kaum gefeiert, während Evans Familie mit großem Tamtam feierte. Anfangs fühlte Lascelles sich in seinem eigenen Haus wie ein Gast, wenn Evan alle Rituale veranstaltete, die sie und ihre beiden Kinder gewohnt waren und die ihnen etwas bedeuteten. An den jüdischen Feiertagen wie *Pessach* fand Lascelles Gefallen, die US-amerikanischen Feiertage waren ihm dagegen wesentlich fremder. Evan konnte gar nicht begreifen, daß Lascelles nicht schon drei Monate vorher anfing, sich über Geburtstage Gedanken zu machen, und Lascelles war völlig überrascht von alldem Aufhebens, das Evan um Jahrestage machte. Sie brauchten viele Jahre und zahlreiche Diskussionen, um Rituale zu entwickeln, die beiden etwas bedeuteten und Aspekte der jamaikanischen Herkunft Lascelles', des jüdisch-amerikanischen Erbes Evans und ihrer einzigartigen multikulturellen Familie aufgreifen und zum Ausdruck bringen konnten. Dazu gehörten unterschiedliche Gerichte und Symbole beider Kulturen und die feinfühligere Suche nach gemeinsamen Werten, die beiden Kulturen eigen waren, sowie Verbindungen zu den jeweiligen Herkunftsfamilien, ein Sinn für Lebendigkeit und Humor genauso wie Einfühlungsvermögen und Gleichberechtigung in den Beziehungen.

Rituale für gleichgeschlechtliche Paare können leicht unausgewogen werden, wenn die Herkunftsfamilie eines Partners das Paar akzeptiert und die andere nicht. Jerry Elkins und Stan Bridges lebten seit fünfzehn Jahren zusammen. Sie feierten alle Feiertage mit Stans Familie, weil Jerrys Familie nichts mit ihnen zu tun haben wollte. Anfangs machten diese Rituale mit Stans Familie beiden Spaß. Jerry war verletzt über die Zurückweisung seiner Familie und ließ alle Rituale seiner Kindheit und Jugend fallen. Mit der Zeit litt er jedoch unter dem doppelten Verlust aller Beziehungen und vertrauten Rituale seiner Familie. Er begann, die herzlichen, toleranten Familienrituale bei Stans Eltern als schmerzliche Erinnerung an seine eigene Familie zu empfinden. Als er und Stan sich darüber unterhielten, kamen sie zu dem Schluß, daß es wirklich keinen Grund gebe, nicht Aspekte der Rituale aus Jerrys Geschichte in ihre Feiern einzubeziehen. Die Weigerung seiner Eltern, sie als Paar zu akzeptieren, hieß nicht, daß Jerry seine gesamte Vergangenheit aufgeben mußte. Sie fingen an, Symbole auszupacken wie die Kerzenleuchter, die Jerry von seiner Großmutter bekommen hatte und die sie nun in ihr eigenes Ritualleben aufnahmen. Sie kochten einige Gerichte, die es in Jerrys Familie traditionell zu Weihnachten gegeben hatte, und nahmen sie mit zu Stans Familie. Jerry sagte, zunächst sei es für ihn schmerzlich gewesen, doch bald habe er das Gefühl gehabt, sich etwas wieder angeeignet zu haben, das ihm gehörte, und das könne ihm niemand nehmen.

Unausgewogenheit zwischen mehreren Generationen

Rituale können zwischen verschiedenen Generationen unausgewogen sein, wenn alle Rituale ausschließlich mit Blick auf die Bedürfnisse einer Generation gestaltet sind. Dreht sich in Ihrer Familie zum Beispiel alles um die Kinder, können Ihre Rituale insofern unausgewogen werden, als sie nur die Bedürfnisse der Kinder berücksichtigen.

Bill Goren und Angela Stewart lebten in zweiter Ehe zusammen mit Bills drei Kindern aus erster Ehe. Bills Frau war sieben Jahre zuvor gestorben. Für Angela war es die erste Ehe, und sie bemühte sich sehr, Bills Kindern eine gute Mutter zu sein. Als die beiden heirateten, gab Bill Angela deutlich zu verstehen, daß ihm sehr am Wohl seiner Kinder gelegen war. Er schien zu glauben, er müsse den Tod ihrer Mutter irgendwie wiedergutmachen. Teils versuchte er das, indem er ausgiebige Geburtstags- und Weihnachtsfeiern veranstaltete. Zu Beginn ihrer Ehe sah Angela sich das an und äußerte etwas besorgt, ob Bill es nicht mit den Geschenken übertreibe, aber er bestand darauf, daß es so sein müsse. Der Muttertag im ersten Jahr ihrer Ehe kam und ging ohne eine Feier für Angela. Sie war verletzt, sagte aber nichts. Vor dem nächsten Muttertag sagte sie allerdings zu Bill, sie fände, sie sollten den Muttertag feiern, da sie nun die Mutter sei. Bill rief ihr sofort ins Gedächtnis, daß sie die Stiefmutter war, erklärte sich aber mit einer Feier einverstanden. Am Morgen des Muttertags fragte Bill Angela, wo sie gerne hingehen wollte, und sie nannte ihr Lieblingsrestaurant. Um vier Uhr rief Bill alle zusammen und erklärte, er wolle zur Feier des Muttertags Pizza bestellen, da die Kinder für ihre Prüfungen lernen müßten und es zuviel Zeit in Anspruch nähme, auswärts essen zu gehen. Angela bat nie wieder um eine Muttertagsfeier, und die Familienrituale drehten sich weiterhin nur um die Kinder. Bill und Angela trennten sich.

In dieser Familie war der unausgewogene Ritualstil eindeutig ein Hinweis auf viele Probleme, die wegen Bills unausgesprochener Treue zu seiner ersten Frau und der zweitrangigen Position Angelas in dieser zweiten Ehe bestanden. Wenn Rituale zwischen den Generationen unausgewogen sind, ist das gewöhnlich ein Zeichen, daß viele Probleme einer Generation nicht besprochen werden können und ihre Bedürfnisse unbeachtet bleiben. Wenn Rituale nur mit Blick auf die Kinder gestaltet sind, gibt es vermutlich Probleme des Elternpaares, die einer Lösung bedürfen. Wenn Rituale nur auf die Bedürfnisse der Großeltern abgestimmt sind, bestehen wahrscheinlich Probleme in der Kernfamilie, die vernachlässigt wurden.

Einen unausgewogenen Ritualstil erkennen

- Verbringen Sie die Feiertage fast immer bei der Herkunftsfamilie eines Partners?
- Halten Sie nur *eine* ethnische Tradition lebendig, obwohl Sie eine ethnische Mischfamilie sind?
- Welches ethnische und religiöse Erbe erfährt in Ihrer Familie Würdigung und wie haben Sie das entschieden?
- Sind Ihre Rituale fast ausschließlich an den Bedürfnissen und Wünschen der Kinder orientiert oder an denen der Großeltern?
- Hat es Auseinandersetzungen darüber gegeben, wessen Ritualen Sie folgen? Wie haben Sie diese Auseinandersetzungen gelöst?

Mit einiger Mühe läßt sich ein unausgewogener Ritualstil wieder ins Gleichgewicht bringen. Ein guter Anfang ist, alle Rituale in Ihrem gegenwärtigen Leben durchzugehen und sich zu fragen, wessen Herkunftsfamilie sie am stärksten widerspiegeln und welchen Generationsbedürfnissen sie entsprechen. Sprechen Sie über die Rituale, wie sie in Ihrer jeweiligen Familie waren, als Sie aufgewachsen sind, und vergleichen Sie sie mit ihren heutigen Ritualen. Wenn Sie feststellen, daß die Rituale unausgewogen sind und nur die Herkunftsfamilie eines Partners widerspiegeln, wählen Sie ein Ritual aus, und versuchen Sie, Elemente aus dem Erbe des anderen einzubeziehen. Bemühen Sie sich, der Kultur Ihres Partners nicht mit kritischen Urteilen zu begegnen, sondern wie ein Ethnologe in sie einzudringen, der etwas Neues und anderes kennenlernen möchte. Wenn Ihre Rituale nur die Bedürfnisse der Kinder widerspiegeln, versuchen Sie, ein Erwachsenenritual mehr zu betonen, wie zum Beispiel einen Geburtstag oder einen Ausflug ohne Kinder, um herauszufinden, welche Belange der Erwachsenen unter den Tisch gefallen sind. Wenn Sie versuchen, Ausgewogenheit in Ihre Rituale zu bringen, werden Sie wahrscheinlich auf Aspekte stoßen, bei denen die Familienbeziehungen darüber hinaus aus dem Gleichgewicht gekommen sind und wichtige Fragen unter den Teppich gekehrt wurden. In dem Maße, wie sich die Rituale ändern, werden mehr Familienmitglieder im Familiensystem zu Wort kommen.

Flexible Rituale

Damit Rituale für Sie und die Ihnen Nahestehenden lebendig und inhaltsreich bleiben, müssen sie flexibel gegenüber Veränderungen und Entwicklungen des einzelnen und der Beziehungen sein. Familienmitglieder, die neu in die Familie kommen oder sie verlassen, berufliche Veränderungen, Wandlungen der Geschlechterrollen und Änderungen der Ansichten müssen sich alle in flexiblen Ritualen niederschlagen. Flexible Rituale können die Veränderungen aufgreifen und ausdrücken und Familien dennoch ein Gefühl von Kontinuität und Verbundenheit über die Zeit hinweg vermitteln.

Ein flexibles Weihnachtsritual

Eugene Walker dachte über das Weihnachtsritual in seiner Familie nach und wie es sich einerseits mit der Entwicklung in der Familie verändert hatte und andererseits doch gewisse Aspekte beibehalten hatte, die Vertrautheit, Wärme und Geborgenheit vermittelten. Als seine Kinder klein waren, machte die Familie immer eine Ausfahrt, um zu sehen, ob sie den Weihnachtsmann auf seinem Weg zu ihrem Haus abfangen könnten. Natürlich verpaßten sie ihn immer knapp, und wenn sie nach Hause kamen, waren alle Geschenke wie durch Zauberhand unterm Baum aufgetaucht, hingelegt von den Großeltern. Wie in allen Familien schwand allmählich der Glaube an den Weihnachtsmann, aber die Kinder bestanden weiterhin auf dem Ausflug an Heiligabend, den sie mit Geschichten von früheren Weihnachtsfesten verbrachten wie »Pappi hat an Weihnachten ein anderes Auto angehupt« oder »das Jahr, als Mami die gelben Zapfsäulen für Weihnachtssänger hielt«. Eugenes Kinder sind inzwischen alle erwachsen und aus dem Haus, aber selbst wenn sie Weihnachten nicht zusammenkommen können, machen sie im eigenen Wagen eine Fahrt und rufen die anderen Familienmitglieder an, um alte Geschichten zu erzählen und einige neue hinzuzufügen.

Die Familie Walker hat ihr Weihnachtsritual den sich wandelnden Überzeugungen und emotionalen Bedürfnissen ihrer Mitglieder flexibel angepaßt. Sie haben es auf eine Weise getan, die den einzelnen hilft, Verbindung zu den schönen, geborgenen Zeiten innerhalb der Familie zu behalten, während sie die Entwicklung eines jeden berücksichtigt. Rituale haben die erstaunliche Fähigkeit, sich gleichzubleiben und doch zu ändern, und zwar auf eine Weise, die dazu beiträgt, unsere Beziehungen lebendig und kraftvoll zu erhalten, individuelle und familiäre Veränderungen kenntlich zu machen und uns in die Lage zu versetzen, problematische Fragen aufzugreifen und zu verarbeiten.

Einen flexiblen Ritualstil erkennen

Um festzustellen, ob Sie mit der Flexibilität Ihrer Rituale zufrieden sind, gehen Sie folgende Fragen durch:

- Wie haben sich Ihre Rituale im Laufe der Jahre verändert? Vielleicht nehmen Sie ein Ritual heraus wie einen Kindergeburtstag, den Hochzeitstag oder das Erntedankfest und prüfen Jahr für Jahr, ob sich etwas geändert hat und ob diese Veränderungen die Bedürfnisse der einzelnen und der Familienbeziehungen angemessen widerspiegeln.
- Wenn jemand neu in die Familie gekommen oder sie verlassen hat, haben sich Ihre Rituale gewandelt, um diese Veränderung widerzuspiegeln?
- Wenn sich Ihre Ansichten geändert haben, haben sich Ihre Rituale entsprechend geändert und drücken Ihre neuen Ansichten aus?
- Haben Sie oder Ihre Familie neue Rituale entwickelt?
- Denken Sie fünf oder zehn Jahre voraus. Wie stellen Sie sich Ihre Rituale dann vor? Wer wird daran teilnehmen? Welche Aspekte Ihrer Rituale werden gleichbleiben und welche werden sich ändern? Was denken Sie, wie dieser Wandel vor sich gehen wird?

Überlegungen zu Ihrem persönlichen Ritualstil

Ganz gleich, ob der Ritualstil in Ihrem jetzigen Leben verkümmert, unterbrochen, starr, pflichtgemäß, unausgewogen oder flexibel ist oder in den verschiedenen Ritualkategorien eine Kombination dieser Stile aufweist: Sie können Ihre Rituale überprüfen und feststellen, ob sie den Anforderungen Ihrer Beziehungen genügen oder ob Sie versuchen möchten, einige Dinge zu ändern. Als Ausgangspunkt bietet es sich an, über die Rituale Ihrer Herkunftsfamilie nachzudenken und sie mit Ihren heutigen Ritualen zu vergleichen.

Übung: Erinnerung an Rituale
Sie können diese Übung alleine, mit einem Partner oder mit mehreren Personen machen. Da es eine längere Übung ist, möchten Sie sie vielleicht lieber in mehreren Abschnitten machen. Machen Sie es sich bequem, und denken Sie an ein Ritual, das Ihnen aus der

Zeit, in der Sie noch in Ihrer Herkunftsfamilie lebten, noch lebhaft in Erinnerung ist. Sie können ein Alltagsritual wie eine gemeinsame Mahlzeit wählen oder auch eine Familientradition wie einen Geburts- oder Jahrestag, einen religiösen oder weltlichen Feiertag oder auch ein Ritual des Lebenskreises wie einen Schulabschluß oder eine Hochzeit. Versetzen Sie sich zurück in die Zeit und an den Ort, als dieses Ritual stattgefunden hat.

1. Welche Jahreszeit ist es? Welche Tageszeit?
2. Welche Gefühle verbinden Sie mit der Umgebung? Welche stofflichen Empfindungen, Geschmackseindrücke, Farben, wie fühlt sich die Luft an?
3. Wer ist bei Ihnen? Erinnern Sie sich an das Aussehen der Menschen?
4. Sind verschiedene Seiten der Familie anwesend? Freunde? Menschen mit besonderen religiösen oder kulturellen Rollen?
5. Wer hat das Treffen veranlaßt? Wie sind die Anwesenden gekommen? Wie haben sie sich begrüßt? Gab es Unterschiede in der Begrüßung von Männern und Frauen? In der Begrüßung von Kindern und Erwachsenen?
6. Wenn Personen da sind, die nicht zur unmittelbaren Familie gehören, in welcher Beziehung stehen sie zur Familie?
7. Wie ist der Umgang mit Worten? Werden Toasts ausgebracht, besondere Ansprachen gehalten oder Geschichten erzählt?
8. Welche besonderen Symbole gibt es? Sind es Symbole, die von einer Generation an die nächste weitergegeben werden wie Porzellan oder Kerzenleuchter? Wo sind diese Symbole heute?
9. Tragen die Menschen besondere Kleidung? Welche Bedeutung hat diese Kleidung?
10. Gibt es Musik? Bewegung?
11. Welche symbolischen Handlungen gibt es? Haben die Leute den Raum geschmückt, Kerzen angezündet, Brot auf bestimmte Weise geschnitten? Was sagen Ihnen die symbolischen Handlungen über die Rollen von Mann und Frau? Über Kinder und Erwachsene?
12. Sind Menschen dabei, die die Aufgabe haben, Zeugen des Rituals zu sein?

13. Wenn es bei diesem Ritual um einen Übergang oder eine Veränderung geht, wie wird das deutlich gemacht?
14. Gibt es Geschenke? Wie geht das Einkaufen, Vorbereiten, Verstecken, Übergeben und Auspacken der Geschenke vor sich? Welche Geschlechtsrollen kommen darin zum Ausdruck?
15. Was empfanden die Beteiligten im Vorfeld des Rituals? Gab es Menschen, die sich darauf gefreut haben, andere, die ihm mit Sorge entgegengesehen haben? Gab es Bedenken wegen bestimmter Beziehungen und Menschen, die dort zusammentreffen würden? Gab es gespannte Erwartung?
16. Wer hat die Planung, die Vorbereitung, die Einladungen und das Aufräumen übernommen? Welche Geschlechtsrollen drücken sich darin aus?
17. Stellen Sie eine Rangfolge auf, wer das Ritual am meisten und am wenigsten genossen hat.
18. Welche Bedeutung hat dieses Ritual für die verschiedenen Beteiligten?
19. Wie ist der Eindruck nach dem Ritual? Welche Gefühle und Probleme hat es angerührt? Wie wird damit umgegangen?
20. Wenn ein anderes Mitglied Ihrer Familie die Geschichte dieses Rituals erzählen würde, inwiefern würde sie sich von der Ihren unterscheiden?

Wenn Sie diese Übung durchgehen, fallen Ihnen gewiß viele Aspekte bezüglich der Ritualstile auf. Zu sehen, woher einzelne Elemente Ihres gegenwärtigen Ritualstils kommen, kann Ihnen zu einer Vorstellung verhelfen, was Sie bewahren, was Sie an vielleicht Verlorenem aus der Vergangenheit wiederbeleben und was Sie ändern möchten. Wenn Sie diese Übung gemeinsam mit Ihrem Partner oder anderen Angehörigen machen, wird Ihnen vieles über Ihr Ritualleben klarer werden. Wenn Sie sie mit Ihren Kindern machen, werden sie neue Geschichten über Ihr Leben und Ihre eigene Tradition hören. Im Anschluß an diese Übung zu einem Ritual Ihrer Kindheit können Sie sich zudem ein Ritual Ihres heutigen Lebens aussuchen und es auf dieselben Fragen hin untersuchen. Auf diese Weise können Sie frühere und heutige Rituale vergleichen, sie einander gegenüberstellen und anfangen zu überlegen, was Sie in Ihren Ritualen beibehalten und was Sie ändern möchten.

Nachdem wir uns nun mit den vier Ritualtypen (Alltagsritualen, Familientraditionen, Feiertagen und Ritualen des Lebenskreises), den fünf Funktionen der Rituale (Beziehungsarbeit, Wandel, Heilen, Glauben und Feiern), und den sechs Ritualstilen (verkümmerter, unterbrochener, starrer, pflichtgemäßer, unausgewogener und flexibler) befaßt haben, können wir das bisher Beschriebene nutzen, um inhaltsreiche Rituale zu entwickeln und zu erleben – Rituale, die Ihre eigenen Umstände und die Ihrer Familie aufgreifen und zum Ausdruck bringen.

TEIL II
SINNVOLLE RITUALE SCHAFFEN

KAPITEL 4

RITUALE PLANEN:
VORBEREITUNG, GÄSTE, ORT,
MITWIRKENDE UND GESCHENKE

Guter Wille, bleibender Groll

Am 5. Mai stand Bob Hills einundzwanzigster Geburtstag bevor. Sein Vater John wollte zu diesem Anlaß etwas Besonderes veranstalten. John war als ältester von fünf Brüdern und zwei Schwestern in einer Familie aufgewachsen, die wenig Aufhebens um den Geburtstag eines Heranwachsenden machte. Ihm war immer noch schmerzlich in Erinnerung, wie er sich gefühlt hatte, als er zu seinem einundzwanzigsten Geburtstag noch nicht einmal eine Karte von seiner Familie bekommen hatte. Bob war der älteste von drei Geschwistern und arbeitete als Computerfachmann in einer Stadt am anderen Ende des Bundesstaates, einige hundert Kilometer von seiner Familie entfernt.

John telefonierte mit seinem Sohn und dachte, er käme am Wochenende seines Geburtstags vom 5. bis 7. Mai nach Hause. Er plante eine besondere Feier. Es stellte sich jedoch heraus, daß Bob an diesem Samstag arbeiten mußte, also wurden in letzter Minute die Pläne auf das folgende Wochenende verschoben. Am Freitag, dem 12. Mai, kam Bob nach Hause und stellte überrascht fest, daß an dem für den nächsten Abend geplanten Essen nur seine Familie teilnehmen sollte. Er hatte gedacht, auch seine engsten Freunde in der Stadt, die er nur selten sah, seien eingeladen. Er hatte sogar schon mit einigen von ihnen über das Essen gesprochen, und sie hatten vor zu kommen.

Am Freitagabend saß John allein da und packte einundzwanzig kleine Geschenke ein. Seine dreizehnjährige Tochter Monica hatte die Idee gehabt, die Familie solle kleine Geschenke zusammentragen, die jeweils ein Jahr in Bobs Leben symbolisierten. Es hatte ihnen Spaß gemacht, sie während der letzten Wochen gemeinsam zu besorgen und Geschichten und Anekdoten über Bob auszutauschen, aber sie hatten nicht abgesprochen, wann und wie sie sie verpacken sollten. Ein Geschenk war ein Plastikfrosch, der an jenen Sommer erinnerte, als Bob im Garten hinterm Haus Froschteiche für seine Frösche ausgehoben hatte. Der ganzen Familie war das Wetthüpfen seiner Frösche noch lebhaft in Erinnerung. Ein Spielzeugsaxophon symbolisierte sein Interesse für Musik, ein Miniaturbasketball stand für die Jahre, die er dem Basketballteam angehört hatte. Während John die Geschenke verpackte, waren Monica und ihre Mutter bei Monicas Ballettabend. Sein sechzehnjähriger Sohn Joel spielte in seinem Zimmer lautstark Rockmusik. Joel war gerade aufgefallen, daß er am nächsten Abend die Ehrenfeier seines Hockeyteams versäumen würde, und er war wütend auf seinen Vater, daß er die Verschiebung des Festes nicht mit ihm abgesprochen hatte.

Am Samstagmorgen backte Bobs Mutter Paula einen weiteren Geburtstagskuchen, machte zusätzliche Ofenkartoffeln fertig und grollte im stillen, daß sie in letzter Minute das Festessen strecken mußte. Sie wollte, daß Bob ihr half, aber John beharrte, er brauche nichts zu tun, da es schließlich sein Geburtstag sei. Er selbst wollte allerdings auch nicht helfen, weil er den Freitagabend geopfert hatte, um allein die Geschenke zu verpacken. Bob war den größten Teil des Tages mit Freunden unterwegs, und als er abends nach Hause kam, brachte er Elise und Lucas mit, zwei weitere Überraschungsgäste. Das Essen verlief reibungslos, doch gleich nach dem Kuchen machten sich Bob und seine Freunde auf in einen Club, wo ein paar Freunde eine Begrüßungsfeier organisiert hatten. Die einundzwanzig Geschenke, die im Wohnzimmer versteckt waren, blieben ungeöffnet. Joel bat seinen Bruder, ihn mitzunehmen und unterwegs abzusetzen, damit er noch das Ende seiner Hockeyteamfeier mitbekam; somit blieb Monica zurück, wütend und enttäuscht, daß sie den Abwasch erledigen mußte, während ihre Brüder ausgingen und sich amüsierten.

Am nächsten Tag stand Bob gegen Mittag auf und dachte bei

sich: »Was für ein toller Geburtstag!« Er war überrascht, als sein ansonsten verträglicher Vater wütend auf ihn losging. »Was ist los, Dad?« fragte er.

»Ich weiß auch nicht, Bob«, sagte er. »Irgendwie hatte ich mir deinen Geburtstag anders vorgestellt. Wir haben nicht allzuviel von dir gesehen, und, weißt du, du hast immer noch nicht deine Geschenke ausgepackt.«

Nun wurde Bob wütend: Es war *sein* Geburtstag. Er hatte sich gut amüsiert. Was war eigentlich los? Wenn seine Eltern ihn an seinem Geburtstag nicht da haben wollten, warum hatten sie ihn dann eingeladen?

John hatte in seinem Bemühen, das Geburtstagswochenende zu organisieren, auf den verkümmerten Ritualstil seiner Herkunftsfamilie reagiert, indem er etwas übereifrig versuchte, seinem Sohn alles recht zu machen. Da die Planung sich auf Bobs Wünsche konzentrierte, geriet das Ritual zur unausgewogenen Veranstaltung, die andere Familienmitglieder unzufrieden oder wütend machte. In seinem Bestreben, Bob etwas zu geben, das er selbst nie bekommen hatte, bezog John die anderen mit ihren Vorstellungen und Bedürfnissen nicht genügend in die Planung ein. Nun tat es ihm leid.

Vorbereitung

Die meisten Familienrituale erfordern eine gewisse Kombination aus Vorbereitungen, Einladungen und Absprachen über Ort und Ablauf sowie eine Planung der Geschenke. Die Planungsphase, die einem Ritual vorausgeht, kann ebenso wichtig sein wie das Ritual selbst, denn hier sind Familien mit ihren alltäglichen Rollen und Interaktionen beteiligt. Sich anzusehen, wie Entscheidungen getroffen werden, wer an bestimmten Ereignissen teilnehmen soll und wer nicht, wer sich an den Vorbereitungen beteiligt und wie die Entscheidung über den Ort gefällt wird, an dem man zusammenkommen will, sagt eine Menge darüber aus, wer sich nahesteht und zu wem ein gewisser Abstand herrscht, wie Geschlechtsrollen zum Ausdruck kommen und wie die Beziehungen zwischen den Generationen sind. Ebenso bringen das Geben und Annehmen von Geschenken und die Aktivitäten, für die man sich entscheidet, wichtige Wertvorstellungen der Familie zum Ausdruck.

Es können gewisse Parallelen zwischen den im vorigen Kapitel beschriebenen Ritualstilen und der Planungsweise von Ritualen bestehen. Wenn eine Familie zum Beispiel einen verkümmerten Ritualstil hat, findet die Planung vielleicht in letzter Minute aus dem Stegreif statt. Wenn der Ritualstil eher pflichtgemäß ist, läuft die Planung vielleicht mechanisch ab, indem sich die Beteiligten überlegen, was sie zu tun haben. Bei einem eher starren Ritualstil wollen die Beteiligten möglicherweise keinerlei Veränderungen im eingefahrenen Ablauf der Vorbereitungen auf ein Ritual, so daß kaum Spielraum bleibt, etwas anders zu gestalten oder Neues auszuprobieren. Ist der Ritualstil unausgewogen, kann sich die Planung, wie bei Bobs Geburtstag, einseitig auf die Wünsche einer Person ausrichten. Und bei einem unterbrochenen Ritualstil bleibt meist die Zeit für die Planung als erstes auf der Strecke, wenn Menschen mit den Belastungen einer Krankheit, einer Auswanderung oder anderer einschneidender Erlebnisse fertig werden müssen. Der erste Schritt zu einem gewandelten Ritualstil besteht häufig darin, die Art der Planung eines Rituals zu ändern. Wenn Sie die Planung in Bahnen lenken können, die für alle Beteiligten positiv verlaufen, haben Sie bessere Chancen, auch das eigentliche Ritual in den Griff zu bekommen.

Da Rituale ein verdichteter Ausdruck der Beziehungsmuster sein können, dürfen Sie damit rechnen, daß in ihnen zum Vorschein kommt, was in Ihrer Familie gut läuft und was schlecht. Das heißt, Rituale bieten vielfältige Möglichkeiten zu beleuchten, was in der Familie positiv ist, und geben Gelegenheit, problematische Interaktionen zu überarbeiten und zu ändern. Sie dürften mit der Veränderung der Ritualmuster eher Erfolg haben, wenn Sie sich in der Planungsphase darum kümmern, statt sie spontan während eines Rituals anzubringen. So haben Sie Zeit, die strittigen Punkte zu durchdenken und zu planen, wie Sie in kleinen Schritten Abweichungen einführen können. Denken Sie über kleine Änderungen nach, führen Sie sie mit Experimentierfreude ein – und vergessen Sie nicht, daß Humor ein Schlüsselelement sein kann. Er kann die Stimmung heben, die Dinge im rechten Licht erscheinen lassen und Spannungen lösen.

Als erstes ist es wichtig zu begreifen, um welche Fragen es in Ihrer Familie geht. Das gleiche Ereignis kann in verschiedenen Familien sehr unterschiedliche Belange ansprechen.

Ein Kind und zwei Familien

Judy Davis, die jüdische Familien nach der *Bar-Mizwa*-Feier für ihre Söhne befragte, stellte fest, daß in jeder Familie bei den Vorbereitungen auf dieses Ereignis andere Probleme auftauchten. Die Steinbergs, eine Familie, in der die Eltern in zweiter Ehe zusammenlebten, mußten einen Weg finden, der Tatsache Rechnung zu tragen, daß Micah Steinberg zwei Familien hatte. Dieses Problem stellte sich bereits sehr früh in der Planungsphase in Form der Frage: »Wessen Name soll auf der Einladung stehen?« Die Mutter Stacey bestand darauf, daß der Name der neuen Frau ihres Ex-Mannes nicht auf der Einladung erschien. »Micah ist mein Kind, nicht ihres. Sie hat ihm nicht die Windeln gewechselt oder sich um ihn gekümmert, wenn er krank war!« Ihr eigener Name konnte allerdings auch nicht ohne den ihres früheren Ehemannes Ken erscheinen, und Janet, dessen zweite Frau, bestand darauf, daß sein Name nicht ohne ihren erschien: »Schließlich bezahle ich einen Teil des Festes.«[1]

Endlich fand Micahs Mutter Stacey einen Kompromiß. Micahs zweiter Name war Lerner, ihr Mädchenname, den sie nie aufgegeben hatte. Und ebenso wie Ken und Janet hieß er mit Familiennamen Steinberg. Die Einladung begann mit den Worten: »Die Familie von Micah Lerner Steinberg lädt Sie herzlich ein zu . . .« – so waren alle einbezogen. Symbolisch brachte die Einladung zum Ausdruck, daß beide Familien in Micahs Leben eine zentrale Rolle spielten. Damit war der Rahmen für die weitere Planung zwischen den Familien abgesteckt. So mieteten sie zum Beispiel in dem Hotel, in dem Verwandte von Ken, Janet und Stacey untergebracht waren, eine Empfangssuite, die allen zur Begegnung offenstand. Solche Handlungsweisen trugen dazu bei, daß Micah sich von allen Elternteilen und ihrer weiteren Verwandtschaft unterstützt fühlte, anstatt zwischen beiden Seiten hin- und hergerissen zu werden.

In der Familie von Sandy und Mark Goldstein tauchten andere Probleme auf. Sandys und Marks Eltern waren sich erst einmal begegnet, bei ihrer Hochzeit vor fünfzehn Jahren. Es war eine schwierige Zusammenkunft, und Sandy und Mark machten sich Gedanken, wie es wohl bei der Bar-Mizwa-Feier ihres Sohnes Seth gehen sollte. Sie mußten sorgfältig überlegen, wie sie zwischen beiden Seiten vor dem Ereignis einen Kontakt herstellen konnten. Mark ging zu seinen Eltern und bat sie diplomatisch, doch bitte Sandys Eltern zu besuchen, wenn sie das nächste Mal nach Florida führen. Sie waren einverstanden, und zur allgemeinen Überraschung verstanden sich die vier prächtig und vereinbarten sogar, sich wiederzusehen. Als sie diese Sorge aus dem Weg geräumt hatten, konnten Mark und Sandy sich um andere Vorbereitungen für die *Bar-Mizwa* kümmern.

Abgesehen von der Tatsache, daß in jeder Familie andere Beziehungsfragen in der Planung von Ritualen auftauchen können, erfordert jede der vier Ritualkategorien unter Umständen eigene für sie charakteristische Vorbereitungen. Bei Alltagsritualen herrscht vielfach die Ansicht, daß sie wenig Planung erfordern, da die Beteiligten, die Orte und die routinemäßige Form der Beteiligung sich meist gleichbleibt. Oder es gilt als selbstverständlich, wer die Planung übernimmt. Alltagsrituale zu organisieren und umzugestalten kann daher einen Extraaufwand an Zeit bedeuten. Bei Familientraditionen wie Geburtstagen, Urlaubsfahrten und Jahrestagen ist dagegen meist eher klar, daß sie eine gewisse Vorbereitungszeit erfordern, da sie häufig einen Ortswechsel, andere Speisen, Geschenke und manchmal Gäste außerhalb des engsten Familienkreises beinhalten. Allerdings können Familientraditionen recht flexibel hinsichtlich Ort, Zeitpunkt und Teilnehmern sein. Rituale des Lebenskreises und Feiertage erfordern häufig die meisten Vorbereitungen, da sie Verwandte, Freunde und Gemeindemitglieder, wie zum Beispiel den Priester oder Rabbi einbeziehen und mit einer sorgfältig ausgewählten Umgebung, Dekorationen, besonderer Kleidung, einem ausgedehnteren Festessen und Geschenken einhergehen.

Hochzeit: Die Familien heiraten mit

Michael und Mary sind ein junges Paar Mitte Zwanzig. Sie lernten sich bei einer Wanderung kennen, die der *Appalachian Mountain Club* in den White Mountains veranstaltete. Als sie ein Jahr befreundet waren, beschlossen sie zu heiraten. Sie träumten von einer Hochzeit unter dem großen Felsen am Fluß, an dem sie bei ihrer Wanderung gesessen und sich zum erstenmal wirklich miteinander unterhalten hatten. Als sie zu ihren Eltern gingen und ihnen sagten, daß sie vorhatten zu heiraten, wurde ihnen klar, daß eine Heirat nicht nur das Paar allein angeht. Ganz nebenbei erwähnte Mary, daß sie die Hochzeit vielleicht in den White Mountains feiern wollten. Sofort erinnerte ihr Vater sie daran, daß ihr etwas gebrechlicher Großvater es mit seinen fünfundsiebzig Jahren unmöglich zu einer Feier bis in die Wälder schaffen könne. Michaels Eltern, die ihn im jüdischen Glauben erzogen hatten, fragten gleich, ob er einen Rabbi gefunden habe, der bereit sei, eine Mischehe einzusegnen. Mary war als Methodistin aufgewachsen. Marys Mutter stellte eine Gästeliste zusammen, die Tanten, Onkel, Cousins und Cousinen, Großeltern, Großtanten und alte Freunde der Familie enthielt und bald mehr als zweihundert Personen umfaßte. Mary und Michael sahen ihre Vorstellung von einer schlichten, kleinen Hochzeit im engsten Familienkreis und mit einigen wenigen Freunden im Nadelwald schwinden.

Sie mußten sich entscheiden. Sie konnten ausbrechen und die Hochzeit wie ursprünglich geplant halten. Oder sie konnten zulassen, daß ihre Eltern die Planung übernahmen und eine Hochzeit nach ihrem Geschmack ausrichteten. Beides hätte zu einem unausgewogenen Ritual geführt. Sie konnten aber auch mit den diversen Teilen der Familie zusammenarbeiten und eine Hochzeit gestalten, die der Tatsache Rechnung trug, daß hier eine Verbindung geknüpft wurde, die über das Paar hinausging. Nach einigen Tagen intensiver Gespräche beschlossen Mary und Michael, es mit einer Hochzeit zu versuchen, die ihnen und ihren Familien entspräche. Sie hatten den Eindruck, die Zeit für die Vorbereitungen sei gut angelegt, denn sie hatten schließlich vor, viele Jahre zusammenzubleiben. Sie einigten sich auf eine Strategie, mit der sie versuchen wollten, manche schwierigen Entscheidungen zu erleichtern, die ihnen, wie sie mittlerweile erkannt hatten, bevorstanden. Zunächst wollten sie sich ihre eigenen Wünsche bezüglich ihrer Hochzeit ganz offen eingestehen. Anschließend wollten sie sich anhören, was ihre Eltern wollten, ohne jedoch sofort auf ihre Wünsche einzugehen. Sie würden Fragen stellen und zu verstehen versuchen, warum bestimmte Dinge für sie wichtig waren. Als nächstes wollten sie sehen, welche Kompromisse sie finden konnten, wenn sie ihren Eltern behutsam erklärten, was ihnen wichtig war. Sie nahmen sich vor, sich währenddessen häufig miteinander zu besprechen. Sie wollten auch versuchen, eine Frage nach der anderen in Angriff zu nehmen.

Zuerst beschlossen sie zu klären, wen sie einladen wollten. Michael und Mary hatten etwa fünfundzwanzig eigene Freunde, die sie bei ihrer Hochzeit haben wollten. Ursprünglich hatten sie gedacht, diese fünfundzwanzig und ihre engsten Familien einzuladen. Aus Kostengründen hatten Michael und Mary Bedenken, die Zahl der Gäste allzu groß werden zu lassen. Marys Familie hatte wesentlich mehr Geld als Michaels, und sie wollten nicht, daß dieser Umstand bei der Hochzeit zum Problem würde. Als sie ihren Eltern ihre Pläne mitteilten, erinnerte Marys Mutter Jean sie daran, daß ihre Großmutter mütterlicherseits kürzlich gestorben war und niemand wisse, wie lange die beiden Schwestern ihrer Großmutter noch leben würden. Mary wußte, daß der Tod ihrer Großmutter ihre Mutter sehr mitgenommen hatte, und stimmte ihr zu, daß es wichtig sei, die ältere Generation bei der Hochzeit dabeizuhaben. Sie dehnten also den engsten Familienkreis aus und bezogen vor allem die ältere Generation in die Einladung mit ein. Während sie sich bemühten, eine Gästeliste zusammenzustellen, die etwa sechzig Gäste umfassen sollte, kamen Marys Eltern ständig mit neuen Vorschlägen. Michael und Mary hatten mehr und mehr den Eindruck, daß ihre Familie bei den geladenen Gästen allmählich die Oberhand gewann. Mary fiel es sehr schwer, ihre Eltern und vor allem ihre Mutter immer wieder zu bitten, die Zahl der Gäste einzuschränken. Sie fühlten sich in die Enge getrieben, bis Marys Tante schließlich vorschlug, nach der Hochzeit noch eine Party oder einen Empfang für den Freundeskreis der Eltern zu veranstalten. Der Hochzeitstermin lag im Herbst. Marys Eltern erklärten sich bereit, ihre alljährliche Weihnachtsparty zu einem Empfang auszudehnen, um Michael in die Familie einzuführen. Auf diese Weise konnten sie viele entferntere Verwandte und Freunde einladen, die in Michaels und Marys Augen nicht auf ein kleines und intimes Hochzeitsfest gehörten.

Auch über den Ort, an dem die Hochzeit stattfinden sollte, mußten sie sich einigen. Michaels Eltern wollten, daß sie in der Synagoge heirateten; Marys Eltern wollten, daß sie in der alten Methodistenkirche heirateten, die die Familie seit Jahren besuchte. Weder Mary noch Michael hatten sich vorgestellt, daß die religiöse Zeremonie bei ihrer Hochzeit eine zentrale Rolle spielen sollte, und nach wie vor war es für beide ein wichtiges Symbol ihrer ersten Begegnung, daß sie im Freien feierten. Sie versuchten, das ihren Eltern zu erklären, fühlten sich jedoch nicht richtig verstanden. Je mehr Michael und Mary redeten, um so mehr brachten ihre Eltern vor, wie wichtig ihre eigenen religiösen Überzeugungen seien, und fragten, in welchem Glauben Michael und Mary ihre Kinder zu erziehen gedächten. In dieser Pattsituation beschlossen sie, sich die Orte zumindest einmal anzusehen, die ihre Eltern sich für ihre Hochzeit wünschten. Der Rabbi in der Synagoge, die Michaels Eltern besuchten, weigerte sich, Mischehen zu schließen, daher konnte die Hochzeit dort nicht stattfinden. Mary gefiel der sanfte Lichtschimmer, der durch die bunten Glasfenster der Methodistenkirche fiel, und sie verband gute Erinnerungen an alte Zeiten in der Familie damit. Doch Michael bedeutete die Kirche nichts, und er meinte, dort zu heiraten könnten seine Eltern als Zeichen verstehen, daß er sein jüdisches Erbe aufgebe – was er ihnen durchaus nicht zu verstehen geben wollte. Sie sprachen mit der Pfarrerin der Kirche, erklärten ihr, daß sie sich an einem Ort trauen lassen wollten, der ihnen beiden etwas bedeutete und der für die Älteren in ihren Familien leicht zu erreichen sei. Es sollte zudem ein Ort sein, der die religiösen Traditionen ihrer beiden Familien nicht verletzte. Die Pfarrerin schlug ein Anwesen im Wald einer nahegelegenen Stadt vor. Dort gab es einen Garten mit Wildblumen, in dem häufig Trauungen stattfanden, und im Haus gab es eine Küche und große Aufenthalts- und Speisesäle für ein anschließendes Essen oder einen Empfang. Sie erzählte ihnen auch, daß sie gelegentlich schon Trauungen zusammen mit einem Rabbi der jüdischen Reformgemeinde jener Stadt zelebriert hatte.

Michael und Mary gestalteten eine Zeremonie, an der der Rabbi und die Pfarrerin teilnahmen, und schrieben Ehegelöbnisse, die sie vor sich und ihren Familien ablegen wollten. Sie wurden unter einer *Chuppa* getraut, einem Baldachin auf vier Pfosten, der ein wichtiges Symbol bei der jüdischen Hochzeit ist.[2] Mary und Michael entschieden sich für eine *Chuppa*, weil sie für sie die Gründung eines neuen Heims symbolisierte. In ihren Ehegelöbnissen würdigten sie ihre eigenen Eltern und brachten ihre Hoffnung auf ein gutes Verhältnis zu den Schwiegereltern zum Ausdruck. Mary und Michael fanden Wege, in der Zeremonie ihre Wünsche ausgewogen mit den Bedürfnissen anderer Familienmitglieder in Einklang zu bringen. Sie entwickelten schließlich ein Ritual, das ihnen von Anfang an ein klares Gefühl für ihre Fähigkeit vermittelte, als Paar zusammenzuarbeiten, um zu definieren, was ihnen wichtig war, und dabei die Wünsche und Wertvorstellungen ihrer Eltern dennoch weitgehend zu berücksichtigen. Ihre Herkunftsfamilien konnten bei der Feier gemütlich zusammenkommen, weil sie das Gefühl hatten, bei den Vorbereitungen der Hochzeit zu Wort gekommen zu sein. Michael und Mary legten zudem den Grundstein für einen flexiblen Ritualstil in ihrer Beziehung zueinander und zu ihren Herkunftsfamilien.

Rituale tragen die Möglichkeit in sich, alte und problematische Familieninteraktionen wieder aufleben zu lassen. Sie können aber auch ins Licht rücken, was in Familien gut läuft. Der Prozeß der Planung kann entscheidend dazu beitragen, die Art und Weise vorzuzeichnen, wie die Familiendynamik zum Tragen kommt. Ein wenig Zeit, die man auf die Planung verwendet, kann sich erheblich darauf auswirken, wie die Dinge später ablaufen. Bei der Vorbereitung von Ritualen kann es sich als nützlich erweisen, über drei Dinge nachzudenken:

– Von welchen Elementen des Rituals wissen Sie, daß sie den Beteiligten wichtig sind, im allgemeinen reibungslos verlaufen, den Beteiligten Spaß machen und daß Sie sie auf jeden Fall beibehalten wollen?

– Welche Teile des Rituals wirken pflichtgemäß, spannungsgeladen oder ohne Bedeutung für die Beteiligten und lassen sich Ihrer Ansicht nach ändern?
– Gibt es weitere Elemente des Rituals, die pflichtgemäß oder angestrengt wirken, die sich Ihrer Ansicht nach aber nur schwer ändern lassen? Wie könnten Sie den Einfluß dieser problematischeren Teile einschränken oder auf ein Minimum reduzieren?

Diese Überlegungen können Ihnen bei der Entscheidung helfen, worauf Sie Ihre Energien bei der Vorbereitung konzentrieren möchten. Das kann einer der Bereiche sein, die im folgenden behandelt werden: Menschen, Ort, Mitwirkende und Geschenke.

Menschen: Das Herz des Rituals

Menschen stehen gewöhnlich im Mittelpunkt eines jeden Rituals, denn es geht darum, ihre Lebensabschnitte, Feiern und Veränderungen kenntlich zu machen. Und die Versammelten sind wichtige Zeugen dieser Veränderungen. Familienangehörige, Freunde und Gemeindemitglieder wie Geistliche oder Rabbiner und Nachbarn: Sie alle können Teilnehmer an jedem beliebigen Ritual sein. Wie, wann und von wem sie eingeladen werden, ist häufig der erste Schritt zu definieren, wie das Beisammensein verlaufen wird. Ist es ein Anlaß zum Feiern, dann möchten Sie vielleicht alle einladen, die Ihnen geholfen haben, diese Stellung im Leben zu erreichen. Hat das Ritual heilende Momente, möchten Sie möglicherweise Menschen dabei haben, die Sie unterstützen und stärken können.

Wenn in der Vergangenheit ein verkümmerter Ritualstil vorgeherrscht hat, ist es anfangs vielleicht schwierig, eine Liste der Gäste zusammenzustellen, die Sie einladen möchten. Überlegen Sie sich, mit welchen Menschen Sie in anderen Bereichen zu tun haben, in deren Gesellschaft Sie sich wohl fühlen, oder welche Menschen Sie gerne näher kennenlernen würden, und setzen Sie sie mit auf Ihre Liste. Bei einem unausgewogenen Ritualstil finden Sie sich möglicherweise in einer Gruppe wieder, die nur eine Seite der Familie oder des Freundeskreises widerspiegelt. Denken Sie darüber nach, ob unter den Beteiligten eine Seite der Familie überwiegt oder auch eine Altersgruppe oder Generation, und nehmen Sie kleine Änderungen vor, um das auszugleichen. Bei einem pflichtgemäßen oder starren Ritualstil haben Sie vielleicht das Gefühl, bestimmte Menschen einladen zu müssen, ob Sie sie nun dabeihaben möchten oder nicht. Denken Sie nach, wen Sie wirklich dahaben möchten und warum. Gehen Sie nicht einfach davon aus, daß immer dieselbe Gruppe zusammenkommen muß.

Es mag auch Menschen geben, die traditionell nicht zu Familienfeiern kommen oder bestimmte Ereignisse »boykottieren«, weil ihnen die Art, wie sie ablaufen, nicht gefällt. Wenn es in der Familie Brüche gibt, kann diese Einladungsphase besonders vertrackt sein. Darüber nachzudenken, wen Sie bei einer bestimmten Gelegenheit dabeihaben möchten, ist ein Anlaß, manche dieser Probleme in Angriff zu nehmen.

Wenn erst einmal klar ist, wen Sie einladen möchten, überlegen Sie, wie Sie die Einladung gestalten, daß sich alle auch wirklich willkommen fühlen. Das kann bedeuten, daß Sie Leute, die gewöhnlich nicht kommen, persönlich einladen oder jemanden einladen, der bereits angedeutet hat, er wolle einen besonderen Beitrag zu diesem Ritual leisten. Wenn es Brüche gibt, kann es sein, daß Sie eine sorgfältige Strategie entwickeln müssen, wer die Einladung ausspricht. Denken Sie nach, wer die besten Chancen hat, Menschen zum Kommen zu bewegen, die emotional auf Distanz gegangen sind.

Sollten sich dennoch manche weigern zu kommen, können Sie sie fragen, ob sie ein kurzes Grußwort oder einen Trinkspruch senden möchten, den Sie dann verlesen, oder ob sie gerne Fotos oder ein Video von dem Ereignis hätten. Oder Sie können an sie denken, indem Sie einen Teil des Rituals ihnen widmen oder eine Geschichte von ihnen erzählen oder ein Gericht kochen, das sie besonders mögen. Als die Familie Attneave in den Ferien ein Familientreffen veranstaltete, schickte ein Onkel, der nicht kommen konnte, einen seiner berühmten hausgeräucherten Lachse, den die Versammelten sich teilen sollten. Eine Tante, die wegen einiger Konflikte nicht gekommen war, wurde mit ein paar Worten in Erinnerung gebracht, die deutlich machten, daß sie es vorgezogen hatte fernzubleiben, und daß es allen leid tat, sie nicht zu sehen. Damit war offen eingestanden, daß es gewisse Spannungen um ihre Abwesenheit gab, ohne großes Aufsehen darum zu machen. So wurde vermieden, daß ihr Fehlen dem Treffen eine versteckt unbehagliche Note verlieh.

Zu Spannungen kann es auch kommen, wenn jemand wegen eines Bruchs und/oder Streits von einem Ritual ausgeschlossen wird. Es mag Ihnen bei einer Feier deutlich auffallen, daß Ihr Lieblingsneffe nicht eingeladen wurde, weil er Streit mit seinen Großeltern hatte, oder daß Sie Jahr für Jahr zu einem großen Familientreffen an Silvester eingeladen werden, Ihr Bruder und seine Familie aber nicht. Das kann Sie in die schwierige Lage bringen, sich entscheiden zu müssen, ob Sie weiterhin daran teilnehmen oder selbst auch nicht gehen, solange andere nicht ebenfalls eingeladen werden. Wenn Sie sich zur Teilnahme entschließen, wäre es eine gute Idee, die Abwesenden nett zu würdigen. Wo es unmöglich ist, über die wirklichen Vorgänge in den Familienbeziehungen zu reden, erstarren die Rituale und werden zu Pflichtveranstaltungen.

Es kann auch nützlich sein, über die verschiedenen Altersgruppen nachzudenken, die zu bestimmten Anlässen zusammenkommen. Menschen einer Altersgruppe kommen zum Beispiel zusammen, wenn eine Beförderung gefeiert wird, oder in einer Frauengruppe, die persönliche oder berufliche Veränderungen ihrer Mitglieder mit Ritualen begeht. Bei Familienfeiern, vor allem zu Festen des Lebenskreises oder zu Feiertagen, sind in der Gestaltung des Rituals meist mindestens drei Generationen zu berücksichtigen: Eltern, Großeltern und Kinder. Für jede dieser Generationen sind andere Dinge bei der Planung in Betracht zu ziehen.

Die Elterngeneration: Was tun die Männer, was tun die Frauen?
Bei unseren Workshops in den Vereinigten Staaten, Kanada und Westeuropa hören wir ständig von Frauen, daß sie in ihren Familien mehr Verantwortung für Rituale übernehmen als ihre Männer. Sie schildern, daß sie es sind, die Geschenke basteln oder kaufen, etwas Besonderes backen, andere einladen, dekorieren, Karten verschicken und aufräumen. Janine Roberts' Freund aus

Kindertagen, Jo Robinson, stieß bei seinen Interviews über Weihnachten, die er in den siebziger und achtziger Jahren mit Männern machte, auf ein ähnliches Muster:

> Das erste, was Männer erkennen, wenn sie ihre Aufgaben zu Weihnachten unter die Lupe nehmen, ist, daß ihre Rolle bei diesem Feiertag wesentlich beschränkter ist als die ihrer Frauen. Der typische Ehemann gibt emotionale und finanzielle Unterstützung, hilft mit kleineren Handreichungen, macht ein paar Vorschläge und ist für klar umrissene Teile der Feier verantwortlich. Wenn Frauen Weihnachtsmagierinnen sind, dann sind die Männer die Bühnenarbeiter, die die Seile ziehen.[3]

Die Middletown-Studien über Familienrollen, Verwandtschaft, Nachbarschaft und Feiertage kommen zu ganz ähnlichen Ergebnissen. Sie schildern Frauen als diejenigen, die sich um die Kontakte zur Verwandtschaft und innerhalb der Gemeinde kümmern.

> Frauen halten auch die Beziehungen zwischen der Familie und ihren Freunden und Verwandten aufrecht. Die meisten Feste sind heute mit Geschenken verbunden; und Frauen suchen meist die Geschenke aus und übergeben sie. Männer haben mit Geschenken vergleichsweise wenig zu tun. Wie wir sehen werden, symbolisieren und verstärken Geschenke, vor allem Weihnachtsgeschenke, jede soziale Beziehung; daher definieren und erhalten die Frauen in Middletown mehr als die Männer die sozialen Beziehungen, sogar die ihrer Ehemänner.[4]

Was sagen diese Untersuchungsergebnisse über die Rolle der Männer bei Ritualen aus? In unseren Gesprächen äußern Männer häufig den Wunsch, Familienfeiern sollten schlichter und weniger aufwendig verlaufen. Don, ein Fünfundvierzigjähriger mit italienisch-amerikanischer Abstammung, erklärte: »Wenn nicht alles so sehr durchgeplant wäre, hätte ich das Gefühl, daß ich mehr Raum hätte, da reinzukommen und etwas zu machen.« Da Frauen eine zentrale Rolle in der Planung von Ritualen einnehmen, bleiben die Traditionen ihrer Herkunftsfamilie häufig lebendiger als die der Familie des Mannes, und das führt zu einem unausgewogenen Ritualstil. Viele Männer haben den Eindruck, daß die Frauen mit der Arbeit an Ritualen auch eine große Kontrolle über den Ablauf von Feiertagen gewinnen.

Für Frauen haben diese Untersuchungsergebnisse eine andere Bedeutung. Sie fühlen sich oftmals mit Festen und Feiertagen überlastet. Neben dem ständigen Jonglieren, Beruf und tägliche Hausarbeiten unter einen Hut zu bringen, müssen sie auch noch die aufwendigen Vorbereitungen erledigen, die Rituale meist mit sich bringen.

Wünsch' mir Mut!

AnnaMarie, einer verwitweten und wiederverheirateten Mittfünfzigerin skandinavischer Abstammung, fiel eines Tages zu Weihnachten auf, daß sie sich nicht nur bemühte, die Feiertage so zu gestalten, wie ihre Mutter es getan hatte, sondern daß sie zudem versuchte, Traditionen aus der Familie ihres zweiten Mannes und aus ihrer ersten Ehe einzubeziehen. Ihr gemeinsames Haus war Treffpunkt ihrer erwachsenen Söhne aus erster Ehe, die mit ihren Ehefrauen kamen, wie auch der Geschwister ihres Mannes und ihrer beiden erwachsenen Stiefkinder. Sie hatte Angst, »daß es überhaupt kein Weihnachten gäbe, wenn *irgend etwas* unter den Tisch fiele«. Am 26. Dezember brach sie regelmäßig für zwei Tage vor Erschöpfung zusammen.

Frauen fühlen sich nicht nur allzusehr für Rituale mit all ihren Details verantwortlich, sie versuchen auch oft, an den Bedeutungen von Traditionen festzuhalten. Im Bemühen, einige der vielen Dinge, die sie erledigte, fallenzulassen, machte AnnaMarie eine Aufstellung, wie sie sich den Ablauf der Woche vor Weihnachten, den Heiligabend und den Weihnachtstag wünschte. In diese Liste nahm sie Dinge auf, wie ihren Stiefsohn und seine Frau zu bitten, zwei Gerichte für das Essen an Heiligabend mitzubringen. Sie wollte mehr Zeit haben, sich ruhig hinzusetzen und den Weihnachtsbaum im Wohnzimmer zu genießen, ehe sie in die Mette gingen, und gewisse Aufgaben wie das Abräumen und Spülen sollten an Familienangehörige delegiert werden. Sie notierte auf ihrem Zettel: »Muß vorher daran denken – es fällt mir schwer, um Hilfe zu bitten!« Ans Ende der Liste schrieb sie: »Wenn es dieses Jahr läuft, habe ich vielleicht nächstes Jahr den Mut, der Familie eines meiner Söhne oder Stiefkinder die Verantwortung für ein Abendessen zu überlassen oder zu sehen, daß wir alle aus essen gehen. *Wünsch' mir Mut!!!*«

AnnaMarie fand Weihnachten in diesem Jahr weniger hektisch, obwohl es ihr schwerfiel, dazusitzen und zuzusehen, wie andere zum Beispiel das Abräumen erledigten. Sie hatte das Gefühl, sie müsse dabei helfen. Sie brach nur einen Tag vor Erschöpfung zusammen und hatte schon mit einigen ihrer Kinder über den Plan gesprochen, im nächsten Jahr Heiligabend aus essen zu gehen.

Arleda Olsen wollte, daß ihr Mann Ralph ihr mehr bei den aufwendigen Ostervorbereitungen half; jedes Jahr bliesen sie Eier aus und machten einen Eierbaum, backten Rosinen- und Kardamombrötchen, färbten Eier und machten Osternestchen für die Kinder. Ralph bot an, den Eierbaum zu übernehmen, ging hin und kaufte dafür Plastikeier. Außerdem bestellte er Rosinenbrötchen beim Bäcker, statt sie selbst zu backen.

Zunächst war Arleda verärgert, daß er nicht alles so machte wie immer. Allmählich einigten sie sich jedoch, daß die Gestaltung des Rituals zu teilen auch hieß, die Entscheidungsautorität darüber zu teilen. Da Frauen bisher die Verantwortung für die Vorbereitung von Ritualen hatten, müssen sie häufig völlig andere Arten der Vorbereitung akzeptieren, wenn sie einen Teil der Aufgaben abgeben. Wenn Sie sich in der neuen Position der »Zeremonienmeisterin« sehen, wird sich in der Geschlechtsrollenverteilung Ihrer Rituale nicht viel ändern!

Die ältere Generation

Oft sind es die Älteren in der Familie, die die wesentlichen Elemente der Ritualgestaltung bewahren, wie zum Beispiel Rezepte, Geschichten, Photos, besondere Symbole, Geschirr und andere Familienandenken. Manchmal sind sie auch eine reiche Fundgrube für ethnische Traditionen mit dem Wissen um die Bedeutung bestimmter Speisen, Lieder, Tänze, Worte oder Handlungsweisen. Es mag einige Mühe kosten, ihnen zu entlocken, was sie zu bieten haben. Manchmal setzen sie Dinge, die sie zu sagen hätten, als selbstverständlich voraus und nehmen an, daß andere sie wissen. Oder sie bringen sie so streng vor, daß die Jüngeren sich weigern, mitzumachen. Die Älteren wie die Jüngeren brauchen vielleicht einen gewissen Rahmen oder einen Anstoß, der ihnen hilft, die Dinge auf neue Weise zusammenzufügen.

Unserer Erfahrung nach ist es eine der besten Möglichkeiten, die normalen Spannungen und Konflikte zwischen der mittleren und der älteren Generation zu mildern, die Großeltern oder ältere Tanten und Onkel um bestimmte Beiträge zur Planung von Ritualen zu bitten. Sandy Dowling stellte fest, daß die ständigen Auseinandersetzungen mit ihrer Mutter an Feiertagen aufhörten, wenn sie ihre Mutter um Rat fragte, wie sie den Tisch schön dekorieren könne.

Wenn Familienmitglieder älter werden, müssen die nachwachsenden Generationen Wege finden, bei den Vorbereitungen von Ritualen zu helfen, ohne daß sich die Älteren überflüssig oder unfähig vorkommen. Die Verantwortung für ein bestimmtes Ritual kann für einen älteren Menschen eine tiefe Bedeutung haben. Sie mag ihm zeigen, daß er in Familie und Gemeinschaft nach wie vor ein tragendes Mitglied ist, das eine Menge zu geben hat. Sie mag ihm helfen, wichtige Erinnerungen an sein Leben zu bewahren und aufzufrischen. Sie kann es ihm auch ermöglichen, Verbindungen zu Schlüsseltraditionen wiederaufleben zu lassen. Wenn die Planung der Rituale an die jüngere Generation übergeht, können die Älteren das Gefühl haben, einen Teil der Kontrolle über ihr Leben zu verlieren. Doch die Arbeit, die mit Ritualen verbunden ist, mag ihnen zur Last werden. Die Jüngeren möchten vielleicht auch in der Gestaltung der Dinge stärker zu Wort kommen. Der Generationswechsel bei der mit Ritualen verbundenen Arbeit kann eine vertrackte Sache sein. Es kann bei der Planung von Ritualen zu Spannungen kommen, eben weil sich Menschen genau in diesem Generationswechsel befinden. Auszusprechen, was vorgeht, kann den Betroffenen helfen, die Sache zu klären.

Als Idelia Abrahms Eltern in ihre Siebziger gekommen waren, kochte sie das Essen für das *Pessach*fest bei sich zu Hause und nahm es mitsamt den Enkelkindern im Wagen mit zu ihren Eltern. So konnten ihre Eltern nach wie vor ihr gutes chinesisches Porzellan benutzen und im Kreis ihrer Familie bei sich zu Hause feiern, aber die nächste Generation erledigte einen Großteil der

Arbeit. Nach dem Essen machten sich die Enkel einen Spaß daraus, in die Küche zu gehen und zu spülen, und zogen ihre Großmutter damit auf, welches gute Stück sie wohl in ihrer Ungeschicklichkeit zerbrechen würden.

Es ist wichtig, das Wissen festzuhalten, das ansonsten mit dem Tod der Großeltern verlorenginge, und es für die kommenden Generationen zu bewahren. Manche Familien nehmen die Geschichten der Älteren auf Band auf oder lassen sich Abzüge alter Photographien machen und notieren sich die Namen der Abgebildeten und die Entstehungszeit der Bilder. Andere machen Videofilme von Familientreffen oder organisieren Familienzusammenkünfte, bei denen über bestimmte Familienerinnerungen gesprochen wird. Und wieder andere lassen sich beibringen, nach alten Rezepten zu kochen.

Kinder mit einbeziehen
Ein neues Ritual: Der Zahnkobold Ratoncito Pérez
Als Janines Tochter Natalya acht Jahre alt war, fiel sie in Spanien auf einen Steintisch und brach sich ein großes Stück ihres Schneidezahns ab. Es blutete stark, und sie waren meilenweit vom nächsten Arzt oder Zahnarzt entfernt. Sie hielten Natalya im Arm, wischten das Blut weg, legten Eis auf die aufgeplatzte Lippe und suchten nach dem abgebrochenen Stück Zahn. Aber nichts konnte Natalya beruhigen, bis Ramón ihr von Ratoncito Pérez erzählte, einer kleinen Maus, die jedes Kind in Spanien besucht, wenn es einen Zahn bekommt. Ratoncito kommt vor allem, wenn ein Kind einen Zahn verloren oder abgebrochen hat. Er sucht unter dem Kopfkissen des Kindes nach dem Zahn und läßt Geld oder kleine Geschenke für das Kind da. Sofort wollte Natalya wissen, ob Janine Ratoncito kannte und ob er ihr spanische Pesetas, US-amerikanisches Geld oder ein Geschenk dalassen würde. Sie fragte Ramón, ob Ratoncito ihr auch etwas dalassen würde, wenn sie das Stück Zahn nicht finden sollten. Ramón versicherte ihr, daß er das sicher täte. Ihre Phantasie kreiste um diesen ›Zahnkobold‹ und ob es wohl der gleiche sei wie der, den sie aus den Vereinigten Staaten kannte. Sie lernte ein neues Ritual kennen.

Kinder fühlen sich natürlicherweise zu Ritualen hingezogen.

Die magischen Eigenschaften der Symbole, die Geschichten, die erzählt werden, das Geheimnisvolle, all das zieht sie an Ritualen an. Die Ausrichtung der Rituale auf ein Geschehen mit Aktivitäten, besonderen Gerichten und besonderer Kleidung und das Beisammensein mit Menschen entsprechen ebenfalls dem aktiven Lebensstil der Jüngeren. Das Staunen und die Begeisterung der Kinder an Ritualen zu erleben kann auch den beteiligten Erwachsenen großen Spaß machen. Einige Familien trafen sich Ostern immer auf einem großen Feld zu einem Picknick und zum Eiersuchen. Brian Fujita erinnert sich noch fünfzehn Jahre später an die Begeisterungsrufe seiner damals drei- und vierjährigen Töchter, wenn der Osterhase über den Hügel kam – ein als Hase verkleideter Mann. Er sprach mit den Kindern über den Frühling und das neue Leben und wie wichtig es sei, es alljährlich in der Natur und in uns selbst willkommen zu heißen. Dann stellten sich die Kinder auf der anderen Seite des Hügels in einem Kreis auf, während der Osterhase etwas für sie versteckte. Anschließend schickte er sie los, ihre Geschenke zu suchen, und forderte die älteren Kinder auf, den jüngeren zu helfen. Brians Töchter verstanden nicht alles, was der Osterhase sagte, aber sie begriffen die Einmaligkeit dieses Hasenmannes, der wie durch einen Zauber über den Hügel kam und ihnen Geschenke mitbrachte.

Was Kinder tun können

Kinder möchten bei Ritualen mitmachen können und nicht nur Konsumenten sein. Sie können Wege finden, sie von klein auf einzubeziehen. All diese Bilder und Zeichnungen, die sie aus dem Kindergarten mit nach Hause bringen, lassen sich als besonderes Geschenkpapier verwenden. Kinder können hervorragend Karten entwerfen und gestalten. Wenn sie etwas älter werden, können sie gut das Einpacken der Geschenke übernehmen. Vorschläge für Speisen, die sie gerne mögen, können sie in jedem Alter machen, und sie können Ihnen gut helfen, wenn Sie etwas Besonderes für einen Anlaß vorbereiten. Sie lernen von Ihnen, wie man es macht und organisiert. Wenn Sie mit Ihrem Tun zeigen, daß die Vorbereitung auf Rituale wichtig ist und Spaß macht, werden sie dieses Gefühl verinnerlichen.

Wenn Kinder größer werden, müssen Sie neue Wege finden, flexibel zu bleiben und ihre Interessen einzubeziehen. Rituale müssen offen genug sein, ihre Beteiligung zuzulassen und anzuregen. Menschen fühlen sich einem Ritual stärker verbunden, wenn sie darin eine gewisse Rolle spielen und eine besondere Aufgabe übernehmen. Sie aktiv in die Planung einzubeziehen gewährleistet, daß sie eine Chance haben beizutragen, was ihnen wichtig ist. In manchen Familien dürfen zum Beispiel Heranwachsende einen Freund oder eine Freundin zu einem Familienfest einladen. In anderen Familien tritt weihnachtliche Rockmusik an Stelle der traditionellen Weihnachtslieder, wenn sie den Baum schmücken. Es mag Zeiten geben, in denen Jugendliche oder Heranwachsende nicht an Familienfesten teilzunehmen brauchen, sondern die Erlaubnis erhalten, fernzubleiben oder zu Freunden zu gehen. Wenn Sie feststellen, daß Ihre älteren Kinder ein Ritual in Frage stellen, haben sie vielleicht den Eindruck, daß es in gewisser Weise zur Pflichtübung geworden oder erstarrt ist. Auch das kann ein Hinweis sein, daß es an der Zeit ist, mit ihnen über die Bedeutung dieser Traditionen zu sprechen. Wenn Sie sich einige der Fragen in Kapitel 3 noch einmal ansehen, finden Sie vielleicht Hinweise, wie Sie mit ihnen ins Gespräch kommen können, was Rituale ihnen geben oder nicht geben.

Mit der Zeit können Sie Ihre Kinder anleiten, wie sie selbst Rituale in die Hand nehmen können. So lassen sich manche Eltern nicht nur von ihren Kindern eine Wunschliste für Geburtstagsgeschenke geben, sondern schreiben selbst eine Wunschliste, die sie den Kindern vor dem Geburtstag der Eltern geben. Das dient als sanfte Erinnerung an den bevorstehenden Geburtstag und ist zudem eine Möglichkeit, ihnen zu zeigen, was Geschenke bedeuten. Davids Vater Andreas schrieb zum Beispiel auf seine Wunschliste Dinge wie »Gutscheine für Autowaschen, Spülen und andere Hausarbeiten« und »Gutscheine für Umarmungen und Lob«. So gab er seinen Kindern zu verstehen, daß er von Taten als Geburtstagsgeschenk mehr hielt als von materiellen Dingen.

Samira Nassif stellte in einem Jahr, als ihre Kinder sieben und neun waren, fest, daß sie den Eltern zu Weihnachten zum erstenmal kleine Geschenke in ihre Strümpfe gesteckt hatten. Bis dahin hatten die Eltern sich nur gegenseitig Geschenke in ihre Strümpfe gesteckt. Samira und ihr Mann zeigten sich begeistert von ihren Gaben: einem Lippenstift und einer Mini-Taschenlampe. Ihre Kinder fingen an, Wege zu entdecken, sich aktiv an diesem Ritual zu beteiligen.

Kinder entwickeln Rituale

Zwei vierjährige Jungen unterhalten sich übers Schlafengehen:

Ezra: »Manchmal träume ich, ich sterbe. Ich gehe nicht gerne schlafen . . .«

Benjy (aus tiefstem Herzen): »Ja.« Dann: »Weißt du, was ich mache, Ezra?«

Ezra (gespannt): »Was?«

Benjy: »Ich lasse meine Milch genau hier stehen [deutet auf seinen Nachttisch] und trinke sie immer nur halb aus, genau bis hier.«

Ezra (verblüfft, nach einer Pause): »Das mache ich auch! Genau halb. Und wenn ich dann aufwache . . .«

Benjy (beendet eifrig Ezras Gedanken): ». . . dann steht sie da!«[5]

Diese beiden Jungen haben aus sich heraus ein allabendliches Ritual entwickelt, das ihnen die Gewißheit vermittelt, im Schlaf nicht zu sterben. Und was für eine Bestätigung muß es gewesen sein festzustellen, daß ein Freund genau das gleiche tut! Kinder fangen schon sehr früh an, eigene Rituale zu entwickeln. Wenn sie etwas auf eine ganz bestimmte Weise tun wollen oder eine bestimmte Kleidung oder spezielle Spielsachen zu wichtigen Gelegenheiten aussuchen, legen sie damit den Grundstein zu einem eigenen Ritual. Eltern sollten Verständnis zeigen, wenn Kinder dies tun. Vielleicht müssen sie erst ein paar Fragen stellen, ehe sie den Sinn begreifen, den dies für die Kinder hat. Wenn sie nicht darüber sprechen wollen, akzeptieren Sie einfach, daß es ihnen wichtig ist. Nehmen Sie sich ein paar Minuten Zeit, an Ihre eigene Kindheit zurückzudenken. Welche kleinen Rituale haben Sie entwickelt? Bezogen sie sich auf bestimmte Decken, Stofftiere oder Geheimverstecke in Ihrer Wohnung oder im Freien? Hatten Ihre Geschwister oder Cousins und Cousinen bestimmte Rituale? Was bedeuteten diese Rituale? Was glauben Sie, wie Sie sie erlernt haben?

Rituale: Eine Brücke zwischen den Generationen

Die unterschiedlichen Bedürfnisse verschiedener Generationen zu berücksichtigen und zu koordinieren gehört häufig zur Gestaltung eines Rituals. Darauf zu achten, was den Älteren, der mittleren Generation und den Kindern entspricht, schafft eine Grundlage für persönliche Beziehungen, die das Herz der Rituale ausmachen. Passen Sie verschiedene Anlässe mehreren Generationen an. Damit vermeiden Sie, daß das Ritual unausgewogen oder starr auf die Bedürfnisse einer Generation ausgerichtet ist. Lassen Sie die Älteren Erinnerungen und Geschichten erzählen, was sie als Kinder bei ähnlichen Ritualen gemacht haben. Helfen Sie der mittleren Generation, sich als Mittler zu sehen, die wesentliche Teile der jeweiligen Erfahrungen von den Älteren an die Kinder und von den Kindern an die Älteren weitergeben. Denken Sie über Möglichkeiten nach, wie die Kinder die ältere Generation ehren und in Erinnerung behalten können. Prüfen Sie, was Sie von Männern und Frauen bei der Gestaltung von Ritualen erwarten und was Sie von Kindern erwarten. Wenn Sie dies alles tun, helfen Sie den Generationen, einander zuzuhören und beisammen zu sein.

Es gibt natürlich auch Zeiten, in denen es angebracht ist, nur ein oder zwei Generationen in die Gestaltung eines Rituals einzubeziehen. Vielleicht möchten Sie manchmal auch nur im engsten Familien- oder Freundeskreis feiern. Ein Ehepaar will möglicherweise zum Hochzeitstag allein ausgehen. Auf der Ruhestandsparty sind vielleicht hauptsächlich Kollegen. Ein erwachsenes Kind nimmt sich möglicherweise Urlaub, um seine Eltern allein zu besuchen. Teenager bevorzugen eine Geburtstagsparty, auf der nicht ständig Erwachsene dabei sind. Offen zu klären, welche Generationen, Freunde und Kollegen einbezogen werden und welche nicht, kann Menschen helfen, sich nicht ausgeschlossen oder übergangen zu fühlen.

Der Ort

Der Ort, an dem ein Ritual stattfindet, kann in mancherlei Hinsicht bedeutsam sein. Es müssen praktische Gesichtspunkte berücksichtigt werden: Ist der Ort leicht zu erreichen? Sind die Räumlichkeiten für die Aktivitäten, die Sie planen, gut geeignet? Sind sie für die Altersgruppen geeignet, die kommen werden? Die Familie Nelson wollte im Anschluß an die Taufe ihrer Tochter einen Empfang geben. Zunächst hatten sie vor, ihn im Gemeindesaal neben der Kirche zu veranstalten und überlegten, ob das machbar wäre. Sie erwarteten als Gäste einige Familien mit kleinen Kindern. Im Gemeindesaal gab es keine Nebenräume, in die sie die Kinder zum Mittagsschlaf hätten legen können. Außerdem gab es keine Küche. Das ganze Essen kommen zu lassen wäre zu teuer geworden. Sie beschlossen, den Empfang bei sich zu Hause und im Haus ihrer Nachbarn von nebenan zu veranstalten. So hatten die Kinder Platz, draußen im Hof zu spielen, und es gab Schlafzimmer, in denen die Babys schlafen konnten; zudem konnten sie das Essen vorher in ihrer eigenen Küche vorbereiten.

Ein Ort kann auch eine geschichtliche Bedeutung haben. Ein Veteranentreffen findet vielleicht an einem Kriegerdenkmal statt. Das Ehemaligentreffen einer Schule mag auf einem alten Schulhof stattfinden. Ein Ort kann mit eindeutigen Erinnerungen behaftet sein, weil eine Familie dort gelebt hat oder mit den Besuchen dort besondere Erinnerungen verbindet. Ein heilendes Ritual mag an einem Ort stattfinden, in dessen Nähe die Asche eines Menschen verstreut wurde oder auch auf einem Friedhof. Vielleicht möchten Sie die Bedeutung eines Ortes betonen oder in Erinnerung bringen, um Verbindung zu vergangenen Gefühlen oder Erinnerungen herzustellen. Als zum Beispiel die Familie Heaton erfuhr, daß einer ihrer Urururgroßväter in der Schlacht von Ticonderoga in New York gekämpft hatte, beschlossen sie, ihr Familientreffen dort abzuhalten.

Schließlich sollten Sie sich auch Gedanken über die Lokalitäten und die Familiendynamik machen. Ist es ein Ort, an den alle gerne kommen, oder halten nur bestimmte Teile der Familie ihn für geeignet? Ist er für einen Teil der Familie wesentlich leichter zu erreichen als für andere? Haben einige das Gefühl, daß es keinen gerechten Wechsel des Veranstaltungsorts gegeben hat? Wäre es eine Möglichkeit gewesen, die unterschiedlichen Traditionen oder die verschiedenen Familiengeschichten durch wechselnde Lokalitäten zu feiern? Die Familie Wilson traf sich gewöhnlich am 4. Juli im Haus ihrer Großtante Sophronia und des Großonkels Bill. Als Onkel und Tante mit der Zeit älter wurden und die jüngere Generation allmählich selbst Kinder hatte, gestaltete sich die lange Anreise zu ihrem Haus am See für die Familien zunehmend schwieriger. Das ganze Haus war voller Krimskrams und Andenken, die sich im Laufe der Jahre angesammelt hatten, und ständig mußte jemand ein wachsames Auge auf die Kinder haben, damit sie nichts kaputtmachten. Mit den sich wandelnden Bedürfnissen der Familien mußte auch die Lokalität für die Feier zum 4. Juli neu bestimmt werden.

›Neutralen‹ Boden finden

Sheila Alson schildert, wie sie versuchte, Räumlichkeiten für die Geburtstagsfeier ihrer beiden Kinder zu finden: Der fünfjährige Alex und die zehnjährige Amy waren beide am gleichen Tag geboren. Steve, der Vater der Kinder, und Sheila waren geschieden, und die Kinder lebten zur Hälfte beim Vater und zur Hälfte bei der Mutter. Die Kinder wollten Steve, seine neue Freundin Joanne, deren Tochter Susan und Sheila selbst alle zusammen auf ihrer Party haben. Sheila war noch nie in der Wohnung gewesen, in der Steve und Joanne lebten. Sie und Steve einigten sich daher, daß die Feier auf neutralem Boden, etwa auf einer Rollschuhbahn oder in einem Restaurant, stattfinden sollte. Mit dieser Entscheidung waren aber die Kinder nicht einverstanden, vor allem Amy nicht. Am Telefon schlug Amys Mutter vor: »Ich treffe dich und Daddy und die anderen um fünf im Restaurant, und wir essen gemeinsam. Anschließend gehe ich zu meinem Kursus.«

Amy erwiderte: »Aber ich will meine Geschenke nicht im Restaurant auspacken. Ich möchte, daß du mit zu Daddy und Joanne kommst, bevor wir ins Restaurant gehen, damit ich alle Geschenke zusammen auspacken kann.«

»Sei nicht bockig, Amy. Ich habe gesagt, was ich tun werde. Mehr mache ich nicht.« Wütend aufeinander legten sie auf.

Am nächsten Morgen rief Amy mit einem neuen Vorschlag an. »Daddy hat vorgeschlagen, daß Alex und ich nach der Schule zu dir kommen und deine Geschenke da auspacken. Dann treffen wir drei um fünf Daddy mit Joanne und Susan im Restaurant. Wir können zusammen essen und dann kannst du gehen.«

»Okay.«[6]

Amy und ihre Mutter verhandelten solange, bis sie Räumlichkeiten gefunden hatten, die für die Beteiligten in zwei verschiedenen Zusammensetzungen und für zwei unterschiedliche Arten von Geburtstagsaktivitäten geeignet waren. Es ist durchaus üblich, daß Rituale an mehreren Orten stattfinden, wenn Kinder in mehr als einem Haushalt leben.

Wenn Sie sich Gedanken über den Ort für ein Ritual machen, kann es ganz nützlich sein, sich drei Fragen zu stellen:

- Ist der Ort für Ihre Zwecke geeignet?
- Hat ein Ort eine so besondere Bedeutung für Sie, daß Sie ernstlich in Erwägung ziehen sollten, das Ritual dort abzuhalten?
- Welche Beziehungsdynamik löst die Wahl des einen oder anderen Ortes aus?

Die Mitwirkenden

Rituale scheinen am besten abzulaufen, wenn verschiedene Ebenen der Mitwirkung möglich sind und die Beteiligten gewisse Möglichkeiten haben, sich auf eine für sie sinnvolle und angenehme Weise zu betätigen. Wenn Leute etwas beitragen, fühlen sie sich meist stärker einbezogen. In der Einladung zur Feier ihres erwarteten Nachwuchses baten Liliana und Julio die Gäste, etwas für das Büffet mitzubringen und ein paar Worte oder Symbole beizutragen, die sie dem Paar in einem Ritual für die angehenden Eltern mitgeben wollten. Einige brachten aufwendige Kuchen und Hauptgerichte mit, die sie zubereitet hatten; andere brachten nur etwas zu trinken und Obst. Für das Ritual hatten manche einen besonderen Trinkspruch über Freud und Leid der Elternschaft vorbereitet, andere sagten spontan ein paar Worte, und wieder andere hatten Mitbringsel dabei, wie zum Beispiel eine Zimmerpflanze, die aus den Ablegern einer Pflanze gezogen war, die sie selbst zur Geburt ihres ersten Kindes bekommen hatten. Sie äußerten den Wunsch,

Liliana und Julio, die in sechs Monaten in ihre Heimat nach Chile zurückkehren wollten, sollten einen Ableger dieser Pflanze mit nach Chile nehmen, um ihn mit ihrem Baby aufzuziehen. Diese Worte und Symbole für die angehenden Eltern regten viele Gespräche über Elternschaft und die bevorstehende Geburt an. Bei dieser Feier war das Maß der Beteiligung so offengehalten, daß jeder etwas spontan beitragen, etwas vorbereiten oder eine Kleinigkeit mitbringen konnte.

Wenn zu einem Anlaß sehr verschiedene Altersgruppen zusammenkommen, überlegen Sie sich vielleicht sorgfältig einige Aktivitäten, die es erleichtern, daß die verschiedenen Altersgruppen sich mischen; das kann eine Schnitzeljagd oder das Erzählen von Geschichten sein, oder Sie sorgen für ein ausgewogenes Angebot verschiedener Aktivitäten. Denken Sie auch an den Tagesablauf. Möchten Sie, daß ruhigere und lebhaftere Aktivitäten sich abwechseln? Haben Sie genügend Platz, daß verschiedene Dinge gleichzeitig laufen können oder gibt das zuviel Durcheinander?

Anfang, Hauptteil und Ende

Es kann für eine leichtere Einbeziehung der Gäste auch entscheidend sein, sich einige Gedanken über Anfang und Ende sowie über einen besonderen Rahmen für eventuell feierlichere Teile eines Rituals zu machen. Zu Beginn müssen sich die Gäste willkommen geheißen fühlen, der Auftakt bestimmt die Atmosphäre, in der Gäste die Zeit miteinander verbringen werden. Bei manchen Ritualen werden sofort Getränke, Häppchen und/oder Partydekorationen wie Hüte oder Schleifen als Willkommensgruß angeboten. Die Gäste bewundern gegenseitig ihre besondere Kleidung oder Kostüme und überreichen Geschenke, die sie mitgebracht haben. Das kennzeichnet gleich zu Beginn das Ritual als besondere Zeit außerhalb des Alltäglichen. Damit wird der Boden für das nachfolgende Geschehen und für die jeweiligen Rollen, die die Anwesenden spielen, vorbereitet. Allerdings geschieht das auf eine ungezwungene Weise, die es den Beteiligten ermöglicht, miteinander in Beziehung zu treten, während sie sich in ihrer neuen Situation zurechtfinden.

Der Mittelteil eines Rituals hat häufig stärker strukturierte Elemente wie den Austausch von Worten und Symbolen oder eine förmlichere Sitzordnung beim gemeinsamen Essen. Diese geschlossenen Teile zeigen an, daß es für die Anwesenden an der Zeit ist, sich auf den besonderen Zweck des Rituals zu konzentrieren. Wenn feierliche Elemente vorgesehen sind, sollten sie sich unter Umständen vom übrigen Geschehen sichtbar abheben. Ein Gottesdienst beginnt manchmal mit einem feierlichen Einzug oder einem Segen, oder ein Gongschlag oder Musik ruft die Gäste zusammen. Es werden Kerzen angezündet oder Weihrauch verbrannt. Bänder, Blumen oder ein besonderes Tuch können einen Raum als gesondert kennzeichnen.

Der Schlußteil eines Rituals bietet häufig einen gewissen Abschluß und ein langsames Auslaufen. Häufig kommt die Gruppe nun etwas formloser zusammen und geht wieder zu weniger strukturierten Aktivitäten und zum Alltag über. Das mag eine so einfache Sache sein, wie daß nach einem großen Abendessen alle vom Tisch aufstehen und auf die Terrasse gehen, um Kaffee oder Tee zu trinken. Wenn es sich um ein Übergangsritual handelt, kann dies der Zeitpunkt sein, um den neuen Status der Hauptperson zu markieren. Bei der Party zu ihrer Pensionierung zum Beispiel eröffnete Mildred Lancaster nach den Ansprachen, Geschenken und der Überreichung zweier Plaketten zur Würdigung ihrer Arbeit zusammen mit ihrem Mann den ersten Tanz, dem sich bald auch andere anschlossen.

Wenn Sie über Anfang, Mittelteil und Schluß einer Hochzeitsfeier nachdenken, spielt im Hintergrund meist Musik, wenn die Gäste eintreffen, und es bleibt Zeit zusammenzukommen, Geschenke zu übergeben und sich zu begrüßen. Ein Wechsel der Musik zeigt häufig den Beginn des Mittelteils an – der eigentlichen Trauung. Wenn sich die Gäste versammelt haben, spielt die Musik noch ein paar Minuten, während die Anwesenden den Übergang in diese besondere Zeit und diesen besonderen Raum vollziehen. Eine Begrüßung oder ein Segen eröffnen die förmliche Zeremonie, zu der die Ehegelöbnisse und Lesungen eines Priesters oder Friedensrichters gehören. Die Zeremonie schließt gewöhnlich mit Glückwünschen, Küssen, Umarmungen, einem Auszug zu fröhlicher Musik, und die Versammelten bilden ein Spalier, während

Braut und Bräutigam den Gang herunterkommen. Anschließend erhalten alle Gäste Gelegenheit, dem Brautpaar ihre Glückwünsche auszusprechen. Der Empfang findet dann meist in anderen Räumlichkeiten statt.

Zum Abschluß der Feier zieht sich das Hochzeitspaar vielleicht um und fährt in die Flitterwochen, während die Gäste Reis und Körner über sie werfen. Oft schreibt man auf ihren Wagen »Frisch verheiratet« – und verkündet auf diese Weise allen ihren neuen Status.

Speisen und Rituale

Das Essen bildet häufig einen zentralen Bestandteil von Ritualen. Wie Alan Alda gesagt hat: »Essen ist eines der wenigen sinnlichen Dinge, die Menschen zusammen tun können, ohne daß sie zur Scheidung führen.« Zusammen zu essen ist auch eine Möglichkeit, Fürsorge zum Ausdruck zu bringen, und viele Speisen haben eine symbolische Bedeutung, die einen wichtigen Bestandteil des Rituals bildet. Eier zum Beispiel stehen sowohl beim Oster- als auch beim *Pessach*fest für neues Leben und Fruchtbarkeit. Herzförmige Kuchen und Plätzchen zum Valentinstag sind ein Zeichen der Liebe. In Nigeria beginnt kein Stammestreffen, ohne daß eine *Kola*nuß aufgebrochen würde, die jeden willkommen heißt und allen Anwesenden Segen bringt. Polnische Familien teilen zu Weihnachten *Oplatek*. In diese dünnen, brotartigen, weißen Oblaten sind religiöse Szenen eingeprägt. Die Menschen sehen sich an, brechen ein Stück der Oblate ab und wünschen sich gegenseitig »Gesundheit, Reichtum, Glück und gute Jahre«.

Familienrezepte, die von einer Generation an die andere weitergehen, stehen für das Einmalige jeder Familie. Gerichten, die jedes Jahr wieder gegessen werden, sieht man mit Vorfreude entgegen, genießt sie und behält sie später in guter Erinnerung. Ethnische Tradition geht mit *Nudelkugel*, *Piroggen**, *Pemmikan*** , *Empanadas****, *Butterkuchen* oder *Tortellini* von einer Generation auf die nächste

---

* *Pirogge*: gefüllte russische Hefeteigpastete
** *Pemmikan*: sehr lange haltbarer Proviant der nordamerikanischen Plainsindianer aus getrocknetem Bisonfleisch. Wird mit Fett übergossen und mit Wildfrüchten gegessen
*** *Empanadas*: südamerikanische Teigtaschen, die mit Fleisch, Gemüse oder Käse gefüllt werden

über. Wenn Sie durch eine Tür kommen und den Duft gebackener Weihnachtsplätzchen riechen, fallen Ihnen frühere Feste ein und andere Zeiten und Orte, als Sie diese Plätzchen gebacken haben. Wenn Sie die Walnußfüllung schmecken, sind Sie eins mit den Generationen, die vor Ihnen das gleiche Gericht gekocht und gegessen haben.

Gemischte Gefühle zum Essen gehören ebenso zu vielen Ritualen. Sie können eine Zeit sein, in der man zuviel ißt, Schuldgefühle wegen unseres Überflusses an Nahrungsmitteln hat, Sorgen um Übergewicht oder Gesundheitsprobleme. Und doch wird erwartet, daß man herzhaft zulangt als Zeichen, daß man die Gastfreundschaft und die Arbeit der Gastgeber zu würdigen weiß. Es mag sein, daß Sie sich bewußt bemühen müssen, verschiedene Arten von Speisen oder weniger Essen anzubieten oder sogar die einseitige Ausrichtung von Ritualen aufs Essen zu reduzieren. Vielleicht entschließen Sie sich zu Ritualen ganz ohne Essen. Nachdem Margaret Norton, die aus England nach Iowa gekommen war, erfahren hatte, daß sie einen hohen Cholesterinspiegel hatte, beschloß sie, zu ihrer täglichen Teezeit alle möglichen köstlichen Teesorten zu trinken, aber auf Plätzchen und Kekse völlig zu verzichten.

»Hasenfutter«

Valerie Harris-Greene kochte wie immer zu Ostern einen großen Schinken (obwohl ihre Familie fast nie Schweinefleisch aß), backte zum Frühstück ein Eierbrot, machte zum Nachtisch einen Engelskuchen und reichte viel Schokolade und Geleebohnen herum. Beim Kochen naschte sie, und auch die anderen in der Familie nahmen sich Leckereien, die sie gewöhnlich nicht im Haus hatten. Valerie fühlte sich bei dieser ungewohnten Ernährungsweise nicht wohl, während andere sich Sorgen um ihr Gewicht machten. Valerie fing an nachzudenken, welche Rolle das Essen nach ihren Vorstellungen zu Ostern eigentlich spielen sollte. Wie konnte sie traditionelle Familiengerichte und die Bedeutung und Erinnerungen, die sie vermittelten, beibehalten und gleichzeitig veränderten Eßgewohnheiten Rechnung tragen? Valerie sprach mit ihrem Mann Ethan. Da er Probleme mit dem Herzen hatte, die durch Übergewicht noch verschlimmert wurden, stimmte er ihr zu, daß das

Essen in dieser Menge und in dieser gehaltvollen Zusammenset-
zung einfach zuviel war. »Weißt du«, sagte er, »meine Eltern
machten immer viel Aufhebens darum, zu Ostern ›Hasenfutter‹ zu
essen – also Salate. Den Rest des Jahres sagten sie dann immer: ›Iß
deinen leckeren Salat auf, damit du so groß und stark wirst wie der
Osterhase.‹ Es könnte unseren Kindern auch nicht schaden, mehr
Gemüse zu essen. Außerdem kochst du ohnehin mehr Rezepte aus
deiner Familie. Vielleicht könntest du verschiedene Salate machen
und andere Sachen weglassen.«

»Das ist eine Idee«, meinte Valerie. »Ich kaufe immer diesen Rie-
senschinken, weil mein Vater großen Wert darauf legte, daß alle
genug bekommen und noch etwas übrigbleibt. Wir mögen gar
nicht eine Woche lang Schinken. Ich kaufe einen kleineren Schinken und bringe ganz viel ›Hasenfutter‹ auf den Tisch. Und vor dem
Ostermorgen gibt's keine Schokolade und Geleebohnen mehr.«

Valerie und Ethan fanden einen Weg, Essenstraditionen sowohl
zu würdigen als auch weiterzuentwickeln. Wenn in einer Zweitehe
verschiedene Familientraditionen bezüglich des Essens zu berücksichtigen sind oder ein Familienmitglied strenge Diät halten muß,
sind noch andere Fragen zu bedenken. Die Essensvorlieben zu ändern ist besonders in solchen Familien schwierig, die einen starren
Ritualstil haben und jede Abweichung als Mangel an Loyalität
werten.

In der Familie Sorcanelli beschloß der Sohn Anthony mit fünfzehn, Vegetarier zu werden. Solange sie zu Hause aßen, war das
kein sonderliches Problem. Sie hielten Tofu, Käse, Bohnen und andere proteinhaltige Nahrungsmittel für ihn bereit. Doch wenn sie
zu Feiertagen oder anderen Familienfeiern im größeren Kreis zusammenkamen, war es schon schwieriger. Die Großeltern, Tanten
und Onkel meinten, er »mache nur eine Phase durch«. Sie machten sich über sein vegetarisches Essen lustig und wollten, daß er
den besonderen Gerichten zusprach, die sie zubereitet hatten. Sie
meinten, es mache doch gar keinen Unterschied, wenn er einmal
Fleisch äße. Wenn also die Lasagne serviert wurde, war sie mit
Fleisch zubereitet, obwohl es relativ einfach gewesen wäre, eine
Portion ohne Fleisch zu machen. Mit der Zeit brachten Anthony
und seine Familie ihnen einfache Möglichkeiten bei, seine Vorlie-

ben zu respektieren. Sie brachten Tofu mit, wenn sie zum Essen eingeladen waren, und zeigten ihnen, wie man ihn brät. Wenn es als Vorspeise Salat gab, richteten sie eine Portion ohne Schinken oder Salami an. Allmählich nahm auch die weitere Verwandtschaft vegetarische Gerichte neben nichtvegetarischen in den Speiseplan auf. Manche von Anthonys Cousins und Cousinen naschten sogar von seinem gebratenen Tofu, weil er ihnen so gut schmeckte.

Essen kann wegen seines Symbolgehalts und seiner historischen und ethnischen Bedeutung eine zentrale Rolle bei Ritualen spielen. Füreinander Essen zuzubereiten, Brot zu brechen und zusammen zu essen schafft einen starken Zusammenhalt zwischen Menschen. Denken Sie über den Stellenwert des Essens in Ihren Ritualen nach:

- Entspricht es Ihrem sonstigen Lebensstil?
- Würdigt es frühere Familientraditionen? Spiegelt es die unterschiedlichen Hintergründe der Familienangehörigen ausgewogen wider?
- Können die Beteiligten unterschiedliche Essensvorlieben zum Ausdruck bringen oder müssen alle essen, was auf den Tisch kommt?
- Inwiefern fördert oder beeinträchtigt das Essen Ihr Ritual?

Alkohol und Rituale

Alkohol ist bei Ritualen häufig zu finden. Die Verwendung von Alkohol hat bei vielen religiösen und weltlichen Ereignissen eine lange Geschichte, vom Wein bei der Messe und beim jüdischen *Kiddusch** bis zum verbreiteten Champagner zu Toasts bei Festessen und Empfängen. Historisch war der Genuß von Alkohol allerdings sorgsam kontrolliert und innerhalb fester Grenzen definiert. Beim *Pessach*fest werden zum Beispiel vier Becher Wein beim Essen ausgeschenkt, aber es wird nicht erwartet, daß man sie alle austrinkt. Die Betonung liegt jedesmal auf dem Einschenken des Weines. Zum Abendmahl wird ein symbolischer Schluck Wein genommen. *Purim*** ist der einzige jüdische Feiertag, bei dem sich die

* *Kiddusch*: Weihe des Sabbats oder der Festtage in der Synagoge
** *Purim*fest: Frühjahrsfest der persischen Juden

Leute im Rahmen des Rituals betrinken dürfen. Es ist die festgesetzte Zeit, um Regeln zu brechen. Die ›Regel‹, einmal im Jahr im Übermaß zu trinken, zeigt eigentlich, daß man es zu anderen Zeiten *nicht* tun darf.

Dieser kontrollierte Alkoholgenuß ist in vielen Familien zusammengebrochen. Aufgrund zahlreicher Studien wird geschätzt, daß zehn bis vierzehn Prozent der US-amerikanischen Bevölkerung alkoholabhängig sind (zehn bis zwölf Prozent der Männer und zwei bis drei Prozent der Frauen). Da die meisten Alkoholiker in einer Familie leben, sind in den Vereinigten Staaten 50 Millionen Menschen direkt vom Alkoholismus betroffen. Peter Steinglass und seine Kollegen haben in einer Studie über Alkoholgenuß und Ritualleben in Familien mit Alkoholikern drei deutliche Verhaltensmuster ausgemacht.[7] In manchen Familien verändern sich die Rituale nicht, weil der Alkoholiker in der Familie während der Rituale nicht trinkt oder seine Verhaltensänderungen, wenn er trinkt, das Ritual nicht beeinträchtigen. Manche Familien stellen sich um und ändern ihre Rituale. Sie passen sich den Bedürfnissen des Alkoholikers an. Als in der Familie Lawton der Vater immer mehr trank, gaben sie ihren einwöchigen Urlaub in einer Hütte am See auf. Sie lag eine Tagesreise von ihrer Wohnung entfernt, und sie konnten sich auf Alans Fahrtüchtigkeit nicht mehr verlassen. Auch die Aktivitäten, denen sie dort nachgingen, Bootfahren, Schwimmen und Angeln, waren für ihren Vater nicht mehr sicher. Also beschlossen sie, in ein Hotel an der Küste in ihrer Nähe zu fahren. Dort gab es Bars und Restaurants, die Lawton zu Fuß erreichen konnte, und die restliche Familie konnte die Tage am Strand verbringen. Es bedarf keines Kommentars, daß dies nicht ihr bester Urlaub war.

In anderen Familien ist dem Alkoholgenuß an Feiertagen eine klare Grenze gesetzt. So sagte Fred Fain: »Ich bin an einem Feiertag niemals voll. Ich habe mich an Feiertagen noch nie besoffen.«

Seine Frau Claudine fügte in kaltem, aber unverkennbarem Zorn hinzu: »Ich hätte ihn umgebracht, wenn er es getan hätte.« Diese Familie hat es geschafft, während Ritualen der Trunksucht Grenzen zu setzen, die nicht überschritten wurden. Das ist allerdings äußerst schwierig.

Manchen Ritualen setzt der Alkoholismus abrupt ein Ende. Häufig sind es Alltagsrituale oder Familientraditionen, denen der externe Kalender weniger Zeit und geschützten Raum einräumt. In der Familie Jarrell änderten sich die Mahlzeiten erheblich, als der Vater Ed Alkoholprobleme entwickelte. Seine beiden Söhne waren damals sechzehn und elf. Einer seiner Söhne erzählte:

Don: Wenn Vater nicht [zum Essen] kam, hielten wir den ganzen Abend Ausschau nach ihm ... Als er zu trinken anfing, gab es kein gemeinsames Abendessen mehr, es hörte auf. Mutter machte Abendessen für meinen Bruder und wer eben gerade da war. Es ging nur noch ums Essen, es war keine Zeit mehr, auf die man sich freute ... Kaum Gespräche, keine erfreuliche Situation.

Vielleicht möchten Sie sich für Ihre eigene Familie überlegen, welche Rolle Alkoholgenuß bei Alltagsritualen, Familientraditionen, Feiertagen und Festen innerhalb der Familie oder Feiern zu Ereignissen des Lebenskreises spielt:

- Hat Alkohol bei einem dieser Rituale einen problematischen Stellenwert?
- Welchen Stellenwert hatte Alkohol bei Ritualen Ihrer Herkunftsfamilie?
- Welchen Einfluß hat das auf Ihre Ansichten über Alkoholgenuß in Ihrem gegenwärtigen Rituelleben?
- Hat Alkohol Sie veranlaßt, Ihre Rituale abzubrechen oder auf ein Minimum zu reduzieren?

Wenn ein Familienangehöriger Probleme mit dem Trinken hat, kann man Alkohol bei rituellen Zusammenkünften nicht als selbstverständlich betrachten. Es gilt sorgfältig und rücksichtsvoll zu erwägen, ob es nur alkoholfreie Getränke oder eine begrenzte Menge Alkohol geben soll. Alkoholfreie Weine und Biersorten, Apfelsaft und andere kohlensäurehaltige Getränke sind überall zu bekommen. Solche Getränke heben sich genügend von Alltagsgetränken ab und reichen aus, den besonderen Anlaß zu kennzeichnen. Und häufig sind sie auch preiswerter.

Es ist faszinierend, daß das Rituelleben an sich einen gewissen Schutz davor zu bieten scheint, daß Alkoholismus von einer Generation an die nächste weitergegeben wird. Wenn die Trunksucht eines Elternteils das Rituelleben nicht aufs schwerste stört, dann verringert sich die Wahrscheinlichkeit von Alkoholproblemen in der nächsten Generation. Rituale haben eine Schutzfunktion. Wenn sie intakt bleiben, hat die Familie Raum, zusammenzukommen und sich gegenseitig zu unterstützen, ihre Identität zum Ausdruck zu bringen und ihre Angehörigen trotz des Alkoholismus eines Elternteils zu ehren. Dieser Zusammenhalt schützt Menschen vor Problemen mit dem Trinken, weil sie miteinander und mit sinnvollen Traditionen verbunden sind.[8]

Fühlen Sie und Ihre Angehörigen sich mit dem Stellenwert des Alkohols in Ihren Ritualen wohl? Wenn nicht, welche Änderungen würden Sie gerne vornehmen und wie könnten Sie sie umsetzen? Alteingefahrene Verhaltensmuster beim Alkoholgenuß lassen sich nicht ohne weiteres ändern, zumal wenn sie so sehr Bestandteil der umgebenden Kultur sind. Sichern Sie sich soviel Rückhalt bei anderen Teilnehmern an Ihren Ritualen, wie Sie nur bekommen können. Machen Sie schon im Planungsstadium klar, welche Änderungen Sie vorhaben.

Rituale dokumentieren

Eine gute Möglichkeit, andere mit einzubeziehen, ist sie zu bitten, das Ritual auf irgendeine Weise festzuhalten. Sie können Photos machen, bestimmte Teile auf Tonband mitschneiden, Andenken oder Geschichten sammeln. Wenn Sie Zugang zu einer Videokamera haben (sie sind oft schon preiswert zu mieten), können Anwesende sich abwechseln, um die ganze Feier aufzunehmen. Eine Aufgabe zu haben kann Teilnehmern helfen, die etwas am Rand stehen. Andere kommen mit ihnen in Kontakt, und sie fühlen sich mehr in die Vorgänge einbezogen.

Das Ritual aufzuzeichnen ist auch eine Möglichkeit, jene am Ritual teilhaben zu lassen, die wegen Krankheit, abgebrochenen Beziehungen, Entfernung oder Terminschwierigkeiten nicht dabeisein können. In kommenden Jahren läßt sich bei der Planung weiterer Rituale auf diese Aufzeichnungen zurückgreifen. Wenn

Sie sich die Bilder, Videofilme oder Skizzen zu Geschichten ansehen, die darüber geschrieben wurden, können Sie darüber nachdenken, was gut gelaufen ist und was einer Änderung bedürfte.

Sorgen Sie dafür, daß das notwendige Zubehör zur Hand ist und alle, die Kameras, Kassettenrekorder, Stative und Scheinwerfer bedienen, vorher wissen, wie sie mit den Geräten umgehen müssen. Viele schöne Momente sind schon durch klemmende Kameras und Rekorder und fehlende Leerkassetten oder Filme verlorengegangen.

Geschenke: Sinnbild des Gebens und Nehmens

Geschenke geben und nehmen ist fester Bestandteil vieler Rituale. Bei manchen Anlässen wie Hochzeiten, Kindtaufen, bestandenen Prüfungen oder Geburtstagen machen Familienangehörige und Freunde einem einzelnen oder mehreren Personen Geschenke. Bei anderen wie Weihnachten, *Chanukka*, Dreikönigsfest oder Hochzeitstagen tauschen bestimmte Menschen Geschenke aus. Geschenke können ein kleiner Teil innerhalb eines größeren Rituals sein oder ein zentrales Element bilden, das gelegentlich alle anderen Aspekte eines Rituals überdeckt. Wenn Sie weiterlesen, denken Sie über den Stellenwert von Geschenken in Ihren Ritualen nach und ob er den Vorstellungen entspricht, die Sie und Ihre Familie vom eigentlichen Sinn des Schenkens haben.

Eine kleine Geschichte des Schenkens

Geschenke gab und gibt es in allen Kulturen und zu allen Zeiten; sie in einem Geschäft zu kaufen ist allerdings ein relativ junges Phänomen. Ursprünglich waren Geschenke gewachsene Dinge wie Früchte und Gemüse oder Handgemachtes. Zur Zeit der Römer schenkte man zum Beispiel Honig, Obst und Lampen zur Wintersonnwende – ein Vorläufer unserer Weihnachtsgeschenke. Im Schenken der Römer verbargen sich bestimmte Wertvorstellungen, denn reiche Römer waren verpflichtet, den ärmeren Geschenke zu geben.[9] Im neunzehnten Jahrhundert waren Weihnachtsgeschenke vornehmlich für Kinder gedacht und bestanden gewöhnlich aus besonderen Leckereien wie Orangen und Nüssen oder einem handgefertigten Spielzeug oder Kleidungsstück. Geschenke für Erwachsene waren praktisch und schlicht, wie Füllfederhalter oder Taschentücher, und hießen in Nordamerika »holiday notions« – kleine Festpräsente.[10]

Geburtstagsgeschenke wie beispielsweise Handschuhe oder eine Schiefertafel wurden als nützliche Gegenstände angesehen. Außerdem wurden nur an runden Geburtstagen Geschenke übergeben, so am zwanzigsten oder fünfundzwanzigsten Geburtstag. Die Geschenke wurden nicht eingepackt verschenkt und auch nicht mit speziellen Glückwunschkarten versehen. Es versteht sich von selbst, daß diese Art von Geschenken in großem Kontrast zu unseren heutigen Schenkritualien steht.

Mit der Industrialisierung Ende des letzten Jahrhunderts kamen zahlreiche Fertigungszeugnisse auf den Markt, und die Kommerzialisierung nahm zu. Als sich ein gewisser Wohlstand innerhalb der Gesellschaft entwickelte, begannen die Leute häufig Geschenke zu kaufen. Da gekaufte Geschenke für weniger persönlich als selbstgemachte erachtet wurden, erfand man die Geschenkverpackung, die dem Beschenkten vermitteln sollte, daß das Geschenk nach wie vor einen persönlichen und »kreativen« Anstrich besaß.[11]

Werbung unterstützte die neue Mode des Geschenkekaufens. Am 15. Dezember 1919 war in *The New York Times* zu lesen: »Schenken Sie Ihrer Familie und Ihren Freunden keine einfachen und gedankenlos ausgesuchten Geschenke. Kaufen Sie wertvolle Geschenke, die Ihren Lieben Ihre Zuneigung zeigen.« Die Vorstellung, daß ein teures, gekauftes Geschenk mehr Zuneigung ausdrückte, begann sich zu verbreiten und die Idee zu ersetzen, daß gerade im Selbermachen von Geschenken das eigentliche Geschenk lag.

Geschenke als Aufmerksamkeit

»Mein Vater sammelt Zinnkrüge. Er ist auch ein Bier-Kenner. Zum Geburtstag schenkte er meiner Mutter drei Bierkrüge aus Zinn. Sie trinkt nichts.«
Joy, 25 Jahre

»Mein Mann hat gesehen, wie ich im Geschäft mit dieser orangenen Seidenbluse liebäugelte. Ich habe sie mir nicht gekauft, weil es zuviel Geld war. Dann tauchte sie in einem Geschenkkarton zu unserem Hochzeitstag auf.«
Maria, 52 Jahre

Wenn bei Ritualen Geschenke gegeben und genommen werden, sind sie symbolischer Ausdruck der Beziehungen zwischen den Menschen. Das Schenken spricht Bände darüber, wie wir einander sehen und kennen und was uns wichtig ist. In Geschenken verbirgt sich häufig ein tieferer Sinn. Zwei Beispiele aus beliebten Fernsehserien, die jeweils vom Schenken und Beschenktwerden zum achtzehnten Geburtstag handeln, mögen das veranschaulichen.

In der Serie *Cagney and Lacey* bekommt Harv Lacey junior zum achtzehnten Geburtstag einige Geschenke, die die unausgesprochene Botschaft vermitteln: »Du gehst aufs College!« Seine jüngste Schwester schenkt ihm einen Becher, den zweifellos seine Mutter gekauft hat, »fürs Büffeln spät abends im Schlaftrakt«. Sein Bruder schenkt ihm Stifte. Und seine Eltern überreichen ihm einen Geschenkgutschein für einen Computer, »kompatibel mit denen an großen Colleges«. Während Harv junior die Geschenke entgegennimmt, wird ihm zusehends unbehaglicher, doch seine Familie, die sein offensichtliches Unbehagen nicht bemerkt, wird immer aufgeregter. Schließlich verkündet er, daß er nicht aufs College gehen wird, sondern gerade an diesem Tag in die Marine eingetreten ist. In dieser äußerst bewegenden Szene steht das Schenken im Verlauf eines wichtigen Übergangsritus, der Feier des achtzehnten Geburtstags, als Sinnbild für alles, was die Familienangehörigen voneinander wissen und nicht wissen. Die Geschenke brachten zum Ausdruck: »So möchten wir dich haben«, statt zu bestätigen: »So bist du.«

Diese Szene steht in scharfem Kontrast zum Schenken anläßlich eines anderen achtzehnten Geburtstags, diesmal in der Serie *The Wonder Years*. Karen wird achtzehn. In den vorangegangenen Wochen haben Karen und ihr Vater sich in recht typischen Generationskonflikten immer mehr in gegenseitige Wut hineingesteigert. Er ist ein ehemaliger Marinesoldat, und sie hat sich der Friedensbewegung angeschlossen. Der Vater ist so wütend auf Karen, daß er der Familie erklärt, er werde ihr nichts zum Geburtstag schenken. Während der Geburtstagsfeier, deren Ende Karen kaum abwarten kann, überreicht ihr Vater ihr ein Geschenk, das jeden Streit und alle Bitterkeit, die zwischen ihnen entstanden ist, überwindet. Sie öffnet das Paket, das seinen alten, abgewetzten Seesack aus seiner Marinezeit enthält. Mit einem Satz gibt der Vater ihr seinen Segen und die Erlaubnis, erwachsen zu werden: »Er ist fürs College oder wenn du fortgehst – egal wie, brauchst du etwas, um deine Sachen hineinzupacken, und dieser hier hat mich durch ein paar recht schwierige Zeiten begleitet.« Mit Tränen in den Augen erklärt Karen: »Er gefällt mir sehr!« Mit einem kleinen Akt des Gebens und Nehmens war es dem Schenkenden wie der Beschenkten möglich, sich trotz aller Differenzen verstanden, anerkannt und zutiefst verbunden zu fühlen.

Wenn Sie über Geschenke nachdenken, die Sie zu Geburts-, Jahres- oder Feiertagen bekommen haben, überlegen Sie, ob Sie sich unverstanden und befremdet gefühlt haben, ob Sie den Eindruck hatten, so verstanden zu werden, wie Sie sind, oder ob Sie faszinierend neue Aspekte Ihres Selbst in den Augen eines anderen Menschen entdeckt haben.

Eine Toni-Puppe für Amy

Amy Sullivan erinnerte sich mit dreiundvierzig noch gut an das beste Geburtstagsgeschenk, das sie je bekommen hatte. Kurz vor ihrem sechsten Geburtstag bekam sie eine Nierenentzündung. Sie mußte ins Krankenhaus und sollte bis nach ihrem Geburtstag dort bleiben. Auf dem Weg ins Krankenhaus erklärte Amys Großmutter, sie brauche Amys Hilfe bei einer wichtigen Entscheidung. Ihre Großmutter besaß einen Geschenkeladen, und sie erklärte Amy, sie brauche ihren Rat, welche Puppe sie in ihr Programm aufnehmen solle. Amy kam sich sehr wichtig vor, weil ihre Großmutter sie um Rat fragte. Sie nahm Amy mit in den Großhandelsmarkt und zeigte ihr eine Babypuppe und eine Toni-Puppe. Die Toni-Puppe war neu auf dem Markt, und man konnte ihr mit Zuckerwasser eine Dauerwelle legen. Amy zögerte keine Minute, als ihre Großmutter sie fragte, welche Puppe die meisten Mädchen wohl ihrer Ansicht nach vorziehen würden – »die *Toni*-Puppe, ganz bestimmt!« Drei Tage später, als Amy im Krankenhaus ihren sechsten Geburtstag feierte, packte sie ein Paket aus und fand darin die *Toni*-Puppe. Als Amy sich später daran erinnerte, meinte sie: »Ich fühlte mich anerkannt. Ich hatte das Gefühl, daß man sich um mich kümmerte. Ich war erst sechs, aber meine Meinung zählte. Meine Großmutter hatte sich besondere Mühe gegeben, mich genau mit dem richtigen Geschenk zu überraschen. Ich werde niemals vergessen, wie bedachtsam dieses Geschenk ausgewählt war.«

Wenn Geschenke schmerzlich sind
Wir alle sind mit dem Spruch aufgewachsen: »Nicht das Geschenk zählt, sondern die Absicht.« Doch manchmal ist eben die Absicht, die ein Geschenk vermittelt, gedankenlos, selbstsüchtig oder offen feindselig. Als Peter Harley begann, mit Janice Corrette zusammenzuleben, war ihre Familie über ihre Wahl sehr wütend und enttäuscht. Sie ließen Peter zu Weihnachten spüren, daß er der Familie nicht willkommen war, indem sie Janice mehrere sehr ausgesuchte Geschenke machten und ihm zwei oder drei Billigartikel schenkten. Da die Geschenke im großen Familienkreis geöffnet wurden, fühlte Peter sich beschämt, und Janice war sehr verlegen. Niemand sagte etwas zu den Geschenken, aber das ganze Weihnachtsfest verlief gespannt und unfroh. Drei Jahre lang fielen die Weihnachtsgeschenke nach diesem Muster aus, bis Janice schließlich ihre Eltern direkt darauf ansprach und ihnen erklärte, das müsse aufhören. Ihre Eltern beteuerten, das sei doch nur ein Spaß und sie und Peter seien überempfindlich. Trotzdem änderten sich die Weihnachtsgeschenke in diesem Jahr, und Peter bekam ein Geschenk, das dem anderer Familienangehöriger entsprach.

Zwar sind Geschenke meist nicht von derart offener Feindseligkeit, doch es kommt immer wieder vor, daß sie am Beschenkten vorbeigehen und die ganze Stimmung eines Geburtstages, Jahrestages oder Feiertages beeinträchtigen. Ebenso wie ein Geschenk ein tiefes Gefühl vermitteln kann, verstanden oder beachtet zu werden, kann es auch zum Ausdruck bringen, daß man nicht verstanden wird. Cara Janoffs Vater brachte ihr von seinen Reisen immer ein Geschenk mit. Dieses kleine Wiedersehensritual half ihnen, den Kontakt zueinander wiederzufinden. Als Cara jedoch zum Teenager heranwuchs, nahm ihr Vater ihre Entwicklung nicht mehr zur Kenntnis. Er kam von einer Reise mit einem Kleinemädchenportemonnaie, das für eine Achtjährige passend gewesen wäre. »Er konnte meine Enttäuschung nicht begreifen, und meine Mutter brachte Entschuldigungen für ihn vor. Das war der Anfang davon, daß wir uns auseinanderlebten.«

Wenn ein Geschenk schmerzlich oder enttäuschend ist, kann es die Erinnerung an ein ganzes Ritual prägen. Sara Jackson erinnerte sich noch nach 22 Jahren Ehe bitter an das erste Weihnachtsfest mit ihrem Mann, zu dem er ihr als einziges Geschenk ein Modellflugzeug schenkte. An andere Einzelheiten dieses Feiertages erinnerte sie sich nicht mehr. »Nachher habe ich ihm gesagt, er soll mir Geld geben, und ich kaufe mir selbst ein Geschenk, und so machen wir es seitdem.« Damit war für alle weiteren Rituale die Möglichkeit ausgeschlossen, daß ihr Mann sich ändern, sie besser kennenlernen und dies in Geschenken ausdrücken konnte.

Kelly Aptos dagegen ging das Risiko ein, ihrem Mann etwas über das Schenken beizubringen. An einem Valentinstag zu Anfang ihrer Ehe schenkte Jerry Aptos seiner Frau ein Waffeleisen. »Ich hätte es ihm am liebsten nachgeschmissen!« Statt dessen erklärte sie ihm, daß ein Waffeleisen für sie mehr Arbeit bedeutete, während sie eigentlich etwas Zeit zu zweit mit ihm verbringen wollte. Jerry ging und kam mit einer Flasche von Kellys Lieblingsparfüm nach Hause und erklärte, er werde sich an diesem Abend ums Essen kümmern. Ihr Valentinsessen bestand aus Waffeln à la Jerry und Champagner. Dieses Essen wurde zum humorvollen Bestandteil ihres Rituals zum Valentinstag, und Jerry lernte, seine Geschenke etwas bedachtsamer auszusuchen.

Die meisten von uns lernen Schenken und Beschenktwerden als Kinder in den Ritualen ihrer Herkunftsfamilien. Wir können lernen, taktvoll, umsichtig, kunstvoll zu schenken und Geschenke zu bekommen. Wir lernen möglicherweise, daß Geschenke nur etwas für Kinder sind oder daß nur Mütter Geschenke einkaufen. Wir beobachten vielleicht, daß unser Vater über ein Geschenk unserer Mutter offensichtlich enttäuscht ist, aber mürrisch schweigt, oder wir bekommen immer wieder zu hören, daß wir das Falsche ausgesucht haben, und fühlen uns zurückgestoßen. Vielleicht möchten Sie darüber nachdenken, was Sie in Ihrer Herkunftsfamilie durch das Sinnbild des Gebens und Nehmens über Beziehungen gelernt haben:

- Bei welchen Ritualen gab es Geschenke? Geburtstage, Jahrestage, Feiertage?
- Wie unterschieden sich Geschenke für Kinder von Geschenken für Erwachsene?
- Wessen Aufgabe war es, Geschenke auszusuchen? Lag diese Aufgabe bei einem einzelnen oder beteiligten sich alle daran? Wenn Ihre Mutter allein alle Geschenke besorgte, wer kaufte die Geschenke für sie ein?
- Welche Reaktion wurde von Ihnen erwartet auf die Geschenke Ihrer Mutter? Ihres Vaters? Ihrer Geschwister? Ihrer weiteren Verwandtschaft? Durften Sie etwas sagen, wenn Ihnen ein Geschenk nicht gefiel? Durften Sie deutlich machen, welches Geschenk Ihnen besser gefiel, oder erwartete man von Ihnen, daß Sie alle Geschenke gleich gut aufnahmen?
- Was war das schlimmste Geschenk, daß Sie je bekommen haben? Welche Beziehungselemente machten es so schmerzlich?
- Was war das beste Geschenk, das Sie je bekommen haben? Welche Beziehungselemente machten es zu etwas so Besonderem?

Geschenke und Geschlechtsrollen

Ebenso wie Frauen die Hauptverantwortung für die Vorbereitungen von Ritualen allgemein getragen haben, waren sie häufig auch zuständig, die Geschenke für alle Familienangehörigen auszusuchen und einzupacken. Als Kinder haben viele von uns Geschenke mit einem Kärtchen bekommen, auf dem stand: »Alles Liebe, Mami und Papi«, nur um von Papi zu hören: »Oh, laß mal sehen, was ich dir geschenkt habe!« Häufig übernimmt die Frau die Verantwortung, Geschenke zu Geburtstagen und sonstigen Feiertagen für ihren Mann, ihre Kinder, ihre und seine Verwandtschaft und auch jene der Kinder für den Vater zu besorgen. Dagegen bittet der Mann vielleicht seine Sekretärin oder seine Schwester, die Geschenke für seine Frau auszusuchen. Diese Regelung spricht Bände über die traditionellen Geschlechtsrollen, die von Frauen erwarten, ein Gespür für alle Beziehungen und die persönlichen Bedürfnisse eines jeden in der ganzen Familie zu haben und es in der Auswahl des passenden Geschenks zum Ausdruck zu bringen, während die Männer für diese Aufgabe als unfähig gelten. Eine solche Regelung überfordert die Frauen und beraubt die Männer der Möglichkeit, sich auf all die persönlichen Bedürfnisse und Unterschiede einzustellen, die sich mit einem Geschenk ausdrücken lassen. Nehmen Sie sich Zeit, mit Ihrem Partner über die Geschlechtsrollen zu sprechen, die Ihre Verhaltensmuster beim Schenken bestimmen. Sind sie für Sie beide zufriedenstellend? Lassen sie althergebrachte Regelungen erkennen, die Sie vielleicht in Ihrer Herkunftsfamilie erlebt haben, oder haben sie sich mit den Geschlechtsrollen in Ihrem Ritualleben geändert?

Geschenke als Träger von Wertvorstellungen

Der Aspekt des Schenkens in unseren Ritualen sagt sehr viel über unsere Wertvorstellungen aus. Schon bei einem Paar können solche Wertvorstellungen sehr weit auseinandergehen. William und Patrice Appleton stammten aus Familien, die recht unterschiedliche Werte und Bedeutungen mit Geschenken verbanden. William wuchs in einer armen Familie auf, in der Geschenke als unerschwinglicher Luxus galten. Folglich erwartete niemand Geburtstags- oder Weihnachtsgeschenke, selbst als sie schon erwachsen waren und es sich hätten leisten können. Patrice kam aus einer Familie der oberen Mittelschicht, in der Geschenke ein wesentlicher Bestandteil der meisten Rituale bildeten und als Ausdruck der wechselseitigen Beziehungen galten. Dieser Unterschied entwickelte sich zu einer Hauptquelle für Auseinandersetzungen des Paares. Zu Weihnachten oder an Geburtstagen rief William seine Familie an oder schickte eine Karte. Patrice fand das billig und rücksichtslos. Sie schickte allen in ihrer Familie Geschenke, was William wiederum für Extravaganz und verschwenderischen Umgang mit ihrem Geld hielt. Der Konflikt spitzte sich besonders bei Geschenken zu, die sie sich gegenseitig machten, da William für Patrice zu Weihnachten und zum Geburtstag preiswerte Kleinigkeiten kaufte, während Patrice ihm aufwendige Geschenke machte. Dieses Paar hatte eindeutig in bezug auf Geschenke sehr unterschiedliche Wertvorstellungen erlernt, die ihre Fähigkeit überlagerten, miteinander sinnvolle und erfreuliche Rituale zu entwickeln. Erst als sie zu überprüfen begannen, woher ihre Vorstellungen über Geschenke kamen und sie sich nach ihren heutigen Beweggründen für Geschenke fragten, waren sie imstande, neue Verhaltensmuster zu entwickeln.

Schenken kann eine Gelegenheit sein, unseren Kindern Wertvorstellungen zu vermitteln. In der Familie Cowan ging der Vater allein die Geschenke einkaufen, die seine Kinder ihrer Mutter am Muttertag machten. »Es ist einfacher so. Ich kann das schneller erledigen und jedem eine Schachtel geben, um sie ihr zu schenken. Sie haben nichts dagegen.« In der Familie Kurlin geht der Vater zusammen mit den Kindern in ein Geschäft und unterhält sich mit ihnen darüber, was die Mutter zum Muttertag am liebsten hätte. »Es dauert eine Weile. Gewöhnlich brauchen wir den ganzen Nachmittag. Ich erfahre, was sie meinen und was ihre Mutter sich ihrer Ansicht nach wirklich wünscht. Sie sind mit Feuereifer dabei, genau das Richtige für sie auszusuchen.« Diese beiden Familien geben den Kindern unterschiedliche Wertvorstellungen übers Schenken mit, über die Bedeutung, sich Zeit zu nehmen, über einen anderen Menschen nachzudenken, oder einfach das zu tun, was das Bequemste ist.

Kinder erlernen die Wertvorstellungen der Familie durch die sich wiederholenden Aspekte des Schenkens bei Ritualen. Sarabeth Owens entdeckte erstaunt die Wertvorstellungen, die ihre achtjährige Tochter Eileen über den Austausch von Geschenken zu Weihnachten gelernt hatte, als sie sie beobachtete, wie sie mit ihren Puppen »Weihnachten« spielte. Mutter, Vater und zwei Babypuppen saßen im Kreis um einen kleinen geschmückten Tannenzweig. Mit Stoffresten und Garn packte Eileen sorgfältig Kleinigkeiten ein, und ihre Mutter hörte sie sagen: »Hier sind drei Geschenke für dich und drei für dich. Jeder hat drei, ein Geschenk von Mami, eins von Papi und eins von der Schwester. Die Kleine macht zuerst eines auf. Sag danke. Jetzt packt die große Schwester eins aus – Mami, du bist der Weihnachtsmann und bringst ihr das

Geschenk.« Dieses Spiel gab haargenau die Verteilung der Weihnachtsgeschenke in ihrer Familie wieder, die Wertvorstellungen der Familie über Fairneß, die Reihenfolge des Schenkens vom Jüngsten zum Ältesten und den Umstand, daß die ganze Familie zusah, wenn einer sein Geschenk auspackte.

Es mag sein, daß Menschen, die Ihnen nahestehen, die gleichen Wertvorstellungen zu Geschenken haben wie Sie oder auch nicht. Vielleicht möchten Sie über diese Werte nachdenken und sie im engen Kreis Ihrer Familie und Freunde deutlicher zum Ausdruck bringen. Wenn Sie die folgende Liste durchgehen, überlegen Sie, mit welchen Wertvorstellungen Sie übereinstimmen, mit welchen nicht und wie die Wertvorstellungen der Menschen aussehen, die Ihnen nahestehen.

- Sinnvolle Geschenke müssen selbstgemacht oder auf sonstige Weise einmalig sein.
- Grenzen zu setzen, wieviel man für Geschenke ausgibt, ist eine gute Idee.
- Ich würde nie ein Geschenk uneingepackt überreichen.
- Über die Auswahl eines Geschenks sollte man sich gründlich Gedanken machen.
- Es ist in Ordnung, manchmal statt eines Geschenks eine Karte zu schicken.
- Geschenke innerhalb der Familie oder im Freundeskreis sollten sich etwa im gleichen Preisrahmen bewegen.
- Kinder sollten ihren Eltern Geschenke machen.
- Man sollte von Kindern nicht erwarten, daß sie wissen, was sie für ihre Eltern aussuchen sollen. Die Eltern sollten den Einkauf für sie erledigen.
- Erwachsene sollten sich gegenseitig Geschenke machen.
- Zu Feiertagen sollten alle genau die gleiche Anzahl Geschenke bekommen.
- Geschenke sind vornehmlich etwas für Kinder.
- Ein Geschenk sollte immer eine Überraschung sein.
- Es ist in Ordnung, Geld zu schenken und den Betreffenden sein Geschenk selbst aussuchen zu lassen.
- Verwandte sollten regelmäßig Geschenke bekommen.

Haben Familienangehörige erst einmal eine klarere Vorstellung über die Werte, die sie mit dem Schenken verbinden, sind allen möglichen kreativen Herangehensweisen Tür und Tor geöffnet. Die Familie Chapman ist übereingekommen, daß es in Ordnung ist, Geschenke auf dem Trödel und in Secondhandläden zu kaufen, und allein die Tatsache zählt, daß es etwas ist, das der oder die Betreffende sich wirklich wünscht. In der Familie McNamara gilt es als wichtig, daß Kinder für die Geschenke, die sie machen, selbst verantwortlich sind. Daher haben sie eine Methode entwickelt, bei der die Kinder sich Gutscheine fürs Autowaschen, Schneeschaufeln oder Essenkochen ausdenken. Die Familie Ross hat sieben Kinder und nur begrenzte Geldmittel. Zu *Chanukka* ziehen sie Namen aus einem Hut und legen so fest, wer für wen Geschenke kauft, so daß alle das Erlebnis haben, Geschenke zu machen und zu bekommen. Die Banners haben abgemacht, den Umweltschutz in ihrer Familie an erste Stelle zu setzen und Geburtstagsgeschenke nur noch in Form einer Spende an Umweltschutzorganisationen zu Ehren des Geburtstagskindes zu machen. Die Whites stellen alljährlich im Oktober eine Übersicht zusammen mit der Wunschliste eines jeden für das diesjährige Weihnachtsfest. Die Familie Ellis fand es wichtiger, Geld für eine Reise zu sparen, als die Geschenke pünktlich zu Weihnachten auszutauschen, und tätigte ihre Weihnachtseinkäufe folglich erst nach den Feiertagen, um Sonderangebote nutzen zu können. Den Penders fiel auf, daß bei ihnen ein Wettbewerb um das teuerste Geschenk herrschte, und so versuchten sie es in einem Jahr mit selbstgeschriebenen Geschichten, die sie sich gegenseitig schenkten. Es gibt unendlich viele Möglichkeiten, wenn Sie sich nur einmal die Zeit nehmen, sich miteinander zu unterhalten, was Sie mit Geschenken eigentlich ausdrücken wollen.

Scheidungskinder: Konkurrenzkampf mit Geschenken

Geschenke zu Geburts- und Feiertagen können besonders problematisch werden, wenn es eine Scheidung oder eine neue Eheschließung gegeben hat. Bei Trennung und Scheidung werden die Geschenke für die Kinder häufig zum Sinnbild für Beziehungskonflikte der in Scheidung lebenden Eltern. Jeder Elternteil versucht vielleicht, den anderen mit aufwendigen Geburtstagsge-schenken in einem stillschweigenden Wettbewerb um die Zunei-gung und Loyalität des Kindes zu übertrumpfen. Sammy Whelan erinnerte sich mit Wut und Trauer an die Geburtstagsfeiern seiner Kindheit. »Meine Eltern kämpften um mich mit immer größeren Geschenken. Ich wußte, bei diesen Geschenken ging es eigentlich gar nicht um mich. Ich verabscheute das. Ich habe nie mit den Sachen gespielt, die sie mir geschenkt haben, denn ganz gleich, mit was ich auch spielte, es hieß, daß ich den Elternteil, der mir das andere Spielzeug geschenkt hatte, nicht liebte!«

Es kann vorkommen, daß ein Elternteil das Geschenk des ande-ren im Wert herabmindert. Elias Korns Vater lebte am anderen Ende des Landes. Zu Elias siebtem Geburtstag schickte er ihm einen Geschenkgutschein aus einem Katalog, den er bewundert hatte, als er bei ihm zu Besuch war. Er bat seine frühere Frau, Elias beim Einlösen des Gutscheins behilflich zu sein. Ein Jahr später war der Gutschein noch immer nicht eingelöst, und Elias erzählte seinem Vater, seine Mutter habe gesagt, das sei kein gutes Ge-schenk.

Wenn geschiedene Eltern aufeinander wütend sind, zeigen sie das unter Umständen, indem sie zu Geburts- oder Festtagen die Geschenke für ihre Kinder »vergessen«. Hier wird das Fehlen von Geschenken für die Kinder zum Teil des Krieges, den die Eltern miteinander führen. Doug Serlin war sechs, als seine Eltern sich scheiden ließen und sein Vater wegzog. Doug wußte nie, ob er zum Geburtstag oder zu Weihnachten ein Geschenk von seinem Vater bekommen würde. Häufig hing das davon ab, wie seine Eltern gerade zueinander standen. Zwei Jahre lang bekam er keinerlei Geschenke von ihm, und seine Mutter tröstete ihn in seiner Ent-täuschung und Traurigkeit. Im dritten Jahr bekam er eine große Schachtel mit Spielzeug, Süßigkeiten und einem Jagdmesser, und er konnte gar nicht begreifen, warum seine Mutter so wütend war, während er doch glücklich war.

Scheidungen sind gewiß eine komplexe Angelegenheit, es ist jedoch von entscheidender Bedeutung, Beziehungskonflikte der Erwachsenen nicht in Geschenken an die Kinder auszuspielen. Un-erledigte Scheidungsprobleme können Geburtstags- und Feiertagsrituale völlig durchdringen, wenn Eltern die Geschenke an die Kinder als Mittel einsetzen, dem ehemaligen Partner etwas zu sagen. Wenn Sie geschieden sind, sollten Sie sorgfältig überlegen, was Sie Ihren Kindern mit Geschenken, die Sie ihnen machen, zu verstehen geben.

Auch Geschenke der Kinder an die Eltern werden mit einer Scheidung schwieriger. Sehr kleine Kinder sind oft noch nicht imstande, selbst einzukaufen oder Geschenke an den Elternteil zu schicken, der weiter weg lebt. Der Elternteil, der das Sorgerecht hat, stellt möglicherweise fest, daß niemand die Kinder ermutigt, ihm oder ihr Geschenke zu machen. Eine Mutter mit Sorgerecht ist vielleicht ärgerlich, daß sie den Kindern hilft, Geburtstagsgeschenke für ihren Vater zu besorgen, daß er diese Geste aber nicht erwidert. Es ist wichtig, bei einer Scheidung mit den Kindern über diesen Aspekt von Ritualen zu sprechen. Zeigen Sie ihnen, daß Geschenke viele Dinge zum Ausdruck bringen können, vor allem auch, wie die Menschen übereinander denken. Vielleicht sollten Sie einen anderen Erwachsenen hinzuziehen, einen Onkel oder Freund, der den Kindern hilft, Geschenke für Sie und für den Elternteil auszusuchen, der nicht das Sorgerecht hat.

Wenn Sie imstande sind, nach einer Scheidung ohne Reibereien ein gemeinsames Sorgerecht auszuüben, ziehen Sie vielleicht in Erwägung, mit ihrem Ex-Ehepartner über die Geschenke für die Kinder zu sprechen, um einen unterschwelligen Konkurrenzkampf zu vermeiden und die Geschenke zu koordinieren, damit die Kinder nicht Geschenke doppelt bekommen oder von einer Seite der Familie erheblich mehr bekommen als von der anderen.

Bei einer zweiten Eheschließung können Geschenke und Karten oftmals den Beginn einer neuen Beziehung markieren. Stiefkinder und Stiefgroßeltern müssen die Daten der Geburts- und Jahrestage der neuen Familienmitglieder erfahren. Zu Beginn einer zweiten Ehe ist das Schenken zwischen Stiefeltern und Stiefkindern möglicherweise mit einer gewissen Befangenheit behaftet, doch manchmal kann ein Geschenk auch den Aufbau einer Beziehung ermöglichen. Als Anita Jeffers zum zweitenmal heiratete, wollte ihre zehnjährige Tochter Celie den neuen Stiefvater nicht akzeptieren. Bei ihrem ersten gemeinsamen Weihnachtsfest wurde Celie sehr wütend, als ihre Mutter ihr erklärte, die Geschenke für sie seien von ihr und ihrem neuen Mann. »Ich will keine Geschenke von euch beiden. Ich will nur *deine* Geschenke!« Anita ging eindeutig zu schnell vor in ihrem Bemühen, Celie zu bewegen, ihren neuen Mann zu akzeptieren. Als im Mai Celies Geburtstag näherrückte, versuchten Anita und ihr Mann es auf andere Weise. Anita machte Celie allein ein Geschenk, wie sie es in den vergangenen sechs Jahren getan hatte. Celies Stiefvater fragte sie anschließend, ob sie mit ihm einkaufen gehen wolle. Im Geschäft sagte er ihr: »Ich möchte dir ein Geburtstagsgeschenk kaufen, aber ich kenne dich noch nicht gut genug. Ich weiß einfach nicht, was Dir gefällt. Wie wäre es, wenn du dir ein paar neue Kleider aussuchtest, damit ich allmählich herausbekomme, welche Farben du magst.« Diese Art, Celie ein Geburtstagsgeschenk zu machen, entsprach dem tatsächlichen Stand der Beziehungen in dieser Familie nach der zweiten Eheschließung und kennzeichnete den Punkt, an dem Celie begann, ihren Stiefvater zu akzeptieren. In späteren Jahren unternahmen Celie und ihr Stiefvater immer zu ihrem Geburtstag einen Einkaufsbummel, während ihre Mutter ihr weiterhin ein Geschenk machte, das nur von ihr kam.

Schenken und Beschenktwerden sind ein verzwickter Bestandteil unserer Rituale. Häufig achten Familien nicht bewußt genug auf die Art und Weise, in der Geschenke Beziehungen zum Ausdruck bringen und aushandeln. Vielleicht möchten Sie die Muster des Schenkens in Ihren derzeitigen Ritualen besprechen und überlegen, welche Änderungen Sie – wenn überhaupt – vornehmen wollen:

– Wie nehmen andere die Geschenke auf, die Sie machen? Wie empfinden Sie die Aufnahme dieser Geschenke?
– Können Familienangehörige ehrlich auf Geschenke reagieren?
– Was ist das beste Geschenk, das Sie in Ihrer jetzigen Partnerbeziehung gemacht haben? Was hat es zu etwas Besonderem gemacht?
– Was ist Ihre schlechteste Erfahrung mit Geschenken, die Sie gemacht haben? Was passierte in der Beziehung?
– Auf welche Schwierigkeiten stoßen Sie derzeit, wenn Sie Ge-

schenke machen oder erhalten? Mit wem müßten Sie das durch-
sprechen?
- Was bringen Geschenke in all Ihren wichtigen Beziehungen
  gegenwärtig zum Ausdruck? Möchten Sie das ändern?
- Welches Geschenk möchten Sie wem am liebsten zu welcher
  Gelegenheit machen?
- Welches Geschenk möchten Sie zu welcher Gelegenheit von
  wem am liebsten bekommen?

Einige Planungshilfen

Wie wir gesehen haben, ist die Planung von Ritualen ebenso
wichtig wie das Ereignis selbst, und häufig ist sie entscheidend,
damit die Beteiligten sich in das eigentliche Ritual einbezogen
fühlen. Die Planung muß offen genug verlaufen, die Beteiligten
auf verschiedenen Ebenen einzubeziehen, und zugleich muß sie
genügend strukturiert sein, um die eigentliche Arbeit der Durchführung des Rituals zu teilen. Es ist wichtig, daß sich niemand so
überlastet oder überarbeitet fühlt, daß er oder sie das Ereignis gar
nicht genießen kann. Wenn die Beteiligten sich die Arbeit auf
eine Weise teilen, die alle als gerecht und nützlich empfinden,
prägt das die Atmosphäre des ganzen Rituals. Sprechen Sie vorher durch, wie andere mit ihren Ideen, ihrer Unterstützung und
ihren Aufräumfähigkeiten einbezogen werden können. Planen
Sie, was Sie erledigen wollen, machen Sie dann *die Hälfte* davon
und gratulieren Sie sich, gute Arbeit geleistet zu haben. Vielleicht
versuchen Sie es mit einer Vereinfachung der Essensvorbereitungen und des Aufräumens, indem Sie weniger Gänge servieren,
Pappteller benutzen, aus essen gehen oder zum Nachtisch Obst
servieren. Oder Sie probieren es mit einem Buffet, zu dem alle
Freunde und Verwandte Gerichte mitbringen, die für ihre eigene
rituelle Tradition typisch sind. Oder backen Sie besondere Spezia-
litäten nicht jedes Jahr. Wenn Sie gewöhnlich nicht groß kochen,
ist die Zubereitung eines besonderen Festessens für Sie vielleicht
ein neues Abenteuer. Überlegen Sie, ob Sie eine preisliche Obergrenze für Geschenke setzen, gemeinsame Geschenke machen

oder Namen aus einem Hut ziehen möchten. Oder Sie versuchen einmal, sich nur Gefundenes oder Symbolisches zu schenken, oder bitten die Betreffenden um eine Liste von Dingen, die sie sich wirklich wünschen. Wenn Sie etwas einmal machen, müssen Sie es nicht unbedingt das nächste Mal wieder genau so machen wollen.

Die Planung umfaßt eine gewisse Bandbreite wechselnder Elemente, von den Beteiligten über Ort und Zeit bis hin zu Geschenken, Essen und Trinken. Jeder dieser scheinbar profanen Bereiche birgt die Fähigkeit in sich zu vermitteln, was wichtig ist, denn die Symbole und symbolischen Handlungen, die mit ihnen einhergehen, bringen Geschichte, Überzeugungen, Wertvorstellungen und Beziehungen der Teilnehmer untereinander zum Ausdruck. Am Ehrentag der Großeltern einen Mürbekuchen nach Urgroßmutters Rezept in ihrer alten gußeisernen Kuchenform zu backen läßt die Familie ihrer gedenken, vermittelt die Bedeutung der vorangegangenen Generationen und gibt Wissen über ihr schottisches Erbe weiter. Nehmen Sie sich etwas Zeit nachzudenken, was die Ausgestaltung Ihrer Rituale vermittelt.

Wer sich zusammensetzt und Rituale plant und vorbereitet, kann ebenso wichtig sein wie die Frage, wer zu einem Fest kommt. Hier werden die Grundlagen dafür gelegt, wie sehr sich die Teilnehmer einbezogen und daran beteiligt fühlen, einem Ereignis Inhalt und Sinn zu verleihen. Zeit, die man im Planungsstadium nicht nur auf solche Einzelheiten verwendet, wie das Essen zubereitet wird und wie alles aussehen soll, sondern auch auf zwischenmenschliche Aspekte, ist gut angelegt. Es erleichtert die Planung, wenn die Mitwirkenden den Eindruck haben, daß ihre Beiträge wichtig sind und ihre Ideen Gehör finden. Wenn es in der Vergangenheit Schwierigkeiten bei der Planung von Ritualen gegeben hat, mag es nötig sein, sie offen anzusprechen. Eine gute Möglichkeit ist es, sich darauf zu konzentrieren, wie die Planung diesmal anzugehen ist, damit sie für alle Beteiligten erfolgreich läuft, statt alte Geschichten aufzuwärmen, was nicht gelaufen ist. Hören Sie anderen gut zu, was in ihren Augen besser gemacht werden könnte, und übernehmen Sie die Verantwortung für Dinge, die Sie verändern können. Achten Sie darauf, daß das

Gespräch sich auf Lösungen konzentriert. Wenn Sie Ihre Planung des Rituals mit mehr oder weniger reinem Tisch angehen können, wird sie nicht zum indirekten Austragungsort für vergangene Beleidigungen und Kränkungen.

Und zu guter Letzt: Gehen Sie mit realistischen Erwartungen an Rituale heran, die ja schließlich nur einen Teil Ihres Lebens ausmachen. Denken Sie daran, daß ein wenig Humor viel erreichen kann, wenn die Dinge nicht so laufen wie geplant. Die lustigen Begebenheiten, die wir noch zehn Jahre später von unseren Festen erzählen, gehen auf Vorfälle zurück, über die sich die Leute damals ziemlich aufgeregt haben. Und vergessen Sie nicht die Geschichte, wie Erma Bombeck mit allzu hochgeschraubten Erwartungen fertig wurde. Einmal im Dezember sah sie sich in einer Buchhandlung Martha Stewarts Buch zur Gestaltung des Weihnachtsfestes an. Es war voller extravaganter Ideen, wie sich ein perfektes Fest gestalten ließe. Erma stellte einfach das Buch von der Abteilung »Festgestaltung« in die Abteilung »Fiktion«.

Hier nun ein paar Fragen, die Sie als Checkliste benutzen können, um über bevorstehende Rituale nachzudenken. Vielleicht möchten Sie auf diese Fragen drei bis sechs Monate vor einem bestimmten Ritual zurückgreifen.

Äußere Zwänge:
- Wie beeinflussen Erwartungen in der umgebenden Kultur das Ritual? Unterstützen oder beeinträchtigen diese Erwartungen Ihre Wünsche in bezug auf das Geschehen?
- Sind die äußeren Zwänge für einige Familienmitglieder stärker als für andere? Für wen? In welcher Weise?
- Beeinträchtigen oder unterstützen äußere Einflüsse die Art und Weise, wie Ihre Rituale Ihrer Ansicht nach Kontinuität und Wandel vermitteln sollen?

Vorbereitung:
- Wer ist an der Planung beteiligt? Weshalb ist ihre Beteiligung wichtig?
- Wer ist nicht daran beteiligt und warum nicht? Was würde anders verlaufen, wenn sie einbezogen wären?

- Wie können Sie die Ideen vieler Teilnehmer einbeziehen?
- Inwiefern sind spielerische Elemente und Humor Bestandteil der Vorbereitungen?
- Inwiefern kommen in der Planung Geschlechtsrollen zum Ausdruck? Möchten Sie sie ändern? Wenn ja, wie?
- Was würde die Planung erleichtern?

Teilnehmer:
- Wer soll eingeladen werden und warum? Wie werden diese Gäste eingeladen?
- Wie könnten Sie jemanden einbeziehen, der sonst manchmal nicht teilnimmt?
- Inwiefern wirken sich abgebrochene Beziehungen darauf aus, wer eingeladen wird?
- Hat es eine bestimmte Bedeutung, wer *nicht* eingeladen wird?
- Werden verschiedene Generationen teilnehmen? Wenn ja, gibt es Gelegenheit, daß die Generationen auch wirklich zusammenkommen?
- Werden Kinder einbezogen? Wie?

Ort:
- Was muß hinsichtlich des Ortes, an dem das Ereignis stattfindet, beachtet werden? Wer fühlt sich am wohlsten, wenn es dort stattfindet? Wer am unwohlsten?
- Wie wird der Ort ausgewählt?
- Verbindet sich mit dem Ort eine bestimmte Bedeutung?
- Was können Sie tun, um jenen zu helfen, die sich an diesem Ort am wenigsten wohl fühlen (zum Beispiel von Jahr zu Jahr den Ort wechseln, einen »neutraleren« Ort aussuchen)?
- Was ist bezüglich der Anreise zu bedenken (z. B. Zeit, Kostenaufwand, Entfernung der Anreise im vergangenen Jahr)?

Mitwirkende:
- Welche wichtigen Aktivitäten sind geplant? Wie wird darüber entschieden?
- Wie sehr sind diese Aktivitäten geschlechtsspezifisch geprägt? Wie sieht der ethnische Hintergrund aus?

Rituale planen

Rituale planen	Positiv Gute Seiten, die beibehalten werden sollen	Problematisch Dinge, die kritisch sind und sich ändern müssen	Änderungsvorschläge für unsere Rituale
Vorbereitung Welche besonderen Vorbereitungen erfordert das Ritual (Anfahrt, Geschenke besorgen, Essen vorbereiten)? Wie wirken sich Geschlecht, Alter, Kultur und Erfahrungen im Elternhaus auf diesen Prozeß aus?	1. 2. 3.	1. 2. 3.	1. 2. 3.
Menschen Wer nimmt teil und welche Familiendynamik spielt in die Entscheidung hinein, wer teilnimmt und wer nicht?			
Ort Gibt es bezüglich des Ortes Besonderheiten, die sich auf die Bedeutung des Rituals auswirken? Welche Familienregeln bestimmen die Wahl des Ortes?			
Mitwirkende Welche Aktivitäten gehören zu diesem Ritual und inwieweit sind sie von Geschlecht, Alter, Kultur und Erfahrungen im Elternhaus geprägt?			
Geschenke Welche Rolle spielen das Geben und Nehmen von Geschenken bei diesem Ritual?			

- Verwenden Sie besondere Symbole oder symbolische Gegenstände?
- Welche Rolle spielen Essen, Musik, Kleidung?
- Welche Rolle spielt Alkohol? Welche Rolle sollte der Alkohol nach Ihren Wünschen spielen?
- Wer wird das Ritual aufzeichnen und wie?
- Wie bringen Sie die gemeinsame Zeit zu einem Abschluß oder Ende?

Geschenke:
- Welche Rolle spielen Geschenke?
- Wie werden Geschenke ausgetauscht?
- Was würden Sie gerne bezüglich der Geschenke ändern?

Vielleicht suchen Sie sich ein Familienritual aus, das Sie sorgfältig unter die Lupe nehmen. Wählen Sie ein Fest oder einen Feiertag, der bald bevorsteht, oder ein Ereignis, das kürzlich stattgefunden hat. Nehmen Sie das Planungsschema für Rituale zu Hilfe, um Ihre Überlegungen zu diesem Ritual zu strukturieren. Sie können es allein oder mit anderen Familienmitgliedern ausfüllen. Wenn Sie möchten, photokopieren Sie das Schema (oder machen sich selbst eine größere Abschrift) und heften es mit Ihren Kommentaren an den Kühlschrank oder einen anderen auffälligen Ort, damit Ihre Familie lesen kann, was Sie denken, und ihre eigenen Vorstellungen hinzufügen kann. Das Schema ist so angelegt, daß es positive und problematischere Aspekte solcher Anlässe aufnimmt und in der letzten Spalte auf mögliche Änderungen abzielt.[12]
Wenn Sie über Veränderungen nachdenken, sollten Sie in kleinen, tastenden Schritten vorgehen, die als Experiment angelegt sind und Spaß machen. Lassen Sie sich von anderen anregen! Spielen Sie mit ausgefallenen Ideen! Haben Sie einfach Spaß!

KAPITEL 5

RITUALEN SINN VERLEIHEN: SYMBOLE UND SYMBOLISCHE HANDLUNGEN

Neubeginn

Als Norm und Elinor Korner nach achtzehn Monaten der Trennung beschlossen, sich wieder zu versöhnen, hatten ihre Kinder – der zwölfjährige Bill und die zehnjährige Sally – Angst, ihre Eltern könnten wieder zusammenkommen und sich später erneut trennen. Sally meinte: »Wir haben uns daran gewöhnt, mit unserer Mutter allein zu leben – was ist, wenn es nicht läuft?« Billy stimmte ihr zu und fügte hinzu: »Was ist, wenn wir das alles noch einmal durchmachen müssen?« Um ihre Kinder zu beruhigen und sich selbst zu vergewissern, daß es wirklich ein neuer Anfang war, planten die Korners ein Ritual, das die Kinder besonders einbeziehen sollte. Sie baten Billy und Sally, sich eine Überraschung für die Eltern auszudenken als Zeichen für die Rückkehr des Vaters und die Wiedervereinigung der Familie. Die Eltern ihrerseits versprachen, den Kindern ebenfalls eine Überraschung zu bereiten.

Als der Tag der Wiedervereinigung der Familie näherrückte, gab es viel Geheimniskrämerei und Gelächter. Billy und Sally bestanden darauf, daß die Eltern für einige Stunden das Haus verließen. In dieser Zeit backten die Kinder ihre eigene Version eines Hochzeitskuchens. Mit Feuereifer backten sie vier sogenannte Engelskuchen, die sie übereinander schichteten, jede Lage als Symbol für ein Mitglied der Familie. Da sie keine geübten Bäcker waren, reinigten sie die Form nicht nach jedem Kuchen, sondern kratzten den jeweils gebackenen Kuchen aus der Form und schichteten ihn auf den vorigen. Elinor meinte, es sei der schönste Hochzeitskuchen gewesen, den sie je gesehen habe. Und Norm, der früher sehr über die gewaltige Unordnung geschimpft hätte, die die Kinder in der Küche hinterlassen hatten, lachte herzlich über den Zuckerguß, der überall verteilt war.

Als Überraschung für die Kinder hatten Norm und Elinor zwei benachbarte Zimmer in einem Hotel genommen und führten sie zu einem ganz besonderen Abend aus. Als sie auf ihre Zimmer kamen, fanden die Kinder vier kleine, goldfarbene Gläser vor, in die jeweils einer der Namen der vier und das Datum der Wiedervereinigung der Familie eingraviert war, ein Tag, von dem die Eltern beschlossen hatten, daß er von nun an ihr »neuer Hochzeitstag« sein sollte. Norm, der sich früher an Familienaktivitäten kaum beteiligt hatte, hatte alle Reservierungen gemacht und die Gläser gravieren lassen. Eine ganze Flasche Champagner für die Eltern und eine kleine Flasche Champagner für die Kinder kennzeichneten den Anlaß als besonders festlich.

Beim Essen tauschten Norm und Elinor neue Eheringe. Spontan beschlossen sie, die Kinder in diese Zeremonie einzubeziehen. Elinor reichte Billy Norms Ring und bat ihn, ihn seinem Vater zu geben. Norm wiederum gab Elinors Ring Sally mit der Bitte, ihn ihrer Mutter an den Finger zu stecken.

Wir wollen uns ansehen, was hier geschehen ist. Allein aufgrund der Abmachung, sich gegenseitig »eine Überraschung zu bereiten«, griff diese Familie auf *Symbole* und *symbolische Handlungen* zurück, um ein Ritual zu entwickeln und gemeinsam einen neuen Sinn zu schaffen. Die Eltern hatten zwar von diesem Ritual nicht als »Hochzeit« gesprochen, doch Billy und Sally begriffen, daß es sich um einen völligen Neubeginn für die Familie handelte, und beschlossen ein Symbol für solche neuen Anfänge zu schaffen, nämlich einen Hochzeitskuchen. Mit der Entscheidung, dem Kuchen vier Lagen zu geben, »eine für jedes Familienmitglied«, konnten die Kinder zum Ausdruck bringen, daß es sich um eine andere Art von Hochzeit handelte, eine »Vermählung« der ganzen Familie. Norms zärtliche Würdigung der Bemühungen seiner Kinder, trotz der Unordnung in der Küche, war eine demonstrative Handlung, daß es sich wirklich um einen Neubeginn handelte.

Im früheren Zusammenleben der Familie hatte Elinor alle Familienaktivitäten geplant und initiiert. Dieses Mal sprachen sie und

Norm über ihre Wünsche, und Norm übernahm es, ihren Plan umzusetzen. Die Idee für die goldfarbenen Gläser stammte von Norm. »Ich wollte etwas Bleibendes nach diesem Ereignis in der Familie haben. Ich wollte einen Gegenstand, der uns alle verband und zugleich respektierte, daß wir verschiedene Menschen sind. Diese Gläser, die jeweils mit einem unserer Namen versehen sind, zeigten, daß wir eine Einheit sind, die sich aus einzelnen Individuen zusammensetzt. Das Datum stand für unseren Neubeginn als ganze Familie.« Die Gläser benutzten sie von nun an zu Feiertagen und Geburtstagen, sie wurden zum sichtbaren Zeichen dieses früheren Rituals.

Norm stammte aus einer Familie, in der beide Eltern Alkoholiker waren. Aus Angst und dem Bedürfnis, seine Familie zu schützen, hatte er jeden Alkohol verboten, sogar mäßiges Trinken zu gesellschaftlichen oder festlichen Anlässen. Er und Elinor sprachen darüber und kamen zu dem Schluß, Champagner sei ein dem festlichen Anlaß angemessenes Symbol, das sie unbesorgt in ihr Ritual einbeziehen konnten. Elinor merkte dazu an: »Ich glaube, das hat die Angst beruhigt, wir könnten werden wie Norms Eltern – ein bißchen Champagner zusammen zu trinken, hat eine dunkle Wolke gelichtet, die früher auf unserer Beziehung lag.«

Norm und Elinor entschlossen sich, neue Eheringe zu kaufen, um symbolisch zum Ausdruck zu bringen, daß dies tatsächlich eine völlig neue Ehe war. In dem Augenblick, als sie die Ringe tauschten, bezogen sie die Kinder auf eine Weise mit ein, die neue Beziehungsmöglichkeiten ausdrückte. Billy und sein Vater hatten früher ein gespanntes Verhältnis, und Sally und ihre Mutter standen sich nicht sonderlich nahe. In einer bewegenden, spontanen Zeremonie bat Elinor Bill, Norm den neuen Ring zu geben, während Norm Sally bat, Elinor ihren neuen Ring zu überreichen. In diesem kurzen Austausch wurden neue Bindungen hergestellt und gesegnet.

Vor diesem Ereignis hatte die Familie mit einem stark verkümmerten Ritualstil gelebt. Norms Erinnerungen an die Rituale seiner Kindheit waren wegen der Trunksucht seiner Eltern äußerst schmerzlich; Elinor dagegen vermißte die schönen Rituale ihrer Herkunftsfamilie sehr. Da sie verständnisvoll sein wollte, erklärte

165

sie sich mit Norms ausdrücklichem Wunsch einverstanden, keine Feiern und Feste zu veranstalten, stellte aber mit der Zeit fest, daß diese Abmachung ihre Familie jeder Gelegenheit beraubte, in herzlich-warmer Atmosphäre beisammen zu sein und gemeinsam das Fortschreiten der Zeit zu markieren. Somit symbolisierte das gesamte Ritual, an dem Norm begeistert und kreativ teilnahm, tatsächlich einen Neubeginn!

Die Korners entschieden sich bei der Gestaltung dieses Rituals für einige Symbole, die ihre Übereinstimmungen mit anderen Familien zeigten – zum Beispiel einen Hochzeitskuchen und Eheringe. Sie wählten zudem andere Symbole wie die goldfarbenen Gläser, die ihren besonderen Umständen als wiedervereinter Familie entsprachen. Mit der Wahl von vier Kuchen und vier Gläsern betonten sie, daß jedes Familienmitglied ein Individuum war. Die Tatsache, daß alle vier Kuchen Engelskuchen waren und alle vier Gläser eine goldene Farbe hatten, symbolisierte die Familienzusammengehörigkeit. Der Champagner markierte ihren Übergang von einer Familie, die Angst hatte, die Vergangenheit zu wiederholen, zu einer Familie, die Vertrauen in ihre Gegenwart und Zukunft hatte. Eine größere Flasche Champagner für die Eltern und eine kleinere für die Kinder brachte symbolisch zum Ausdruck, daß für Erwachsene anderes angemessen ist als für Kinder, und kennzeichnete zugleich die Beziehung der Ehepartner und die der Geschwister untereinander.

Symbole

Die tiefgreifende Kraft der Symbole, unseren Ritualen Sinn zu verleihen, wird anhand der Geschichte der Korners deutlich. Symbole sprechen ohne Worte zu uns. Sie ermöglichen es uns, mit einem einzigen Gegenstand viele verschiedene Bedeutungen zu schaffen und zum Ausdruck zu bringen. Sie lassen in Familien und Beziehungen eine blühende Vielfalt zu, da ein bestimmtes Symbol für den einen Menschen das eine und für einen anderen etwas völlig anderes bedeutet. Ein einziges Symbol in einem Ritual kann Widersprüche und Polaritäten aufnehmen und zusammenfügen. Symbole drücken Überzeugungen, innere Einstellungen, Beziehungen und Spiritualität aus. Sie sind diejenigen Bausteine unserer Rituale, die die Sinnfülle liefern, die ein Ritual von der bloßen Routine abhebt.

Wenn Sie sich Rituale Ihrer Kindheit in Erinnerung rufen, sind es häufig Symbole, die deutlich hervorstechen. Ein bestimmtes Symbol mag sogar für ein ganzes Ritual stehen. Nur wenige von uns können sich Kindergeburtstage ohne Geburtstagstorte und Geschenke vorstellen. Kürbisse und Geister bedeuten *Halloween*, nicht Ostern, und Hasen und Eier stehen für Ostern, nicht für *Halloween*. Symbole sind in unsere Rituale eingebettet und geben ihnen Gestalt.

Auch Speisen können als Symbol dienen und Erinnerungen an ein bestimmtes Ritual wecken. Versuchen Sie sich ein großes Truthahnessen am 4. Juli vorzustellen oder ein Barbecue am Erntedankfest. Denken Sie einen Moment über besondere Speisen nach, die zu Ihren Ritualen gehören. Welche Bedeutung haben sie und wie würden sich Ihre Rituale verändern, wenn Sie eine dieser symbolischen Speisen ändern würden?

Symbole sind ein augenfälliger Bestandteil der Traditionen, Feiertagsgebräuche und Rituale des Lebenskreises. Weniger offensichtlich – vielleicht weil wir sie jeden Tag sehen – sind Symbole, die in unsere Alltagsrituale eingebettet sind.

Die vielfältige Symbolik eines Mikrowellenherdes

Als Jim Hart und Alicia Povens heirateten, war es für beide die zweite Ehe. Jim zog zu Alicia, und sie erklärte ihm unbekümmert, er könne seinen Mikrowellenherd weggeben, da sie schon einen habe. Tage und Wochen vergingen, und Jim besaß nach wie vor seinen Mikrowellenherd. Eines Tages kam Alicia nach Hause und fand die Mikrowelle in der Küche aufgestellt. »Ich kann ihn nicht weggeben. Es ist das erste, was ich mir nach der Scheidung angeschafft habe. Es klingt für dich wahrscheinlich albern, aber er bedeutet, daß ich allein klarkomme, er symbolisiert meine Unabhängigkeit. Ich möchte ihn noch ab und zu benutzen.« Bald benutzten sie für ihr tägliches Essensritual beide Mikrowellenherde. »Eigentlich gefällt es mir«, erklärte Alicia. »Mittlerweile bedeutet es, daß wir zusammensein können und trotzdem zwei verschiedene Menschen sind. Ich weiß, daß es das für Jim nicht heißt, aber mir bedeutet es das!«

Kontinuität: Symbole verbinden uns mit der Vergangenheit
Neben kulturell üblichen Symbolen haben die meisten von uns in ihren Ritualen auch eigene Symbole, die reich an Bedeutung sind und uns mit Geschichte und Vergangenheit der Familie verbinden. Der Sinn dieser Symbole mag sich ändern oder mit der Zeit in dem Maße komplexer werden, wie jede Generation ihre eigene Auslegung hinzufügt. Wenn Sara Weinstein am Freitagabend Kerzen anzündet, um den Beginn des jüdischen Sabbats zu kennzeichnen, benutzt sie die silbernen Kerzenleuchter, die ihrer Großmutter gehört haben. Diese Kerzenleuchter waren das einzige, was Saras Großmutter verstecken und nach dem Holocaust wiederfinden konnte. Sie hatte sie mit in die Vereinigten Staaten gebracht und Saras Mutter zur Hochzeit geschenkt. Als Sara heiratete, gab ihre Mutter die Kerzenleuchter an sie weiter. »Diese Leuchter sind nicht nur schöne Gegenstände, in die ich jeden Freitagabend Kerzen stelle. Ich sehe sie mir an und sehe das Überleben meiner Familie und des jüdischen Volkes. Manchmal schaue ich sie an und denke über die Generationen von Frauen nach, die diese Kerzenleuchter symbolisieren, und darüber, daß sie eines Tages meinem kleinen Mädchen gehören werden.«

Symbole können ein Gefühl der Kontinuität vermitteln, selbst wenn sich der Ablauf eines Rituals an sich gewandelt hat. Christopher Allenby setzt jedes Jahr einen Keramikengel auf die Spitze seines Weihnachtsbaums. »Ich habe diesen Engel nach dem Tod meiner Mutter mitgenommen. Er gehörte ihr – mein Vater hatte ihn ihr zu ihrem ersten gemeinsamen Weihnachtsfest geschenkt. Sie setzten ihn immer nach der Mette auf den Baum. Das bedeutete, daß wirklich Weihnachten war. Ich habe seit Jahren keine Mette mehr besucht, aber an jedem 24. Dezember um Mitternacht setze ich den Engel auf den Baum und denke an meine Eltern, und gerade dieser Engel ruft für mich die Erinnerung an alle Weihnachtsfeste wach.«

Streit um einen Geburtstagskuchen

Symbole können auch in familiären Auseinandersetzungen und Konflikten eine Rolle spielen. Karen Singletons Mutter backte zum Geburtstag eines jeden Familienmitglieds immer einen deutschen Schokoladenkuchen. Mit den Jahren gewann dieser Kuchen vielerlei Bedeutungen – er stand für liebevolle Fürsorge, für Zeit, die einem Familienmitglied gewidmet war, für Wertschätzung, Fortsetzung einer Tradition und die Liebe einer Mutter zu ihren Kindern. Als Karens Mutter starb, übernahm sie als Älteste die Aufgabe, diesen Kuchen für ihre Schwester June und ihren Bruder Peter zu backen. Zu ihrem zweiunddreißigsten Geburtstag kam June zu Karen, um zu feiern. Karen hatte inzwischen ein Baby und eine Vollzeitstelle. Als die Familie sich zum Kaffee setzte, brachte Karen einen Kuchen auf den Tisch, den sie im Geschäft gekauft hatte. June war wütend und stürmte aus dem Haus. »Ich habe gesehen, wie Karen vor zwei Wochen unseren Familienkuchen für ihre Freundin gemacht hat!« Anfangs war Karen entsetzt über Junes Benehmen und hatte das Gefühl, sie mache viel Lärm um nichts. Als sie jedoch weiter darüber nachdachte, wurde ihr klar, daß es nicht nur ihre Arbeit war, die sie gehindert hatte, June den Kuchen zu backen – sie war auch wütend auf June, weil sie kein sonderliches Interesse an ihrem Baby zeigte, und enttäuscht, daß niemand in der Familie jemals den deutschen Schokoladenkuchen für sie backte.

Um das Verhältnis zu June zu klären, lud Karen sie zu »Kaffee und Kuchen« ein. Zu dieser Gelegenheit backte sie einen Kuchen, den sie noch nie gemacht hatte, und erklärte June, sie wolle einiges ändern und dieser neue Kuchen sei ein Symbol für diesen Wunsch. Die Schwestern unterhielten sich über den deutschen Schokoladenkuchen. Sie entdeckten, daß eigentlich keine von ihnen Schokoladenkuchen mochte, sondern daß sie das vermißten und herbeisehnten, was der Kuchen bedeutet hatte – ihre Mutter, ihre Zärtlichkeit und ihre Fürsorge für jeden einzelnen in der Familie. Karen hatte versucht, das zu ersetzen, aber sie konnte natürlich nicht die Mutter der Familie werden und begann schließlich Groll zu hegen. Ohne sich darüber vollständig im klaren zu sein, war die Abwandlung des Geburtstagskuchens für ihre Schwester ihre Art, ihre Gefühle zum Ausdruck zu bringen. Karen und June sprachen schließlich über die Änderungen, die in ihrer Beziehung nötig waren, um sie auf eine gleichberechtigere Basis zu stellen.

Symbole, die über die Zeit hinweg bestehenbleiben, können einen Heilvorgang erleichtern. Als Angela und Nestor López ihr erstes Kind im sechsten Monat durch eine Fehlgeburt verloren, trauerten sie beide sehr. Mehrere Monate später, im Frühling, beschlossen sie, gemeinsam zur Erinnerung an das Kind, auf das sie sich gefreut hatten, einen Pflaumenbaum zu pflanzen. Sie schufen ein eigenes besonderes Ritual, indem sie diesen Baum zum Symbol ihres Verlustes wie auch des weitergehenden Lebens machten. Im Laufe der nächsten Jahre bekamen sie drei gesunde Kinder. »Du kommst nie ganz über diesen Verlust weg«, erklärte Angela, »aber dieser Baum, er hat unserem Schmerz einen Ort gegeben. Jedes Frühjahr sehe ich, daß der Baum blüht, und Nestor und ich weinen selbst heute noch ein wenig. Es ist gut so – ich denke daran, wie *dieses* Kind geworden wäre, und vermische es nicht mit den anderen Kindern. Als sie älter wurden, habe ich ihnen von dem Baum und seiner Bedeutung für mich erzählt. Letztes Jahr haben meine Kinder um den Baum herum Blumen gepflanzt, um mich zu überraschen. Jetzt ist der Baum nicht mehr allein – sie sind alle damit verbunden.«

Um die Fülle der Bedeutungen zu erfassen, die ein bestimmtes Symbol haben kann, denken Sie vielleicht über ein Symbol nach, von dem Sie wissen, daß es Ihrer Familie wichtig ist. Stellen Sie sich vor, was dieses Symbol jedem einzelnen bedeutet, und bitten Sie anschließend alle darüber zu erzählen. Sie werden überrascht sein, die unterschiedlichen Bedeutungen zu entdecken, die sich mit einem einzigen Symbol verbinden.

Vielleicht möchten Sie sich über die besonderen Symbole Gedanken machen, die nur Ihren Ritualen und denen Ihrer Familie eigen sind:

- Welche Symbole sind das? Vielleicht nehmen Sie eines heraus und denken darüber nach.
- Woher stammt dieses Symbol?
- Wie wurde es weitergegeben?

– Wozu diente dieses Symbol ursprünglich? Welche Bedeutung hatte es ursprünglich?
– Welche Bedeutung hat dieses Symbol heute für Sie? Für andere?

Neue Symbole, neue Rituale

Wenn Sie sich mit den Ideen dieses Buches beschäftigen, beschließen Sie vielleicht, ein bestimmtes Ritual in Ihrem Leben zu ändern oder ein völlig neues zu entwickeln. Wenn Sie dies tun, besteht ein wichtiger Schritt darin, Symbole zu finden, die die vielfältigen Bedeutungen zum Ausdruck bringen, die in jedem Ritual möglich sind.

Ein Symbol innerhalb eines ständig oder wiederholt praktizierten Rituals zu ändern kann neue Beziehungsmöglichkeiten ankündigen, wie wir es bei Karen und June gesehen haben. Wenn neue Symbole auftauchen, können sie jedoch auch sehr schnell zum Inbegriff einer Auseinandersetzung über die Frage werden, wie die Dinge »immer waren« und wie sie sich möglicherweise verändern. In einer Episode der Fernsehserie *The Wonder Years* belegt die Mutter Norma ohne Wissen ihres Mannes Jack und ihrer Kinder einen Töpferkurs. Es ist für sie als Hausfrau der erste Ausflug in die Außenwelt. Als ihre Töpferarbeiten nach und nach auf dem morgendlichen und abendlichen Essenstisch auftauchen, werden sie bald zum Symbol für (1) spannende, neue Möglichkeiten, die sich ihr eröffnen, (2) die Bedrohung für ihren Mann, daß sie und ihre Beziehung sich ändern, und (3) die Ängste ihres Sohnes Kevin, daß seine Eltern auf unergründliche Weise wütend aufeinander sind. Als sie eine neue Kaffeetasse für ihren Mann töpfert, jammert er, daß er seine alte Tasse wiederhaben möchte: Im Symbolismus der alten und der neuen Tasse erkennen wir die Auseindersetzung um alte und neue Beziehungsformen. Und als er »versehentlich« die neue Tasse zerbricht, wissen wir aus der nachfolgenden Stille, daß er seine Stellungnahme zu den Symbolen des Wandels, die in ihre Alltagsrituale Einzug gehalten haben, abgegeben hat.

Vielleicht möchten Sie die wesentlichen Symbole in Ihren alltäglichen, traditionellen und festlichen Ritualen unter die Lupe nehmen, um zu überprüfen, was sie bedeuten und ob sie das ausdrücken, was Sie und Ihre Angehörigen damit ausdrücken wollen.

Das gleiche können Sie auch mit bevorstehenden Ritualen des Lebenskreises machen. Vielleicht möchten Sie – sowohl in Ihrer Familie wie innerhalb Ihrer Kultur – ein paar Nachforschungen anstellen, um die ursprüngliche Bedeutung gewisser Symbole herauszufinden. Wußten Sie zum Beispiel, daß nach einer Trauung Reis zu werfen ein Fruchtbarkeitssymbol ist? Kevin und Jane Whitby wußten bereits bei ihrer Hochzeit, daß sie keine Kinder bekommen konnten. Als sie der Bedeutung verschiedener Symbole nachgingen, die bei Hochzeiten Verwendung finden, kamen sie zu dem Entschluß, daß die Gäste bei ihrer Hochzeit keinen Reis werfen sollten. Da sie aber wußten, daß ihre Gäste irgend etwas würden werfen wollen, baten sie ihren Treuzeugen, Beutel mit Vogelfutter auszuteilen. »Unsere Gäste die ›Vögel füttern‹ zu lassen, wurde für uns zum ganz privaten Symbol für Fürsorge und Zuwendung«, erklärte Jane. Es ist wichtig, darüber nachzudenken, ob die Symbole in Ihren Ritualen Ihre Wertvorstellungen zum Ausdruck bringen oder die anderer.

Da Symbole in unseren Ritualen Bedeutungsträger sind, ist es keine Nebensächlichkeit, sie zu ändern oder neue hinzuzufügen. Wenn Sie zu dem Schluß kommen, daß bestimmte Symbole nicht mehr sinnvoll sind oder sogar unterdrückende Beziehungen repräsentieren, möchten Sie möglicherweise mit neuen Symbolen experimentieren.

Sie können auch angemessene Symbole suchen, um besondere Rituale zu schaffen. Eine Klientin benutzte so in der Arbeit mit Evan Symbole, um ein Ritual zu entwickeln, das die schmerzliche Beendigung einer Beziehung heilen sollte.

Die Vergangenheit verbrennen

Alice Jeffers kam zwei Jahre nach Beendigung einer sehr turbulenten Beziehung zu einem Mann, mit dem sie acht Jahre zusammen gewesen war, in die Therapie. Solange die Beziehung bestand, war Alices Familie nicht damit einverstanden gewesen. Sie war erleichtert, als sie beendet war, schien aber nicht imstande, Alice in ihrem Schmerz beizustehen. Ihre Freundinnen sagten ihr, sie könne froh sein, ihn los zu sein, da er sie oft belogen und betrogen habe. Da weder ihre Familie noch ihre Freundinnen ihre Trauer begreifen konnten, zog Alice sich von ihnen zurück und geriet im Laufe dieser zwei Jahre mehr und mehr in Isolation. Sie ging jeden Abend nach der Arbeit nach Hause, schloß sich in ihrer Wohnung ein und verbrachte ihre gesamte Freizeit damit, an ihren früheren Freund zu denken. Nachts träumte sie sogar von ihm. Früher war sie sehr sportlich gewesen, nun trieb sie gar keinen Sport mehr und nahm stark zu. Als sie merkte, daß sie auch während ihrer Arbeit als Tierärztin an ihn dachte, kam sie in die Therapie, da sie fürchtete, bald nicht mehr arbeitsfähig zu sein. Die Unfähigkeit ihrer Familie und Freunde, ihre Trauer und ihren Verlust gelten zu lassen, schien sie nur in ihrem Bedürfnis zu bestärken, an nichts anderes mehr zu denken als an ihren Freund.

Zu Beginn der Therapie sprach Evan über die Tatsache, daß es keine Rituale gibt, das Ende einer unehelichen Beziehung zu markieren. Alice stimmte ihr zu und erklärte, daß ihre Familie die Schwester nach ihrer Scheidung unterstützt hatte, »ganz so, als wäre jemand gestorben«, Alices Situation aber praktisch ignoriert hatte. Evan schlug ihr vor, ihre gemeinsame Arbeit darauf auszurichten, daß sie aufrichtig trauern und ihr Leben fortsetzen könne. Evan fragte Alice, ob sie bereit sei, sich jeden Abend eine Stunde lang mit Erinnerungen an die Beziehung zu beschäftigen. »Sie können sich Photos ansehen, Andenken hervorholen, schreiben – was immer Sie auch gemacht haben, bringen Sie es zu unserer nächsten Sitzung mit, und wir schauen es uns zusammen noch einmal an.« Auf diese Weise konnte Alice anfangen, den sozialen Kontext zu schaffen, der für echtes Trauern und Loslassen erforderlich ist.

Als Alice in der folgenden Woche wiederkam, brachte sie einen Stapel Karteikarten mit, die sie während der einen Stunde täglich angelegt hatte. Sie hatte sich entschlossen, ihre Erinnerungen aufzuschreiben, und hatte die Karten einfallsreich nach einem Farbcode zusammengestellt – »violett für zärtliche Erinnerungen, grün für eifersüchtige, blau für traurige und rot für wütende«. Erstaunt stellte sie fest, daß ihr Stapel mit »wütenden« Karten wesentlich größer war, als sie gedacht hatte. Frei von der Notwendigkeit, ihren Freund gegen Familie und Freunde zu verteidigen, war sie imstande herauszufinden, was sie wirklich empfand.

Während Alice die Karten durchsah, erzählte sie Evan, daß es ihr in dieser Woche wesentlich besser gegangen sei, da sie an ihren Freund nur in der vereinbarten Stunde gedacht und nachts geschlafen habe, ohne von ihm zu träumen. Evan bat sie zu überlegen, ob es Karten gebe, die zu unmittalbaren Symbolen der Beziehung geworden seien und bei denen sie bereit sei, sie loszulassen, im Gegensatz zu anderen, die sie behalten wolle. Sie erklärte sich bereit, bis zur nächsten Sitzung darüber nachzudenken.

Als Alice zwei Wochen später wiederkam, war sie fröhlicher gekleidet als früher und brannte darauf zu reden. Sie war mit Freundinnen ausgegangen und hatte einen Aerobic-Kurs belegt. Sie holte zwei Stapel Karteikarten hervor. »Ich möchte die violetten behalten – diese Erinnerungen sind ein Teil von mir, Dinge, die mich auf gute Art verändert haben. Und ich möchte einen Großteil der roten fürs erste behalten – manchmal ist es schwer, mich daran zu erinnern, daß er mich schlecht behandelt hat, und diese Karten halten mich davon ab, die Vergangenheit zu romantisieren.« Sie war jedoch bereit, sich von den »grünen«, eifersüchtigen Erinnerungen zu trennen, bei denen sie sich oftmals selbst schlecht fühlte. Ebenso wollte sie von den »blauen«, traurigen Erinnerungen ablassen; sie erklärte: »Ich war lange genug traurig!« In einer symbolischen Geste des Loslassens händigte sie Evan diese Karten aus. Humorvoll maß sie die Karten, die sie behalten hatte, gegen den Stapel ab, den sie Evan gegeben hatte, und meinte: »Ihr Stapel ist größer!« Evan erklärte ihr, daß sie diese Karten ganz bestimmt nicht haben wollte, und ging kurz aus dem Zimmer.

Sie kam mit einer Keramikschale und einem Streichholzbriefchen zurück. Noch ehe ihre Therapeutin auch nur den Vorschlag machen konnte, lächelte Alice breit und erklärte: »Wir sollten sie verbrennen!« Evan gab ihr die Karten zurück. Sie legte sie in die Schale und zündete sie sorgfältig an. Sie brauchte mehrere Zündhölzer, ehe sie richtig brannten, und schweigend saßen die beiden Frauen da und sahen den Flammen zu. Während dieses Rituals, die Vergangenheit zu verbrennen, durchlief Alice verschiedene Stimmungen. Zuerst meinte sie zu Evan gewandt: »Es ist so endgültig, aber es ist gut.« Ein paar Minuten später fing sie an zu lachen und sagte: »Wir sollten Marshmallows rösten – das wäre die letzte

174

Ironie«, und spielte damit auf die Tatsache an, daß ihr Freund immer ihre Figur und ihr Gewicht kritisiert und ihr dann Pralinen mitgebracht hatte. Als das Feuer fast verloschen war und sie gemeinsam in die Glut sahen, meinte sie ruhig: »Das ist gut – meine letzte Erinnerung ist immer noch eine gewisse Wärme.«[1]

Nach diesem Ritual nahm Alice wieder Kontakt zu ihrer Familie und ihren Freunden auf. Sie lernte Sporttauchen, und als die Therapie zu Ende ging, nahm sie gerade Flugstunden. Dieses spezielle Ritual fand zwar im Rahmen einer Therapie statt, doch wenn Sie möchten, können Sie auch für sich über Aspekte Ihres Lebens nachdenken, für die Sie gerne Rituale entwickeln würden. Der Ausgangspunkt ist wie bei Alice, angemessene Symbole zu finden oder zu schaffen, die vielschichtige Gefühle und Gedanken aufnehmen und ausdrücken können. Alices verschiedenfarbige Karteikarten *waren* vorübergehend die Beziehung. Nehmen Sie sich jetzt einen Moment Zeit, über ein wichtiges Problem oder Ereignis Ihres Lebens nachzudenken. Vielleicht ist es etwas, womit sie zu kämpfen haben, oder es ist ein freudiges Ereignis wie zum Beispiel ein bevorstehendes Fest des Lebenskreises. Welches Symbol oder welche Symbole könnten die vielschichtigen Bedeutungen erfassen, die mit diesem Ereignis verbunden sind? Sprechen Sie mit Menschen darüber, die Ihnen wichtig sind. Vermutlich stellen Sie fest, daß das Symbol, das Sie ausgewählt haben, für sie noch weitere Bedeutungen enthält oder daß sie sich für andere Symbole entscheiden würden.

Symbolische Handlungen

Nachdem Alice die Karteikarten mitgebracht hatte, die die Beziehung zu ihrem Freund und all ihre damit verbundenen Gefühle symbolisierten, vollzogen sie und Evan drei symbolische Handlungen. Als erstes gab sie ihrer Therapeutin einen großen Teil der Karten und symbolisierte damit tatkräftig ihre Bereitschaft, etwas von dem aufzugeben, woran sie über zwei Jahre hinweg festgehalten hatte. Als Evan die Karten entgegennahm, symbolisierte diese Handlung, daß jemand Alice in ihrem Schmerz beistehen würde und daß sie anfangen konnte, ihre Isolation aufzugeben. Schließlich verbrannte Alice die Karten und beteiligte sich damit an einer Handlung, die symbolisierte, die Vergangenheit endgültig loszulassen. All unsere Rituale enthalten symbolische Handlungen. Ebenso wie bestimmte Gegenstände in unseren Ritualen zu Symbolen werden, die viele Bedeutungen tragen können, so können auch unsere Handlungen und unser Verhalten in Ritualen Symbolwert haben.

Wenn wir bei einer Trauung Ringe tauschen, wenn wir an einem Feiertag in einer bestimmten Reihenfolge Geschenke austauschen, wenn wir beim Abendessen eine bestimmte Sitzordnung einhalten, wenn die Schulabgänger bei einer Schulabschlußfeier in einer Prozession einmarschieren oder am Ende der Feier ihre Mützen in die Luft werfen, wenn ein *Bar-Mizwa*-Junge vor der versammelten Gemeinde singt, wenn wir bei einer Taufe das Kind mit Weihwasser benetzen, wenn wir sorgsam ein Grab mit Immergrün bedecken – all das und viele andere Verhaltensweisen bei Ritualen sind symbolische Handlungen, die über sich selbst hinausreichen und mit tieferem Sinn erfüllt sind.[2] Da viele symbolische Handlungen wie Prozessionen, Gesänge, Feuer, gemeinsame Mahlzeiten oder Begräbnisse in vielen Kulturen über Hunderte von Generationen hinweg vollzogen wurden, verbindet uns die Teilnahme an symbolischen Handlungen mit dem, was unser Menschsein ausmacht.

Viele symbolische Handlungen in Ritualen sind Träger kultureller oder religiöser Bedeutungen, die viele Generationen oder gar Jahrhunderte alt sein mögen. Wenn Juden zum Beispiel am jüdischen Neujahrsfest das *Schofar* genannte Widderhorn blasen, verbindet diese symbolische Handlung die Gegenwart mit einer fünftausendjährigen Geschichte. Wenn Kinder zu Ostern Eier suchen, beteiligen sie sich an einer symbolischen Handlung, die bis auf die altpersische Sitte zurückgeht, sich jedes Frühjahr Eier als Symbol der Fruchtbarkeit und Wiedergeburt zu schenken.

Als die Familie Korner ihr Ritual zum »Neubeginn« entwickelte, benutzte sie neben den bereits oben behandelten Symbolen auch viele symbolische Handlungen. Die Kinder *backten* einen Hochzeitskuchen. Diese Handlung beinhaltete mehr als nur zwei Kinder, die einen Kuchen backen. Sie hatte den Sinn, den Vater wieder in die Familie aufzunehmen. Norm Korner *übernahm die Verantwortung* für die Umsetzung aller Entscheidungen, die Elinor und er bezüglich ihrer Überraschung für die Kinder getroffen hatten. Er demonstrierte tatkräftig seine neue Zuverlässigkeit und Teilnahme am Familienleben. Die symbolische Handlung, Ringe zu tauschen, zeigte ohne Worte, daß viele neue Beziehungen nun möglich und willkommen waren. Erinnern Sie sich, daß die Korner-Kinder sehr besorgt über die Versöhnung ihrer Eltern waren: Worte allein hätten ihre Ängste nicht beschwichtigt. Gemeinsam in einer Weise zu handeln, die viele Facetten einer Hochzeit symbolisierte, zugleich aber auch für die Veränderung der Vergangenheit und die Schaffung einer anderen Zukunft stand, ermöglichte der Familie diesen Übergang.

Ebenso wie Symbole sind auch symbolische Handlungen offen für vielschichtige Interpretationen und Bedeutungsebenen. In einer humorvollen Szene des Films *Betsy's Wedding* versucht der Rabbi die Bedeutung zu erklären, die es hat, bei einer jüdischen Hochzeit ein Glas zu zerbrechen. Als er dem jungen Paar erklärt, daß es an die Zerstörung des Tempels in frühgeschichtlicher Zeit erinnert, sagen sie ihm, sie seien nicht religiös und möchten bei ihrer Feier keine religiösen Anklänge haben. Als er ihnen daraufhin erzählt, daß es das Durchstoßen des Jungfernhäutchens symbolisiert, schütteln sie nur schweigend die Köpfe. Schließlich sagt er ihnen, es bedeute, daß sie nicht länger der Vergangenheit oder ihren Familien gehören, sondern einander sowie der Gegenwart und der Zukunft. Nach dieser Erklärung sind sie bereit, das Glas zu zerbrechen. Interessant ist auch die Tatsache, daß Betsys Bräutigam aus einer christlichen Familie stammt und in Betsys Familie nur die Mutter Jüdin ist. Es ist Betsys Mutter, die wünscht, daß sie das Glas brechen, und zwar nicht wegen einer der oben genannten Deutungen, sondern wegen der Verbindung zur weiteren Verwandtschaft, die in dieser symbolischen Handlung liegt; damit erhält diese Handlung noch eine weitere Bedeutung.

Symbolische Handlungen können spielerisch oder auch tiefgründig sein. In unserer Therapie baten wir zum Beispiel ein arg zerstrittenes Paar, Symbole für ihre Auseinandersetzungen in die Tiefkühltruhe zu legen und zu vereinbaren, sich erst zu streiten, nachdem sie sie aufgetaut hätten. Die symbolische Handlung innerhalb eines gemeinschaftlichen Rituals des Einfrierens und Auftauens kann Bände über eine Beziehung sprechen, ohne in den immer gleichen alten Streit zu münden. Andererseits stellen symbolische Handlungen wie das »Begraben der Vergangenheit«, das ein Paar in einem Versöhnungsritual benutzen kann, für uns einen Zusammenhang zur Endgültigkeit her, die mit Begräbnissen einhergeht. Ein Schmuckstück der Großmutter von der Mutter anläßlich des High-School-Abschlusses an die Tochter weiterzugeben kann die ganze Zeremonie mit der Bedeutung des Werts von Bildung und der Verbundenheit der Frauen in einer Familie erfüllen. Es ist das *Tun* und nicht das bloße Reden über etwas, das symbolische Handlungen zu einem so kraftvollen Aspekt aller Rituale macht. Stellen Sie sich nur einmal vor, Sie setzten sich am nächsten 25. Dezember mit Ihrer Familie zusammen und diskutierten über Weihnachten, statt Weihnachten zu feiern, oder Sie und Ihr Partner unterhielten sich über Ihren Hochzeitstag, unternähmen aber nichts, um ihn kenntlich zu machen.

Ein neuer Gedenktag

Ganz gleich, ob Sie bestehende Rituale abwandeln oder neue schaffen: Es ist immer wichtig zu wissen, daß Sie über die üblichen Symbole und symbolischen Handlungen hinausgehen können, um besondere Bedeutungen zu vermitteln. Als Rachel Nobell ein neues Ritual schaffen wollte, um den Tod ihrer Muter zu betrauern, wählten sie und ihre Familie ungewöhnliche Symbole und symbolische Handlungen, die viele wichtige Aspekte aufgriffen. Kurz vor ihrem Tod hatte Rachels Mutter Jackie gebeten, nur der engste Familienkreis solle kommen, um ihr Lebewohl zu sagen. Da Rachels Mann und Kinder in diesem letzten Augenblick nicht dabeigewesen waren, wollten sie ein Ritual schaffen, das eine Handlung als symbolisches Lebewohl enthielt. Jackie hatte den Wald geliebt, daher beschlossen sie, Zweige und Blätter den nahegelegenen Fluß hinuntertreiben zu lassen, gleichermaßen ein Symbol, daß Jackie von ihnen gegangen war und doch eine bleibende Rolle in ihrem Leben spielen würde. Eine der letzten Erinnerungen, die die Enkelkinder an ihre Großmutter hatten, war, mit ihr Seifenblasen zu machen; daher wollten sie dies zu einer zentralen symbolischen Handlung des Rituals machen.

Am Tag des Rituals ging die Familie zusammmen in einer Prozession durch den Wald, im Gedenken an viele Spaziergänge, die sie mit Jackie unternommen hatten. Als sie an den Fluß kamen, würdigten sie ihr Andenken, indem sie Witze erzählten, denn Jackie war eine Meisterin im Witzeerzählen gewesen. Gemeinsam ließen sie Zweige und Blätter treiben, und anschließend bliesen die Kinder Seifenblasen über den Fluß. Sie beendeten das Ritual mit einer Mahlzeit, die aus Gerichten bestand, die Jackie häufig gekocht hatte.

Anfangs, als die Nobells dieses Ritual entwickelten, hatten sie es als einmaliges Ereignis gedacht. Da Jackie kurz vor dem Erntedankfest gestorben war, hatte die Familie mehrere Jahre lang gemerkt, daß sie nicht in der Lage war, den Feiertag richtig zu genießen. Nachdem sie gemeinsam dieses Ritual vollzogen und sich erlaubt hatten, *vor* dem Erntedankfest Schmerz, Erinnerungen und Würdigungen zu teilen, entdeckten sie ihre Freude am Erntedankfest wieder. Sie beschlossen, es zu einem alljährlichen »Gedenktag« zu machen, an dem sie die symbolischen Handlungen wiederholen wollten, die sie speziell für dieses Ritual entwickelt hatten – Zweige treiben lassen, Seifenblasen machen, Witze erzählen und Speisen essen, die nach Jackies Lieblingsrezepten zubereitet waren.

Symbolische Handlungen auswählen

Ebenso wie Sie überlegen können, welche besonderen Symbole die Bedeutungen enthalten, die Sie in Ihren Ritualen ausdrücken wollen, können Sie auch die symbolischen Handlungen überdenken. Erledigt die Mutter allein alle Einkäufe, Vorbereitungen und das Aufräumen an einem Feiertag und der Vater steht am Kopfende des Tisches und zerlegt den Truthahn? Welche Bedeutung hat diese symbolische Handlung? Drückt sie die Geschlechterbeziehungen aus, die Sie haben wollen? Was bedeutet es für eine Braut, wenn der Vater sie ihrem Ehemann »übergibt«? Viele Paare haben begonnen, diese symbolische Handlung in Frage zu stellen und zu ändern, indem sie eine Trauungszeremonie entwickelt haben, bei der die Eltern von Braut und Bräutigam ihre Kinder zum Altar führen – ein Symbol für den tiefgreifenden Wandel der Familienbeziehungen, der sich gegenwärtig vollzieht. Manche Paare, die bereits zusammengelebt haben, gehen gemeinsam den Mittelgang zum Altar hinunter, weil sie den Eindruck haben, daß dies ein angemessener Ausdruck ihrer Beziehung ist, während andere Paare nacheinander und allein zum Altar gehen und damit die Unabhängigkeit innerhalb der Beziehung symbolisieren. Es ist von entscheidender Bedeutung, sich zu überlegen, an welchen symbolischen Handlungen wir teilnehmen, wenn wir Rituale so umgestalten wollen, daß sie unsere Wertvorstellungen wirklich zum Ausdruck bringen.

An dieser Stelle möchten Sie sich vielleicht etwas Zeit nehmen, die symbolischen Handlungen in einem bestimmten Ritual zu überdenken:

– Welche symbolischen Handlungen enthält dieses Ritual?
– Welche Bedeutungen haben diese symbolischen Handlungen für Sie?
– Fragen Sie andere, die an diesem Ritual teilnehmen, welche Bedeutungen sie für sie haben.
– Gibt es eine symbolische Handlung, die Sie gerne ändern würden?
– Wie könnten Sie sie anders gestalten, damit sie besser zum Ausdruck bringt, was dieses Ritual nach Ihren Wünschen und Bedürfnissen ausdrücken soll?

Alle Rituale enthalten Symbole und symbolische Handlungen. Sie verleihen unseren Ritualen Tiefe, Sinn und Wert. Sie bringen zum Ausdruck, was Worte allein nicht sagen können. Allein schon ein Symbol zu sehen oder sich daran zu erinnern kann alle Erinnerungen und Gefühle wachrufen, die mit einem Kindheitsritual verbunden sind. Die Symbole in unseren Ritualen können für uns eine Verbindung zu unserer gemeinsamen familiären, kulturellen oder religiösen Geschichte herstellen. Ein altes Symbol wieder zum Leben zu erwecken und mit neuem Sinn zu füllen kann ein Gefühl für die eigene Tradition und das Fortschreiten der Zeit, für

Kontinuität und Wandel, vermitteln. In einem Ritual ein Symbol zu ändern oder eine symbolische Handlung abzuwandeln kann viele neue Möglichkeiten für das Selbstverständnis und die Beziehungen eröffnen. Damit unsere Rituale für uns lebendig bleiben und nicht zu bloßen Pflichtveranstaltungen verkommen, müssen wir gründlich über unsere Symbole und symbolischen Handlungen nachdenken.

In Teil III dieses Buches, ›Rituale als Lebensbegleiter‹, werden Sie neue Möglichkeiten entdecken, Symbole und symbolische Handlungen in Ihren Alltagsritualen, Familientraditionen, Feiertagen und Ritualen des Lebenskreises zu entwickeln und zu nutzen.

Teil III

RITUALE ALS LEBENSBEGLEITER

KAPITEL 6

ALLTAGSRITUALE:
UNSERE TÄGLICHEN BEZIEHUNGEN
GESTALTEN

Nehmen Sie sich einen Augenblick Zeit, und lassen Sie einen typischen Tag in Ihrem Leben und dem Ihrer Familie an Ihrem geistigen Auge vorüberziehen. Wenn Sie Stunde für Stunde durchgehen, werden Sie an jedem Tag besondere Zeiten entdecken, die Ihre Alltagsrituale ausmachen. Dazu gehören vielleicht Mahlzeiten, schlafen gehen, das Haus verlassen, nach Hause kommen, Freizeitaktivitäten am Abend oder am Wochenende. Im Unterschied zur Alltagsroutine wie dem Zähneputzen gestalten und erfassen Alltagsrituale Beziehungen und drücken sie aus. Sie verkünden praktisch, wer wir als Individuen sind und was wir einander bedeuten. Im Unterschied zu Feiertagen, Traditionen wie Geburts- und Jahrestagen und zu größeren Ritualen des Lebenskreises wie Hochzeiten und Schulabschlüssen, die alle bewußte Planung und vorherige Vorbereitung erfordern, laufen unsere Alltagsrituale fast automatisch ab. Die scheinbar gegebene Natur der Alltagsrituale bringt es möglicherweise mit sich, daß sie ohne erforderliche Änderungen weiterlaufen, selbst wenn Sie und Ihre Familie sich in einer Weise verändern, die entscheidende Umgestaltungen dieser Rituale notwendig macht.

Alltagsrituale als »Familienbarometer«: Beziehungen, Wandel, Überzeugungen

Die Teilnahme an Alltagsritualen sagt uns immer wieder etwas über unsere Beziehungen zueinander. Alltagsrituale definieren die

Grenze zwischen Familie und Außenwelt. Wenn sich Ihre Familie zum Beispiel zu einer gemeinsamen Mahlzeit an den Tisch setzt oder für den wöchentlichen Ausflug ins Auto steigt, wird eine Art familienspezifische Struktur geschaffen. Die Wiederholung familiärer Alltagsrituale hält fortwährend ohne Worte ein Gefühl der Familienzusammengehörigkeit aufrecht. Wem Sie nahestehen, zu wem Sie mehr Abstand haben, wer »drinnen« ist und wer »draußen«, das alles wird deutlich, wenn Sie sich Ihre Alltagsrituale ansehen.

Jedes junge Paar muß die Muster der Alltagsrituale koordinieren, die jeder in seiner oder ihrer Herkunftsfamilie oder in anderen Lebensumständen, in denen er oder sie gelebt hat, gelernt hat. Häufig lassen sich die Auseinandersetzungen bei jungen Paaren als Bemühung verstehen, zufriedenstellende Alltagsrituale zu gestalten, so zum Beispiel wenn eine junge Frau jeden Abend zur gleichen Zeit essen möchte, weil sie es aus ihrer Familie so kennt, während ihr Mann wechselnde Essenszeiten bevorzugt, weil das in seiner Familie so gehandhabt wurde. Schmerzliche Erinnerungen aus unserer Herkunftsfamilie können sich ebenfalls auf unsere Alltagsrituale auswirken.

Bei den Kans gab es häufig Streit über die Frage, ob man gemeinsam essen sollte oder nicht. Mary Kan wollte gemütlich mit ihrem Mann Jim zu Abend essen, während er lieber ohne Unterhaltungen vor dem Fernseher aß. Über ein Jahr stritt sich das Paar, und beide waren allabendlich unzufrieden. Schließlich platzte Jim nach einer ihrer mittlerweile üblichen Streitigkeiten über das Essen heraus: »Wir streiten uns jeden Abend genau, wie meine Mutter und mein Vater es gemacht haben, wenn er sich betrank und das Essen verdarb!« Jims Abneigung gegen ein gemeinsames Abendessen in der Familie wurde plötzlich beiden klar. Sich zum Abendessen an den Tisch zu setzen rief zu viele schmerzliche Erinnerungen in ihm wach. Mary erzählte Jim von dem völlig anderen Essensritual in ihrer Familie, bei dem alle es genossen, zusammenzusein, die Erlebnisse des Tages austauschten und gemeinsam Pläne machten – eine Möglichkeit, die Jim nie kennengelernt hatte. Nachdem sie die Ursachen ihres Streits erkannt hatten, begannen Jim und Mary, ein tägliches gemeinsames Abendessen auszuprobieren. Er war in der Lage anzunehmen, was Marys Tradition zu bieten hatte, ohne Angst zu haben, daß sie die schmerzlichen Erfahrungen seiner Kindheit wiederholen würden.

Alltagsrituale sind auch für Singles wichtig, aber häufig wird das übersehen. Cathy Jensen erzählte, sie habe früher geglaubt, Alltagsrituale wie zum Beispiel feste Essenszeiten seien nur etwas für Familien. Sie merkte, daß ihr Leben als vielbeschäftigte Anwältin ihr wenig Raum ließ, sich auf das zu konzentrieren, was ihr wirklich wichtig war. »Ich begann ein allabendliches Essensritual – ich deckte den Tisch, statt vor dem Fernseher zu essen. Ich hörte auf, während des Essens Anrufe zu beantworten. Ich schaltete bewußt ab und schuf mir jeden Abend einen besonderen Raum nur für mich.«

Wenn Sie erst einmal einige Wurzeln Ihres eigenen Rituallebens entdecken, können Sie anfangen, mit Änderungen zu experimentieren. Es ist wichtig, daß solche Änderungen besprochen werden und als ›Experiment‹ gelten, um ein offenes Nachdenken und eine Feinabstimmung zu fördern, bis alle Beteiligten zufrieden sind.

In unseren Alltagsritualen entdecken wir unsere Rollen und unsere Verantwortung innerhalb einer Gruppe oder Familie. Der allmähliche Wandel der Rollen und Verpflichtungen mit dem Heranwachsen der Kinder läßt sich aus dem Blickwinkel der Alltagsrituale sehen. Wenn Kinder zum Beispiel noch sehr klein sind, planen die Eltern die Familienaktivitäten und ziehen die Kinder einfach mit. Wenn die Kinder größer werden, kann man sie auffordern, sich an den Entscheidungen zum Beispiel über einen Ausflug zu beteiligen. Sind aus den Kindern schließlich Jugendliche oder Erwachsene geworden, können sie selbst entscheiden, ob sie an einer Freizeitaktivität teilnehmen möchten oder nicht, und betonen so in den Familienbeziehungen die Veränderung, die sich durch ein Ritual sichtbar machen läßt. Als Evans Sohn Jason vierzehn wurde, nahm er eine stundenweise Beschäftigung für samstags an. Das bedeutete, daß er an vielen Wochenendausflügen nicht mehr teilnehmen konnte. Die Freizeitrituale der Familie änderten sich, da die Familie nun ohne ihn wegfuhr; folglich mußten sie neue Möglichkeiten finden, damit einmal alle zusammenkommen konnten. Tägliche und wöchentliche Rituale spiegelten diese entwicklungsbedingten Änderungen wider und setzten sie praktisch um.

Viele Fragen der Familienidentität und der Überzeugungen der Familie und ihrer individuellen Mitglieder drücken sich in Alltagsritualen aus. Unsere Alltagsrituale unter die Lupe zu nehmen kann uns sagen, zu wem wir innerhalb der Familie herzliche Zuneigung empfinden und zu wem wir weniger Zugang haben. ›Familienregeln‹ über zulässige Themen, über Gefühle, die man zeigen darf, über Konflikte und ihre Lösungen, all das zeigt sich in Alltagsritualen.

Abschieds- und Begrüßungsrituale

Familienangehörige entwickeln ritualisierte Formen, sich zu verabschieden, wenn sie das Haus verlassen, um zur Arbeit oder zur Schule zu gehen, und sich zu begrüßen, wenn sie sich nach einer gewissen Zeit der Abwesenheit wiedertreffen. Solche Abschieds- und Begrüßungsrituale markieren die Grenze zwischen Zuhause und Außenwelt, schaffen eine Brücke zwischen dem Leben innerhalb und dem Leben außerhalb der Familie und wirken als Mitteilung an die Familienmitglieder, was sie einander bedeuten.

Solche Abschieds- und Begrüßungsrituale können für Familienmitglieder sehr befriedigend sein und ihnen ein Gefühl der Fürsorge und des Interesses vermitteln. Oft sind es sehr kurze Rituale – eine Umarmung zum Abschied, eine kleine Mahlzeit nach der Schule, eine immer wiederholte Floskel, die nur innerhalb der Familie besondere Bedeutung hat. In Evans Familie zum Beispiel verabschiedet sich ihr Mann von ihr immer mit den Worten: »Guten Weg« und diese einzigartige, wiederholte Phrase umfaßt all seine Wünsche, daß sie einen guten Tag haben möge, vorsichtig sein und wohlauf bleiben soll.

Manche Familien haben vielleicht Schwierigkeiten, Abschieds- und Begrüßungsrituale zu entwickeln, bei denen sie sich wohl fühlen. Bei einem verbreiteten Streit unter Ehepaaren geht es im Kern um unterschiedliche Vorstellungen, wie man am Abend nach Hause kommen sollte: Sie möchte sich darüber unterhalten, wie der Tag gelaufen ist, während er die Nachrichten sehen will. Solche Paare entwickeln manchmal ein alltägliches Heimkehrritual, das aus einem Streit über die richtige Begrüßung besteht. Wenn ein Paar anfangen kann, einen solchen Streit nicht als unvermeidlichen Machtkampf, sondern als Zeichen dafür zu sehen, daß es nötig ist, ein für beide Seiten befriedigendes Begrüßungsritual zu entwickeln, dann ergeben sich unter Umständen völlig neue Möglichkeiten. Ein Paar kann zum Beispiel vereinbaren, sich abwechselnd nach seiner und nach ihrer Art zu begrüßen. Oder, wie eine Frau uns erzählte: »Ich habe festgestellt, wenn ich ihn nur eine Viertelstunde in Ruhe ließ, nachdem er nach Hause gekommen war, dann war er anschließend bereit, *wirklich* mit mir zusammenzusein. Auch ich brauchte diese Viertelstunde, um für mich gedanklich ›den Tag abzuschließen‹. Es macht viel mehr Spaß als unsere früheren Auseinandersetzungen!«

Wichtige Änderungen in den Familienbeziehungen und in der individuellen Entwicklung drücken sich möglicherweise zuerst in Problemen mit Abschieds- und Begrüßungsritualen aus. Als es in der Familie Carelli zur Scheidung kam, nahm Frau Carelli zum erstenmal eine Arbeit außer Haus an. Sie konnte weiterhin am morgendlichen Abschiedsritual des gemeinsamen Frühstücks mit den Kindern festhalten, war aber nicht mehr zu Hause, wenn sie aus der Schule kamen. Sie erklärte ihren Kindern, sie müßten nun nach der Schule einige häusliche Pflichten übernehmen und zum Abendessen sei sie wieder zu Hause. Jeden Tag, wenn sie nach Hause kam, waren die Haushaltsarbeiten nicht erledigt. Sie und ihre Kinder stritten, und alle waren den restlichen Abend wütend aufeinander. Zuerst schien es lediglich darum zu gehen, daß die Kinder ihren Pflichten nicht nachkommen wollten. Vor der Schule und an Wochenenden erledigten sie jedoch einiges bereitwillig. In einem Gespräch über die Alltagsrituale der Familie erzählten die Kinder nach und nach, daß sie ihre Mutter nach der Schule vermißten, daß sie sich nur schwer daran gewöhnen konnten, sie nun weniger zu sehen, und äußerten sich offen besorgt, weil sie wußten, daß sie traurig war. Da sie keinen Weg sahen, sie aufzuheitern, war es ihnen lieber, sie jeden Tag ärgerlich zu machen, da das immer noch besser war als ihre Traurigkeit mit anzusehen. Die Familie dachte über ein neues Alltagsritual des Heimkommens nach, das ihre veränderten Lebensumstände zum Ausdruck bringen könnte, und einigte sich, daß die Kinder die Mutter anrufen sollten, wenn sie aus der Schule kamen, um die Verbindung zueinander herzustellen, und sie verabredeten, sich eine Viertelstunde zusammenzusetzen, wenn die Mutter von der Arbeit kam, und sich jeweils eine lustige Begebenheit zu erzählen, die jedem von ihnen während des Tages zugestoßen war. Da dieses neue Ritual, sich am Ende des Tages zu begrüßen, eine für alle zufriedenstellende Möglichkeit schuf, die Verbindung untereinander wiederherzustellen, fingen die Kinder an, nach der Schule ihren Teil der Hausarbeiten zu erledigen, und die Streitereien hörten auf.

Manche Familien haben keinerlei Abschieds- und Begrüßungsrituale entwickelt. In solchen Familien merken die einzelnen weniger vom Kommen und Gehen. Es kann sogar vorkommen, daß sie nicht einmal wissen, wer zu Hause ist und wer nicht. Hier zählen die individuellen Vorlieben mehr als der Kontakt zur Familie.

Auch wenn dies in Ihrer Familie zufriedenstellend läuft, sollten Sie im Familienleben und bei jedem einzelnen auf Veränderungen achten, bei denen es wichtig sein kann, solche Rituale einzuführen. Wenn Familien einen extrem unabhängigen Lebensstil pflegen, können sie oft nur schwer erkennen, wann jemand in der Familie sich einsam oder verletzlich fühlt. In einem täglichen Begrüßungs- oder Abschiedsritual den Kontakt zueinander herzustellen kann einen Auftakt und Raum schaffen, Veränderungen wahrzunehmen, die ansonsten vielleicht unbemerkt blieben.

Auch alleinstehende Erwachsene brauchen Abschieds- und Begrüßungsrituale, die oftmals als Brücke zwischen Privat- und Arbeitsleben dienen. Karen Clinton nimmt zum Beispiel jeden Tag eine Kaffeetasse mit, wenn sie das Haus verläßt. Sie hat sie von einer lieben Freundin bekommen, und sie symbolisiert die Wärme dieser Beziehung. Wenn sie nach Hause kommt, spült sie die Tasse aus und stellt sie für den nächsten Tag bereit. Sie erklärte: »Ich nehme gerne etwas von zu Hause mit zur Arbeit. Es ist ein beruhigendes Gefühl. Wenn ich abends nach Hause komme und die Tasse spüle, ist es, als wüsche ich die Sorgen des Tages fort. Es ist eine kleine Möglichkeit, die ich habe, mich um mich selbst zu kümmern.«

Abschieds- und Begrüßungsrituale in Ihrem Leben als Single

können ungeklärte Beziehungsfragen widerspiegeln. Jeden Tag, wenn Paula Allen nach Hause kam, sollte sie ihre Mutter anrufen. Hatte sie dies bis halb sieben nicht getan, so rief ihre Mutter sie an. Paula lebte in ihrer ersten eigenen Wohnung, und anfangs hatte sie das tägliche Ritual des Anrufens als hilfreich und wohltuend empfunden. Als sie allmählich mehr Zutrauen hatte, alleine zu leben, wurde aus dem freiwilligen Anruf eher eine belastende Pflicht. Sie fühlte sich mehr und mehr von ihrer Mutter »kontrolliert«, und das gefiel ihr gar nicht. Schließlich nahm sie all ihren Mut zusammen und erklärte ihrer Mutter, sie wolle nicht mehr jeden Tag anrufen. Zu ihrer Überraschung war ihre Mutter eigentlich erleichtert, denn auch sie hatte diese Anrufe im stillen als Belastung empfunden und wartete nur auf ein Zeichen von Paula, daß sie dieses spezielle Alltagsritual nicht mehr brauchte.

Manche Familien entwickeln Abschieds- und Begrüßungsrituale, die äußerst starr, verpflichtend und ohne jede Bedeutung sind. Ein Mann beklagte sich: »In meiner Jugend mußten wir alle meinen Eltern morgens und abends einen Kuß geben. Das mußten wir auch dann tun, wenn wir wütend aufeinander waren oder sie uns gerade bestraft hatten oder wir einfach keine Lust dazu hatten. Allmählich haßte ich diese Küsse, auch wenn ich sie küssen wollte!« Hier hatte ein Abschieds- und Begrüßungsritual seinen beabsichtigten Sinn als Zeichen der Zuneigung verloren und war zur leeren, heuchlerischen Routine verkommen.

Es ist entscheidend, sich zu fragen, was eigentlich wichtig ist, um Ihr Ritual so anzulegen, daß es Ihre Wünsche zum Ausdruck bringt. Wenn Sie sich unsicher sind, welches Alltagsritual für Sie und Ihre Familie zur Begrüßung den Kontakt zueinander auf befriedigende Weise wiederherstellt, versuchen Sie es mit einem Experiment, das die von jedem einzelnen bevorzugte Art praktisch durchspielt, und werten Sie das Ergebnis aus. Einer der wunderbaren Aspekte der Alltagsrituale ist, daß sie so häufig vorkommen und man unmittelbar darüber nachdenken, sich austauschen und etwas verändern kann.

Wenn Sie Ihre Abschieds- und Begrüßungsrituale unter die Lupe nehmen, fragen Sie sich, was Sie mit diesem Ritual ausdrücken möchten, ob das Ritual lebendig ist und ob Sie es so ändern können, daß es den sich wandelnden Lebensumständen und Bedürfnissen gerecht wird.

Eine besondere Brücke schlagen: Rituale für häufige Trennungen
In Familien, in denen es eine Scheidung und eine Wiederheirat gegeben hat, laufen Abschieds- und Begrüßungsrituale unter besonderen Umständen ab, da Eltern und Kinder sich nach einem Abschied manchmal mehrere Tage, Wochen oder sogar Monate nicht sehen. Das Ehepaar Cole ist geschieden. Herr Cole holt den fünfjährigen Billy jeden Tag bei Frau Cole ab, um ihn zur Schule zu bringen. Diese Regelung ermöglicht Billy und seinem Vater einen täglichen Kontakt. Die Fahrt zur Schule ist kurz, und wenn es Zeit ist, sich zu verabschieden, haben Vater und Sohn ein besonderes Abschiedsritual, das sie »Daumen hoch« nennen. Billy grüßt den Vater beim Aussteigen aus dem Wagen mit hochgestrecktem Daumen. Kurz bevor Billy die Schule betritt, erwidert der Vater dieses Zeichen. Mit diesem vertrauten, familiären Zeichen sagen sich Vater und Sohn, daß sie sich einen guten Tag wünschen, bis sie sich wiedersehen, und es schafft für die Zeit ihrer Trennung eine Verbindung zwischen ihnen. Solche vertrauten Rituale vermitteln ein Gefühl der Beständigkeit in einer Beziehung, die für Eltern und Kinder wichtig ist.

Der Wechsel der Kinder von einem Haushalt in den anderen erfordert besonderes Augenmerk auf die Abschieds- und Begrüßungsrituale, da sie komplexere Fragen der Familienzugehörigkeit, der Loyalität oder ungelöster Konflikte zwischen den Eltern ausdrücken. Kinder können die unterschwellige Botschaft erhalten, daß sie keine Traurigkeit zeigen dürfen, wenn sie von einem Haushalt in den anderen wechseln, und daß ihr Abschiedsritual flüchtig sein oder im geheimen stattfinden sollte. Eltern beklagen sich vielleicht, daß Kinder lange brauchen, um sich nach einem Besuch im anderen Haushalt »wieder einzuleben«. Häufig ist das ein wichtiger Hinweis darauf, daß ein Heimkehrritual notwendig ist, um von einem Haushalt zum anderen eine Brücke zu schlagen, die es den Kindern ermöglicht, über die Umstellung zu sprechen, statt sie in gestörtem Verhalten zum Ausdruck zu bringen. Ein schlichtes Ritual, das das Leben eines Kindes in zwei Familien anerkennt –

zum Beispiel eine Viertelstunde bei Milch und Keksen zusammen-
zusitzen und darüber zu sprechen, wie es *diesmal* ist, vom Vater zur
Mutter zu kommen, was sie vermissen werden oder worauf sie sich
freuen und was während der Abwesenheit des Kindes passiert ist –
erteilt die Erlaubnis, zwischen den beiden Welten hin- und herzu-
pendeln. Sara Delanty kaufte Zimtvollkornkekse, die sie und ihr
zehnjähriger Sohn Don nur während dieses Begrüßungsrituals
essen und die es ihnen ermöglichen, es als besondere Gelegenheit
zu kennzeichnen.

Vielleicht liegen in Ihrer Familie längere Spannen zwischen Abschied und Begrüßung, wenn jemand in der Familie auf Reisen
geht. Eltern, die aus beruflichen Gründen verreisen müssen und
von ihren Kindern getrennt sind, können besondere Rituale entwickeln, die während ihrer Abwesenheit den Kontakt aufrechterhalten. Wenn Janine verreist, läßt sie ihrer Tochter Natalya ein
›Notizbuch‹ zurück, das für jeden Tag eine Nachricht enthält, was
sie an diesem Tag tut, wo sie ist und wie sie Natalya an diesem Tag
vermissen wird. Wenn Evan verreist, hinterläßt sie oft kleine Notizen an ungewöhnlichen Orten wie dem Kühlschrank oder der Ge-
schirrspülmaschine, wo ihre Familie sie dann findet. Im Gegenzug
überrascht ihre Familie sie manchmal mit Zetteln in ihrem Koffer!
Andere Familien telephonieren allabendlich miteinander oder stellen Photos auf. Nach einer Reise kann zu einem Begrüßungritual
gehören, daß der Heimkehrende kleine Geschenke mitbringt und
es eine feste Zeit gibt, um sich zusammenzusetzen und die jeweiligen Erlebnisse auszutauschen.

Abschieds- und Begrüßungsrituale überdenken
Wenn Sie über Ihre Abschieds- und Begrüßungsrituale nachdenken möchten, sind hier einige Fragen:

– Wie haben sich die Mitglieder in Ihrer Herkunftsfamilie und in
  der Ihres Partners voneinander verabschiedet? Wie haben sie
  sich am Ende des Tages begrüßt? Was sagten diese Rituale über
  die Familien aus?
– Wie glichen oder unterschieden sich die Abschieds- und Begrüßungsrituale Ihrer Herkunftsfamilien?

- Wie verabschieden sich die Mitglieder Ihrer Familie voneinander? Benutzen Sie bestimmte Formeln, Gesten und so weiter? Ist das zufriedenstellend? Wenn nicht, welche Arten könnten zufriedenstellender sein?
- Wie begrüßen sich die Mitglieder Ihrer Familie nach einer Abwesenheit? Ist das zufriedenstellend? Wenn nicht, was könnte zufriedenstellender sein?
- Besteht Ihr tägliches Begrüßungsritual aus Streit? Wenn ja, versuchen Sie das als Ausdruck der Unzufriedenheit mit der Art des Nachhausekommens zu sehen. Was könnten Sie statt dessen tun?
- Wenn Sie alleine leben, welche Rituale haben Sie entwickelt, die Wohnung zu verlassen und wieder nach Hause zu kommen? Sind sie zufriedenstellend? Wie könnten Sie sie verändern, daß sie befriedigender sind?
- Haben sich Ihre Abschieds- und Begrüßungsrituale verändert? Was hat diese Änderung veranlaßt? Scheidung? Das Heranwachsen der Kinder? Eine zweite Ehe? Gibt es bestimmte Aspekte Ihrer früheren Abschieds- und Begrüßungsrituale, die Sie gerne wiederaufnehmen würden? Müssen Sie neue Abschieds- und Begrüßungsrituale für besondere familiäre Umstände entwickeln, zum Beispiel wenn die Kinder zwischen zwei Haushalten wechseln oder jemand in der Familie verreist?

Gutenachtrituale

Babys und Kleinkinder

In jeder Kultur entwickeln Eltern für ihre Babys und Kleinkinder Gutenachtrituale, die die Trennung von den Eltern und den Übergang vom Wachen zum Schlafen erleichtern. Zu solchen Ritualen gehört vielleicht ein spielerisches Bad, ein Betthupferl, das Erzählen oder Vorlesen von Geschichten, Gebete, Lieder, Festhalten und Knuddeln. Die vertraute Wiederholung solcher Zubettgehrituale kennzeichnet und definiert die Eltern-Kind-Beziehung als eine, die Geborgenheit, Zuverlässigkeit und Sicherheit bietet.

Zwar geht die Anregung zu Gutenachtritualen von den Eltern aus, doch bald schon werden die Kinder zu Mitgestaltern. Sie bestehen vielleicht auf einer bestimmten Geschichte, die sie immer wieder erzählt bekommen möchten. Sie bestimmen, daß das Licht soundsooft an- und ausgeschaltet wird, daß es dreimal ins Badezimmer geht oder daß Stofftiere einen ganz bestimmten Platz einnehmen, ehe das Zubettgehritual abgeschlossen ist. Wenn Kinder älter werden und bestimmte Dinge lernen, möchten sie vielleicht den Eltern die Geschichte vorlesen oder anregen, daß sie und die Eltern sich abwechselnd Geschichten erzählen.

Gutenachtrituale können ein Anhaltspunkt für die Entwicklung des Kindes und seiner Fähigkeiten sein, wenn es mit der Zeit darauf besteht, bestimmte abendliche Verrichtungen, die vorher Teil des Eltern-Kind-Rituals waren, nun selbst zu übernehmen, zum Beispiel das Baden und das Umziehen. Das Kind übernimmt nun selbst frühere Elemente des gemeinsamen Rituals wie das Lesen, die es oft auch beibehält, wenn es erwachsen wird. Allmählich signalisiert das Kind, daß sein Bedürfnis nach vielen Aspekten des Zubettgehrituals immer geringer wird, bis es schließlich alleine zu Bett geht mit einem Ritual, das nur aus »Gute Nacht, Mami, gute Nacht, Papi« besteht. Häufig vermissen die Eltern das Gutenachtritual, wenn das Kind deutlich gemacht hat, daß es das nicht mehr braucht.

Neben den gemeinsam von Eltern und Kindern entwickelten Gutenachtritualen entwickeln auch Geschwister häufig solche Rituale, um Aspekte ihrer Beziehungen zu verarbeiten – unter anderem auch Konflikte und Eifersüchteleien – und zugleich Zuneigung und Fürsorge auszudrücken. Geschwister, die sich ein Schlafzimmer teilen, entwickeln vielleicht spielerische Zubettgehrituale, die sie vor ihren Eltern geheimhalten und die eine besondere Bindung zwischen den Geschwistern zum Ausdruck bringen. In Evans Kindheit schufen sie und ihr Bruder ein Ritual, bei dem sie sich gegenseitig Streiche spielten und sich zum Beispiel gegenseitig gekochte Spaghetti, Büroklammern oder lebendige Schildkröten ins Bett legten. Diese Streiche hielten sie vor den Eltern geheim, sie ermöglichten es ihnen, Rivalitäten in harmloser Kreativität auszuleben!

Jugendliche

Zwar verteidigen Jugendliche häufig das Territorium ihres eigenen Zimmers und haben nichts für ähnliche Gutenachtrituale mit ihren Eltern übrig, wie kleine Kinder sie lieben; trotzdem gelingt es vielen Familien mit heranwachsenden Kindern, ein abendliches Ritual *vor* dem Zubettgehen zu entwickeln, das häufig an einem bestimmten Platz wie dem Zimmer der Eltern oder dem Wohnzimmer stattfindet und ein behagliches Gespräch über verschiedene Belange ermöglicht.

Gutenachtrituale und familiäre Veränderungen

Wenn Familien einschneidende Veränderungen durchmachen wie die Geburt eines weiteren Kindes, die Abreise eines Kindes ins Ferienlager oder College und vor allem eine Trennung oder Scheidung, bedürfen die Gutenachtrituale der Kinder besonderer Aufmerksamkeit. Man kann einem Kleinkind bei der Umstellung auf ein weiteres Baby helfen, indem man ein spezielles Zubettgehritual entwickelt, das die besondere Stellung des Kleinkindes in der Familie deutlich macht. Manchmal kann ein dreijähriges Kind eine spezielle Aufgabe im Zubettgehritual des Babys übernehmen, ehe es selbst zu Bett gebracht wird. Kinder mit neuen Geschwistern bestehen zuweilen darauf, daß ihr Zubettgehritual genauso abläuft wie das des Babys. Sie sollten diese Bitte respektieren und dem Ritual zugleich einige neue Aspekte hinzufügen, die die besondere Stellung des älteren Kindes kenntlich machen.

Familien, die eine Trennung oder Scheidung durchmachen, stellen manchmal fest, daß das Schlafengehen sich äußerst schwierig gestaltet. Wenn der Elternteil, der sich am meisten um das Zubettgehen gekümmert hat, das Haus verläßt, fühlen sich die Kinder möglicherweise besonders einsam und verstört. Familien können dieses Problem auf verschiedene Weise angehen. Wenn Eltern in der Lage sind, zusammenzuarbeiten, kann der Elternteil, der nicht mit den Kindern zusammenlebt, vielleicht allabendlich als Bestandteil des Zubettgehrituals anrufen. Dabei ist es allerdings von größter Wichtigkeit, daß beide Eltern sich darüber einig sind und daß der Anruf regelmäßig erfolgt. Häufiger dürfte es jedoch notwendig sein, daß der Elternteil, bei dem die Kinder leben, mit ihnen ein neues Gutenachtritual entwickelt, das den veränderten Lebensumständen in der Familie Rechnung trägt. Wenn Kinder zwischen zwei Haushalten pendeln, bilden sich gewöhnlich zwei verschiedene Zubettgehrituale aus, die die Unterschiede der beiden Haushalte zum Ausdruck bringen. Es ist sehr verbreitet, daß Kinder den Wunsch äußern, in beiden Ritualen gewisse Gemeinsamkeiten zu haben. Diese lassen sich zum Beispiel über ein bestimmtes Stofftier erreichen, das sie von einer Wohnung in die andere mitnehmen und in beiden Zubettgehritualen verwenden.

Stieffamilien möchten vielleicht neue Gutenachtrituale schaffen, die dazu beitragen, neue Familienbeziehungen aufzubauen. Die Carsons sind in zweiter Ehe verheiratet. Ellen Carson hat zwei Kinder, den sechsjährigen Scott und den achtjährigen Stevie. Bill Carson hat eine achtjährige Tochter, Naomi. Als Ellen und Bill heirateten, wollte jedes Kind an seinen gewohnten Gutenachtritualen festhalten, so daß sich das Zubettbringen recht gespannt und schwierig gestaltete. Eines Abends riefen Ellen und Bill ihre drei Kinder ins Wohnzimmer und forderten sie auf, ihre Schlafsäcke zu holen, die sie ansonsten nur zum Camping benutzten. Die Kinder fanden diese ungewöhnliche Aktion sehr spannend; sie löste die allabendlichen Spannungen und kennzeichnete die Gelegenheit als etwas Besonderes. Beide Eltern lasen nun je eine Geschichte vor. Nach den Geschichten unterhielt sich Ellen ruhig mit Naomi, während Bill, Scott und Stevie einen kleinen Ringkampf miteinander veranstalteten. Schließlich brachte jeder seine eigenen Kinder zu Bett. Am nächsten Abend um acht Uhr tauchten die Kinder wieder mit ihren Schlafsäcken im Wohnzimmer auf. Ein neues Zubettgehritual war geboren, eines, das neue Familienbeziehungen herstellte und zugleich die besonderen Eltern-Kind-Bindungen bewahrte.

Die normalen kindlichen Ängste, die sich häufig zur Schlafenszeit einstellen, lassen sich mit Ritualen wirkungsvoll bewältigen. Die Familie Cowan schuf zum Beispiel ihre eigene Version der guatemaltekischen »Sorgenpüppchen«. Bei diesem Gutenachtritual erzählt das Kind seine Ängste und Sorgen fünf kleinen Püppchen, die die ganze Nacht an einer Lösung des Problems arbeiten, während das Kind unbeschwert schlafen kann. Paula Cowan ermunterte ihre Kinder, es mit ihren Stofftieren ebenso zu machen, und ermöglichte es ihnen so, ihre Sorgen im unbefangenen Gespräch mit ihren Stofftieren offen zum Ausdruck zu bringen.

In Zubettgehritualen kann sich auch die besondere Tradition einer Familie niederschlagen, zum Beispiel wenn die Eltern ein Ritual entwickeln, bei dem sie Geschichten aus ihrer eigenen Herkunftsfamilie, ihrer Kindheit und der Gründung der Familie erzählen.

Gutenachtrituale für Erwachsene

Eltern schenken zwar meist den Gutenachtritualen ihrer Kinder sehr viel Aufmerksamkeit, doch entsprechende Rituale für Erwachsene finden häufig kaum Beachtung. In einer Zeit, in der beide Partner oftmals berufstätig sind und während der Woche nur wenig Zeit füreinander haben, vergißt man nur allzu leicht, ein Ritual zu schaffen, um den Tag abzuschließen und schlafen zu gehen. Spät abends läuft häufig das Fernsehen, und statt eines Gesprächs werden die Spätnachrichten zum Zubettgehritual der Erwachsenen.

Janice und Frank Engleman fiel auf, daß sie in ein äußerst unbefriedigendes Fahrwasser geraten waren. Er sah sich jeden Abend Sportberichte an und schlief vor dem Fernseher ein, während sie sich um die Kinder kümmerte und dann allein schlafen ging. Sie entfernten und entfremdeten sich immer mehr voneinander, obwohl beide es nicht wollten. Eines Tages nach einem besonders heftigen Streit, bei dem jeder dem anderen vorgeworfen hatte, sich zurückzuziehen, setzten sie sich gemeinsam hin, um auszurechnen, wieviel Zeit sie während der Woche zusammen verbrachten. Da beide berufstätig waren, kam es häufig vor, daß einer zum Abendessen nicht zu Hause war. Sie verließen morgens das Haus zu unterschiedlichen Zeiten und brachten die Kinder in die Kindertagesstätte oder zur Schule. Somit blieb nur der Abend, um sich etwas Zeit zu nehmen und den Kontakt zueinander wiederherzustellen – gemeinsame Zeit, die sie nicht mehr hatten, wie ihnen auffiel. Sie vereinbarten, ein Gutenachtritual für Erwachsene zu entwickeln. »Ich erinnerte mich plötzlich an das wunderbare Zubettgehritual, das ich als Kind hatte«, erzählte Janice. »Damals setzte sich meine Mutter zu mir aufs Bett, und wir unterhielten uns über alles, was an diesem Tag passiert war.« In Anlehnung an diese Erinnerung schufen sie ihr Ritual. Als erstes erklärte Frank sich bereit, Janice zu helfen, die Kinder ins Bett zu bringen. Dadurch blieb ihnen mehr gemeinsame Zeit. Anschließend wollten sie eine Tasse Tee zusammen trinken und sich über den Tag unterhalten. Nach ihrem abendlichen Tee fingen sie wieder an, gemeinsam zu Bett zu gehen, wie sie es in den ersten Jahren ihrer Ehe getan hatten.

Gutenachtrituale für Erwachsene können untergehen, weil beide zu beschäftigt sind oder dieser potentiell wichtigen gemeinsamen Zeit zuwenig Aufmerksamkeit schenken; manche Paare entwikkeln jedoch überhaupt keine Zubettgehrituale, weil sie sie in ihren Herkunftsfamilien nie gelernt haben. Nicht alle Menschen stammen aus Familien, in denen sie herzliche, liebevolle Gutenachtrituale erlebt haben. Wenn Sie in einer Familie aufgewachsen sind, in der die Schlafenszeit von Spannungen und Auseinandersetzungen geprägt war oder distanzierte Umgangsweisen herrschten und die Kinder schon in jungen Jahren allein zu Bett gingen, sollten Sie sorgfältig überlegen, wie ein befriedigendes Zubettgehritual für Erwachsene aussehen könnte.

Andere Paare haben einen sehr unterschiedlichen Rhythmus: Eine ist eine ›Nachteule‹ und der andere ein Frühaufsteher, und so gehen beide kaum einmal zur gleichen Zeit schlafen. Manche Paare müssen sich vielleicht ein Ritual erarbeiten, gemeinsam den Tag abzuschließen, um zu vermeiden, daß sie sich auseinanderleben und den Kontakt zueinander verlieren.

Ändert sich ein bis dahin befriedigendes Gutenachtritual, ohne daß Sie es gewollt hätten, so kann das auf Probleme hindeuten, die sich in Ihrer Beziehung oder im Leben Ihres Partners zusammenbrauen. Kyle und Elinor Lincoln schmusten und erzählten im Bett immer noch vor dem Einschlafen. Nach und nach, über eine Zeit von drei Monaten, kam Kyle immer später ins Bett. Zuerst versuchte Elinor, auf ihn zu warten, aber als die Zeit länger und länger wurde, schlief sie ein, ehe er ins Bett kam. Sie vermißte ihre frühere Nähe, aber wenn sie versuchte, ihn darauf anzusprechen, was los war, tat er ihre Sorge mit den Worten ab: »Die Dinge verändern sich eben – es ist schon in Ordnung – geh nur schlafen.« Einen Monat später fand Elinor heraus, daß Kyle Probleme mit seinem Chef hatte und kurz davorstand, seine Stelle zu verlieren. Er hatte sich zu sehr geschämt, es ihr zu sagen, und sich von dem Teil des Tages zurückgezogen, an dem sie sich immer am nächsten waren.

Wie gestalten sich Gutenachtrituale bei Ihnen und Ihren Kindern?
Hier nun einige Fragen die Ihnen beim Nachdenken über Gutenachtrituale helfen können:

- An welche Gutenachtrituale erinnern Sie sich aus Ihrer Kindheit? Was bewirkten diese Rituale für Sie? Inwiefern prägten und bekundeten sie die Eltern-Kind-Beziehung? Die Beziehungen der Geschwister? Die Beziehungen der Erwachsenen?
- Welche Gutenachtrituale vollziehen Sie heute mit Ihren Kindern? Sind sie für Sie befriedigend? Welche Teile des Zubettgehrituals haben Sie entwickelt? Fragen Sie Ihre Kinder, wie sie diese Rituale empfinden und sehen – möchten sie Teile darin ändern?
- Wenn Ihre Familie belastende Veränderungen durchmacht, möchten Sie vielleicht Ihre Gutenachtrituale daraufhin überprüfen, ob sie einen Raum bieten, diese Veränderungen auszudrücken, zu besprechen und zu erleichtern. Überlegen Sie mit Ihren Kindern, wie das Zubettgehritual sich ändern könnte, während die Familie mit einer Trennung, einer zweiten Eheschließung und so weiter fertig wird.
- Welche Gutenachtrituale für Erwachsene haben Sie und Ihr Partner entwickelt? Sollten Sie sich darum kümmern, ein für beide Seiten befriedigendes Zubettgehritual zu entwickeln?

Essensrituale im Familienkreis

Sally Moore war zwölf, als sie anfing, darauf zu bestehen, jeden Abend zum Abendessen eine Ofenkartoffel zu essen, und sich weigerte, das zu essen, was die übrige Familie aß. Als ältestes von drei Kindern saß Sally am Tisch zwischen ihrer Mutter und ihrem Vater. Als sie mit ihrer Ofenkartoffel-Kampagne anfing, bestand ihr Vater darauf, daß sie das gleiche aß wie die übrige Familie, während ihre Mutter drängte, Sally ihren Willen zu lassen. Bald gerieten Vater und Mutter jeden Abend beim Essen in Streit. Scheinbar ging es bei dieser Auseinandersetzung um Ofenkartoffeln, tatsächlich jedoch sagte sie wesentlich mehr über die Familienbeziehungen aus. Sally hatte ihrem Vater immer sehr nahegestanden und hatte nie Meinungsverschiedenheiten mit ihm gehabt. Als erstes Kind, das allmählich erwachsen wurde, symbolisierte Sally mit ihrer neuen Essensvorliebe, daß sie anfing, Entscheidungen zu treffen, die sich nicht mit jenen ihres Vaters deckten. Gleichzeitig hatte Sallys Mutter gerade eine Arbeit außer Haus angenommen, und die Tatsache, daß sie sich gegen ihren Mann auf Sallys Seite schlug, war gleichermaßen Ausdruck ihrer neugewonnenen Unabhängigkeit wie des Versuchs, sich um größere Nähe zu Sally zu bemühen. Sallys Vater war nervös angesichts all dieser Veränderungen in seiner Familie und äußerte dies durch die allabendlichen Auseinandersetzungen mit Sally und seiner Frau. Indem er beharrte, Sally solle das gleiche essen wie die übrige Familie, sagte er ihr auf seine Weise, daß er Angst hatte, sie zu verlieren, da sie nun langsam erwachsen wurde.

Das Essen im Familienkreis ist ein Ritual, das vieles über die Familienbeziehungen aussagt, unter anderem über die Geschlechtsrollen; über die Abgrenzung von einzelnen, Zweier- und Dreiergruppen und der ganzen Familie; über zulässige Gesprächsthemen; über die Bandbreite erlaubter Gefühle und über Veränderungen jedes einzelnen. Auch wenn Schätzungen zufolge fünfundsechzig Prozent aller nordamerikanischen Familien nicht mehr jeden Abend gemeinsam essen, schaffen es die meisten Familien, ein paarmal pro Woche eine gemeinsame Mahlzeit einzurichten. Schon allein sich zusammen an den Tisch zu setzen, schafft eine unsichtbare Abgrenzung um die Familie. Es weckt ein Gefühl der Familienzugehörigkeit und -identität.

Viele Familien entwickeln gezielt oder unabsichtlich eine spezielle Sitzordnung am Essenstisch. Eine solche Sitzordnung vermittelt den Familienangehörigen stillschweigend viele ›Regeln‹ über die Familienbeziehungen. In manchen Familien ist zum Beispiel festgelegt, daß der Vater am Kopfende des Tisches sitzt als Symbol für seine Stellung als ›Familienoberhaupt‹. Im Gegensatz dazu haben einige Familien eine solche Regelung bewußt abgeschafft, da sie das Verhältnis zwischen Männern und Frauen in der Familie als gleichberechtigt definieren. Die Familie Hawkins wollte von der Sitte abgehen, daß der Vater am Kopfende des Tisches sitzt, doch selbst die Plätze zu wechseln funktionierte nicht richtig, da dann ein anderes Familienmitglied am ›Kopfende‹ saß. Die zehnjährige Cathy löste schließlich das Dilemma, als sie eines Tages vorschlug, einen runden Eßtisch anzuschaffen, wie die Familie ihrer Freundin Melissa ihn besaß.

In vielen Familien sitzt die Mutter der Küche oder dem Herd am nächsten, ein Symbol, daß die Küche ihr Reich ist, während andere Familien diese sexistische Sitzordnung bewußt abgeschafft haben. Wir haben Geschichten über Sitzordnungen beim Essen im Familienkreis gehört, in denen die Mutter sich während der Mahlzeiten *nie* mit an den Tisch setzte und die Familie die eingeschränkte Definition ihrer Rolle als derjenigen, ›die die anderen bedient‹, akzeptierte. Die Sitzordnung sagt etwas darüber aus, wer in der Familie wem nahesteht, wer größeren Abstand hat und wer ermuntert wird, sich mit wem zu unterhalten. Dreier- und Dreiecksgruppierungen in Familien, bei denen sich zwei nahestehen und der dritte ausgegrenzt ist oder zwei sich für oder gegen den dritten zusammenschließen, sind häufig aus der Sitzordnung am Essenstisch ersichtlich. Sitzt zum Beispiel ein Kind immer zwischen den Eltern und wird wiederholt zum Gegenstand ihrer besonderen Aufmerksamkeit oder Wut? In manchen Familien sitzen alle männlichen Mitglieder auf einer Seite und die weiblichen auf der anderen, während andere in der Festlegung der Sitzordnung Alters- und Machthierarchien ausdrücken.

Wer zum Essen zu Hause ist und wer nicht, kann einer Familie Veränderungen und Entwicklungen der Beziehungen deutlich machen. Wenn die Kinder heranwachsen und vor allem, wenn sie als Jugendliche Freunde und einen Job nach der Schule haben, sind sie möglicherweise seltener zum Abendessen zu Hause. Manche Familien stellen sich leicht auf solche Veränderungen ein, während andere weiterhin darauf bestehen, daß alle zum Abendessen erscheinen, auch wenn das gar nicht mehr möglich ist. In dem populären Film *Saturday Night Fever* hat der von John Travolta gespielte Heranwachsende einen Job und kann zum Abendessen, das immer um sechs Uhr anfängt, nicht zu Hause sein. Statt nun das Abendessen zu verlegen, ist die ganze Familie tagtäglich wütend auf ihn, weil er es nicht schafft, pünktlich zum Essen zu kommen. In dieser kleinen Szene drückt sich die weiterreichende Auseinandersetzung der Familie mit der Tatsache aus, daß Kinder erwachsen werden und aus dem Haus gehen.

In vielen Familien müssen Eltern abends lange arbeiten, was eine Änderung verlangt, wer am Essen teilnimmt. Manche verlangen von den Kindern zu warten, bis der Betreffende von der Arbeit kommt, und legen die Essenszeit später, als es für kleine Kinder angebracht ist. Andere gestalten ihre Essenszeiten bewußt flexibler, so daß an manchen Abenden Eltern und Kinder getrennt essen und andere Abende einem gemeinsamen Essen vorbehalten sind. Wichtig ist, eine Situation zu schaffen, die für die ganze Familie und für jeden einzelnen zuträglich ist, statt an einer Regel festzuhalten, die früher vielleicht einmal angemessen war.

Wie viele Rituale erfordern auch Mahlzeiten Vor- und Nachbereitung. Zur Vorbereitung gehören Einkaufen, den Tisch decken, das Essen servieren. Zur Nachbereitung gehören das Abräumen, Spülen, Gespräche nach Tisch und so weiter. Sie können viel über Familienbeziehungen lernen, wenn Sie sich ansehen, was vor und nach dem Essen geschieht, vor allem über Ansichten zu Geschlechtsrollen und Eltern-Kind-Beziehungen.

Männer, Frauen und Kinder

Trotz vieler Veränderungen der Frauenrolle außerhalb der Familie fällt nach wie vor der Löwenanteil des Einkaufens und Kochens in den meisten Familien den Frauen zu. Die tägliche Wiederholung, daß Frauen einkaufen gehen oder dafür sorgen, daß der Einkauf erledigt wird, daß sie kochen, das Essen servieren und aufräumen, vermittelt in Familien geschlechtsspezifische ›Regeln‹. Heterosexuelle Paare, die das geschlechtsspezifische Rollenverhalten in ihren Familien ändern wollen, stehen unter dem starken Einfluß der Erinnerung an Mahlzeiten, bei denen die Mutter kochte und die anderen bediente, während der Vater bedient wurde. Karen Dole kam aus einer Familie, die von Männern wie Frauen erwartete, daß sie sich an den Essensvorbereitungen beteiligten. Sie heiratete Kevin, in dessen Familie die Männer mit den Fingern schnippten, um den Frauen zu signalisieren, daß sie eine Tasse Kaffee wollten. Als sie sich weigerte, diese erniedrigende Rollenverteilung mitzumachen, gab es heftigen Streit, aber sie setzte sich durch und fing an, die geschlechtsspezifischen Rollenerwartungen in ihrer Familie zu ändern.

Neben den Vorstellungen über Geschlechtsrollen vermitteln Vor- und Nachbereitung der Mahlzeiten auch Ansichten über die Verpflichtungen von Kindern in der Familie. In vielen Familien lernen schon kleine Kinder, sich an den Familienpflichten zu beteiligen, indem sie den Tisch decken, einfache Gerichte kochen und beim Abräumen und Spülen helfen. Andere Familien geben den Kindern zu verstehen, daß sie von ihnen nicht erwarten, solche Pflichten zu übernehmen; sie ziehen eine strengere Grenze zwischen Kindern und Erwachsenen. Wenn Sie sich das Essensritual Ihrer Familie ansehen, überlegen Sie, was Sie Ihren Kindern beibringen wollen und ob das Abendessen in seiner jetzigen Form vermittelt, was Sie ihnen beizubringen hoffen.

Essensrituale: Ihre ganz individuelle »Familienkultur«
Die Mahlzeit im Familienkreis vermittelt »Regeln« über erlaubte Gesprächsthemen und zulässige Ausdrucksformen von Gefühlen. Die Familie Jonash bespricht beim Essen den Tagesablauf eines jeden, während in der Familie Sparks angeregte Diskussionen und Auseinandersetzungen über Politik erlaubt sind.

Als Mary England heranwuchs, durften nur Erwachsene bei Tisch sprechen, während die Kinder zuhören sollten. In Sam Stones Familie beherrschten die Kinder die Mahlzeiten völlig, und die Interessen der Erwachsenen blieben unberücksichtigt.

In dem wunderbaren Film *Stadtneurotiker* gibt es eine köstliche Essensszene, die die kulturellen Unterschiede zweier sehr verschiedener Familien illustriert. Als erstes sehen wir die leicht überzogene Version einer weißen, angelsächsischen, protestantischen Familie der oberen Mittelschicht beim Abendessen. Ihre Gespräche beschränken sich auf äußere Ereignisse wie »Geschäftsversammlungen und Schiffswerften«; jeder spricht erst, wenn der andere ausgeredet hat und bringt damit symbolisch sehr klare und etwas starre Abgrenzungen zwischen den einzelnen Personen zum Ausdruck; Gefühle sind nur in einem beschränkten Rahmen zulässig und bleiben weitgehend unausgesprochen. Anschließend sehen wir die gleichermaßen übertriebene Version einer jüdischen Arbeiterfamilie beim Essen. Hier sprechen mehrere gleichzeitig und nehmen sich unbefangen vom Teller des anderen. Diese symbolischen Handlungen porträtieren eine Familie, die die individuellen Grenzen lose zieht und gegenseitige Übergriffe auf das Territorium des anderen unbekümmert toleriert. Die Gespäche konzentrieren sich auf Menschen mit ihren Krankheiten und ihrer beruflichen Tätigkeit, und Gefühle, einschließlich Wut, werden ohne Umschweife ausgedrückt. Jede Familie fühlt sich mit ihrem Essensritual wohl und wirkt im Vergleich zu der anderen Familie seltsam und fremdartig.

In manchen Familien darf beim Essen Wut zum Ausdruck gebracht werden, in anderen gilt eine Regel, die den offenen Ausdruck von Wut verbietet, selbst wenn die Leute innerlich kochen. Ob Konflikte und Meinungsverschiedenheiten nun unterdrückt werden oder allabendlich aufbrechen, häufig symbolisieren sie eine Menge unausgesprochener Probleme. Kurz, wenn Sie Ihr Essensritual unter die Lupe nehmen, um erlaubte Themen und zulässige Gefühle auszumachen, werden Sie viel über die Beziehungen und Überzeugungen Ihrer Familie erfahren. Fragen Sie sich, welche Themen *nie* aufkommen, welche Gefühle *nie* beim Essen ausgedrückt werden, um zu entdecken, welche Tabus es in Ihrer Familie möglicherweise gibt. Diese Überlegung macht es Ihnen vielleicht möglich, die Themen und Gefühle auszuweiten, die geäußert werden können.

Da eine mehr oder weniger versteckte Loyalität gegenüber unserer jeweiligen Herkunftsfamilie zu einem unausgewogenen Ritualstil führen kann, ist es für Paare, die sich über die ›richtige‹ Organisation ihrer Essenszeiten streiten, vielleicht ganz hilfreich, sich in ihren Diskussionen auf die Frage zu konzentrieren, wie das Essen in der Familie ablief, aus der sie kommen, und es mit ihrem gegenwärtigen Essensritual zu vergleichen. Vielleicht möchten Sie ein Experiment machen. Gestalten Sie abwechselnd eine Mahlzeit genauso wie in Ihrer Herkunftsfamilie und eine ebenso wie in der Familie Ihres Partners. Daraus läßt sich möglicherweise ein Ritual entwickeln, das Ihnen beiden gefällt.

Viele Familien wiederholen im täglichen Essensritual Verhaltensmuster ihrer Herkunftsfamilien, ohne es zu merken. Manchmal mündet der bewußte Versuch, »es anders zu machen als in meiner Familie« in der Wiederholung ebenjener Form, die man ändern wollte. Eine junge Mutter, Karen Delaney, erzählte uns, daß es ihr ungemein wichtig war, jeden Abend gemeinsam mit ihrer Tochter Jennie und ihrem Mann Michael zu essen, denn in ihrer Kindheit und Jugend herrschte bei ihr zu Hause ständig Streit, und es gab *nie* gemeinsame Mahlzeiten. Folglich legte sie großen Wert auf ein, wie sie es nannte, »friedliches Essen«, an dem alle teilnahmen. Das bedeutete, selbst wenn Michael spät von der Arbeit kam, mußte Jennie warten, bis sie gemeinsam essen konnten. Karen bestand gegenüber Michael und Jenny darauf, daß es unter keinen Umständen beim Essen Streit geben dürfe. Das Abendessen im Familienkreis gestaltete sich jedoch in gespannter Atmosphäre, da die Familie sich angestrengt bemühte, ihrem Wunsch nachzukommen. Diese Spannung wiederum führte häufig dazu, daß Jenny am Tisch ungezogen war und aus dem Zimmer geschickt wurde; daraufhin bekamen Michael und Karen regelmäßig Streit, und Michael verließ ebenfalls den Tisch. Ohne es zu merken, wiederholte die Familie ein vertrautes Verhaltensmuster. Das Abendessen war für die Mutter zur Form geworden, alte Kränkungen aus ihrer Herkunftsfamilie zu verarbeiten, statt Gelegenheit zu bieten, gegenwärtige Beziehungen aufzubauen. Nach einigem Nachdenken gelang es dem Paar, sich auf ein völlig anderes Essensritual zu einigen, zu dem auch gehörte, daß die Erwachsenen an manchen Abenden alleine aßen und die Regel »kein Streit beim Essen« etwas lockerer gehandhabt wurde. In dem Maße, wie die Spannungen nachließen, besserte sich auch Jennies Benehmen bei Tisch, und die Familie fing an, die Mahlzeiten nach einem Ritual zu genießen, das ihre gegenwärtigen Bedürfnisse angemessener widerspiegelte.

Symbole und symbolische Handlungen

Als Ritual enthält das Essen im Familienkreis viele Symbole und symbolische Handlungen. Speisen sind ein solches Symbol, das in Familien vielschichtige Bedeutungen annimmt. In einer Familie können zum Beispiel Speisen Fürsorge symbolisieren, während sie in der anderen für Belohnung und Bestrafung stehen. Die Speisen können die Verbundenheit der Familie zu einer ethnischen Tradition symbolisieren wie zum Beispiel *Challa*-Brot in jüdischen Familien oder *pasta* in italienischen. Auch Auseinandersetzungen und Mangel an Bestätigung individueller Unterschiede können sich symbolisch in Speisen ausdrücken, zum Beispiel wenn einem Familienmitglied ein Gericht aufgenötigt wird, trotz wiederholter Erklärungen, daß es das nicht mag, beispielsweise wenn Eltern ihre Kinder zwingen, Blumenkohl zu essen.

Essensvorlieben können in der einen Familie ein Symbol für den Ausdruck individueller Unterschiede sein, die sie ohne weiteres toleriert, während eine andere sie als Symbol der Weigerung sieht, so zu sein ›wie der Rest der Familie‹, und darüber in heftigen Streit und Machtkämpfe gerät. Oft versuchen Kinder und Heranwachsende, die manchmal bei Freunden zu Hause essen, das Essensrepertoire ihrer Familie zu erweitern, und symbolisieren damit den ganz natürlichen Prozeß, daß Kinder Informationen aus der Außenwelt in die Familie tragen. Vielen Familien gelingt es, sich darauf einzustellen, manche bekämpfen solche Einflüsse jedoch und wehren sie ab. Eine Frau erzählte uns: »Beim Essen fanden in unserer Familie immer die intensivsten Kontakte und Konflikte statt, als mein Bruder und ich uns bemühten, zu Individuen heranzuwachsen. Wir entwickelten eigene Ansichten, die von der ›Familienmeinung‹ abwichen, und eigene Gewohnheiten. So hörte ich zum Beispiel auf, Fleisch zu essen. Unsere Eltern versuchten beide, unsere Eigenheiten abzutun. ›Ich bin wesentlich älter als du, also hör auf mich‹, sagte mein Vater. ›Wenn du etwas anderes ißt als wir, ist es, als wenn du nicht zur Familie gehörtest‹, meinte meine Mutter.«[1] Es ist wichtig, sich zu fragen, was das Essen in Ihrer Familie und in Ihrer Herkunftsfamilie bedeutet. Manche Gerichte verbinden sich mit einem besonderen Gefühl von Geborgenheit, das oftmals auf bestimmte Traditionen zurückgeht wie zum Beispiel

Großmutters Makkaroni mit Käse. Andere Gerichte stehen für Auseinandersetzungen und Streit. In Familien mit Stiefkindern mag es vorkommen, daß Kinder ihre Loyalität zu einem biologischen Elternteil mit dem Wunsch zum Ausdruck bringen, daß Speisen so zubereitet werden, »wie Mami sie macht«. Eine Stiefmutter kann zeigen, daß sie eine solche Loyalität zuläßt, indem sie diesem Wunsch nachkommt und bestimmte Gerichte so zubereitet, »wie Mami sie macht«, und bei anderen Gerichten ihre eigene Art einführt und damit gleichzeitig unnötige Auseinandersetzungen vermeidet. Manche Familien erleben neue Essensvorlieben als bedrohliche Veränderung, als Erklärung einer unerträglichen Abgrenzung, während andere sie als Möglichkeit zur Weiterentwicklung und Entfaltung sehen.

Neben dem Essen kann es in Familien noch andere mit den Mahlzeiten verbundene Symbole geben wie Porzellan, Tafelsilber oder Kerzenleuchter, die als Familienerbstücke von einer Generation an die nächste weitergegeben wurden und Elemente der Tradition und Zusammengehörigkeit symbolisieren. Ebenso mag das Auftauchen neuer Gegenstände ein Symbol für einschneidende Veränderungen in der Familie sein. Als Linda MacIntosh neues Geschirr kaufte und zum erstenmal den Tisch damit deckte, wurde ihr Mann Todd wütend. »Was gefällt dir nicht an dem Geschirr, das meine Mutter uns geschenkt hat?« »Eben das gefällt mir nicht«, erwiderte Linda. »Deine Mutter hat unser Geschirr ausgesucht, unser Besteck, unsere Gläser, sogar unsere Möbel – es ist Zeit für etwas Neues, für etwas, das meinem Geschmack entspricht!« Lindas kühner Schritt löste eine Diskussion über ihren lange gehegten, aber nie ausgesprochenen Groll angesichts der Tatsache aus, daß ihr Familienleben sich äußerst unausgewogen entwickelt hatte und Überzeugungen und Wertvorstellungen entsprach, die ausschließlich aus Todds Familie kamen. Ein anderes Geschirr zu benutzen leitete auf schlichte Weise einen noch viel umfassenderen Wandel des Familienlebens ein.

Das Essensritual einer Familie bedarf unter Umständen der Veränderung, wenn die Familie tiefgreifende entwicklungsbedingte Wandlungen durchmacht. Wenn Kinder das Haus verlassen, die Eltern sich scheiden lassen, die Mutter eine Arbeit außer Haus annimmt oder eine zweite Heirat neue Familienverhältnisse schafft – all das erfordert neue Alltagsrituale. Sind Familien nicht imstande, sich auf solche Veränderungen einzustellen, mag es sein, daß sich Schwierigkeiten als erstes beim Essensritual bemerkbar machen. Susan Ames, eine geschiedene Mutter, erzählte von einem Essensritual, bei dem sie tagtäglich nach der Arbeit kochte und sich ihr Essen mit in ihr Zimmer nahm, während jedes Kind alleine aß, wann es Lust hatte. Auf die Frage, wann sie alle sich zuletzt gemeinsam zum Essen an den Tisch gesetzt hatten, erwiderte sie: »Nicht mehr, seit mein Mann vor anderthalb Jahren gegangen ist« und führte aus, daß sie nicht wisse, wie sie weiterhin eine Familie sein sollten, und nur Familien äßen gemeinsam. Hier schuf die Scheidung im Selbstverständnis der Familie einen schrecklichen Bruch, der sich symbolisch in der Tatsache ausdrückte, daß nun jeder für sich alleine aß. Ihre drei Kinder, Sam, Bill und Jerry, äußerten den Wunsch, wieder gemeinsam zu essen, und nahmen als Ausgangspunkt ein bevorstehendes Essen zum Muttertag; Susan willigte ein und signalisierte damit, daß die Familie bereit für den schwierigen Prozeß war, zu einer Familie mit einem alleinerziehenden Elternteil zu werden, die ihr eigenes Recht auf gemeinsame Mahlzeiten hatte.

Familien, in denen die Eltern in zweiter Ehe zusammenleben, stehen vor der Herausforderung, Essensrituale zu entfalten, die die Beziehungsformen der früheren Familie bestätigen, zugleich aber auch ein neues Zusammengehörigkeitsgefühl schaffen. Da die Kinder möglicherweise zwischen zwei oder mehr Haushalten hin- und herpendeln, müssen die Essensrituale flexibel genug sein, sich auf unterschiedliche Zusammensetzungen bei Tisch einzustellen. In der Anfangsphase der Familiengründung in zweiter Ehe kann ein tägliches Essensritual, an dem alle Haushaltsmitglieder teilnehmen, dazu beitragen ein Gefühl der Familienzusammengehörigkeit zu schaffen. Mary Whiteside schildert in ihrer Forschungsarbeit über Familien, in denen die Eltern eine zweite Ehe eingegangen sind, eine Familie, in der die Mutter und der Stiefvater sich ganz bewußt das Abendessen als Ort ausgesucht hatten, neue Beziehungen zu knüpfen. Über mehrere Monate hinweg weigerten sich die Kinder der Mutter, während des Essens mit dem Stiefvater zu sprechen – ein Symbol für das anfänglich häufig gespannte Verhältnis in solchen Familien. Mutter und Stiefvater hielten jedoch an diesem gemeinsamen Abendessen fest, und allmählich legten sich die Spannungen. Die Gespräche gestalteten sich zunehmend gelöster, und die Kinder übernahmen das Ritual des Stiefvaters, ein Tischgebet zu sprechen.[2]

Wenn Sie in zweiter Ehe leben, ist es wichtig, die unterschiedlichen Essensrituale der früheren Familien und der anderen Haushalte, denen die Kinder nach wie vor angehören, zu überdenken. Anschließend kann die Familie entscheiden, an welchen Elementen festzuhalten ihr wichtig ist, um den Kindern damit die Möglichkeit einzuräumen, ihre Loyalität gegenüber verschiedenen Familiensystemen zum Ausdruck zu bringen, und welche neuen Elemente sie schaffen will, um die neue Familienidentität auszudrücken.

Gemeinsame Mahlzeiten im Familienkreis bieten Ihnen Gelegenheit und Raum, manches über Ihre Familie herauszufinden. Vielleicht entdecken Sie festgefahrene, ständig sich wiederholende Muster, die unerfreulich sind und an deren Veränderung Sie gemeinsam arbeiten können. Oder Sie erkennen, wie die Mahlzeiten besondere Probleme Ihrer Familie deutlich machen, das Heranwachsen der Kinder, den Eintritt neuer Familienmitglieder oder den Weggang anderer. Das Essensritual kann ein Gefühl der Verbundenheit und Familienzusammengehörigkeit, des Interesses und der Anteilnahme der Familienangehörigen aneinander vermitteln. Tägliche Mahlzeiten sind als Rituale veränderlich; mit ein wenig Aufwand und Aufmerksamkeit lassen sich Ihre gemeinsamen Mahlzeiten im Familienkreis nutzen, um Beziehungen zu gestalten, mit Veränderungen fertig zu werden und Ihre Familie zu feiern.

Die Essensrituale Ihrer Familie überprüfen
Anhand der folgenden Fragen können Sie die Essensrituale Ihrer Familie und die Ihrer Herkunftsfamilie besser kennenlernen:

– Gab es in Ihrer Herkunftsfamilie bei Tisch eine feste Sitzordnung? Gab es in der Herkunftsfamilie Ihres Partners eine feste

Sitzordnung? Was wäre Ihrer Ansicht nach passiert, wenn Sie sich an einen anderen Platz gesetzt hätten? Nehmen Sie sich einen Moment Zeit, und zeichnen Sie den Essenstisch in Ihrer Herkuntsfamilie und in der Ihres Partners. Vergleichen Sie die beiden Zeichnungen. Sind sie sich recht ähnlich oder sehr verschieden?

– Gibt es in Ihrer jetzigen Familie eine feste Sitzordnung? Wenn ja, vergleichen Sie diese Sitzordnung mit der Ihrer Herkunftsfamilien. Entspricht Ihre jetzige Sitzordnung mehr der Ihrer Herkunftsfamilie oder mehr der Ihres Partners? Haben Sie, ohne es zu merken, Ihre Herkunftsfamilie kopiert oder haben Sie etwas völlig anderes entwickelt? Experimentieren Sie einmal mehrere Abende mit anderen Sitzordnungen, und überlegen Sie, was passiert.

– Welche Gesprächsthemen waren in Ihrer Herkunftsfamilie bei Tisch zugelassen? Woher wußten Sie das – explizit oder implizit? Welche Gesprächsthemen waren in der Herkunftsfamilie Ihres Partners erlaubt? Vergleichen Sie diese Themen mit den erlaubten Themen in Ihrer jetzigen Familie.

– Welche Gefühle durften in Ihrer Herkunftsfamilie bei Tisch ausgedrückt werden? Gab es bestimmte Regeln gegen ›Wut‹ und so weiter? Welche Gefühle durften in der Herkunftsfamilie Ihres Partners ausgedrückt werden? Vergleichen Sie sie mit den zulässigen Gefühlen am Essenstisch Ihrer jetzigen Familie.

– Welche ›Regeln‹ über Geschlechtsrollen drückten sich im allabendlichen Essensritual Ihrer Herkunftsfamilie aus? Wer kaufte das Essen ein? Wer bereitete es zu? Wer servierte es? Wer wurde bedient? Wer sprach, und wer hörte zu? Wer räumte nach dem Essen den Tisch ab und spülte? Vergleichen Sie diese Geschlechtsrollen mit denen in Ihrer jetzigen Familie. Drückt Ihr allabendliches Essensritual unterschwellig Gleichberechtigung oder Ungleichheit zwischen Männern und Frauen aus? Was lernen Ihre Kinder, wenn sie sehen, was Männer und Frauen jeden Abend beim Essen tun?

– Brachte das Essensritual Ihrer Herkunftsfamilie Aspekte der ethnischen und religiösen Familienidentität zum Ausdruck? Auf welche Weise? Vergleichen Sie das mit der Familie Ihres Partners. Drückt Ihr heutiges Essensritual Aspekte Ihrer ethnischen und religiösen Familienidentität aus? Wenn sich die Identität Ihrer Familie aus verschiedenen ethnischen und religiösen Hintergründen zusammensetzt, kann dies in Ihrem Essensritual zum Ausdruck kommen?

- Welche symbolischen Bedeutungen hatte Essen in Ihrer Herkunftsfamilie? In der Herkunftsfamilie Ihres Partners? Welche symbolischen Bedeutungen hat es in Ihrer jetzigen Familie?
- Durften einzelne in Ihrer Herkunftsfamilie unterschiedliche Essensvorlieben haben oder galten Abweichungen als bedrohlich? Welche Diskussionen löste es aus, wenn jemand in der Familie etwas nicht mochte oder eine andere Ernährungsweise, wie zum Beispiel eine vegetarische, mit nach Hause brachte? Vergleichen Sie das mit der Familie Ihres Partners. Wie gehen Sie in Ihrer jetzigen Familie mit abweichenden Vorlieben um?
- Inwiefern unterschied sich das Essensritual in Ihrer Herkunftsfamilie, wenn Gäste zum Essen kamen? Konnten Sie ohne weiteres Freunde zum Essen mit nach Hause bringen? Wie unterschied sich das Essensritual in der Familie Ihres Partners, wenn Gäste zum Essen kamen? Vergleichen Sie das mit Ihrer heutigen Familie – was ist anders, wenn Gäste kommen? Variieren die Veränderungen je nach den Gästen?
- Wie hat sich das Essensritual in Ihrer Herkunftsfamilie im Laufe der Jahre verändert? Wie hat sich die Familie mit diesem Ritual darauf eingestellt, als die Kinder heranwuchsen und aus dem Haus gingen? Gab es einschneidende Veränderungen wie eine Scheidung, eine zweite Ehe oder den Tod eines Angehörigen, die sich auf das Essensritual ausgewirkt haben? Auf welche Weise? Wie hat sich das Essensritual in Ihrer jetzigen Familie gewandelt? Wie sind Sie an einschneidende Veränderungen herangegangen und wie haben diese sich in Ihrem Essensritual niedergeschlagen?

Wöchentliche »Alltagsrituale« schaffen

Alle Familien haben gewisse Alltagsrituale und manche entschließen sich zudem, Rituale zu entwickeln, die einmal wöchentlich stattfinden, wie zum Beispiel ein regelmäßiges gemeinsames Abendessen am Freitag, einen Pfannkuchenbrunch am Sonntag oder einen fernsehfreien Abend, an dem sich die Familie einfach zusammensetzen und unterhalten kann. Solche wöchentlichen Rituale haben sehr viel mit täglichen Ritualen gemeinsam und räumen der Familie zudem einmal in der Woche eine besondere Zeit ein zusammenzukommen, was besonders wichtig sein kann, wenn einzelne von der Arbeit oder der Schule stark in Anspruch genommen sind. Wöchentliche Rituale können Ihnen und Ihrer Familie auch eine wichtige Gelegenheit bieten, Wertvorstellungen und Überzeugungen zum Ausdruck zu bringen, zum Beispiel indem Sie gemeinsam zur Kirche gehen oder eine ehrenamtliche Tätigkeit ausüben.

Susan Lieberman beschreibt in ihrem Buch *Let's Celebrate* das wöchentliche Ritual der Donegals. Sie beschlossen, Freitag abends ein wöchentliches gemeinsames Essen zu machen, um Rebecca Donegals jüdisches Erbe zu würdigen und das Ende der Schulwoche zu markieren, als beide noch auf der Hochschule waren. Das Besondere dieses wöchentlichen Abendessens brachten sie mit Symbolen wie Stoffservietten, Kerzen und Blumen zum Ausdruck. Um bei ihrem geschäftigen Leben als Studenten und junge Eltern miteinander in Kontakt zu bleiben und um ihren Optimismus regelmäßig zu unterstützen, nahmen sie sich bei diesem Essen Zeit, sich gegenseitig das Beste zu erzählen, das ihnen in der jeweiligen Woche zugestoßen war.[3]

Wöchentliche Rituale können den einzelnen Gelegenheit bieten, in der Gestaltung des Familienlebens ein Wort mitzureden. So übernimmt bei den Collings jeder abwechselnd samstags die Zubereitung des Abendessens und bekommt damit die Möglichkeit, der Familie sein Lieblingsessen zu kochen. In der Familie McAllister-Albioni ist das Sonntagsessen dem ethnischen Erbe vorbehalten: Eine Woche kocht Mike MacAllister irische Gerichte, und in der nächsten kocht seine Frau, Maria Albioni, italienisch. Beim Essen unterhalten sie sich mit ihren Kindern über ihre jeweiligen Traditionen.

Manche Familien entwickeln wöchentliche Rituale, die die weitere Verwandschaft einbeziehen. Zu unserer Überraschung haben wir bei unseren Seminaren festgestellt, wie oft Menschen sich mit großer Wärme und Liebe an solche wöchentlichen Rituale wie das »Sonntagsessen bei Oma« erinnern. Wir haben aber auch Geschichten von pflichtgemäßen, unausgewogenen Ritualen gehört, bei denen alle sich wöchentlich bei der Familie des Vaters einzufinden hatten, während die Mutter sich einsam und ausgeschlossen fühlte. Vielleicht möchten Sie sich etwas Zeit nehmen, um über wöchentliche Rituale in Ihrer Herkunftsfamilie nachzudenken und sich zu entscheiden, welche Aspekte Sie in Ihren eigenen wöchentlichen Ritualen beibehalten und welche Teile Sie lieber aufgeben möchten.

Neben wöchentlichen Ritualen für die ganze Familie schaffen manche wöchentliche Rituale, um sich Zeit für bestimmte Beziehungen vorzubehalten. Mark und Susan Donner haben einmal in der Woche ein »Erwachsenen-Essen«; ihre drei Kinder im schulpflichtigen Alter essen an diesem Abend früher, und wenn sie im Bett sind, machen Mark und Susan ein gemütliches Essen zu zweit. »Wir merkten, daß wir immer weniger Zeit für uns Erwachsene hatten«, erklärte Susan. »Wir mußten uns den Dienstagabend heilig halten – keine Störungen, keine Anrufe. Ich habe festgestellt, daß es uns die geschützte Zeit am Dienstagabend möglich macht, wieder zueinanderzufinden, selbst wenn wir wütend aufeinander sind.« Bei den Spencers verbringen Jodi und ihre beiden Töchter an drei von vier Wochenenden den Samstagmorgen ›unter Frauen‹, während Cal und sein Sohn ›unter Männern‹ bleiben; am vierten Wochenende geht Jodi mit ihrem Sohn aus und Cal mit seinen drei Töchtern. Als Evans Kinder klein waren, ließen sie und ihr Vater sich scheiden. Als die Kinder in die Schule kamen, regte Evan ein wöchentliches Ritual an, bei dem sie einmal Jason und in der folgenden Woche Jennifer vor der Schule zum Frühstück in eines ihrer Lieblingsrestaurants führte. Da Kinder aus geschiedenen Ehen aufgrund der Sorgerechts- und Besuchsregelungen häufig nur zusammen mitgenommen werden, bot dieses wöchentliche

Frühstück mit Mami allein eine einmalige Gelegenheit, die Beziehung zu pflegen.

Wöchentliche Rituale sind sehr flexibel. Sie können Tag und Zeit so wählen, wie es Ihrer Familie am besten paßt. Zudem vermitteln sie uns ein Gefühl der Zuverlässigkeit – was auch immer während der Woche geschieht, wir können uns auf diese besondere Zeit verlassen, um wieder zueinanderzufinden.

Die verborgene Macht der Alltagsrituale

Alltagsrituale bieten Gelegenheit, die Familienbeziehungen tagtäglich zu gestalten. Das Moment der Wiederholung bedeutet, daß Alltagsrituale uns nachdrücklich sagen, wer wir füreinander sind, manchmal ohne daß wir es überhaupt merken. Befriedigende Alltagsrituale nimmt die Familie häufig gar nicht wahr, während sie doch in Wirklichkeit die Familienbeziehungen, Überzeugungen und Wertvorstellungen prägen und zum Ausdruck bringen. Unbehagen, Spannungen und Konflikte bei Alltagsritualen sind ein wichtiges Signal dafür, daß Ihre Familie um Veränderungen der Beziehungen ringt oder eine schwierige Entwicklungsphase durchmacht. Da Alltagsrituale so häufig vorkommen, können sie für Ihre Familie eine lebenswichtige Quelle darstellen; einen Ort, an dem die Familie mühelos sich selbst erfahren und mit neuen Beziehungsmustern experimentieren kann.

KAPITEL 7

GEBURTSTAGE:
DAS LEBEN FEIERN UND BEZIEHUNGEN
AUFS NEUE BEKRÄFTIGEN

Stellen Sie sich vor, Sie gehörten zur Familie Rivera und würden an Ihrem Geburtstag von der ganzen Familie geweckt, die sich mit brennenden Kerzen um Ihr Bett versammelt hätte und »Happy Birthday« sänge. Den ganzen Tag hätten Sie keinerlei Hausarbeiten zu verrichten und bekämen zu essen, was immer Sie sich wünschten. Wenn jemand in dieser Familie Geburtstag hat, ganz gleich, wie alt er wird, beginnt der Tag auf diese Weise. Sie erzählen Geschichten, wie Yolandas Haar Feuer fing, während sie sang, und wie Luis in einem Jahr den ganzen Tag nichts anderes essen wollte als Spaghetti. Diese Zeremonie vermittelt der Familie ein besonderes Gefühl der Verbundenheit, da niemand anders daran teilhat. Sie haben einen schlichten Weg gefunden, die Bedeutung der Geburt eines jeden deutlich zu machen und zugleich die Familienbeziehungen zu bekräftigen.

Mit Ereignissen wie Geburtstagen schafft sich jede Familie ihren eigenen internen Kalender. Die Geburtstage innerhalb der Familie fallen alljährlich auf das gleiche Datum. Diese Tage sind nicht wie das Erntedankfest und der 4. Juli auf Kalendern zu finden, die es zu kaufen gibt, aber Familien wissen, wann sie auf ihrem *internen* Kalender stehen. Andere Ereignisse, die in diesen Kalender eingehen, können Jahrestage von Hochzeiten oder Todesfällen sein oder der Tag, an dem wir aufgehört haben zu rauchen oder zu trinken. Auch Urlaube, Familientreffen und jahreszeitliche Traditionen wie Äpfelpflücken und Kuchenbacken im Herbst sind auf dem internen Kalender zu finden (siehe Kapitel 8 und 9). Solche Traditionen sind sehr flexibel in der Wahl der Symbole, der symbolischen

Handlungen und der zeitlichen Gestaltung und vermitteln Familien ein starkes Identitätsgefühl.

Was bedeuten Ihnen Geburtstage?

Geburtstage können für den einzelnen und für Familien eine wichtige Gelegenheit sein, nicht nur den Geburtstag des Betreffenden zu würdigen, sondern auch neue Familienbeziehungen zu kennzeichnen, den Alterungsprozeß zu würdigen, der Eltern zu gedenken, den Kontakt wiederaufzunehmen, wenn man sich aus den Augen verloren oder miteinander gebrochen hat, und ganz einfach Spaß zu haben. Doch verschiedene Menschen haben auch unterschiedliche Vorstellungen, was in der Familie geschehen, und andere Wertsetzungen, wie man Geburtstage feiern sollte. Wir möchten Ihnen nun einige Anhaltspunkte geben, anhand derer Sie über die Bedeutung von Geburtstagen in Ihrem Leben nachdenken können.

Nehmen Sie sich allein oder mit Ihrem Partner und/oder Ihren Kindern fünf Minuten Zeit, und prüfen Sie, wo Sie die gleichen Werte mit Geburtstagen verbinden und wo unterschiedliche.

- Gehen Sie die nachfolgende Liste durch und streichen Sie mit Bleistift alle Wertvorstellungen leicht durch, die Ihnen nicht wichtig sind.
- Fügen Sie Wertvorstellungen hinzu, die wir übersehen haben.
- Schreiben Sie neben jede verbleibende Aussage eine Zahl von 1 bis 10, die wiedergibt, wie wichtig sie Ihnen ist. 10 ist der höchste Wert, 1 der niedrigste.
- Wiederholen Sie diese drei Schritte mit anderen Angehörigen.
- Wo gleichen sich Ihre Wertvorstellungen und wo unterscheiden sie sich?

  - Geburtstage sind eine Gelegenheit, sich zu vergegenwärtigen, daß das Leben heilig ist.
  - Geburtstage sind ein Anlaß zu Feiern und Unternehmungen.
  - Wenn jemand Geburtstag hat, sollte er oder sie Freunde und

Verwandte um sich versammeln und etwas Besonderes veranstalten können.
- Geburtstage sollten Familienfeiern sein, die zu Hause stattfinden.
- An diesem Tag sollte man auch an jene Menschen denken, die einem das Leben geschenkt haben.
- Geschenke sollten aus selbstgemachten Kleinigkeiten bestehen.
- Geschenke sollten praktisch sein.
- Geschenke sollten nur innerhalb der Familie ausgetauscht werden.
- Geschenke sollten aus etwas Besonderem bestehen, das die betreffende Person sich wünscht.
- Geburtstage sind hauptsächlich etwas für kleine Kinder.
- An den Geburtstag eines Erwachsenen sollte man zumindest mit einer Glückwunschkarte denken.
- Geburtstage älterer Familienangehöriger sollten besonders gewürdigt werden.

Wenn Sie dieses Kapitel lesen, überlegen Sie, welche Wertvorstellungen in Ihrer Art, Geburtstage zu feiern, zum Ausdruck kommen. Möchten Sie etwas ändern, damit Geburtstagsfeiern Ihre Überzeugungen stärker widerspiegeln?

Geburtstage: Das Leben würdigen

Geburtstage verweisen darauf, daß wir ein weiteres Jahr auf dieser Erde verbracht haben und wir in der Lebenszeit, die uns gegeben ist, fortschreiten. Sie sind eine Gelegenheit, sich an das Geschenk des Lebens zu erinnern. Sie würdigen den besonderen Tag, Zeit und Ort, an dem jeder zur Welt gekommen ist. Manche Symbole bei Geburtstagsfeiern wie das Ausblasen der Kerzen auf einem Kuchen verdeutlichen diese Themen. Kerzen beinhalten Licht und symbolisieren die Geburt; gleichzeitig brennen sie nieder und verlöschen: ein Symbol des Todes. Indem jedes Jahr eine weitere Kerze hinzukommt, symbolisieren sie unser Fortschreiten im Lebenskreis zum Tod hin, und wenn wir uns insgeheim beim Anblick der Kerzen etwas wünschen und sie ausblasen, ist das eine kleine Möglichkeit, Kontrolle über das Unvermeidliche auszuüben.[1] Die meisten Menschen singen vor brennenden Kerzen »Happy Birthday«, und anschließend muß das Geburtstagskind sie mit einem Atemzug ausblasen. Die Zahl der Kerzen entspricht häufig der Anzahl der Jahre, die ein Mensch bereits auf der Welt ist. Diese wiederholte symbolische Handlung durch alle Geburtstage und Familien hinweg ist vertraut und bekannt und hilft uns, den Schritt ins Unbekannte des kommenden Jahres zu tun. Sie kennzeichnet zudem die Veränderung im Alter des Geburtstagskindes.

Die moderne Variante des Geburtstagskuchens geht angeblich zurück auf deutsche Bäcker des Mittelalters. Um gute Geister für das Geburtstagskind heraufzubeschwören, umgab man den Kuchen morgens mit einer Art schützendem Kreis aus brennenden Kerzen. Sie brannten den ganzen Tag bis zum Nachtisch des Abendessens.[2] Eine Variation dieser Praxis benutzte eine Zwölfjahreskerze, die an jedem Geburtstag zu einem Zwölftel abgebrannt wurde, bis das Kind mit dreizehn in die Erwachsenenwelt eintrat. Heutzutage sind die Kerzen kleiner geworden, und das Symbol des Geburtstagskuchens ist mittlerweile so verbreitet, daß es ihn in zahlreichen Variationen gibt, als Torte, Eistorte, Brot und so weiter. Wie Humphrey und Lin in ihrem Buch *We Gather Together* erklären: »Die Tradition ist so fest verankert, das heißt, so verbreitet und so gebräuchlich, daß die eigentliche Form, die der Kuchen annehmen kann, recht frei ist, solange der Kontext andere Zeichen enthält, die für ›Geburtstag‹ stehen.«[3] Geburtstagskuchen können fast überall auftauchen, bei Feiern zu Hause, im Büro, in der Schule und in Restaurants. Sie lassen sich sogar mit in versteckte Jugendlager im Wald nehmen. Elliot Hardy wollte seinen dreizehnten Geburtstag als Überlebens-Campingwochenende mit ein paar Freunden in den Wäldern in der Nähe seines Elternhauses feiern; sie hatten vor, sich nur von Nahrungsmitteln zu ernähren, die sie in der Umgebung fanden. Er nahm allerdings bereitwillig das Angebot seiner Eltern an, ihnen einen Geburtstagskuchen ins Lager zu bringen. Natürlich gehörten dazu auch Kerzen und Geschenke, jedoch nützliche wie Angelschnur und -haken.

Symbolische Schläge bilden häufig einen weiteren Bestandteil der Geburtstagsfeier – ein Schlag für jedes Lebensjahr und ein weiterer, um in das nächste Jahr hineinzuwachsen. In seinem faszinierenden Buch *Curios Customs: The Stories Behind 296 Popular American Rituals* bringt Tad Tuleja diese Handlung mit den drei Teilen traditioneller Übergangsriten in Verbindung, die im ersten Teil den Betreffenden von der Gemeinschaft absondern, ihm im zweiten Teil neues Wissen und eine neue Identität vermitteln und ihn schließlich mit einem neuen Status wieder in die Gemeinschaft einführen. Tuleja sieht das Ritual des Schlagens als Miniaturversion dieser Zeremonie, bei der das Geburtstagskind mit öffentlichen Schlägen vom Rest der Gruppe abgesondert wird. Das markiert seinen oder ihren besonderen Status. Anschließend wird er oder sie mit Glückwünschen, einem weiteren symbolischen Schlag für die Zukunft und Gratulationen wieder in die Gruppe aufgenommen.

Da Geburtstage immer wiederkehrende Ereignisse sind, eignen sie sich gut, entwicklungsbedingte Veränderungen in Familien deutlich zu machen, wenn aus Kindern Jugendliche und Erwachsene werden. Bei einem Einjährigen feiert man den Geburtstag völlig anders als bei einem Einundzwanzigjährigen oder Siebenundzwanzigjährigen. Bei den ersten Geburtstagen eines Kindes stehen meist eher Erwachsene im Mittelpunkt als Kinder, die miteinander spielen. Als zum Beispiel Zoe, ein kleines Mädchen griechisch-amerikanischer Abstammung, ein Jahr alt wurde, kamen als Gäste die Familie, die sich einmal in der Woche um sie kümmerte, ihre Großeltern, die beste Freundin ihrer Mutter und eine Nachbarfamilie, die im vergangenen Jahr ein Kind bekommen hatte. Die Betonung lag bei dieser Feier auf der Tatsache, daß Zoe ihr erstes Lebensjahr gut überstanden hatte. Die Gäste bewunderten ihre diversen Leistungen, daß sie zum Beispiel »Mama« und »Papa« sagte, während Zoe mehr mit dem Geschenkpapier als mit ihren Geschenken spielte.

Wenn Kinder größer werden und mehr Kontakt zu Gleichaltrigen haben, orientieren sich Geburtstagsfeiern häufig stärker auf kindgerechte Spiele, geräuschvolle Partyartikel und das Auspacken der Geschenke. Erwachsene treten vornehmlich als Helfer in

Erscheinung. Kinder haben nun auch ein Wörtchen mitzureden, wen sie einladen und was sie tun möchten. Als Janines Tochter Natalya jünger war, hatte sie schon ein recht ausgeprägtes Gefühl, was für Geburtstagsfeiern angemessen wäre und was nicht. Die Backenzähne, die sie mit sechs bekam, hatten zuwenig Kalzium, daher durfte sie nur begrenzte Mengen Süßes essen. Für Natalya war es deshalb eine ganz große Sache, zum Geburtstag eine *Piñata** voller Süßigkeiten zu bekommen. Mit sieben erklärte Natalya ihrer Mutter: »Ich hätte wirklich gerne mal zum Geburtstag eine *Piñata*. Darf ich, ausnahmsweise?« Als Janine sich einverstanden erklärte, meinte Natalya: »Am besten bekäme ich sie zu meinem achten oder neunten Geburtstag, denn danach bin ich zu alt dafür.« Bald darauf bekam sie zum achten Geburtstag eine *Piñata*. Zum zwölften Geburtstag wünschte Natalya sich eine Tanzparty. Sie hatte damals schon zwei Tanzpartys zu Geburtstagen ihrer Mutter miterlebt. Natalyas Vorstellungen zu ihren bevorstehenden Geburtstagen halfen ihr also, ihre eigene Entwicklung kenntlich zu machen. Wenn Kinder älter werden, gestalten sie auch die Veränderung ihrer Geburtstagsfeiern mit. Hören Sie im Laufe der Jahre zu, was Ihre Kinder sich zum Geburtstag wünschen, und sprechen Sie mit ihnen darüber. Sie werden sich später daran als besondere Gelegenheit erinnern, bei der sie sich als einzigartige Individuen beachtet und verstanden gefühlt haben, und mit großer Wahrscheinlichkeit bleiben solche Verständigungsmöglichkeiten auch später erhalten. Als Evans Sohn Jason zwölf wurde, beschloß er, für sieben seiner Klassenkameraden ein festliches Abendessen zu geben. Er hatte in der Schule kochen gelernt und kürzlich angefangen, selbst Konfekt zu machen, das er in der Nachbarschaft verkaufte. Er lud drei Mädchen und zwei Jungen zu einem »Gourmetgeburtstag« ein, wie er es nannte, und bat sie, sich für diese Gelegenheit besonders hübsch anzuziehen. Evan half ihm beim Einkaufen, und anschließend kochte er ganz alleine kornisches Huhn, Kartoffeln und Gemüse und machte zum Nachtisch sein köstliches Konfekt. Andere Mütter riefen Evan an und erkundigten sich, wie sie es geschafft habe, Jason dazu zu

---

* *Piñata:* ein in Südamerika beliebtes Kinderspiel

überreden; es war aber ganz allein seine Idee gewesen, und er hatte nur etwas Unterstützung gebraucht, eine Geburtstagsfeier zu gestalten, die es ihm ermöglichte, das Erwachsenwerden auszuprobieren. Die Planung einer Geburtstagsfeier kann Gelegenheit bieten, etwas herauszufinden über die Interessen Ihrer Kinder und ihrer Freunde, über ihre Freundschaften und über ihre Ansichten zum Erwachsenwerden.

Rick O'Leary, ein US-Amerikaner irischer Abstammung, erfuhr auf drastische Weise, was sein Sohn vom Erwachsenwerden hielt. Als er und seine Frau zum neunzehnten Geburtsag ihres Sohnes Dan im College-Wohnheim mit derselben Baseballfigurine auf dem Geburtstagskuchen auftauchten, die Dan auf seinen Kuchen bekam, seit er fünf war, war Rick ganz entsetzt, als Dan die Figurine vom Kuchen nahm und in den Papierkorb warf. Für Dan war sie ein Symbol seiner Kindergeburtstage zu Hause, doch nun war er ein junger Mann im College. Später barg Dans Vater den Baseballspieler heimlich aus dem Abfall und nahm ihn mit nach Hause, um ihn in der Truhe bei den Familienandenken aufzuheben und an Dan weiterzugeben, wenn er selbst ein Kind hätte.

Ebenso wie der Wandel der Geburtagsfeiern Veränderungen der Familie ins Licht rückt, kann es sein, daß Familien bestimmte Meilensteine im Leben des einzelnen besonders kennzeichnen wollen, zum Beispiel den achtzehnten oder einundzwanzigsten Geburtstag (Eintritt ins Erwachsenenleben), runde Geburtstage (den dreißigsten, vierzigsten oder fünfzigsten), Geburtstage älterer Menschen wie den fünfundsiebzigsten oder achtzigsten oder wenn jemand sogar hundert Jahre alt wird. In unserer Gesellschaft gibt es kaum gute Rituale, um den Übergang vom Jugendlichen zum Erwachsenen kenntlich zu machen. Einige markante Altersgrenzen wie das Mindestalter für die Führerscheinprüfung (in den USA liegt es bei sechzehn) oder das Erreichen der Wahlberechtigung mit achtzehn sind nur minimal ritualisiert. Da die Grenze zwischen Jugend und Erwachsenenleben recht verschwommen ist, wenn Kinder länger zu Hause wohnen oder bis Mitte Zwanzig studieren, möchten Sie vielleicht manche Geburtstage eines jungen Erwachsenen gemeinsam mit der Familie, mit Lehrern und Freunden bewußt so gestalten, daß sie den Eintritt Ihres Kindes in die

Erwachsenenwelt betonen. Geburtstage liefern uns sichtbare Altersstufen, die uns helfen, uns und anderen unsere unterschiedlichen Verpflichtungen und Möglichkeiten im Leben deutlich zu machen.

Wenn wir die oberen Grenzen der Lebensspanne erreichen, steigt die Wahrscheinlichkeit, daß neben der Familie auch die Gemeinschaft Geburtstage würdigt. Zeitungen machen häufig Interviews mit Menschen, die neunzig, fünfundneunzig oder hundert Jahre alt werden. In der Stadt Leverett, Massachusetts, bekommt der älteste Einwohner zum Geburtstag einen goldenen Spazierstock.

Der »Killarney-Kuchen« und andere Bräuche

Wenn Sie überlegen, wie sich die Geburtstage in Ihrer Familie je nach Altersstufe unterscheiden, kann es nützlich sein, sich auch Gedanken zu machen, welche zentralen Familiensymbole oder Feste sich ändern und welche gleichbleiben. In Janines Familie gibt es zum Beispiel seit vier Generationen zum Geburtstag den »Killarney-Kuchen«, ein Zitronenbiskuit. Als erste backte ihn Urgroßmutter Elma Heaton, nachdem in den zwanziger Jahren ein Vertreter für Aluminiumtöpfe ihr an der Haustür eine Backform für Biskuit verkauft hatte. Aluminium war damals als neues Leichtmetall der Renner für Kochgeschirr, und Janines Mutter bat ihre Mutter, die Form zu kaufen. Urgroßmutter Heaton tat es und fing an, Zitronenbiskuit zu backen. Als Janines Mutter verheiratet war und vier Kinder hatte, wohnten sie am Lake Killarney im Westen des Bundesstaates Washington. Traditionell gab es zum Geburtstag jedes Kindes Zitronenkuchen, aber er hatte noch keinen besonderen Namen; mit der Zeit hieß er dann »Killarney-Kuchen«. Interessanterweise erfuhr Janine die Geschichte des Kuchens erst, als sie 1987 ihre Mutter fragte, wie es dazu gekommen sei, daß er zum Geburtstagskuchen wurde. Ihre Schwester Tanya lernte die Geschichte des »Killarney-Kuchens« erst 1989 kennen, als Natalya sie für ein Schulkochbuch aufschrieb. Wer weiß, auf welche Geschichte Sie stoßen, wenn Sie erst einmal nachfragen!

In anderen Familen ist es Sitte, dem Geburtstagskind Butter auf die Nase zu streichen. Wenn in Cathy Condons Familie in St. Louis,

Missouri, jemand Geburtstag hatte, schlich sich einer morgens, ehe das Geburtstagskind aufwachte, in sein Zimmer und strich ihm Butter auf die Nase. Das löste manche Neckerei und gutartiges Gerangel unter den Geschwistern aus, denn niemand wollte für diesen Streich die Verantwortung übernehmen. Cathy erzählte: »Da konnte man nichts machen, so war der Brauch. Es stimmt, es stimmt wirklich, da konnte man nichts machen. Das war die Tyrannei der Tradition!« Dieselbe Sitte gab es auch in Judy Kopffs Familie an der Ostküste. Bei ihnen hieß es, der Grund sei, damit das Geburtstagskind einen glänzenden Tag habe und gefragt werde: »Warum hast du Butter auf der Nase?« Dann konnte derjenige antworten: »Gut, daß du fragst, weißt du, ich habe Geburtstag.«[4] Das ist eine originelle Art, den Geburtstag eines Menschen bekannt zu machen.

Gewöhnlich ist es nötig, Geburtstage, vor allem die von Erwachsenen, etwas anzukündigen, damit andere daran denken und sich darauf einstellen können. Wenn Sie alleine leben, können Sie nicht unbedingt erwarten, daß andere an Ihren Geburtstag denken. Als Amy Medine Stein vierzig wurde, lud sie vierzig Freunde ein, mit ihr zu feiern. Während der Party sprach sie jedem Gast mit einem speziellen Spruch, den sie vorbereitet hatte, aus, »wieviel er oder sie mir bedeutete«.[5] Indem Sie selbst ein Fest ausrichten und Freunde und Verwandte einladen, können Sie sicherstellen, daß dieser Tag nicht unbemerkt vorübergeht.

In anderen Familien gibt es den Brauch, Geschenke in drei oder vier Lagen Geschenkpapier oder in mehrere ineinander geschachtelte Kartons zu packen, ehe der Beschenkte schließlich an sein Geschenk gelangt, oder sie veranstalten eine Schnitzeljagd nach den Geschenken. In der Familie Santanas durfte sich das Geburtstagskind das Festessen zu seiner Feier aussuchen. Bei den Browns darf das Geburtstagskind am Tag nach seinem Geburtstag ein Stück Kuchen zum Frühstück essen. Erwachsene, die allein leben, können solche Bräuche miteinander teilen, indem sie Freunde bitten, zur Geburtstagsfeier etwas mitzubringen oder zu veranstalten, das in ihrer Famile Brauch war. Das schafft nicht nur eine festliche Stimmung, es trägt auch dazu bei, daß die Menschen sich besser kennenlernen, wenn sie erzählen, warum sie Kerzen mitgebracht haben, die sich nicht ausblasen lassen, oder selbstgemachte Geburtstagskarten oder einen Geburtstagskuchen, der aus Früchten besteht.

Solche Bräuche untersteichen die Einzigartigkeit der Geschichte und Erfahrungen jeder Familie. Die Teilnahme an Geburtstagsritualen kann Familien helfen, ihre eigene Identität zum Ausdruck zu bringen, die Zugehörigkeit kenntlich zu machen und den einzelnen zu würdigen. Da jeder in der Familie regelmäßig Geburtstag hat, bieten sie viele Möglichkeiten, Veränderungen in der Familie zu unterstützen. Gewöhnlich sehen wir sie als Gelegenheit, den Geburtstag nur eines Menschen zu feiern, doch sie können auch ein Anlaß sein, die leiblichen Eltern, die Schwiegereltern und ältere Verwandte und Stiefeltern zu würdigen. Sie bieten bislang nur unvollständig genutzte Möglichkeiten, Menschen in ein verwobenes Familiennetz einzubinden.

Trennung, Scheidung, Wiederheirat: Die Geburtstage gehen weiter

Wenn es in einer Familie eine Scheidung oder einen sonstigen Bruch gegeben hat, kann es schwieriger werden, die Verbindung über die Generationen hinweg aufrechtzuerhalten und Geburtstage zu nutzen, uns über unser Fortschreiten auf dem Lebensweg bewußt zu sein. Es bleiben jedoch immer noch viele Möglichkeiten. Wenn Eltern, die geschieden oder getrennt sind, zu einem kooperativen Verhältnis gefunden haben, können sie gemeinsam die Geburtstagsfeier ausrichten. Oder sie veranstalten zwei Feiern an unterschiedlichen Orten, eine vielleicht als Familienfeier und die andere als Kindergeburtstag. Manche Familien feiern möglicherweise nur mit einem Elternteil. All das hängt ab vom Stadium, in dem sich die Scheidung befindet, vom Alter der Kinder, von der Entfernung der Elternhäuser zueinander und von der Art der Sorgerechtsregelungen zwischen Vater und Mutter.

Nach einer Scheidung leben die Kinder häufig in zwei Haushalten, während die Erwachsenen nur in einem leben. Die Planung der Geburtstagsfeier muß dem Rechnung tragen. Im Idealfall brauchen die Kinder Verbindung zu beiden Haushalten und Unterstützung von allen beteiligten Erwachsenen. Vielleicht müssen Sie zwei getrennte Feiern veranstalten, wobei es allerdings wichtig ist, daß der Geburtstag eines Kindes nicht völlig in den Spannungen der Erwachsenen untergeht. Geburtstagsfeiern sind für Kinder ein Zeichen für die besondere Stellung, die sie in Ihrem Leben einnehmen, sie zeigen ihnen, daß Sie immer ihre Eltern sein werden. Selbst wenn Sie nicht ständig mit ihnen zusammenleben, tragen solche Feiern viel dazu bei, die Wunden einer Scheidung zu heilen.

Geburtstagsfeiern verändern

Siyu Cheng trennte sich von ihrem Mann, als ihr Sohn Doug fünf war. Seinen sechsten Geburtstag feierte er im Haus seiner Mutter mit seinen Schulfreunden, doch sein Vater und sein neunjähriger Halbbruder kamen und feierten mit ihnen. Doug war sehr an ihrer Anwesenheit gelegen, und wie es bei ihnen Sitte war, erzählten Vater und Mutter jeweils aus ihrer Sicht von Dougs Geburt. Im Laufe des nächsten Jahres kam es zur Scheidung und zu einer Regelung, die Siyu das Sorgerecht zusprach; zu seinem nächsten Geburtstag machte Doug nicht den Vorschlag, seinen Vater und seinen Halbbruder zur Feier einzuladen. Sie selbst fragten auch nicht, ob sie kommen sollten. Doug lud viele Freunde zu einer Schwimmparty ein. Im folgenden Jahr freundete Siyu sich mit einem Mann an, der eine elfjährige Tochter hatte. Sie beschlossen, für Doug ein Geburtstagsessen im Familienkreis zu veranstalten, zusätzlich zu der üblichen Feier mit seinen Freunden. Außerdem ging Doug mit seinem Vater allein zu einem Geburtstagsessen aus. Die Veränderungen, wer an welcher Feier teilnimmt, spiegeln die sich wandelnden Gruppierungen und Beziehugen der Familie wider. Die Belsons, ein Paar englisch-amerikanischer Abstammung, trennten sich, als ihre Tochter Alicia zwei war. Da sie vorwiegend bei ihrer Mutter lebte, fünf Autostunden von ihrem Vater entfernt, spielte es sich bald ein, daß sie ihren Geburtstag nur bei ihrer Mutter feierte. Bei den Petersons hatten die Eltern gemeinsam das Sorgerecht, und die Kinder pendelten zwischen den beiden Haushalten, die nur drei Kilometer voneinander entfernt lagen, hin und her; der Elternteil, bei dem das Kind an seinem Geburtstag war, richtete immer die Feier aus, an der auch der andere Elternteil teilnahm. Das ging einige Jahre so, bis beide Eltern neue Partner gefunden hatten. Danach feierten die Kinder in beiden Haushalten getrennt.

Wenn ein Elternteil allein das Sorgerecht hat oder die Eltern weit auseinander wohnen, kann es vorkommen, daß der jeweils andere den Geburtstag eines Kindes vergißt oder ignoriert. Wenn das geschieht, muß der sorgeberechtigte Elternteil oft mit der Enttäuschung, Kränkung oder Wut des Kindes fertig werden. Wenn Sie aus früheren Erfahrungen wissen, daß dies leicht passieren kann, sollten Sie Ihr Kind sanft ermahnen, seine Erwartungen nicht allzu hoch zu setzen, während Sie seinen Blick auf Dinge richten, von denen Sie sicher wissen, daß sie eintreten werden. Sie können Ihrem Kind auch helfen, dem anderen Elternteil in einem Brief oder Anruf seinen Kummer mitzuteilen, damit er sich nicht allein auf Sie konzentriert.

Geburtstage können für Kinder wie für Erwachsene Erinnerungen an glücklichere Tage, den Wunsch nach lebenslangen Verbindungen und das Bewußtsein eines Verlustes beinhalten. Sie bewußt zu nutzen, um realistische Verknüpfungen herzustellen, die das würdigen, was Sie jetzt haben, ohne reale Veränderungen zu übertünchen, kann für alle hilfreich sein. Ganz gleich, was sich ansonsten in einer Familie verändert haben mag: Die Geburtstage bleiben nach wie vor am gleichen Tag. Sie lassen sich als Fixpunkt nutzen. Tess, eine junge Frau Mitte Zwanzig, die mit zwei Scheidungen und in drei verschiedenen Familienkonfigurationen aufgewachsen war, erlebte die Tatsache, daß ihr Geburtstag gefeiert wurde, ganz gleich, was sonst auch in der Familie geschah, als Hilfe, sich durch all diese Veränderungen hindurch ein Gefühl der Geborgenheit zu bewahren. Als die Familie mit Stief- und Halbgeschwistern auf sechs Kinder anwuchs, wurden Geburtstage für sie noch wichtiger, da sie Gelegenheit boten, in all dem Getümmel des Haushalts den einzelnen hervorzuheben und zu feiern.

Stieffamilien: Neue Verbindungen knüpfen

Fast ein Jahr nachdem Janine und David sich kennengelernt hatten, wurde seine Tochter Heather sieben. Janines Tochter Natalya rechnete aus, daß sie auf den Tag genau ein halbes Jahr nach Heather Geburtstag hatte. Als Heather sieben wurde, wurde Natalya sechseinhalb. Die Kinder beschlossen, an Heathers Geburtstag zugleich eine Halbjahresfeier für Natalya zu veranstalten. Die sich neu herausbildende Familie hatte also einen ganzen und einen halben Geburtstagkuchen und sang »Happy Birthday« und »Halfy' Birthday«. Während des Essens, das die beiden Mädchen sich ausgesucht hatten, erzählte Heathers Vater, wie sie sie noch am Tag ihrer Geburt mit nach Hause genommen hatten, weil sie ein so kräftiges, gesundes Baby war. Janine erzählte, daß sie Natalya nach der Geburt gar nicht auf den Arm nehmen konnte, weil sie nach dem Kaiserschnitt die Arme voller Infusionsschläuche hatte. Aber als Natalya neben sie gelegt wurde, habe sie sie direkt angeblickt und die Hand ausgestreckt, um ihre Wange zu berühren. Und in den Armen ihres Vaters habe Natalya ausgesehen wie eine Elfe. Sie besprachen auch, Heathers Halbgeburtstag zu feiern, wenn Natalya sieben würde, und entdeckten, daß Janines Schwester auf den Tag genau sechs Monate nach David Geburtstag hatte.

Eine einfache Feier, die allerdings sehr viel für die neue Stieffamilie bewirkte. Zunächst würdigte sie die früheren Beziehungen der Kinder, indem sie die Tage ihrer Geburt und ihre jeweilige Geschichte deutlich machte. Zudem erfuhren alle etwas über die jeweilige Familiengeschichte. Als nächstes dehnte die Familie das übliche Ritual der Geburtstagsfeier auf ein Fest aus, das nur in Stief- oder Adoptivfamilien möglich ist. (Es ist biologisch nahezu unmöglich, daß in einer Familie leibliche Geschwister im Abstand von sechs Monaten zur Welt kommen.) Und drittens war ein Zyklus von Geburtstagsfeiern in Gang gebracht, der zukünftige Zusammenkünfte vorwegnahm. Später feierten sie Davids Halbgeburtstag zusammen mit dem sechsundvierzigsten Geburtstag von Janines Schwester. Das war eine Möglichkeit, eine Verbindung zwischen Schwager und Schwägerin herzustellen.[6]

Ehrung der leiblichen Eltern
Wenn wir an Geburtstage denken, haben wir meist den Menschen im Sinn, der an diesem Tag geboren ist. Es ist allerdings auch ein Anlaß, die leiblichen Eltern zu ehren. Selina, die aus Brasilien in die Vereinigten Staaten gekommen war, fuhr um die Zeit ihres fünf-

undzwanzigsten Geburtstags herum zurück in ihre Heimat, um ihre Familie zu besuchen. Ihre Eltern hatten sich vor einigen Jahren scheiden lassen, und sie suchte immer noch tastend nach einem Weg, nach der Scheidung ein neues Verhältnis zu Mutter und Vater zu bekommen. Als sie sich über ihren Geburtstag Gedanken machte, sah sie diesen Tag nicht nur als Feier für sich, sondern auch für ihre Eltern, da sie damit ihr erstes Vierteljahrhundert Elternschaft vollendeten. Sie beschloß, Vater und Mutter an ihrem Geburtstag mit Geschenken zu ehren, mit denen sie ihre jeweiligen Verdienste als Vater und Mutter anerkennen und ihnen für ihre Liebe und Fürsorge danken wollte. Ihrem Vater machte Selina ein Photoalbum mit Aufnahmen, die sie während einer Reise mit ihm gemacht hatte, der ersten Reise, die sie beide allein unternommen hatten. Ihrer Mutter schenkte sie ein Büchlein mit Kurzgeschichten, Liedern, die ihre Mutter ihr immer vorgesungen hatte, und Aussprüchen und Zeichnungen zu verschiedenen Stadien ihres Lebens, wie Selina sie in Erinnerung hatte.

Nachdem Selina ihnen diese Geschenke gemacht hatte, bemerkte sie, daß sie nun ihre eigene Stellung in der Familie auch anders sah. Das Ritual bewirkte einen Wandel ihrer Identiät und kennzeichnete neue Beziehungen. Wenn Kinder älter werden, muß sich ein Wandel vollziehen, wer Rituale trägt und entwickelt. Selina erlebte, daß sie über die Position hinauswuchs, nur immer die Nehmende in der Familie zu sein. Sie hatte das Gefühl zu erklären: »Jetzt, wo ich erwachsen geworden bin, möchte ich euch etwas von der Unterstützung und Hilfe zurückgeben, die ich von euch bekommen habe.«

Marcella schickt ihrer Mutter manchmal eine Geburtstagskarte zu ihrem eigenen Geburtstag, mit der sie ihr für die Geburt dankt, oder sie ruft ihre Schwiegermutter an und dankt ihr am Geburtstag ihres Mannes für das Geschenk, ihn zu haben. Zuweilen hat Marcella zum Geburtstag ihrer Geschwister auch einen Kuchen für ihre Mutter gebacken, wenn alle zu weit weg waren, um sich zu einer Feier zu treffen.

Solche kleinen Gesten würdigen die Verbundenheit zwischen den Generationen. Angesichts der Überbetonung der Jugend in unserer Gesellschaft können sie eine wichtige Möglichkeit sein, die Rolle der Älteren in unserer Welt wahrzunehmen und anzuerkennen. Oscar Goldfarb schildert eine andere Möglichkeit, eine Verbindung zwischen den Generationen zu schaffen und die Geschichte zu dokumentieren:

> An jedem Geburtstag mache ich umfangreiche Tonbandmitschnitte. Wir nehmen »Happy Birthday« auf und machen anschließend Interviews. Jeder in der Familie bekommt Gelegenheit zu sagen, wie er sich fühlt und wie das Jahr gelaufen ist. Wir machen auch an religiösen Feiertagen oder bei ähnlichen Festen Aufnahmen. Und immer wieder, wenn die Familie in der entsprechenden Stimmung ist, holen wir den Kassettenrekorder heraus, machen Interviews und singen. Dann hören wir uns die Aufnahmen vom vergangenen Jahr an. Man kann hören, wie sich die Stimmen der Kinder verändern. Die Kinder finden es herrlich.[7]

Wenn Eltern alt werden

Wenn Eltern älter werden, nehmen erwachsene Kinder ihre Geburtstage häufig zum Anlaß für größere Familienfeiern. Delores, eine Afro-Amerikanerin, erklärte: »Wenn die Kinder klein sind, machen wir aus jedem ihrer Geburtstage eine große Sache, weil sie wohlbehalten den Weg in die Welt gefunden haben. Wenn wir dann älter werden, sind wir zu sehr mit dem Leben beschäftigt, um viel aus unseren Geburtstagen zu machen. Aber wenn wir alt werden, werden wir uns der Tatasache wieder stärker bewußt, daß wir nicht mehr lange da sind, und so machen wir viel Aufhebens darum, daß wir es all die Jahre hindurch geschafft haben.«

Janine und ihre Schwester planten zum siebzigsten Geburtstag ihrer Mutter ein großes Überraschungsfest. Erschwert wurde ihr Vorhaben durch den Umstand, daß ihre Mutter in Seattle und sie beide an der Ostküste leben. Die Töchter stellten fest, daß sie engen Kontakt zu ihrem Stiefvater, seiner Tochter und den dortigen Freunden der Familie halten mußten, um alles zu organisieren. Das Fest bewirkte, daß wesentlich direktere Kontakte zwischen Familienmitgliedern entstanden, die sonst nicht viel miteinander zu tun hatten. Die Geheimnisse, die sie miteinander hatten, und die Lügen, die sie gemeinsam ausheckten, machten allen großen Spaß. Ursprünglich war das Fest zu Ehren ihrer Mutter gedacht, doch wenn die Familie heute zurückdenkt, erkennt sie darin ein Ereignis, das die Bindungen innerhalb der Stieffamilie festigen half und zugleich die Schwestern in engeren Kontakt mit der älteren Generation brachte.

Bei dem eigentlichen Fest zeigte Janines Schwester Tanya Dias aus dem Leben ihrer Mutter von ihrer Kindheit bis heute. (Die Dias waren nach alten Photos aufgenommen.) Janine schaffte es sogar, ein paar Photos zu besorgen, die nur ihre Mutter besaß, indem sie ihre Tochter Natalya bei ihr anrufen und um Bilder für ein Geschichtsprojekt ihrer Schule bitten ließ.

Die Familie erzählte auch Geschichten aus der Zeit, als die inzwischen erwachsenen Kinder noch klein waren. Sie würdigten auf diese Weise, was für eine wunderbare Geschichtenerzählerin ihre Mutter war. Janine und Natalya spielten ein Händel-Duett auf ihren Geigen. Eigentlich hatten sie mit ihrem Geigenspiel das musische Talent, das ihre Mutter ihren Kindern mitgegeben hatte, mit anderen teilen wollen; doch während sie für alle Versammelten spielten, merkte Janine, daß dies auch ihre eigene Mutterbeziehung zu ihrer Tochter würdigte.

Das Fest wurde auf Video aufgenommen, so daß spätere Generationen daran teilhaben können. Vielleicht gibt es in Ihrer Familie auch ältere Menschen, die Sie gerne umfassender würdigen möchten, indem Sie zu ihrem Geburtstag etwas Ausgefallenes veranstalten. Wenn diese Menschen später sterben, mildert die Erinnerung und das Andenken an kleine Feiern, die Sie zu ihren Ehren ausgerichtet haben, möglicherweise Ihren Schmerz.

Es kann auch eine gute Gelegenheit sein, frühere Kränkungen oder Differenzen ohne Bitterkeit aufzuarbeiten, indem Sie offen aussprechen, daß zwischen Ihnen nicht immer alles reibungslos gelaufen ist, oder indem Sie die Familie wissen lassen, daß Sie offen sind, ihren Standpunkt auf eine andere Art zu sehen. Anthony Andersen schrieb seinem Vater Ron zu seinem fünfundsechzigsten Geburtstag. Sie hatten sich in ihrer Beziehung einige Jahre lang aufgrund religiöser Differenzen voneinander entfernt. Als Anthony um die Zwanzig war, war er aus der Baptistenkirche ausgetreten und zum Islam konvertiert. Nachdem sein Vater das erfahren hatte, hatten sie mehrere Jahre fast keinen Kontakt mehr zueinander gehabt. Jetzt, mit Ende Dreißig, schrieb Anthony seinem Vater, er verstehe, wie schwierig es für ihn als Sohn eines Baptistenpfarrers gewesen sein müsse, Anthonys Konversion zu aktzeptieren. Er drückte auch seine Hoffnung aus, daß sie als Erwachsene ihre religiösen Differenzen respektieren und akzeptieren könnten. Mit Zitaten aus Koran und Bibel sprach Anthony an, wie sehr Menschen es zuweilen brauchen, Wunden heilen zu lassen und wieder zusammenzufinden. Er schrieb ihm auch, was sein Glaube ihm seiner Ansicht nach im Leben gegeben hatte.

Ob Eltern nun auf einen solchen Brief antworten oder nicht, in jedem Fall wissen Sie, daß Sie Ihre Position und Hoffnung zum Ausdruck gebracht haben. Im Mittelpunkt sollte nicht der Versuch stehen, eine bestimmte erwünschte Reaktion von jemandem zu bekommen, sondern klarzumachen, wo Sie stehen, wie Sie die Beteiligten sehen, was Sie gerne hätten und was sie tun können. Wenn in Ihrer Familie Geburtstage mit guten Erinnerungen verbunden sind, haben solche Geburtstagsbriefe den Vorteil, mit herzlicheren Zeiten assoziiert zu werden.

Geburtstage unter erwachsenen Geschwistern

Maurice Kaplan, ein Bauarbeiter um die Vierzig, hatte schon seit sie Kinder waren nie an die Geburtstage seiner beiden erwachsenen Geschwister gedacht. Die drei Geschwister, die innerhalb von vier Jahren zur Welt gekommen waren, waren in einer Familie aufgewachsen, in der es Probleme mit Alkoholismus und Medikamentenmißbrauch gab, und hatten nicht viel Ermutigung zu starken Beziehungen untereinander erhalten. Sie hatten sich vielmehr auseinandergelebt: zum einen als Reaktion auf den Mangel an zuverlässiger Zuwendung seitens ihrer Eltern und zum anderen, weil ihre Eltern jeweils ihre Lieblinge unter den Kindern vorgezogen hatten. Erst als Erwachsene in den Vierzigern und Fünfzigern fingen sie an, miteinander über die verwickelten Beziehungsmuster ihres Elternhauses mit seinen geheimgehaltenen, beschämenden Suchtproblemen zu sprechen. Da alle drei wenig Kontakt zueinander hatten und weit voneinander entfernt lebten, beschloß

Maurice eines Tages, seine Geschwister jeweils zu ihrem Geburtstag zu besuchen und ihnen ein Geschenk mitzubringen. Es gelang ihm, mit seiner Schwester an ihrem Geburtstag eine Party zu feiern, und seinen Bruder, der gut 3000 Kilometer entfernt lebte, besuchte er einen Tag nach seinem Geburtstag. Für Maurice war dies eine Möglichkeit, damit zu beginnen, ihre besondere Beziehung als Bruder und Schwester anzuerkennen.

Geburtstage bieten Geschwistern einen selbstverständlichen Anlaß, aneinander zu denken. Da jedoch meist Erwachsene Kindern helfen, ihren Geburtstag auszurichten, haben Sie möglicherweise nicht viel Erfahrung, Ihren Brüdern und Schwestern den Geburtstag festlich zu gestalten. Sie brauchen vielleicht ein wenig Übung. Als sein eigener Geburtstag näherrückte, wartete Maurice, ob seine Geschwister mit ihm Kontakt aufnehmen würden. Sie dachten nicht an seinen Geburtstag, aber sie frischten den Kontakt auf andere Weise wieder auf. Er schätzt, daß sie an seinen Geburtstag denken werden, wenn er drei Jahre hintereinander an ihren gedacht hat.

Wenn Geschwister älter werden, bieten Geburtstage eine gute Gelegenheit, miteinander in Verbindug zu bleiben. Man kann sich gegenseitig Bestätigung geben und alte Erinnerungen auffrischen. Geschwister sind möglicherweise eine wichtige Stütze im Laufe des Lebens. Da sie gewöhnlich Erfahrungen geteilt haben, die für Ihre Familie einzigartig sind, können sie Ihnen helfen, sich an vergessene Details zu erinnern oder Familiengeschichten unter einem neuen Aspekt zu sehen. Die Möglichkeiten der Geschwisterbeziehungen zu nutzen, die sich vor allem durch Geburtstage bieten, eröffnet Ihnen als Erwachsenen neue Ressourcen.

Geburtstage und Verluste

Es kann wichtig sein, Geburtstage auch noch zu begehen, nachdem jemand gestorben ist oder die Familie verlassen hat, vor allem, wenn es sich um den plötzlichen Tod eines jungen Menschen handelt oder der Verbleib eines Menschen ungeklärt ist. (Siehe auch den Abschnitt ›Feiern und Verluste‹ in Kapitel 10.) Die heilende

Kraft der Rituale läßt sich besonders nutzen, indem man den Geburtstag eines Verstorbenen begeht. Ein Schriftsteller schildert, wie die Familie nach dem Tod seines Bruders, der als Jugendlicher bei einem Autounfall ums Leben gekommen war, nach wie vor zusammenkam. »Mama meinte, wir sollten an Jims Geburtstag etwas tun, statt uns vorzumachen, es sei nichts, also trafen wir drei uns. Sie dachte auch an die Geschenke als Andenken an ihn. Dad gab mir eine Pfeilspitze, die er gefunden hatte, als sie unten in den Sümpfen ein Kellerloch ausgehoben hatten. Mama gab Dad einen Füllfederhalter mit einem Perlmuttgriff. Ich schenkte Mama eine Stoffprobe chinesischer Seide, die Jim auf einem Speicher aufgestöbert hatte. Und da er abgelaufen und ungültig war, gab ich ihr Jims Führerschein. Er trug ein gutes Photo von ihm, eine gute Aufnahme mit seinem schiefen Grinsen, jenem Grinsen, das mir sagte, hier ist jemand, der ein scharfes Auge auf die Unterschiede zwischen den Dingen hat. Mama lehnte sich zurück und schloß es fest in ihre Hände.« Mit diesen ersten Geschenken wurde eine Familientradition begründet. »Wir kommen (immer noch!) an Jims Geburtstag zusammen, tauschen Geschenke aus, die uns an ihn erinnern, Geschenke, die er ausgesucht oder selbst gemacht hätte: ein holzgeschnitzter Pilz, ein alter Knopf, ein Buch zur Vogelbestimmung. Solche Sachen, alles, was für Jims Neugier spricht.«[8]

Viele Familien, die einen Verlust erlitten haben, tendieren dazu, an Geburtstagen und anderen Familienfesten zu ignorieren und zu übergehen, was ihnen fehlt. Sie denken oft, die Erinnerungen würden für alle Beteiligten leichter, indem sie den Verlust beiseite schieben. Wir stellen jedoch fest, daß die Menschen sich auf diese Weise mit ihren Erinnerungen und ihrem Schmerz ganz allein überlassen bleiben. Die eben erwähnte Familie hat einen Weg gefunden, zusammenzukommen und sich gegenseitig zu unterstützen, indem sie sich an einige der positiven Seiten in Jims Wesen erinnert und würdigt, was er in der Zeit, die sie ihn hatten, in ihr Leben gebracht hat. Geburtstage sind schließlich eine Gelegenheit, sich bewußtzumachen, daß das Leben heilig ist. In der Familie eines Mannes, dessen Bruder vor fünfzehn Jahren Selbstmord begangen hatte, fiel es allen schwer, darüber zu sprechen. Sie begannen schließlich, das Andenken an den Bruder zu pflegen, indem sie seinen Geburtstag begingen. Das war zunächst einfacher, als seines Todestages zu gedenken.

Wenn ein älteres Paar über Jahrzehnte hinweg zusammen Geburtstag gefeiert hat und ein Partner stirbt, fällt es dem Hinterbliebenen oftmals schwer, seinen oder ihren eigenen Geburtstag zu genießen. Merrill Chathams geliebte Frau Suzannah starb wenige Wochen vor seinem fünfundsiebzigsten Geburtstag. Es erschien ihm unmöglich, eine Geburtstagsfeier zu veranstalten oder diesen Tag überhaupt in besonderer Weise zu begehen. Seine Kinder wollten seinen Ehrentag trotzdem feiern. Seine Tochter Anna fragte ihn, was er sich zum Geburtstag wünschte, und er antwortete, er wolle ihn einfach ignorieren. Darauf fragte sie ihn, wie Suzannah sich diesen Tag für ihn gewünscht hätte. Er fing an zu weinen und sagte: »Sie hätte gewollt, daß ich mit euch allen zusammen bin und den Kuchen esse, den sie immer backte.« Anna fragte: »Soll ich versuchen, den Kuchen zu backen? Er wird nicht so gut werden wie Mamas, das weiß ich, aber was meinst du?« Merrill willigte ein und feierte seinen fünfundsiebzigsten Geburtstag mit seinen Kindern. Sie erzählten Geschichten von Suzannah, die Rituale immer sehr einfallsreich gestaltet hatte, und auf diese Weise würdigten sie Merrills Geburtstag und unterstützten die Heilung der ganzen Familie von ihrem Verlust.

Wenn Ihr alternder Vater oder Ihre alternde Mutter es allzu schmerzlich finden, seinen oder ihren Geburtsag auf eine Art zu feiern, die zu sehr an frühere Geburtstage erinnert, sollten Sie das respektieren und nach neuen, ungewohnten Möglichkeiten zu feiern suchen. Etwas so Einfaches, wie das Fest an einen anderen Ort zu verlegen oder es mit ungewohnten Speisen zu begehen, kann es einem Witwer oder einer Witwe ermöglichen, den Geburtstag zu feiern.

Geburtstage nachholen
Eine Geburtstagsfeier nachzuholen kann sehr wichtig sein, wenn es zu besonderen Kränkungen oder Verlusten gekommen ist. Vielleicht sind Sie in einer Familie aufgewachsen, die nicht viel Aufhebens um Geburtstage machte, weil das Familienleben nicht sonderlich gut war. Oder Geburtstage haben ihre Feierlichkeit verloren,

weil es Spannungen um andere Angehörige gab, die sich bei der Party betranken, sich weigerten zu kommen oder sich abseits hielten. Es kann auch sein, daß wirtschaftliche Zwänge es schwierig machten, den Geburtstag eines Kindes zu feiern.

Mercedes, eine alleinlebende Kubanerin Mitte Dreißig, durfte als Kind ihren elften Geburtstag nicht feiern. Zwei Wochen vor diesem Geburtstag hatte ein Nachbar sie mißbraucht. Ihre Eltern waren darüber so fassungslos, daß sie Mercedes' Geburtstagsfeier absagten. Dies war ihr als traumatisches Erlebnis im Gedächtnis geblieben: Sie fühlte sich von ihrer Familie für das Geschehene bloßgestellt, und ihre Freunde und Freundinnen, die ausgeladen wurden, flüsterten und fragten sich, was Mercedes wohl angestellt hatte. Als sie fünfunddreißig war, beschloß Mercedes, endlich ihren elften Geburtstag zu feiern. Sie bat ihre Freunde, Geschenke oder symbolische Gegenstände mitzubringen, die für ein Kind angemessen waren. Bei der Party spielten sie Kinderspiele, trugen Partyhütchen und lachten und lachten. Einige ihrer Freunde kannten die Hintergründe, weshalb sie vierundzwanzig Jahre später diese Party veranstaltete; andere wußten es nicht, ließen sich aber schnell von der spielerischen Stimmung anstecken. Diese Feier ermöglichte es Mercedes, schmerzliche Erinnerungen zu überwinden und sich stärker auf ihr gegenwärtiges Leben zu konzentrieren.

Wenn Sie sich an einen besonders unglücklichen Geburtstag erinnern – vor allem an einen, der für Sie einen Wendepunkt markierte, wie zum Beispiel einen Kindergeburtstag, der durch die Scheidung der Eltern oder die Trunksucht eines Elternteils verdorben wurde –, möchten Sie vielleicht in Erwägung ziehen, ihn als Erwachsener nachzuholen. Nutzen Sie dieses Ritual, um alte Wunden verheilen zu lassen und sich neuen Möglichkeiten zuzuwenden.

Auch »Zeremonienmeister« haben Geburtstag

In vielen Familien gibt es ein oder zwei Personen, die die Gestaltung der Geburtstage für andere weitgehend übernehmen. Häufig ist es die Mutter. Was ist nun, wenn sie Geburtstag hat? Möglicherweise fehlt es an Mechanismen, die Planung und Organisation ihres Geburtstags zu strukturieren. Viele Mütter haben uns ihre Enttäuschung mit ähnlichen Worten beschrieben wie Ellen Barnes: »Alle Geburtstage werden gefeiert, außer meinem!« Oder sie wird in die Vorbereitungen für ihren Geburtstag einbezogen. Gina, eine neununddreißigjährige Amerikanerin italienischer Abstammung und Mutter zweier Kinder, war begeistert, als ihre Kinder verkündeten, sie würden ihr zum vierzigsten Geburtstag ein Essen kochen. An ihrem Geburtstag fand sie sich jedoch in der Küche wieder, vollauf beschäftigt, ihnen zu zeigen, wo bestimmte Dinge waren, ihnen beim Öffnen von Dosen zu helfen, Anweisungen zu erteilen und in den Laden hinüberzuspringen, um Sachen zu besorgen, die sie vergessen hatten. Es wurde schließlich keine sonderlich festliche Veranstaltung.

Bruces Vater war nach einem Schlaganfall nicht mehr in der Lage, viel im Haus zu tun. Einige Monate später wurde seine Mutter dreiundsechzig. Bruce wurde klar, daß seine Mutter die meiste Arbeit an ihrem Geburtstag selbst machen müßte, wenn er nicht einsprang. Da es recht mühselig war, seinen Vater aus dem Haus zu bringen, beschloß er, alles für die Geburtstagsfeier zu seinen Eltern zu bringen. Jedes Jahr backt er nun einen Kuchen, besorgt Eiscreme, und alle bringen Geschenke, Geburtstagsgirlanden und Blumen mit.

Wenn es in Ihrer Familie jemanden gibt, der meistens für Geburtstage zuständig ist, sollten Sie darüber nachdenken, andere Strukturen einzuführen, um seinen oder ihren Ehrentag zu feiern. Vielleicht ist es zu Anfang etwas ungewohnt, aber sie werden es zu würdigen wissen.

»Nichtgeburtstage«

Geburtstage sind auch deshalb einmalig, weil es bei ihnen eine Tradition der Nichtgeburtstage gibt. Kein anderer Feiertag hat einen ›Nichtfeiertag‹. Nichtgeburtstage bieten unbegrenzte Möglichkeiten. Mit einundzwanzig erinnerte sich Wendy Roges noch gerne der Nichtgeburtstage in ihrer Familie.

Als ich klein war – ich war eins von sechs Geschwistern –, suchte meine Mutter sich einen Tag im Jahr aus, der wirklich weit weg lag von Weihnachten und dem Geburtstag, weißt du, diese endlos lange Spanne. Du kamst aus der Schule, und sie erklärte, das sei dein Nichtgeburtstag. Sie kochte dir dein Lieblingsessen, ganz gleich, was es war – sogar Hot dogs. Und du durftest all deine Lieblingsprogramme im Fernsehen sehen. Niemand durfte mit dir darüber streiten. Alle sangen »Happy Unbirthday« für dich. Es gab manchmal Kuchen und Geschenke, aber es war nicht wie am Geburtstag, wenn es richtige Geschenke gab. Es hatte nicht jeder jedes Jahr einen Nichtgeburtstag. Es war gewissermaßen spontan. Es stammte aus Alice im Wunderland. Erinnern Sie sich an den Fünf-Uhr-Tee des Hutmachers? »Glücklichen Nichtgeburtstag!«[9]

In Familien, in denen ein Kind an oder kurz vor oder nach einem großen Feiertag (zum Beispiel Weihnachten) Geburtstag hat, sind Nichtgeburtstage eine gute Möglichkeit, ihren Geburtstag in einer ruhigeren Jahreszeit zu feiern, wenn das Fest nicht neben einem anderen Feiertag untergeht. Maria, eine junge US-Amerikanerin italienischer Abstammung, die am 4. Juli geboren ist, rebellierte schließlich gegen die rot-weiß-blauen Flaggenmotive, die seit zwanzig Jahren ihren Geburtstag beherrschten. Im Jahr darauf bat sie um einen purpurfarbenen Geburtstag, inklusive Kuchen, Kerzen und Blumen, und bekam ihn – und zwar im Februar! Nichtgeburtstage lassen sich auch einsetzen, um jemandem besondere Unterstützung zu geben oder eine Überraschung zu bereiten, wenn andere Dinge in seinem Leben gerade schwierig sind.

Eine andere Variante der Nichtgeburtstage ist, Dreiviertel- oder Siebenzwölftel-Geburtstage zu feiern. Das heißt, Sie können fast zu jeder Jahreszeit einen Geburtstag feiern. Alleinstehende Erwachsene können dies als Anlaß benutzen, Gäste zum Essen einzuladen, alte Freundschaften mit einer Party aufzufrischen oder ihren Bekanntenkreis zu einem Picknick einzuladen.

Sich eigene Geburtstagsbräuche bewußt machen

Da Geburtstage Teil des internen Familienkalenders sind und es nicht viele kulturelle Zwänge gibt, wie man sie feiern sollte, lassen sie sich sehr flexibel den verschiedenen familiären Bedürfnissen im Laufe des Lebens anpassen. Sie können auch ohne weiteres unsere sich wandelnden Rollen und Verpflichtungen markieren. Ronice Branding aus Florissant, Missouri, und ihre Schwester wollten etwas zum fünfundsiebzigsten Geburtstag ihrer Mutter organisieren, das ihr viel Spaß machen sollte, ohne unnützen Krimskrams bei ihr anzuhäufen. Ohne ihr Wissen ›stahlen‹ sie ihr Adreßbuch, schrieben etwa zweihundert Bekannte an, erzählten, was ihre Mutter so machte, und forderten sie auf, ihrer Mutter zum Geburtstag eine Karte zu schicken.

> Bei einem Geburtstagsessen im Familienkreis, das einige Tage vor ihrem Geburtstag stattfand, kündigten wir die Überraschung an, indem wir den Brief vorlasen, den wir verschickt hatten. Dann traf nach und nach die Post ein – 170 Geburtstagskarten aus dem ganzen Land und von Leuten, die sie seit Jahren nicht gesehen hatte. Ihr Briefträger sagte, sie sei das Tagesgespräch des Postamts gewesen.[10]

Ebenso wie Ronice und ihre Schwester können Sie die Offenheit der Geburtstagsgestaltung nutzen, um neue Kontakte zu knüpfen oder einen Generationswechsel zu markieren. Vielleicht möchten Sie aber auch verlorengegangene Familientraditionen wiederbeleben oder mit anderen aus Ihrer Umgebung auf neue Weise Verbindungen aufnehmen. Geburtstage bieten uns die Möglichkeit, unsere diversen Veränderungen im Laufe unserer Entwicklung zu feiern. Hier nun einige Fragen, die Ihnen helfen, über Geburtstage in Ihrem vergangenen und gegenwärtigen Leben nachzudenken und zu sprechen:

– Welche Geburtstagstraditionen haben Sie mitbekommen oder möchten Sie weitergeben? Inwiefern repräsentieren sie die Seite Ihrer Mutter oder Ihres Vaters oder unterschiedliche ethnische Traditionen?

- Was wissen Sie darüber, wie/warum sie weitergegeben wurden? Wen können Sie danach fragen?
- Wie haben sich Geburtstagsfeiern für Sie oder andere in Ihrer Familie im Laufe der Zeit verändert bezüglich der *Teilnehmer*, des *Ortes*, der *Speisen*, der *Planung*, der *Symbole*? Wer richtet die Feier aus? Hat sich das geändert?
- Wie wirken sich Geburtstagsfeiern auf Ihre Familie aus? (Helfen sie, die Generationen zusammenzubringen, das Vergehen der Zeit zu kennzeichnen oder Ihnen die Geburt als heilig in Erinnerung zu rufen? Oder stellen sie Bindungen zwischen Angehörigen angeheirateter Familien her, Kontakte der Kinder zu ihren Freunden und so weiter?)
- Welche Bedeutung haben Geschenke in Ihrer Familie? Gibt es unausgesprochene Regeln bezüglich der Geschenke, die sich eingespielt haben und die Sie gerne lockerer handhaben würden? Oder die Sie besprechen möchten, um sie zu ändern? (Je älter das Kind, um so teurer das Geschenk? Müssen die Cousinen und Cousins zu allen Geburtstagen Geschenke bekommen? Kaufen Mütter die Geschenke, die die Väter verschenken?)
- Welche Rolle spielt Humor bei Ihren Geburtstagsfeiern?
- Wie möchten Sie in Zukunft Ihren Geburtstag oder den eines anderen feiern? (Vielleicht nehmen Sie einen Geburtstag heraus, der besondere Bedeutung hat, zum Beispiel einen runden Geburtstag oder ein spezielles Jahr).

Familientraditionen des internen Kalenders sind flexibel genug und kommen in unserem Leben häufig genug vor, um sich auf alle möglichen Probleme, die in Familien auftauchen, einstellen zu können. Im allgemeinen sind sie frei von jenen Zwängen, denen Feste und Feiertage des externen Kalenders unterliegen, wie zum Beispiel einer vorher festgesetzten Zeit, der Betonung bestimmter Geschenke, die man austauscht, und Dekorationen und Speisen, die man benutzen sollte. Geburtstage bieten die Möglichkeit, eine neue Identität ins Licht zu rücken, auf einzigartige Weise Verbundenheit unter Familienangehörigen zu schaffen und das Leben im Fortschreiten der Menschen auf ihrem Lebensweg als etwas Heiliges zu würdigen. Die meisten Familien feiern Geburtstage auf die ein oder andere Weise, doch es gibt auf dem internen Familienkalender noch viele andere Ereignisse, die man mit einer Feier würdigen kann oder auch nicht. Beispielsweise in Familien gibt es jede Art von Jahrestagen. Im nächsten Kapitel befassen wir uns mit der Frage, wie wichtige Jahrestage zu sinnvollen Ritualen werden können.

KAPITEL 8

JAHRESTAGE:
BEZIEHUNGEN WÜRDIGEN
UND PERSÖNLICHE VERÄNDERUNGEN
MARKIEREN

Das Wort »Jahrestag« (englisch: »Anniversary«) bezeichnet im wörtlichen Sinne den Übergang von einem Jahr zum nächsten. Jahrestage sind manchmal wie Flaggen, die den Lauf der Zeit markieren. Oft wecken sie Erinnerungen an vergangene Augenblicke des Lebens. Während wir Geburtstage gewöhnlich Jahr für Jahr feiern (das zusätzliche Jahr, um das sich unser Alter erhöht, scheint uns auf das bevorstehende Datum und die damit verbundene Änderung auszurichten), gehen Jahrestage anderer wichtiger Ereignisse oftmals unbeachtet vorüber. Jahrestage sind jedoch ein besonders geeigneter Anlaß, die Wichtigkeit und Bedeutung bestimmter Schlüsselereignisse oder Entscheidungen für das vergangene und gegenwärtige Leben wie auch ihren Einfluß auf die Zukunft neu zu überdenken.

Die Bedeutung von Meilensteinen

Die Erinnerung an Meilensteine im Leben kann uns Zeit und Raum bieten, um nachzudenken und die positiven Aspekte unseres Lebens zu würdigen und mögliche Änderungen ins Auge zu fassen. Die Bedeutung des ursprünglichen Ereignisses kann sich ausgeweitet oder verändert haben oder von nachfolgenden Entwicklungen des Lebens in Frage gestellt worden sein. Oder gegenwärtige Beziehungen können an einem Punkt stehengeblieben sein, an dem bestimmte Schlüsselereignisse eingetreten sind. Ein Ritual zum Jahrestag kann Ihnen helfen, Überzeugungen zum

Ausdruck zu bringen, Beziehungen neu zu definieren und frühere Wunden zu heilen. Die Familie Chhoun nutzte den Jahrestag ihrer Auswanderung von Kambodscha in die Vereinigten Staaten, um sich alljährlich zusammenzusetzen und miteinander durchzugehen, wie all diese Veränderungen verlaufen waren. Sie sprachen über ihre ursprünglichen Hoffnungen und Ängste und über alles, was im Laufe des letzten Jahres gut oder schlecht verlaufen war. Sie sprachen über die Dinge, an die sie sich hatten anpassen und gewöhnen müssen, und überlegten, wie sie sich weiterhin gegenseitig helfen konnten. Sie nahmen sich auch Zeit, eingehend Erinnerungen an ihr früheres Leben in Kambodscha auszutauschen, ausführliche Briefe zu schreiben und Photos zu machen, die sie ihren Verwandten in die Heimat schicken wollten.

Meist fällt uns zu Jahrestagen in Familien als erstes der Hochzeitstag ein, doch es kann noch andere wichtige Jahrestage geben, wie den Verlust eines Angehörigen, eine Scheidung oder das Hinzukommen eines neuen Familienmitglieds wie beispielsweise ein Adoptiv- oder Pflegekind. Wenn man Daten persönlicher Verhaltensänderungen kenntlich macht, zum Beispiel wann man aufgehört hat zu trinken oder zu rauchen, können Freunde und Verwandte würdigen, wie schwer es war diesen Schritt zu tun, und weiterhin ihre Unterstützung anbieten. Allzuoft, wenn jemand sein Verhalten ändert, gilt es bald als selbstverständlich, und es fehlt an Raum, sich über die fortwährenden Probleme auszutauschen, die mit dieser Veränderung einhergehen. Einen solchen Jahrestag in etwas größerem Kreis zu feiern betont zudem, daß diese Veränderung auch diejenigen betraf, die einem Menschen nahestehen.

Es kann auch wichtig sein, den Jahrestag einer Scheidung auf irgendeine Weise zu begehen, um es den Betroffenen zu erleichtern, die Wunden heilen zu lassen und ihr Leben weiterzuleben. Hochzeitstage können bei Paaren, die in zweiter Ehe zusammenleben, völlig anders aussehen als bei Paaren, die zum erstenmal verheiratet sind. Wenn einer der Partner Kinder mit in die zweite Ehe bringt, kann es wichtig sein, sie in die Gestaltung des Hochzeitstages einzubeziehen, da dieser Tag sowohl die Gründung einer neuen Familie als auch die Eheschließung des Paares bezeichnet. Jahrestage von Fehlgeburten, Todesfällen und anderen traumatischen Erlebnissen bleiben häufig unbeachtet. Der Jahrestag eines Sterbefalles kann ein Anlaß sein, den Verlust öffentlich zu bekräftigen, den die Hinterbliebenen erlitten haben. Ein Begräbnis trägt dazu bei, bei einem Todesfall die Unterstützung der Gemeinschaft einzuholen. Jahrestage können ein Anlaß sein, dieses soziale Netz zu reaktivieren. Vielleicht ist nach der Bestattung noch manches unaufgearbeitet geblieben. Solche Dinge lassen sich bei einem Jahrgedächtnis klären.

Ein Vater mit Doppelleben

Für Sara war das Begräbnis ihres Vaters Richard, das vor zwei Jahren in ihrer Heimatstadt stattgefunden hatte, sehr schwierig. Niemand gab offen zu, daß er an Aids gestorben war. Für ihre Mutter, die weiter in der Kleinstadt wohnen blieb, hätte das Bekanntwerden dieser Tatsache bedeutet, ihr Eheleben einer neugierigen Betrachtung auszusetzen, die sie angesichts ihres eigenen Schmerzes nicht gebrauchen konnte. Doch für Sara, die von der Bisexualität und dem Doppelleben ihres Vaters wußte, verlief die Beisetzung ohne vollständige Würdigung, wer ihr Vater gewesen war und was er durchgemacht hatte. Zwei Jahre später stellte sie zum Jahrgedächtnis seines Todes in ihrer eigenen Gemeinde, in der sie den Eindruck hatte, seine Todesursache offen ansprechen zu können, einen Gedenkgottesdienst für ihren Vater zusammen.

Beim Eintritt in die Kapelle erhielt jeder Besucher ein Programmheft mit Photos, die ihren Vater zusammen mit ihr, ihrer Mutter, seinen Enkeln und einem männlichen Geliebten zeigten. Zu Beginn des Gottesdienstes sprachen Sara und ihre Kinder von ihren Erinnerungen an Richard und äußerten Segenswünsche für ihn. Sara erzählte, was es sie im Laufe der letzten beiden Jahre gekostet hatte, an den Punkt zu gelangen, die Gesamtheit des Lebens und Sterbens ihres Vaters öffentlich würdigen zu können. Eines ihrer Kinder berichtete mit Tränen in den Augen, wie er es sich, nach dem Aids-Tod seines Großvaters, zum Prinzip gemacht hatte, die anderen Kinder in seiner Grundschule zu bewegen, sich nicht mehr gegenseitig mit Sprüchen zu hänseln wie »Faß ihn nicht an, er hat Aids« oder sich gegenseitig mit Ausdrücken wie »schwul« oder »Tunte« zu beschimpfen. Er trat öffentlich dafür ein, mit solchen Verhaltensweisen aufzuhören. Dieser Gedenkgottesdienst befreite die Familie von der Geheimniskrämerei der Beisetzung, bei der sie die vollständige Lebensgeschichte des Großvaters nicht hatten ansprechen können. Er machte es Saras Familie auch möglich, ihre eigene Geschichte, was ihren Großvater betraf, offener anzusprechen und vertrieb alle Überreste von Scham.

Die Traditionen bestimmter Jahrestage sind insofern einzigartig, als die Betroffenen, einzelne und/oder Familien, häufig die einzigen sind, die sich an sie erinnern oder sie kennen. Es ist notwendig, sie in einem gewissen Rahmen anzuzeigen oder anzukündigen, damit andere davon erfahren. In unseren Gesprächen mit Menschen im ganzen Land stellten wir erstaunt fest, wie viele den Hochzeitstag ihrer Eltern nicht wußten oder auf irgendeine Weise feierten. Traditionell haben sich Menschen nicht an andere Generationen innerhalb der Familie oder an Freunde gewandt, um Unterstützung in der schwierigen Arbeit zu finden, die eine Ehe erfordert. Wenn ein Paar es bis zur goldenen Hochzeit oder einem anderen hohen Hochzeitstag bringt, findet dies gewöhnlich breitere Anerkennung. Doch die meisten Paare könnten (wie die Scheidungsraten zeigen) die Unterstützung durch Gemeinschaft und Familie wesentlich sinnvoller auf ihrem Weg gebrauchen als erst zu einem Zeitpunkt, wenn schon klar ist, daß sie ›es geschafft‹ haben. Ein Hochzeitstag kann ein idealer Anlaß sein, ihre Leistungen als Eltern, ihre Verbundenheit und ihren Einsatz für Familie und Gemeinschaft zu würdigen.

Hochzeitstage: Die Ehe bekräftigen

Hochzeitstage können nur beiläufig zur Kenntnis genommen werden, oder man feiert sie mit dem üblichen Blumenstrauß und dem Essen außer Haus, oder man denkt sich Jahr für Jahr etwas Neues aus, um den Fortbestand der Ehe und die Veränderungen des vergangenen Jahres ins Licht zu rücken. Es kann eine Feier sein, die nur das Ehepaar betrifft oder auch die Kinder und andere Familienangehörige einbezieht. Maria Rodriguez erinnerte sich, daß ihre Eltern ihren Hochzeitstag praktisch gar nicht feierten. Ihre

Eltern tauschten Glückwunschkarten aus, und manchmal schenkte ihr Vater ihrer Mutter einen Strauß Rosen. Ein Freund erzählte ihr, wie seine Eltern ihre silberne Hochzeit mit einem großen Familienfest gefeiert hatten, und fragten Maria immer wieder, was sie und ihre Geschwister zum fünfundzwanzigsten Hochzeitstag ihrer Eltern planten. Da sie und ihre Geschwister den Hochzeitstag ihrer Eltern nie gefeiert hatten, wußten sie nicht, was sie tun sollten. Schließlich verlief dieser Tag wie alle anderen Hochzeitstage, nur daß ihr Vater diesmal ein paar Rosen mehr kaufte.

Danielle, eine fünfundvierzigjährige Frau jüdisch-amerikanischer Abstammung, erzählte, daß sie den Hochzeitstag ihrer Eltern auf deren Bitte hin nie gefeiert hätten, weil beide sich in ihrer Kindheit von ihren eigenen Eltern so sehr gedrängt gefühlt hatten, etwas Besonderes zu ihrem Hochzeitstag und ihren Geburtstagen zu unternehmen, daß sie zu Pflichtritualen erstarrt waren. Alljährlich äußerten Danielles Eltern ausdrücklich den Wunsch, die Kinder sollten nichts zu diesem Anlaß tun. Innerhalb einer einzigen Generation bildete sich so ein verkümmerter Ritualstil heraus, der bei Danielle den Eindruck hinterließ, daß sie und ihre Brüder kaum eine Möglichkeit hatten, ihren Eltern mit kleinen Dingen für alles zu danken, was sie ihnen gegeben hatten. Auch Kinder brauchen Gelegenheiten, anderen etwas zu geben und etwas für sie zu tun.

Janines zahlreiche Jahrestage

Als Janine und ihr zukünftiger Ehemann David Janines Mutter sagten, daß sie sich um Davids Geburtstag herum, der am 15. September lag, verloben wollten, erklärte Janines Mutter: »Ganz gleich, was ihr macht, legt es nicht auf den 16. September«.

»Warum nicht?« fragte Janine.

»Weil dein Vater und ich an diesem Tag geheiratet haben.« (Ihre Eltern waren seit über zwanzig Jahren geschieden.)

»Gott, das wußte ich gar nicht«, erwiderte Janine. Janines Familie feiert viele verschiedene Feste, und sie hat sogar ein paar alte Schmalfilme von der Hochzeit ihrer Eltern. Und doch kannte sie den Hochzeitstag ihrer Eltern nicht und hatte nicht das Gefühl, daß die Hochzeit für die beiden ein glücklicher Tag gewesen war.

Janine fiel dagegen auf, daß sie den Hochzeitstag ihrer Mutter und ihres Stiefvaters in den letzten zehn Jahren immer mit verschiedenen Aufmerksamkeiten kenntlich gemacht hatte, von Karten bis hin zu einem zweitägigen Aufenthalt in einer Pension auf Vancouver Island. Sie zeigten ihren Hochzeitstag an, nicht indem sie die Kinder aufforderten, etwas zu tun, sondern durch ihre Liebe zueinander, ihre Fürsorge und ihren spielerischen Umgang miteinander. Und durch Worte. Wie ihr fünfundachtzigjähriger Stiefvater einmal sagte: »Wir können nicht damit rechnen, fünfzig Jahre zusammen zu haben, daher feiern wir jeden Hochzeitstag wie sieben gemeinsame Jahre.« Sie nehmen sich gewöhnlich Zeit, zu ihrem Hochzeitstag zu verreisen, da es die einzige Möglichkeit zu sein scheint, sich aus ihrem starken politischen Engagement auszuklinken. Andere Paare kehren an den Ort zurück, an dem sie geheiratet oder sich zum erstenmal getroffen haben, oder sie machen ein besonderes Festessen, das an die Zeit ihres Zusammenlebens erinnert. Manche lesen noch einmal die Briefe, die sie sich in früheren Jahren geschrieben haben. Andere verfassen neue Eheversprechen. Da man leicht hineinverfällt, die Ehe als etwas Selbstverständliches zu nehmen, läßt sich der Hochzeitstag als Anlaß nutzen, sich die Veränderungen im Laufe der Jahre vor Augen zu führen und die Beziehung aufzufrischen.

Es mag sein, daß Ehepartner mit dem Hochzeitstag sehr unterschiedliche Bedeutungen verbinden. Es kann auf diesem Gebiet starke Geschlechtsunterschiede geben. Wenn in erster Linie die Frau für die Gestaltung aller anderen Familienfeste und Feiertage zuständig ist, erwartet sie möglicherweise am Hochzeitstag von ihrem Mann eine ausdrückliche Würdigung für alles, was sie für andere tut. Ihr Partner begreift vielleicht den Rollentausch nicht, der bei der Gestaltung des Hochzeitstages von ihm verlangt wird. Sie hätte gerne, daß er sich wirklich Zeit nimmt und sich Mühe gibt, über ihren Hochzeitstag nachzudenken.

Vielleicht ist ein Partner auch sentimentaler als der andere und möchte einen romantischen Hochzeitstag. Stuart Ulrich wollte zum zehnten Hochzeitstag für ein Wochenende in ein *Honey-*

moon-Hotel fahren. Immer wieder sprach er davon, daß dies ihr erstes gemeinsames Jahrzehnt sei und daß sie nie wieder ein erstes Jahrzehnt feiern würden. Seine Frau Karin fand, daß er viel Aufhebens um einen Hochzeitstag machte, der für sie wie alle anderen war.

Wenn ein Partner in der Ehe glücklicher ist als der andere, kann es sein, daß er oder sie einem Hochzeitstag mit völlig anderen Absichten und Zielen entgegensieht. Jane Lerner hatte nicht den Eindruck, daß ihr Mann Tom ihre sehr eindringlich vorgebrachten Sorgen und Bedenken um ihre siebenjährige Ehe sonderlich ernst nahm. Er meinte, sie führten eine gute Ehe und Jane bausche die Dinge in übertriebener Weise auf. Wie es bei vielen Ritualen vorkommt, war das Hochzeitsgeschenk, das er ihr machte, für beide mit völlig anderen Bedeutungen besetzt. Er schenkte ihr eine teure Halskette und war äußerst gekränkt, als sie sie ausgesprochen kühl aufnahm. Jane hatte das Gefühl, wenn sie die Kette herzlicher aufgenommen hätte, wäre das für Tom ein Zeichen gewesen, daß sie die Ehe mit ihm feierte. Ihr war damals jedoch nicht nach Feiern zumute.

Es kann auch erhebliche Geschlechtsunterschiede geben, was Ehepartner zum Hochzeitstag unternehmen wollen. Richard wollte gerne mit mehreren Paaren ausgehen, mit denen sie gut befreundet waren, während seine Frau Laura ein romantisches Essen zu zweit vorgezogen hätte. Patricks Sekretärin ließ seiner Frau Portia immer zum Hochzeitstag ein Dutzend Rosen schicken. Portia arbeitete stundenlang alte Möbel auf (unter anderem einen Rolltisch, den er zu Hause benutzen konnte) und machte noch andere sehr persönliche Geschenke selbst. Die zweiundzwanzigjährige Sylvia kaufte im Sommer in einem Juweliergeschäft auf Cape Cod das Hochzeitsgeschenk, das ihr Vater ihrer Mutter schenken sollte. Im November stand ihr vierundzwanzigster Hochzeitstag bevor, und Sylvia plante schon voraus. Sie hatte schon als Jugendliche die Aufgabe übernommen, für ihren Vater das Geschenk zu besorgen und einzupacken, nachdem er ihr wiederholt erklärt hatte, er habe keine Ahnung, was er ihrer Mutter schenken solle. Angesichts der Enttäuschung ihrer Mutter über die Topfpflanzen und Kochbücher, die sie bekam, hatte Sylvia es übernommen, ihren Eltern ›zu helfen‹.

Mit den Jahren war der Mythos entstanden, ihr Vater könne nicht für ihre Mutter einkaufen. Somit war Sylvia in die Ehe ihrer Eltern als Mittlerin einbezogen, die versuchte, für ihre Eltern zu interpretieren, welches Geschenk ihre gegenwärtige Beziehung symbolisch verkörpern mochte. Ihr Vater verzichtete auf die Chance, seiner Frau zu zeigen, daß er sie wirklich ›wahrnahm‹ und daß er ihr mit dem Geschenk etwas über sie und über ihre Ehe zu sagen hatte.

Karriere, Kinder – und die Ehe?

Doug und Jan waren seit elf Jahren verheiratet. In dieser Zeit hatten sich beide stark auf ihre berufliche Karriere konzentriert, da sie bei ihrer Heirat gerade erst das Grundstudium abgeschlossen hatten. Zudem waren sie sehr mit ihren beiden Kindern beschäftigt, dem sechsjährigen Zachary und der vierjährigen Zoe. Kinder und Beruf nahmen sie so sehr in Anspruch, daß für ihre Paarbeziehung kaum Zeit blieb. Sie waren nie ohne die Kinder über Nacht fortgeblieben und hatten zum Hochzeitstag nicht mehr unternommen als das übliche Essen im Restaurant. Zum elften Hochzeitstag beschlossen sie, einen Campingausflug zu machen, über Nacht fortzubleiben und die Kinder bei Freunden zu lassen. Das half ihnen, sich auf die Tatsache einzustellen, daß die Zeit allmählich vorüberging, in der ihre Kinder sie am meisten brauchten, und daß sie als Ehegatten eine wichtige Beziehung zueinander hatten, um die sie sich ebenfalls kümmern mußten. Ein anderer Rahmen markierte den Beginn ihres zweiten gemeinsamen Jahrzehnts. Sie fingen das zweite Jahrzehnt mit etwas an, das sie häufig mit viel Spaß gemacht hatten, ehe die Kinder kamen. Sie würdigten ihre Beziehung als ebensowichtig wie ihre Rolle als Eltern und Berufstätige.

In Phils Familie, die an der Westküste lebte, standen seine Eltern an ihrem Hochzeitstag auf andere Weise im Mittelpunkt. An diesem Tag kam die Verwandtschaft zusammen und trug selbstverfaßte Gedichte und Lieder über die Ehe seiner Eltern vor. Da in seiner Famile einige im Showgeschäft tätig waren, gab es solche Feiern häufiger. Ereignisse und Streitfragen wurden auf eine Weise öffentlich vorgetragen, über die die Menschen zusammen lachen

konnten, und das löste manche Spannungen, die es in allen langjährigen Paarbeziehungen gibt. Phil erlebte diese Parodien als
Möglichkeit, daß Eltern und Kinder auf dunkle Punkte zurückblik-
ken und darüber lachen konnten. Das half ihnen, diese in das normale Auf und Ab des Lebens einzuordnen.

Es gibt viele Möglichkeiten, einen Hochzeitstag zu feiern – zu
zweit, mit Freunden oder mit der Verwandtschaft. Man kann ihn
als wichtiges Ereignis in aller Stille begehen oder als Anlaß nutzen,
einer Ehe eine neue Ausrichtung zu geben, Dinge aufzuarbeiten
und zu einem gewissen Abschluß zu bringen oder neue Perspektiven zu gewinnen. Denken Sie über Ihre bisherigen Hochzeitstage
nach. Was haben sie für Sie bewirkt? Wenn Sie feststellen, daß Sie
und Ihr Partner viele Differenzen über die Bedeutung von Hochzeitstagen haben, mag es mit Dingen zu tun haben, die Sie in Ihren
Herkunftsfamilien über deren Bedeutung oder die Art und Weise,
sie zu feiern, gelernt haben.

Es kann recht hilfreich sein, zurückzublicken, um zu begreifen,
was man Ihnen in Wort oder Tat über Hochzeitstage beigebracht
hat. Menschen wissen intuitiv, wie sie bestimmte Dinge gerne
gestalten, aber häufig fassen sie es nicht in Worte und sehen es
nicht in Zusammenhang mit ihren Kindheitserfahrungen. Hier
sind einige Fragen, die Ihnen zu überlegen helfen, was Sie über
Hochzeitstage gelernt haben:

- Welche Hochzeitstage wurden in Ihrer Herkunftsfamilie gefeiert? Wie begingen Ihre Eltern den Hochzeitstag (zu zweit, mit
  anderen, an einem bestimmten Ort, mit Glückwunschkarten
  oder anderen Symbolen, besonderem Essen)?
- Welche Hochzeitstage feierte die Herkunftsfamilie Ihres Partners? Wie begingen seine Eltern den Hochzeitstag (zu zweit, mit
  anderen, an einem bestimmten Ort, mit Glückwunschkarten
  oder anderen Symbolen, besonderem Essen)?
- Welche Hochzeitstage wurden vergessen, ignoriert oder konnten nicht gefeiert werden?
- Wie ähneln oder unterscheiden sich die Verhaltensmuster, die
  Sie und Ihr Partner in Ihrer Kindheit über Hochzeitstage gelernt
  haben?

Hochzeitstage können auch Gelegenheit bieten, Veränderungen in der Ehe deutlich zu machen. Bei sorgfältiger Planung lassen sich diese Änderungen würdigen und mit anderen teilen.

Alte Probleme, neue Versprechen

Sam und Susannah waren seit fast fünfundzwanzig Jahren verheiratet. Sie hatten zwei heranwachsende Kinder. Ihre Ehe verlief wie die meisten nicht ohne Hochs und Tiefs. Zu ihrer silbernen Hochzeit wollten sie etwas unternehmen, das ihre vielen Ehejahre würdigte, aber auch manche Veränderungen in ihrer Ehe erleichtern sollte. Ein Thema, das verschiedentlich zwischen ihnen zur Sprache gekommen war, betraf die Frage, ob sie weiterhin verheiratet bleiben sollten oder nicht. In diese Frage floß unter anderem die Sorge mit ein, ob ihre jeweiligen Herkunftsfamilien den Ehepartner, den sie erwählt hatten, wirklich akzeptiert hatten. Sie waren als Paar, das in einer ethnischen Mischehe lebte, bei den Eltern eines jeden auf Ablehnung und gemischte Gefühle zu einer Heirat außerhalb der eigenen ›Kreise‹ gestoßen.

Sie setzten sich zusammen, um zu überlegen, wie sie die Silberhochzeit gestalten wollten, und sahen sich als erstes ihre Hochzeitsphotos an und besprachen, was damals vorgegangen war. Sams Eltern waren nur widerstrebend gekommen. Beim Empfang hatte Susannahs Mutter eine längere Ansprache gehalten, angeblich an das Paar. Tatsächlich hatte sie sich jedoch ausgiebig über ihr eigenes Leben ausgelassen und darüber, wie sie Susannah aufgezogen hatte. Mit einiger Ironie erinnerten sich Sam und Susannah daran zurück und fragten sich nun, wie sie in Anbetracht der Reaktion ihrer jeweiligen Familien überhaupt hatten heiraten können. Sie sprachen auch über die Bedeutung, die die Zeremonie und die Worte und Ringe, die sie getauscht hatten, für sie beide gehabt hatten. Es brachte ihnen ihre jugendliche Zuversicht wieder in Erinnerung, und sie lachten über ihre naiven Vorstellungen über die Ehe.

Während sie sich unterhielten, fiel ihnen auf, daß ein Eheversprechen, das sie sich heute gäben, mehr Bedeutung hätte als ihr ursprüngliches Eheversprechen. Nach fünfundzwanzig Jahren wußten sie tatsächlich, was es hieß, sich aneinander zu binden. Sie beschlossen, neue Eheversprechen aufzusetzen, die bekräftigten, was sie miteinander verband, nachdem sie nun die Stärken, Fehler und Schwächen des anderen kannten. Das half ihnen, das Problem zu überwinden, daß ihre Familien die Wahl ihres Ehepartners nicht akzeptierten, und sich auf ihre eigene Entschlossenheit zu konzentrieren, die Ehe fortzusetzen.

Nachdem sie diese Erneuerung ihres Eheversprechens gemeinsam entworfen hatten, beschlossen sie, sie vor anderen laut zu verlesen, um sie zu Zeugen ihrer erneuten Verbindung zu machen. Sie wollten auch ihre Eheringe reinigen und aufpolieren lassen, um sie sich ›von neuem‹ zu geben. Bei dieser Gelegenheit ließen sie zwei kleine Saphire in Susannahs Ring einlegen, die für ihre beiden Kinder standen. Sie luden einige Freunde zum Essen mit der Familie ein. Nach dem Essen lasen Susannah und Sam ihre erneuerten Eheversprechen vor und tauschten ihre alten ›neuen‹ Ringe. Ihre silberne Hochzeit war weit mehr als das übliche Essen und der Blumenstrauß. Es war ein Anlaß, den Sinn ihrer Ehe damals und heute zu überdenken. Es war auch ein Anlaß, das Urteil anderer über ihre Ehe zu überwinden. Für sich und andere faßten sie die Bedeutung ihrer Beziehung in Worte und sprachen sie aus.

Scheidung und Wiederheirat

Scheidung, als alleinerziehende Mutter oder Vater zu leben und/ oder eine zweite Ehe einzugehen: All das bringt komplexe Familienkonfigurationen mit sich, um die es sich gelegentlich mit Umsicht und Bedacht zu kümmern gilt, um den einzelnen zu helfen, die Zugehörigkeit zu zwei oder mehr Familien aufrechtzuerhalten. Jahrestage können wichtige Anlässe sein, die Hand auszustrecken und Kontakt zu anderen Teilen der Familie aufzunehmen oder Veränderungen, die sich ergeben haben, anzuerkennen. Da Jahrestage nicht allzueng mit bestimmten Symbolen oder festen Regeln, wie sie zu feiern sind, verknüpft sind, bieten sie sehr viel Spielraum, neue Traditionen zu schaffen.

Von einer fünfköpfigen zu zwei vierköpfigen Familien
Für Ramona war es wichtig, die Trennung ihrer Familie zu markieren. Sie wollte ein Ritual zum Jahrestag schaffen, das verwickelte Beziehungsänderungen in der Familie ansprach, da, wie sie es bezeichnete, »wir fünf uns in zwei vierköpfige Familien aufgespalten hatten«. Sie wollte feiern, was sie geschaffen und gewonnen hatten, und zugleich deutlich machen, was ihnen fehlte. »Ich wollte sie wissen lassen, daß ich zwar meine, heute geht es uns besser, daß ich aber trotzdem den Verlust empfinde und ihr anhaltendes Gefühl der Frustation und Trauer tolerieren kann.« Als Ausgangspunkt nahm Ramona ihr gemeinsames Interesse am Lesen und Schreiben und begann, ein Buch zusammenzustellen, dem sie am Ende eines jeden Jahres etwas hinzufügen konnten. Jedem von ihnen waren Seiten vorbehalten unter Überschriften wie »Erinnerungen«, »Veränderungen«, »Gute Zeiten«, »Schwierige Zeiten«, »Was ich mir fürs kommende Jahr wünsche« und so weiter. In jedes Kapitel kamen selbstverfaßte Geschichten, Zeichnungen und Photos mit Bildunterschriften. Im Rahmen dieser Familientradition veranstalteten sie ein gemeinsames Essen, besprachen, was jeder gemacht hatte, und spielten zusammen. Solche Aktivitäten halfen ihnen, unter den veränderten Familienverhältnissen ein neues Zusammengehörigkeitsgefühl und eine neue Identität zu entwickeln.

Wenn eine Trennung oder Scheidung sehr schmerzlich verläuft, mag es unmöglich sein, in den ersten Jahren oder überhaupt etwas in dieser Art zu veranstalten. Am wichtigsten ist es wohl, dafür zu sorgen, daß die geschiedenen Eltern um die Zeit des Jahrestages der Trennung oder Scheidung besondere Unterstützung und Kontakte zu anderen Erwachsenen haben. Die Erwachsenen erinnern sich eher an das genaue Datum, an dem jemand ausgezogen ist oder die Scheidung ausgesprochen wurde. Die Kinder erinnern sich an das genaue Datum vermutlich nicht, doch auch sie zeigen höchstwahrscheinlich um den Jahrestag einer einschneidenden Änderung der Familienverhältnisse gewisse emotionale Reaktionen. Jeder in der Familie braucht zu solchen Zeiten wohl etwas Unterstützung und Bestätigung. Eine solche besondere Zuwendung kann dazu beitragen, die dann aufkommenden starken und oftmals zwiespältigen Gefühle ins Gleichgewicht zu bringen.

Für Familien, die in zweiter Ehe leben, kann es wichtig sein, den Tag zu feiern, an dem sich alle Familienmitglieder zum erstenmal begegnet sind. Stieffamilien haben insofern eine einzigartige Geschichte, als die Kinder oft alt genug waren, die Gründung der neuen Familie bewußt mitzuerleben. Wenn eine Familie diesen Jahrestag feiert, würdigt sie damit die Erinnerungen der Kinder und ihre besondere Rolle in der neuen Familie.

Meryl Butler schildert, wie sich Jahrestage in wiederverheirateten Familien mit familienorientierten Aktivitäten und Geschenken als Angelegenheit aller gestalten lassen. In ihrer Familie verwahren sie die Kerzen vom Geburtstagskuchen eines jeden, schmelzen sie ein und gießen daraus eine große Kerze, die sie am Hochzeitstag anzünden.[1] Die Geburtstagskerzen als Symbol jedes einzelnen zu nehmen und mit einer symbolischen Handlung zu einer einzigen zu verschmelzen schafft ein Ritual zum Jahrestag, das die individuellen Unterschiede und die Verbundenheit in Stieffamilien anspricht.

Als Single das Leben feiern

Jahrestage lassen meist an Ehe und feste Bindungen denken. Janice Barker, siebenundvierzig, hatte oft das Gefühl, daß ihr Entschluß, allein zu leben, vor allem von ihrer Familie nicht akzeptiert wurde. Ihre Eltern gingen wie selbstverständlich davon aus, daß sie zu jeder Zeit zu ihnen kommen konnte, da »sie ja keinen Mann zu versorgen hatte«. Janice kam zu dem Schluß, dies mit einem Ritual anzusprechen, das ihren Entschluß bekräftigte, als Single zu leben. Sie schickte an ihre Freunde und Verwandten Einladungen, auf denen sie schrieb: »Ich lade euch ein, mit einer Party den fünften Jahrestag meines Entschlusses zu feiern, mein Leben als alleinstehende Frau zu leben!« Manche waren verblüfft, als sie diese Einladung bekamen, doch Janices alleinstehende Freunde waren begeistert. Als ihr Vater einwandt: »Und was ist, wenn du eines Tages heiratest?«, erwiderte Janice ruhig: »Viele Leute feiern ihren Hochzeitstag und lassen sich eines Tages scheiden. Das ist der Punkt, an dem ich heute im Leben stehe – also wollen wir es feiern!« Als ihre

Familie zur Party kam, war es das erstemal, daß sie das herzliche und aktive soziale Netz kennenlernten, das Janice mit ihren vielen alleinstehenden Freunden und Freundinnen unterhielt. Ihre Tendenz, anzunehmen, daß Janice »nichts zu tun hat«, legte sich nach diesem Ritual. Während der Party schilderte Janice, was es für ihr Leben bedeutet hatte, nicht mehr auf eine Heirat zu warten, sondern die Möglichkeiten wahrzunehmen, die ein Singleleben ihr boten; eine Entscheidung, die sie tatsächlich fünf Jahre zuvor getroffen, aber niemals offen ausgesprochen hatte. Auch andere in Janices Freundeskreis begannen später, den ›Jahrestag ihres Singlelebens‹ zu feiern.

Verluste und Jahrestage

Bei vielen Verlusten und traumatischen Erlebnissen gibt es keine vorstrukturierten Rituale, die uns helfen würden, uns an das Durchlittene zu erinnern und es zu betrauern. Manchmal breitet Geheimhaltung den Mantel des Schweigens über einen Verlust – bei sexuellem Mißbrauch oder Gewalt in der Familie durchaus kein ungewöhnliches Phänomen. Vielleicht verbinden sich mit einem Geschehen auch gewisse Schuld- oder Schamgefühle, so zum Beispiel wenn jemand in der Familie Selbstmord begangen hat. Es kann auch vorkommen, daß ein Ereignis zwiespältige Gefühle auslöst, die niemand so recht zu benennen weiß. Das mag der Fall sein, wenn ein Familienangehöriger im Krieg vermißt wird oder jemand aus der Familie spurlos verschwindet.

Rituale zum Jahrestag können Möglichkeiten bieten, die Wunden zu heilen und weiterzuleben. Der Jahrestag kann zum Beispiel an den Zeitpunkt erinnern, als das Schweigen über ein traumatisches Erlebnis zum erstenmal gebrochen wurde. Oder er kennzeichnet den Tag, an dem jemand eine Therapie oder Gruppentherapie begonnen hat. Wenn jemand vermißt wird, kann das Datum, an dem er für vermißt erklärt wurde, Gelegenheit bieten, zusammenzukommen, um dieses Menschen im größeren Rahmen zu gedenken und ein Weiterleben und den Fortbestand von Beziehungen zu unterstützen.

Bruder oder Verlobter?

Marissa, Ende Dreißig, hatte vor etwa zwanzig Jahren ihren Bruder durch Selbstmord verloren. Ihr Verlobter Howard hatte den gleichen Vornamen wie ihr Bruder, und manchmal fragte sie sich, ob sie nicht ihre frühere Beziehung zu ihrem Bruder mit ihrer heutigen zu ihrem Verlobten vermengte. Marissa und Howard hatten beide Bedenken, ob sie heiraten sollten. Weder der Geburtstag noch der Todestag ihres Bruders wurde in irgendeiner Weise begangen. Sie ging fast nie auf den Friedhof, wo er begraben lag. Die Familie erwähnte ihren Bruder an Feiertagen wie Erntedank oder Weihnachten gewöhnlich nicht, obwohl alle seine Gegenwart deutlich spürten.

In jedem Herbst, um die Zeit, als ihr Bruder gestorben war, wurde Marissa deprimiert. In diesem Herbst beschlossen sie und ihr Verlobter, etwas anderes zu machen. In der Woche, in die der Todestag ihres Bruders fiel, zündeten sie jeden Abend in Marissas Wohnung eine Kerze an. Marissa erzählte von ihren Erinnerungen an ihren Bruder und wurde sich dabei zum erstenmal über die sehr greifbaren Unterschiede zwischen den beiden Howards in ihrem Leben klar. Sie stellte Photos von ihrem Bruder auf, die sie bis dahin unter Verschluß gehalten hatte. Sie war auch imstande, ihre Eltern anzurufen und ihnen zu erzählen, was Howard und sie machten, und zum erstenmal seit Jahren sprach sie mit ihrer Mutter über ihre Trauer und erfuhr von ihrem Schmerz. Ein Jahr später heirateten Howard und Marissa. Die Bilder ihres Bruders blieben offen stehen.

Heilende Jahrestage schaffen

Im Leben eines jeden Menschen gibt es Zeiten, zu denen persönliche Wunden und Beziehungsprobleme der Heilung bedürfen. Manche kulturellen Rituale, vor allem solche, die sich auf den Tod eines Menschen beziehen, nutzen Jahrestage zu heilenden Ritualen. In der katholischen Kirche lassen die Hinterbliebenen eine Messe zum Jahrgedächtnis eines geliebten Verstorbenen lesen. An Allerseelen (2. November) geht in Mexiko die ganze Gemeinde hinaus auf den Friedhof, schmückt die Gräber mit Blumenkränzen und würdigt die Seelen der Verstorbenen. Im Judentum gibt es die besondere Zeremonie, am ersten Jahrestag des Todes den Grabstein auf ein Grab zu setzen, und die Angehörigen sprechen an allen Jahrestagen Verstorbener und an bestimmten Feiertagen das *Kaddisch*-Gebet. Jahrestage auf diese Weise kenntlich zu machen, schafft geschützten Raum und Zeit und sorgt für Unterstützung von seiten der Verwandten, der Gemeinde und religiöser Persönlichkeiten, weiter zu trauern und zugleich die Verbindung zu anderen herzustellen, während das Leben weitergeht. Kulturell gebräuchliche Symbole wie ein Grabstein lassen sich als Zeichen nutzen, um das man sich versammelt und das die Bedeutung des Ereignisses deutlich macht.

Familien, denen solche Unterstützung von außen nicht zur Verfügung steht, müssen sich vielleicht eigene Zeremonien schaffen und eigenen Symbolen Sinn geben. Peg Mayo schuf ein Jahrgedächtnis zum Tod ihres Sohnes. Patrick war einige Jahre zuvor im Alter von dreiundzwanzig gestorben. An jedem 22. Dezember feiert Peg seinen Geburtstag (den Tag, an dem sie ihn geboren hat). Gewöhnlich ruft sie eine gute Freundin an, die am gleichen Tag geboren ist, macht dann einen Spaziergang durch den Wald und denkt an die glücklichen Zeiten ihres Lebens. Sie hat zum Andenken an ihn einen kerzenroten Rhododendron gepflanzt, weil Patrick ihr an seinem letzten Weihnachtsfest eine dicke rote Kerze geschenkt hatte. Um den Rhododendron vergraben liegen einige von Patricks Lieblingsbüchern und »nähren die Wurzeln«.[2]

Symbole wie dieser Rhododendron, der sich von den Büchern nährt, können Schlüsselelemente eines Jahrgedächtnisses sein, da sie sinnbildend wirken. Die rote Kerze, die Patrick seiner Mutter geschenkt hat, brennt nieder, doch der kerzenrote Strauch wächst weiter und blüht jedes Jahr. Die Photos von Marissas Bruder brachten seinen Tod ans Tageslicht und klärten die Unterschiede zwischen ihrem Verlobten und ihrem Bruder.

Eine lesbische Frau lebte in einer langjährigen Beziehung, die nicht rechtlich anerkannt wurde. Als ihre Freundin bei einem Autounfall ums Leben kam, bekam sie von ihren Brüdern und Freunden einen schwarzen Schal, »der ihre Trauer darstellte und sie als Witwe anerkannte«. Ein Jahr später kamen sie zusammen, »um das Ende des Trauerjahres anzuzeigen und ihr einen bunten Schal zu

schenken, der für die Heilung ihres Schmerzes stand«.[3] Symbole
können all diese vielfältigen Bedeutungen enthalten, und eine
vereinbarte Zusammenkunft vermittelt ein Gefühl von Sicherheit
und Schutz bei den starken Emotionen, die aufbrechen können.

Jahrestage zur Markierung wichtiger Verhaltensänderungen
Jahrestage bieten auch sehr flexible Möglichkeiten, Traditionen
für Aspekte unseres Lebens zu schaffen, die häufig nur minimal
ritualisiert sind, zum Beispiel wenn jemand aufhört zu trinken
oder zu rauchen. Man kann solche Tage nur im Kreis der unmittelbar Betroffenen begehen oder im Rahmen einer größeren Hilfsge-
meinschaft. Die Anonymen Alkoholiker (AA) nutzen die Struktur
von Geburtstagsfeiern, um Menschen zu ermutigen, alljährlich
den Jahrestag zu begehen, an dem sie zu trinken aufgehört haben.
Wenn Alkoholiker Kontakt zu Paten aufnehmen, geben sie gegenüber dieser wichtigen Bezugsperson das Datum an, an dem er oder
sie trocken sein sollte. Der Pate oder die Patin bringt oft zum
Jahrestag, an dem jemand zu trinken aufgehört hat, einen ›Geburtstagskuchen‹ zum Treffen der Anonymen Alkoholiker mit.
Kuchen, Kerzen und ein Ständchen für den Betreffenden sind
Symbole, die seine Wiedergeburt als Mensch markieren, der nicht
mehr trinkt. Das rückt ein wichtiges Ereignis im Leben dieses Menschen in den Mittelpunkt und erinnert ihn an die Notwendigkeit,
sein Verhalten weiterhin zu kontrollieren.

Einzelne Mitglieder der Anonymen Alkoholiker haben zu diesem Datum eigene persönliche Rituale entwickelt. Bob, der vor
etwa fünfzehn Jahren aufgehört hat zu trinken, setzt sich oft mit
seinem Sohn in den Wagen und fährt aus der Stadt. Wenn er in
eine Stadt kommt, in der er noch nie an einem Treffen der Anonymen Alkoholiker teilgenommen hat, ruft er die AA an und erkun-
digt sich, wo sich an diesem Abend Mitglieder treffen. Dann geht
er zu diesem Treffen mit völlig Unbekannten, um sich die große
Gemeinschaft in Erinnerung zu rufen, der er durch seine Abstinenz angehört. Allison, der es sehr schwergefallen war, für sich
selbst zu sorgen, nahm eine Puppe aus ihrer Kindheit und nannte
sie Abstinenz. Abstinenz begleitete sie am Jahrestag, an dem sie zu
trinken aufgehört hatte, und wurde gemeinsam mit Allison gefei-

ert. Die Puppe wurde zu ihrem konkreten Symbol, für sich selbst zu sorgen.

Es kann noch andere Veränderungen geben, die nicht gefeiert werden, die aber von einem bewußt begangenen Jahrestag unterstützt werden. Jim und Alex lebten bereits fünf Jahre zusammen, hatten aber nie eine Hochzeits- oder Verlobungsfeier gehabt. Als sie spürten, daß sie sich allmählich gegenseitig für selbstverständlich hinnahmen, fingen sie an, den Frühlingstag zu feiern, an dem sie sich vor sechs Jahren kennengelernt hatten. Sie nahmen sich unter anderem Zeit zu besprechen, was sie anfangs zueinander hingezogen hatte und wie sie diese Eigenschaften noch heute aneinander schätzten.

Ein ganz besonderer Jahrestag: Jennifers Adoptionstag

Viele Adoptivfamilien, mit denen wir gesprochen haben, entwikkeln spezielle Familientraditionen, mit denen sie die Adoption kennzeichnen. Evans Familie adoptierte Jennifer als Kleinkind. Jennifer wurde im Oktober geboren und kam schon im November 1970, kurz nach dem Erntedankfest, in die Familie. Ihre Familie schuf ein Ritual, das sie Adoptionstag nannte, um Jennifers Adoption zu feiern. Dieser Tag unterscheidet sich von ihrem Geburtstag und fällt alljährlich auf das Erntedankwochenende, wenn die ganze Familie Zeit hat, zusammenzukommen.

Der Adoptionstag hat sich zum Ritual mit vielen Facetten entwickelt. Im allgemeinen Einvernehmen der Familie war und ist es ein Fest, das nur den engsten Familienkreis betrifft, um ihre Beziehungen zueinander zu bekräftigen und weil die Entscheidung, Jennifer zu adoptieren, nur innerhalb der Familie getroffen wurde. An diesem Tag gibt es Jennifers Lieblingsessen, was immer es gerade ist, von Erdnußbutter über Pizza bis hin zu chinesischem Essen, und ein kleines Geschenk, das ihre besondere Stellung in der Familie symbolisiert. Als Jennifer klein war, war ihr Adoptionstag ein Anlaß, zusammen Spaß zu haben und ihr eine Vorstellung vom Wesen der Adoption zu vermitteln. Wie sich herausstellte, erleichterte es dieser eine Tag, an dem die Familie dem Thema der

Adoption besondere Zeit einräumte, das Thema ohne weiteres auch zu anderen Zeiten anzusprechen.

Als Jennifer älter wurde, bot der Adoptionstag Gelegenheit, über Jennifers Fragen zu sprechen, woher sie kam, warum sie zur Adoption freigegeben wurde und warum Evan sie adoptiert hatte. Etwas später begann die Familie, über ihre leiblichen Eltern zu sprechen, die keiner von ihnen je kennengelernt hatte, und sie in Abwesenheit zu würdigen. Als Jennifer zur Jugendlichen heranwuchs, nahm sie nach und nach die Gestaltung ihres Adoptionstages selbst in die Hand. Als Evan in einem Jahr überlegte, ob Jennifer nicht vielleicht das Gefühl habe, für diese Feier zu alt zu sein, kam sie zu Evan und erzählte ihr, sie freue sich darauf, dieses Jahr den Adoptionstag besonders aufregend zu gestalten, und ob ihre Mutter zu dieser Gelegenheit nicht Karten für eine Broadway-Show besorgen könne!

Im vergangenen Jahr, als Jennifer zwanzig war, nahm sie tiefgreifende Änderungen des Adotptionstages vor, indem sie sich entschloß, ihrerseits die Familie zu »adoptieren«. Als die Familie zusammen am Tisch saß, verlas Jennifer ein Dokument, das von ihrer Liebe zu ihrer Mutter, zu ihrem Stiefvater Lascelles und zu ihrem älteren Bruder Jason sprach. Sie erklärte: »Da ihr mich adoptiert habt, möchte ich jetzt euch adoptieren«, und mit diesem Satz brachte sie die Gegenseitigkeit ihrer Beziehung und ihr Gefühl zum Ausdruck, sich selbst dafür entschieden zu haben. Sie gab jedem Familienangehörigen ein kleines Geschenk, in Umkehrung des früheren Vorgehens, bei dem nur sie am Adoptionstag ein Geschenk bekommen hatte. Mit dieser symbolischen Handlung, die die Rollen des Gebenden und Nehmenden verlagerte, war es Jennifer möglich, die Beziehungen von Erwachsenen zu Erwachsenen auszudrücken, auf die die Familie sich hinentwickelte.

Wenn in Ihrer Familie ein Mitglied durch Adoption hinzugekommen ist, möchten Sie vielleicht auch ein Ritual entwickeln, den Jahrestag der Adoption zu begehen. Da es für diesen einzigartigen Jahrestag kein kulturell festgelegtes Ritual gibt, steht es Ihnen völlig frei, ein Ritual zu schaffen, das ihre eigenen Lebensumstände zum Ausdruck bringt. Unserer Ansicht nach sind Familien mit Adoptivkindern einerseits genauso wie andere Familien mit Kindern und andererseits unterscheiden sie sich durch die Tatsache der Adoption. Da Rituale so gut geeignet sind, Gegensätze aufzunehmen und auszudrücken, können Sie ein Ritual schaffen, das beiden Seiten dieser Dualität entspricht. Jennifers Adoptionstag feierte zum Beispiel eine Eltern-Kind-Beziehung *und* die besondere Beziehung der Adoption.

Nachdenken über Jahrestage

Was ist mit den Jahrestagen in Ihrem gegenwärtigen Leben? Hier einige Fragen als Anregung zum Nachdenken und Diskutieren.

- Welche Jahrestage feiern Sie in Ihrem Leben und in dem Ihrer Familie? Welche Aspekte dieser Feiern wirken sich für Sie positiv aus? Welche Aspekte erscheinen Ihnen pflichtgemäß, minimal ritualisiert oder unausgewogen?
- Inwiefern sind sie von Dingen beeinflußt, die Sie über die Bedeutung von Jahrestagen in Ihrer Kindheit gelernt haben?
- Welche Geschlechtsrollen praktizieren Sie bei Ihren Jahrestagen? In welcher Weise initiieren Männer sie? In welcher Weise iniitieren Frauen sie? Welche Planungsaufgaben übernehmen Männer und Frauen? Sind Sie mit den geschlechtsspezifischen Verhaltensmustern zufrieden?
- Gibt es Jahresstage, die Sie derzeit nicht feiern, die Sie aber gerne auf irgendeine Weise begehen würden? Welche Bedeutung könnten sie für Ihren Partner, Ihre Kinder, Ihre anderen Verwandten haben? Welche Symbole, symbolischen Handlungen, Speisen, besonderen Orte könnten Sie benutzen, um sie zu begehen?

Jahrestage zu feiern ermöglicht es, wichtige Meilensteine Ihres Lebens für alle sichtbar zu bestätigen. Zwar muß die Familie Jahrestage meist deutlicher anzeigen als zum Beispiel Geburtstage, doch diese Meilensteine öffentlich bekanntzumachen kann auch die Sichtweise des einzelnen zu diesen Begebenheiten ändern. Es ist möglich, die Bedeutung eines wichtigen Ereignisses zu überdenken und zu überarbeiten und sich darauf zu konzentrieren, wie es sich auf die gegenwärtigen Beziehungen auswirkt. Zur Jahreswende können auch die Menschen eine Wende vollziehen und zurückblicken oder in die Zukunft schauen, um die Dinge aus einer anderen Perspektive zu betrachten.

Im nächsten Kapitel befassen wir uns mit Familientraditionen des internen Kalenders: Urlaub, Familientreffen und jahreszeitlichen Festen. Die meisten Familien feiern auf die eine oder andere Weise die Geburtstage ihrer Angehörigen und denken zumindest an Jahrestage, wenn auch manchmal erst hinterher. Da diese zuletzt genannten Familientraditionen aber weniger verpflichtender Natur und im Ablauf weniger festgelegt sind, bieten sie großen Spielraum, in einer spielerischen und entspannenden Atmosphäre familiäre Inhalte zu schaffen.

KAPITEL 9

URLAUB, FAMILIENTREFFEN UND
JAHRESZEITLICHE FESTE:
SICH FÜREINANDER ZEIT NEHMEN

Urlaub

In Evans Familie hieß die alljährliche Urlaubsreise nach Florida unweigerlich, mitten in der Nacht aufzustehen, um gegen vier Uhr morgens auf der Straße zu sein, »vor dem ganzen Verkehr«. Zum Frühstück gab es nicht den üblichen Orangensaft, um eventuelle Reiseübelkeit zu vermeiden. Immer wiederkehrende Spiele wie Kühe oder Nummernschilder zählen einten die drei Kinder, deren Altersunterschied ansonsten zu groß war, um zusammen zu spielen. Der Tag verlief mit kleinen Wortwechseln über zu schnelles Fahren und endete mit einem großen Krach, wie weit sie an diesem Tag fahren sollten. Am meisten Spaß machte es, eingehüllt in warme Winterkleider, von Chicago aufzubrechen und sich nach und nach auszuziehen, wenn sie Georgia erreichten. Diese Urlaubsreisen bleiben Evan auch als Zeiten in Erinnerung, in denen ihre Eltern ihre besten Lehrer wurden, als die drei Kinder am Beispiel lernten, daß Trinkwasserbrunnen für »Farbige« und »Weiße« falsch sind, daß es das Erbe der Sklaverei immer noch zu überwinden gilt und daß die Verantwortung für diesen Wandel bei ihnen selbst liegt.

Urlaubsreisen bieten den Menschen oft Gelegenheit, auf drastische Weise aus der normalen Zeiteinteilung und Umgebung auszubrechen und sich in eine zeitlich und räumlich besonders geschützte Umgebung zu begeben. Es eröffnen sich Möglichkeiten, Alltagsrituale zu ändern und dabei auch die Rollen zu wechseln, die die einzelnen in diesen Ritualen übernehmen. Schnell bilden sich neue Rituale heraus, die häufig auf Entspannung ausgerichtet sind, auf Dinge, die man nach einer anderen Zeiteinteilung unternimmt und ohne Störungen durch berufliche Verpflichtungen. Morgendliche Rituale ändern sich, so daß man länger schlafen kann, wenn man möchte, oder zum Beispiel im Bett frühstücken kann. Rituale zur Schlafenszeit werden flexibler. Die Mahlzeiten sind häufig weniger festgelegt. Die täglichen Rituale können zum lockeren, erholsamen und spielerischen Kontrast zu den Alltagsritualen des übrigen Jahres werden.

Es können sich auch neue alljährliche Urlaubsrituale herausbilden, wenn Menschen zum Beispiel immer an denselben Urlaubsort fahren und die gleichen Restaurants, Museen oder Parks besuchen. Oder eine Familie geht Jahr für Jahr den gleichen Aktivitäten nach. Ob und wie die Familienmitglieder sich entschließen, im Urlaub gemeinsam ihre Zeit zu verbringen, kann sehr viel über die Familienidentität aussagen.

Der Urlaub gehört mit zu den flexibelsten Familientraditionen. Die umgebende Kultur mischt sich kaum mit Vorgaben ein, was man im Urlaub zu tun hat. Die gesellschaftlichen Botschaften beziehen sich mehr darauf, Spaß zu haben, zu spielen und mit der üblichen Routine zu brechen. Und was man als erholsam ansieht, kann von Familie zu Familie sehr unterschiedlich sein. Die eine mag davon träumen, nach kurzer Fahrt vor der Stadt am Pool zu liegen, sich kaum vom Hotel zu entfernen und viel Sonne zu tanken. Und die andere möchte vielleicht tausend Kilometer fahren, um ihren Traumurlaub zu verbringen – eine anstrengende zehntägige Wanderung auf dem Appalachenpfad.

In Anbetracht der Offenheit, mit der sich Urlaub gestalten läßt, stellt sich die Frage, warum er nicht immer erholsam verläuft. Warum ist er für manche Familien positiv und für andere nicht?

Was ist ein erholsamer Urlaub?
Harold wuchs mit seiner jüngeren Schwester in einer Arbeiterfamilie an der Ostküste auf. Urlaubsreisen konnten sie sich nicht leisten. Sein Vater war Musiker, und bisweilen packten sie ihren Wagen, und er, seine Schwester und seine Mutter begleiteten den Vater in ein Hotel, in dem er ein Engagement hatte. Das waren ihre

einzigen Urlaubsreisen. Seine Frau Cathy wuchs an der Westküste auf, und ihre etwas größere Familie machte häufig kurze Ausflüge und unternahm im Urlaub Wanderungen und Campingfahrten in den Wäldern. Bei diesen Ausflügen besuchten sie oft Cousins, Cousinen, Tanten und Onkel oder sie fuhren gemeinsam mit Freunden. Urlaub war für sie eine Gelegenheit, mit vielen Menschen zusammenzukommen. Als Cathy an die Ostküste zog, trafen sich alle zu ähnlichen Urlaubsfahrten, wenn sie zu Besuch wieder nach Hause kam. Nachdem Harold und Cathy geheiratet und einen Sohn bekommen hatten, fuhren sie alljährlich im Sommer für zwei Wochen in den Westen. Und jedes Jahr kaufte Harold sich nach der ersten Woche ein teures Flugticket und flog allein nach Hause. Cathy blieb und kam mit ihrem Kind am Ende des Urlaubs wütend auf Harold nach Hause. Es dauerte jedesmal eine Weile, ehe sie sich wieder versöhnten. Was ging in dieser Familie vor sich?

Der Urlaub hatte sich zu einem unausgewogenen Ritual entwickkelt, das stärker den Verhaltensmustern entsprach, die Cathy aus ihrer Herkunftsfamilie vertraut waren. Harolds Familie blieb mehr für sich in der heimischen Umgebung und traf sich nicht oft mit der weiteren Verwandtschaft, und schon gar nicht während ihrer Reisen. Nach einigen Tagen an der Westküste fühlte Harold sich regelmäßig eingeengt und verpflichtet, sich mit vielen verschiedenen Menschen auseinanderzusetzen – das empfand er nicht als Erholung. Cathy und Harold mußten eine andere Art von Urlaub finden, die dem Stil beider, von den Alltagsverpflichtungen auszuspannen, besser entsprach. Als erstes kürzten sie die Zeit ab, die sie an der Westküste verbrachten. Und auf Bitten Harolds, der in Küstennähe aufgewachsen war, fuhren sie eine Woche an einen Ort, an dem es Salzwasser gab. So wurde der Urlaub zu einer ruhigeren und erholsameren Zeit.

Wenn zwei Menschen sich zu einem Paar zusammentun, bringt jeder aus seiner Kindheit eine Geschichte mit, wie Urlaube aussehen. Was für den einen Urlaub ist, mag der andere durchaus nicht erholsam finden. Manche Menschen empfinden zum Beispiel Besuche bei Verwandten nicht als Urlaub. Als Steve in einem Seminar über seine Urlaubsreisen sprach, fiel ihm auf, daß er vergessen hatte zu erwähnen, daß seine Familie alljährlich im Winter für eine Woche nach Florida fuhr, um seine Schwiegereltern zu besuchen. Für seine Frau war das ein Urlaub, für ihn nicht.

Im letzten Sommer unterhielt sich Janine im Urlaub mit einem alten Freund, Bill. Er und seine Frau waren gerade von einem einwöchigen Strandaufenthalt in Kalifornien zurückgekehrt. »Das war ein richtiger Urlaub«, sagte er.

»Wie meinst du das?« fragte Janine. »Ich dachte, du nimmst dir viel Zeit, um deine Familie auf der Insel Whidbey zu besuchen.«

»Weißt du«, erwiderte Bill. »Ich bin zu dem Schluß gekommen, daß es *kein* richtiger Urlaub ist. Ich meine, ich bemühe mich ständig, meiner Mutter zu helfen und ihr Dinge abzunehmen, von denen sie gerne hätte, daß Vater sie tut. Ich erledige oft das Kochen, Aufräumen und Spülen, weil ich nicht möchte, daß es ihnen mit der Extraarbeit, die unser Besuch bringt, zu viel wird. Also ist es für mich keine wirkliche Erholung.«

Als Janine aus dem Urlaub kam, in dem sie vier Elternpaare besuchte hatte (ihre Eltern und ihre Schwiegereltern, die alle jeweils in zweiter Ehe verheiratet waren), dachte sie viel über Bills Worte nach. Sie hatte sich im Urlaub alle Mühe gegeben, ihren Eltern zu zeigen, daß sie eine gute Tochter und eine gute Mutter war. All die Handreichungen und Hilfestellungen, von denen Bill erzählt hatte, kamen ihr recht bekannt vor. Bill hatte schon in gewisser Weise recht. Waren Besuche bei den Eltern oder anderen Verwandten wirklich Urlaub?

Den Urlaub in seiner Herkunftsfamilie zu verbringen, vor allem im Elternhaus, macht es gelegentlich recht schwierig, erholsame Urlaubsrituale zu leben. Statt dessen bemüht man sich vielleicht, sich dem Rhythmus ihrer Alltagsrituale anzupassen, und hat dabei kaum eine Chance, eine echte Abwechslung von den eigenen Alltagsritualen zu finden. Verwandtenbesuche können auch Erinnerungen an Familienrituale wachrufen, die Sie in Ihrer Kindheit und Jugend als positiv oder negativ empfunden haben. Vielleicht finden Sie es tröstlich, das gleiche Tischgebet wieder zu hören, an ihrem angestammten Platz zu sitzen und sonntags die traditionellen Spaghetti mit Fleischbällchen zu essen. Es kann aber auch schmerzlich sein zu beobachten, wie Ihre Mutter alle beim Essen bedient und sich kaum selbst zum Essen hinsetzt. Vielleicht sind Sie auch entsetzt, wie sehr sich die Cocktailstunde vor dem Abendessen ausgeweitet hat. Urlaub, den man in seiner Herkunftsfamilie verbringt, bietet möglicherweise nicht den Vorzug, mit der vertrauten Routine und den Verpflichtungen des Alltags zu brechen.

Menschen, die gemeinsam Urlaub machen, haben unter Umständen recht unterschiedliche Vorstellungen, was sie erholsam finden und was nicht. Wenn Ihr Urlaub sich teilweise nicht zufriedenstellend gestaltet, kann es daran liegen, daß Sie unterschiedliche Vorstellungen haben, wie ein Urlaub aussehen sollte. Die folgende Übung kann Ihnen helfen, Ihre Vorstellungen und die der anderen zu klären. Nehmen Sie sich fünf Minuten Zeit mit Ihrem Partner, mit Freunden und/oder mit Ihren Kindern, mit denen Sie den Urlaub verbringen, und prüfen Sie, wo Ihre Vorstellungen sich unterscheiden oder ähneln.

- Gehen Sie die untenstehende Liste durch und streichen Sie mit einem Bleistift alle Vorstellungen leicht durch, die für Sie keine Bedeutung haben.
- Fügen Sie Vorstellungen hinzu, die wir übersehen haben.
- Ordnen Sie jeder verbleibenden Aussage einen Wert von 1 bis 10 zu, je nach Bedeutung, die sie für Sie hat. Eins ist der niedrigste und 10 der höchste Wert.
- Wiederholen Sie diese drei Schritte mit anderen Familienangehörigen.
- Wo unterscheiden und wo decken sich Ihre Vorstellungen?

  - Der Urlaub ist eine Zeit, sich mit Verwandten und Freunden zu treffen und unsere Beziehungen zu ihnen aufzufrischen.
  - Der Urlaub ist eine Zeit, nur mit der eigenen Familie geschützte Zeit und Aktivitäten zu teilen.
  - Es ist wichtig, im Urlaub abzuschalten von Anrufen, Zeitungen, Fernsehen, Computern, Post und so weiter.
  - Im Urlaub möchte ich mit den üblichen Aufgaben wie Kochen, Spülen, Gartenarbeit nichts zu tun haben.
  - Schlafenszeiten, Mahlzeiten, morgendliche Routine, all das sollte flexibler sein.

- Körperliche Bewegung ist ein wichtiger Bestandteil des Urlaubs (sportliche Betätigung im Freien, Wandern, Joggen und so weiter).
- Ich verbringe den Urlaub gerne in der Großstadt mit ihrem Angebot an Kulturveranstaltungen, Restaurants und so weiter.
- Ein Urlaub in der freien Natur sorgt für bessere Erholung.
- Ich fahre gerne jedes Jahr an denselben Urlaubsort.
- Der Urlaub sollte an einem Ort stattfinden, an dem es ein organisiertes Freizeitangebot für Kinder gibt.
- Für Jugendliche in der Familie ist es ganz gut, manchmal allein in Urlaub zu fahren.
- Jeder sollte im Urlaub etwas Zeit für sich allein haben.

Unterwegs

Da Sheilas Eltern jedes Jahr im Urlaub eine Campingfahrt planten, um sich einen anderen Teil der Vereinigten Staaten anzusehen, lebten sie und ihre beiden Brüder drei Wochen lang mit ihren Eltern praktisch im Auto. Zum allmorgendlichen Urlaubsritual gehörten Zimtbrötchen und hartgekochte Eier zum Frühstück im Auto (es war die einzige Gelegenheit, bei der sie in ihrem neuen Ford essen durften). Anschließend legten die Kinder sich wieder schlafen. Jeden Abend organisierte ihr Vater, der früher beim Militär gewesen war, daß alle beim Aufbauen des Zeltes halfen. Morgens »brachen wir das Zelt ab, spülten das Eßgeschirr und erkundeten die Umgebung«, ehe sie weiterfuhren. Jedes Jahr fuhren sie zu weit und versuchten, zuviel zu sehen. Ihr Vater, von der Fahrt völlig erschöpft, schlief die meiste Zeit am Strand oder auf dem Campingplatz, wenn sie schließlich ihr Ziel erreicht hatten. Sheila hatte als Kind immer das Gefühl, daß der Urlaub für ihre Eltern eher Arbeit als Vergnügen war, und versucht nun in ihrer eigenen Familie, diesen Fehler zu vermeiden.

Vielleicht stellen Familien fest, daß die Organisation im Urlaub mehr Vorplanung und Zeit erfordert, wenn sie nicht gerade Verwandte zu Hause besuchen. Der Urlaub kann zudem teurer werden und mehr Fahrerei erfordern. Eine Familie fand eine kreative Lösung für dieses Dilemma.

Urlaub zu Hause

Die Robinsons planen alljährlich ihren Urlaub zu Hause. Sie haben damit begonnen, nachdem sie erschöpft von ihren Urlaubsreisen zurückkehrten und die finanziellen Belastungen deutlich spürten, die die Reisen für die sechsköpfige Familie mit sich brachten. Für den Urlaub zu Hause kochen sie gemeinsam große Portionen Essen im voraus, Hähnchen, Kartoffelsalat und Makkaroni mit Käse. Außerdem gehen sie öfter aus essen, vereinbaren, keine Hausarbeit zu erledigen, heben ihre üblichen Regeln über Schlafenszeiten und Aufräumdienste auf, schalten das Telefon ab und schränken die wöchentliche Fernsehzeit ein. Jeden Tag unternehmen sie etwas anderes, zu Hause oder in der näheren Umgebung, und suchen sich dazu Dinge aus, die mehreren von ihnen Spaß machen. Die Familie hat sich ein sinnvolles jährliches Ritual geschaffen, das ihre Beziehungen zueinander fördert und ihre besonderen Überzeugungen und Wertvorstellungen zum Ausdruck bringt.

Ein solcher Urlaub erfordert eine gewisse Disziplin, um nicht in Alltagsverpflichtungen zu verfallen wie zum Beispiel Wände neu zu streichen, die seit einem Jahr eine Renovierung nötig hätten. Etwas Geld beiseite zu legen, um davon aus essen zu gehen oder Vergnügungen zu finanzieren, kann Sie daran erinnern, daß Sie von Ihrem normalen Leben abschalten. Sie brauchen nur noch dafür zu sorgen, daß Sie es auch tatsächlich ausgeben. Wenn Sie jemanden beim Arbeiten ›erwischen‹, können Sie ihn auf spielerische Weise verpflichten, in dieser Woche einen Familienausflug zu organisieren.

Urlaub in der Zweitehe: Viele Traditionen unter einen Hut bringen

Wenn es in einer Familie eine Scheidung und eine erneute Heirat gegeben hat, kann das die Urlaubsplanung erheblich komplizieren. Nicht nur bringen beide Eltern bezüglich der Urlaubsgestaltung ihre jeweilige Geschichte aus ihren Herkunftsfamilien mit, auch die Kinder haben möglicherweise aus der ersten Familie ihre Vorstellungen, wie ein Urlaub aussehen sollte. Zudem sind noch andere Angehörige und die früheren Ehepartner mit ihren Terminplänen zu berücksichtigen.

Andrea schildert den ersten Sommerurlaub ihrer zweiten Ehe so: »Der erste Campingurlaub, den wir als Familie machten, war eine Katastrophe! Wir machten den Fehler, an einen Ort zu fahren, der in meiner ersten Ehe zu meinen Lieblingsplätzen gehört hatte. Ständig kamen Erinnerungen hoch, nichts schien glattzulaufen. Sam und ich bekamen unseren ersten großen Krach. Da unsere Kinder sich weigerten, gemeinsam in einem Zelt zu schlafen, lief es schließlich darauf hinaus, daß seine Tochter mit uns in einem Zelt schlief ... Es hat Wochen gedauert, bis wir uns von diesem Erlebnis erholt hatten.«[1]

Der Urlaub erstreckt sich meist über einen längeren Zeitraum als andere Familientraditionen wie Geburtstage und Jahrestage. Besondere Probleme in Familien, die in zweiter Ehe zusammenleben, können sich durch die längere Zeitdauer verschlimmern. Die zeitliche Abstimmung mehrerer Haushalte, die Berücksichtigung der Traditionen früherer und bestehender Familien und die gemeinsame Planung gestalten sich wesentlich komplexer. Es kann nötig sein, den Urlaub ein Jahr und länger im voraus zu planen, um ihn mit den Terminplänen anderer Elternteile abzustimmen, bei denen die Kinder teilweise leben. Und wenn jeder Partner Kinder mit in die Ehe bringt, kann es viel Mühe erfordern, eine Zeit zu finden, in der alle Kinder da sein können. Wenn Familien Urlaub bei Angehörigen machen, kann es auch sein, daß sie viele entferntere Verwandte besuchen müssen.

Was einer Familie im Urlaub großen Spaß gemacht hat, kann die Familie, mit der sie nun durch die Ehe verbunden wird, ausgesprochen langweilig finden. Stephanie und ihre beiden Kinder gingen im Urlaub gerne auf Campingfahrten und Wanderungen, sie schwammen und betätigten sich körperlich. Als sie Paul heiratete, stellte sie fest, daß es bei ihm und seinem Sohn eine langjährige Tradition gab, jedes Jahr für ein paar Tage nach New York zu fahren, Museen und Parks zu besuchen und sich die Stadt anzusehen. Es kann auch sein, daß Kinder einige Jahre allein mit einem Elternteil gelebt haben, ohne sich mit anderen Kindern auseinandersetzen zu müssen, daß die Familie sich angesichts der finanziellen Belastungen durch die Scheidung keinen Urlaub leisten konnte oder daß die Kinder die Ferien bei den Großeltern verbracht haben. Als Familie gemeinsam in Urlaub zu fahren – eine Sache, die normalerweise als etwas betrachtet wird, das Spaß machen sollte –, kann in solchen Fällen bedeuten, daß besondere Beziehungen verlorengehen wie zum Beispiel die enge Bindung zwischen einem Elternteil und dem Kind. Manche Familien, die in zweiter Ehe zusammenleben, lösen dieses Problem, indem Vater oder Mutter mit ihrem leiblichen Kind ein Wochenende allein verbringen oder sich während des gemeinsamen Familienurlaubs Zeit nehmen, diese Beziehung als etwas Besonderes zu bekräftigen.

Auch die Begegnung mit neuen Menschen an fremden Orten kann Fragen nach der Familie aufwerfen. Als Jody mit ihren beiden Kindern zum erstenmal mit ihrem Mann Steve und seinen beiden Kindern verreiste, fragten alle Leute auf dem Campingplatz, ob die vier Kinder alle ihnen gehörten. Da Jodys Tochter und Steves Tochter kaum ein Jahr auseinander und fast gleich groß waren, machten sich natürlich alle Leute Gedanken über die beiden. Sie versuchten, die Familienverhältnisse herauszutüfteln. Angesichts dieser Fragen stellten Steve und Jody fest, daß damit auch sie selbst aufgefordert waren, ihre Beziehung neu zu definieren. Wenn Jody zum Beispiel erklärte, Steves Kinder Amira und Ken seien zur Hälfte auch ihre Kinder, stellte ihre Tochter Tatiana das in Frage. Sie meinte, sie sei zur Hälfte das Kind ihrer Mutter und zur anderen Hälfte das Kind ihres Vaters, wie könnten also Amira und Ken zur Hälfte Jodys Kinder sein. Jody antwortete ihr: »Also ich empfinde sie halb als meine Kinder.«

Isabel und Bob sind seit kurzem in zweiter Ehe verheiratet und haben drei Kinder. Ihren ersten großen gemeinsamen Urlaub verbrachten sie im Mittelwesten und besuchten drei Großelternpaare, drei Geschwister mit ihren Familien und trafen gut zwanzig Cousins und Cousinen. Das sind eine Menge Menschen. Sie machten sich etwas Sorgen, wie die Kinder auf so viele verschiedene Orte und Gesichter reagieren würden, aber sie hielten sich gut. Schwieriger war es, mit all den gefühlsmäßigen Reaktionen der Erwachsenen fertig zu werden, ihre eigenen eingeschlossen. Viele sahen sie bei dieser Gelegenheit zum erstenmal als Ehepaar und Familie, und das brachte die unterschiedlichsten Gefühle über ihre früheren Ehepartner und Familien auf. Auch Verwandte empfinden einen Verlust, wenn es zur Scheidung kommt. Sie haben vielleicht eine enge Beziehung zum geschiedenen Ehegatten, ihre eigenen Vorstellungen, warum es zur Scheidung gekommen ist, und eigene Ansichten über die neue Ehe. Isabel und Bob spürten, daß sie sich gegenseitig Halt geben mußten, wenn ihre Eltern Geschichten über den früheren Ehegatten und ehemalige Hochzeitsgeschenke erzählten oder wenn sie dasselbe Zimmer miteinander teilten, in dem einer von ihnen auch mit seinem oder ihrem früheren Partner geschlafen hatte. Sie und ihre Angehörigen mußten buchstäblich ihre Bindungen und ihr Verhältnis zueinander überarbeiten, als der neue Schwiegersohn und die neue Schwiegertochter sowie die Stiefenkel vorgestellt wurden und die früheren Ehegatten endgültiger von der Bildfläche verschwanden. Es ist nicht überraschend, daß sie stärker als gewöhnlich auf Probleme reagierten wie zum Beispiel auf die Frage, ob sie sich zu gleichen Teilen an den Reisevorbereitungen und -plänen beteiligten. Ein Urlaub kann eben wesentlich mehr sein als nur ein Urlaub!

Schlechte Urlaubserinnerungen begraben

Raul und Josie kamen mit ihren beiden Kindern von einer zehntägigen Reise nach Nordkalifornien zurück nach Nevada. Es war kein schöner Urlaub. Zuerst hatte ihr fünfjähriger Sohn Ben sich eine Darmgrippe geholt. Dann hatte es drei Tage lang geregnet, als sie auf Campingtour waren. Den letzten Teil des Urlaubs hatten sie bei Rauls Schwester verbracht, bei der Josie sich durchaus nicht willkommen fühlte. Die Kinder hatten die Spannungen ihrer Eltern gespürt und waren entsprechend gereizt und übellaunig miteinander umgegangen. Sie kamen erschöpft nach Hause. Josie und Raul bezeichneten es als den schlimmsten Urlaub, den sie je gemacht hatten.

Als der nächste Sommer näherrückte, riefen Rauls Eltern an und fragten, wann sie zu Besuch kämen. Josie hörte von einem wunderschönen neuen Campingplatz am Mount Shasta. Als die beiden versuchten, über ihre Pläne für den nächsten Urlaub zu sprechen, konnten sie sich nicht einigen, was sie machen wollten, und zögerten die Planung immer weiter hinaus. Sie merkten, daß sie sich in der Erinnerung an den schrecklichen letzten Urlaub festgefahren hatten. Vielleicht befinden Sie sich in einer ähnlichen Lage, die die Wahl Ihres nächsten Urlaubsortes beeinflußt, Sie hindert, überhaupt einen nächsten Urlaub ins Auge zu fassen, oder Erwartungen in Ihnen schürt, daß auch der nächste Urlaub nicht sonderlich gut wird. Es muß auf irgendeine Weise ein Strich unter die alten Erinnerungen gezogen werden. Josie und Raul setzten sich mit ihrer Familie zusammen und unterhielten sich über die guten und schlechten Seiten ihres letzten Urlaubs. Einiges Gute war unter dem Eindruck der Pannen untergegangen. Und an manchen der schwierigeren Momente wie zum Beispiel dem kleinen Bach, der in einer finsteren Nacht, als Ben krank war, mitten durch ihr Zelt geflossen war, entdeckten sie auch komische Seiten, als sie ihre Urlaubserlebnisse in überzogener Form wiedererzählten.

Sie können ihre schlimmsten Erfahrungen für den nächsten Urlaub aussprechen und gestützt auf Urlaubsreisen, die nicht so gut gelaufen sind, hochspielen. Oder aber Sie nehmen Photos, Postkarten und andere Andenken an einen wirklich mißglückten Urlaub und ›begraben‹ sie in einem Ordner für ›Erinnerungen, die ich möglichst schnell vergessen will‹. Und vor allem können Sie den Urlaub so planen, daß Sie die Ursachen, die die letzte Reise verdorben haben, auf ein Minimum reduzieren. Ein wichtiger Aspekt dieser Planung kann darin bestehen, herauszufinden, was für die einzelnen Mitglieder Ihrer Familie einen wirklichen Urlaub ausmacht.

Was bedeutet Ihnen und Ihrer Familie der Urlaub?
Wir spüren es in den Knochen, wenn wir urlaubsreif sind, doch nur selten besprechen wir im voraus mit anderen Familienangehörigen, wie der ideale Urlaub für uns aussieht. Der Urlaub sagt sehr viel über die Familienidentität aus. Hier nun einige Fragen zum Bild, das Sie sich von Ihrer Familie machen.

- Was möchte ich/möchten wir als Familie zusammen unternehmen?
- Welche Aktivitäten sind entspannend?
- Was bietet Abwechslung vom Alltagstrott?
- Welche Vorstellungen habe ich/haben wir, wie wir im Urlaub

sind und was wir tun möchten? Wie sehe ich mich oder andere im Urlaub?

– Wie gehen wir miteinander um, wenn ich/wir frei bin/sind von beruflichen und sonstigen Alltagspflichten?

– Was bedeutet es, mehr mit unseren Kindern zusammenzusein, wenn sie nicht in die Schule, zum Baseballtraining oder zu Freunden gehen und so weiter?

Wie würde ein anderes Familienmitglied diese Fragen beantworten? Inwiefern unterscheiden oder decken ihre Antworten sich mit Ihren? Nutzen Sie die Erkenntnisse, die Sie bekommen, für die Planung Ihres nächsten Urlaubs. Und denken Sie daran, daß ein Urlaub Abwechslung von der Routine bieten kann, und zwar nicht nur von Arbeitspflichten, sondern auch von den üblichen Verhaltensmustern in der Familie. Alle Verhaltensweisen, so interessant sie auch sein mögen, können sich mit der Zeit verschleißen und allzu eingefahren werden. Nutzen Sie den Urlaub, um Abwechslung in typische Familienabläufe zu bringen. Doug und Lynn lassen ihre beiden heranwachsenden Kinder jedes Jahr zwei Tage im Urlaub alleine planen. Auf diese Weise besuchen sie ein Rockkonzert und einen Wasserpark, in die sie nie gegangen wären, wenn die Eltern die gesamte Planung weiterhin alleine übernommen hätten. Und ihre beiden heranwachsenden Kinder genossen es, die Rollen zu tauschen und ihren Eltern zu sagen, was getan wird.

Familientreffen

Familientreffen sind eine Tradition, die gewöhnlich seltener stattfindet als Geburtstage, Hochzeitstage und Urlaubsreisen, können jedoch sehr wichtig sein, vor allem um den Kontakt zu Verwandten aufrechtzuerhalten. In manchen Familien gibt es zum Beispiel regelmäßig alle fünf Jahre Familientreffen. In anderen kommen sie sporadisch vor, wenn jemand die Energie aufbringt, sie zu organisieren. Und in wieder anderen gibt ein wichtiges Familienereignis wie zum Beispiel eine Hochzeit oder der neunzigste Geburtstag der Großmutter oder des Großvaters den Anstoß, sich wieder einmal zu treffen.

Die fünf Geschwister Wilson – drei leben im Norden und zwei im Süden der Vereinigten Staaten – treffen sich alle drei oder vier Jahre bei einem von ihnen, abwechselnd im Norden oder im Süden. Das erste Familientreffen fand zum Geburtstag ihres Großvaters statt, als er immer älter und gebrechlicher wurde. Sie nahmen seinen Geburtstag zum Anlaß für ein Familientreffen und überraschten ihn damit, daß fast die ganze Familie erschien. Seit nunmehr siebzehn Jahren halten sie an diesen Treffen fest. Sie legen Wert darauf, mindestens drei oder vier Tage für die Treffen zu haben, bei denen Essen eine große Rolle spielt. Sie stöbern alte Familienrezepte auf, tauschen sie aus und machen mindestens ein typisches Südstaatenessen mit Kohl, Erbsen, Reis, Schweinshachsen und süßem Kartoffelkuchen. Und meist gibt es für die verschiedenen Generationen unterschiedliche Aktivitäten.

Wenn man sich die Photos ihrer Familientreffen über die Jahre hinweg ansieht, vermitteln sie ein wunderbares Gefühl dafür, wie die Zeit vergangen ist. Kleidung, Autos, Frisuren, all das ändert sich. Man erkennt auch, wie die Generationen sich entwickeln und Eltern inzwischen ihre Enkelkinder auf dem Arm halten. Und von Jahr zu Jahr entdeckt man den Obstsalat in einer großen Wassermelone, ausgehöhlt zu einer Schale, in deren Griff der Name Wilson eingraviert ist. In den achtziger Jahren sind durch den Computer Neuerungen zum Familientreffen hinzugekommen. Spruchbänder heißen die Verwandtschaft in verschiedenen Sprachen willkommen, und einer hat sein gesamtes Wissen über den Stammbaum der Familie in einem Computerprogramm erfaßt und im Wohnzimmer auf den Monitor gegeben, damit die anderen es sich ansehen können. In Zukunft steht der Computer vielleicht eingeschaltet bereit, um die Erinnerungen und Geschichten der Versammelten festzuhalten.

Eine der Familien schilderte das Treffen so:

Roberta: Es ist, als hätte jeder in der Familie ...
Jerry: ... etwas Besonderes.
Roberta: Jeder Bruder und jede Schwester meiner Mutter und meine

Mutter selbst haben ihre besonderen Charakterzüge und Eigenheiten. Und zusammengenommen ergibt das eine einmalige Sache. Mein Onkel Jimmy mault immer, wenn er Karten spielt, über die verdammten, blöden, miesen Karten.

Jerry: Und immer ist ein Spiel *Pitch* im Gang. Die Frauen spielen Poker, und die Männer spielen *Pitch*. Und dann gibt es jedes Jahr die Wahl, das ist so eine Sache ...

Theresa: Oh, das ist ein Spaß, wir wählen jedes Jahr einen Familienvorstand.

Roberta: Also, das ist hier so eine Art Tradition. Der Älteste ist ohnehin das Familienoberhaupt, er ist der Don. Das ist er immer schon gewesen und wird es immer sein. Aber jedes Jahr muß er aufs neue gewählt werden! Und jedes Jahr veranstalten ein paar Brüder einen Riesenzirkus und starten eine Kampagne, selbst zum Vorstand gewählt zu werden. Sie stellen alles mögliche an mit Slogans und Wahlkampfliedern und so, um selbst gewählt zu werden. Dann kommt der Tag der Wahl, und alle hören sich ihre Slogans und Appelle an und wählen prompt wieder Onkel John zum Vorstand.

Theresa: Und jedes Jahr erhöhen sie unsere Löhne.

Jerry: Jedes Jahr verdoppeln sie die Löhne.

Theresa: Weil wir nichts bekommen. Deshalb verdoppeln sie sie jedes Jahr.

Jerry: Sie müssen sich diese Familie vorstellen. Die meisten sind schon recht alt, in den Achtzigern.

Theresa: Nicht die meisten, Jerry, nur ein paar.

Jerry: Gut, viele. Und sie sind – nein, nicht altmodisch – sie sind für ihr Alter die lebendigsten Menschen, die Sie sich vorstellen können. Das ist es im Grunde.

Roberta: Sie genießen das Leben und haben Sinn für Humor und Sinn für Unsinn. Und die Sache ist die, das scheint erst zum Vorschein zu kommen, wenn sie zusammen sind – wenn Sie sich mit einem allein unterhalten, ist jeder eine Stütze der Kirche, wie Ma sagt, so altmodisch, wie der Tag lang ist!

(Roberta und Jerry Wilson sind achtunddreißig und sechsunddreißig; Theresa Roach ist sechsundvierzig.)[2]

Im Sommer oder an Wochenenden, an denen ein Feiertag liegt, bietet sich meist am ehesten Gelegenheit zu Familientreffen, da die meisten dann verreisen können. Präsident Reagan erklärte 1986 das erste Wochenende im August zum »Nationalen Tag des Familientreffens«, aber daran brauchen Sie sich natürlich nicht zu halten. Als Datum bietet sich ansonsten auch der Jahrestag der Einwanderung eines Familienzweiges in die Vereinigten Staaten an oder ein Tag, an dem ein wichtiges Ereignis der Familiengeschichte stattgefunden hat. Es wird nötig sein, daß die Verwandten miteinander in Kontakt bleiben, um zu überlegen, was im Mittelpunkt des Treffens stehen soll, und um die Aufgaben sorgfältig zu verteilen. Manche Familien mögen es, sich ihre gemeinsame Geschichte mit alten Schmalfilmen und Photoalben zu vergegenwärtigen; andere gehen gerne zurück an Orte, an denen sie die Wurzeln der Familie erforschen können und wieder andere haben lieber ein geselliges, aktives Beisammensein. Nach dem Tod einer ihrer Tanten beschloß die Familie Gonzáles, bei ihrem nächsten Treffen die mündliche Überlieferung ihrer Familie niederzuschreiben, ehe noch mehr Angehörige dieser Generation gestorben wären und mit ihnen auch ihre Geschichten.[3]

Andere Familien veranstalten Wettbewerbe, bei denen sie »Ermittlungen anstellen«, um sich besser kennenzulernen, oder Schnitzeljagden, bei denen die Mannschaften sich aus verschiedenen Generationen zusammensetzen, wie Enkeln, Nichten, Neffen, Onkeln und Großeltern. Man kann Kochbücher zusammenstellen, in die die Rezepte der zum Familientreffen mitgebrachten Speisen oder überlieferte Familienrezepte einfließen neben Geschichten zu den Rezepten, alten Photos, dem Familienstammbaum und Auszügen aus Briefen. Die Kinder in die Niederschrift solcher Rezepte einzubeziehen kann viel Spaß machen. Der achtjährige Jacob Singh schrieb folgendes:

Rajs Killerkekse

(Jacobs Vater heißt Raj)
Ein Pfund Butter cremig rühren, bis keine Klumpen mehr vorhanden sind. 1½ Tassen braunen Zucker oder eine ¾ Tasse Honig oder Ahornsirup oder eine Kombination daraus sowie Melasse und andere Süßstoffe unterrühren. Mit weißem oder braunen Zucker macht der nächste Schritt mehr Spaß, und die Plätzchen krümeln nicht so! (Aber das

Zeug ist nicht gut für dich.) Diese fettige Masse schlagen, bis sie heller wird, und wenn du Zucker nimmst, bis die Masse den sanften Glanz von Satin annimmt. Nimm zwei oder drei Eier, und rühre sie unter. Du kannst die Eier erst schlagen, wenn du willst, oder sie einfach hineinplumpsen lassen. Egal wie du es machst, es sieht grieselig aus, bis die Eier ganz untergerührt sind. Jetzt kannst du ein paar Teelöffel Vanillezucker hineinwerfen und dreieinhalb gehäufte Teelöffel Erdnußbutter oder Tahim*. Das ist die feuchte Masse.

Jetzt nimm eine zweite Schüssel für das trockene Zeug. Fang mit etwa 3 Tassen Hafermehl an, und gib noch 1½ Tassen Weizenmehl und/oder Kleie oder Vollkornmehl oder Müsli (das mit Rosinen und Nüssen ist toll!) zu. Schütte einen Teelöffel Zimt, einen voll Ingwer und einen voll Muskatnuß rein. Wenn du Salz möchtest, nimm auch einen davon. Dann schütte noch einen Teelöffel Backpulver rein. Jetzt mischst du das trockene Zeug tassenweise oder so unter das nasse Zeug. Zusammen sollte es klebrig und zäh werden, ungefähr wie Erdnußbutter. Wenn es zu matschig ist, gib noch Haferflocken oder anderes trockenes Zeug zu; wenn es zu trocken und hart ist, tu etwas Wasser rein. Jetzt kommt das Beste. Jetzt kannst du ein Paket gute Schokoflocken und/oder gehackte Nüsse und/oder Rosinen und/oder andere getrocknete Früchte und so weiter reinwerfen.

O ja, heiz den Backofen zu Beginn dieses Rezepts auf 170 Grad vor. Jetzt leg' mit zwei Teelöffeln Teigklumpen in deiner Lieblingsgröße auf ein nicht eingefettetes Backpapier. Laß sie 15–20 Minuten backen oder bis du sie oben leicht anfassen kannst, ohne sie einzubeulen. Das Rezept ergibt etwa 50 Kekse von 5 cm oder 33 von 7,5 cm oder 24 von 10 cm oder 1 von 2,50 cm oder 100 von 2,5 cm ... Mmmmhhh!!!

Mein Vater und ich haben das Rezept erfunden, als ich sieben Jahre alt war. Uns war es ganz furchtbar langweilig. Also erfand mein Dad supertolle Killerkekse. Wir machen sie jetzt immer.[4]

Ein heilendes Familientreffen

Janines Verwandtschaft hatte sich zuletzt zur goldenen Hochzeit ihrer Großeltern vor zweiunddreißig Jahren getroffen. Als ihre Schwester im Sommer 1990 ein Familientreffen plante, sandte sie allen eventuellen Teilnehmern einen Bogen mit Fragen, wann und wo sie gerne zusammenkämen und was sie dort gerne täten. Anhand dieser Informationen suchte sie einen Ort für das Treffen aus,

* *Tahim:* Sesammus

und verschiedene Verwandte übernahmen es, ein Picknick am Strand, einen Grill für Hot dogs und Marshmallows und einen Spieleabend zu organisieren und alte Schmalfilme auf Video zu überspielen. Viele Familien stellten Schautafeln mit Photos von ihrer Anfangszeit bis heute zusammen. Sie wurden beim festlichen Abendessen ausgestellt zusammen mit einer Parodie der jüngsten Generation, die die Reise von Urururgroßvater und Urururgroßmutter Roberts 1882 im Güterzug von Kansas in den Bundesstaat Washington darstellte. Es braucht offenbar einen oder zwei, die die Organisation in Gang bringen, aber dann lassen sich die Aufgaben an andere delegieren.

Das Familientreffen wurde schließlich für die Familie zu einem sehr heilsamen Ereignis, als Janines jüngerer Bruder Mark kurz vorher wieder auftauchte. Er war Alkoholiker und vor etwa achteinhalb Jahren spurlos verschwunden; niemand wußte, ob er tot oder lebendig war. Seit fast neun Monaten war er trocken und konnte für zwei Tage zum Familientreffen kommen. Er hatte seine Verwandten zwischen achteinhalb und zwanzig Jahren nicht mehr gesehen. Obwohl er seiner Familie viel zu sagen hatte, war dies doch nicht der rechte Augenblick, alles zu erzählen, was ihm in den vergangenen neun Jahren widerfahren war. Wie konnte er ihnen zeigen, daß er bereit war zu erzählen, wo er gesteckt hatte, aber dennoch in erster Linie wegen des Familientreffens da war? Er eröffnete das förmliche Abendessen mit den Worten: »Hi, ich bin Mark, und ich bin Alkoholiker. Hups – falsche Versammlung!« Er erntete herzliches Gelächter. Anschließend las Mark ein Gedicht vor, das er geschrieben hatte: »Bestandsaufnahme – Annahme«. Es endete mit den Zeilen:

Gefühle regen sich, ich lebe –
Liebe, Ganzheit, Menschlichkeit – so lang verleugnet.
Wachsende Einsicht, daß ich in Ordnung bin
und Wurzeln finde in meiner Familie.

Noch immer weiß ich die Antwort nicht auf das »Warum«,
doch auf dieser Reise fliegen wir
auf breiter Straße tief in unserem Inneren –
atemloses Staunen, Suchen bis zum Tag unseres Todes.

Indem er dieses Gedicht vorlas, schlug er eine Brücke über die letzten neun Jahre seines Lebens hinweg zum größeren Familienkreis, der hier zusammengekommen war. Er erzählte ein kleines Stück seiner Geschichte, ließ die anderen wissen, daß sie ihn danach fragen konnten, und zeigte ihnen, daß er die Verbindung zur Familie wieder aufnehmen wollte. Daraufhin floß so manche Träne im Saal.

Ein Familientreffen organisieren

Die Erwartungen und der zeitliche Ablauf eines Familientreffens müssen flexibel sein, und bei der Planung ist zu berücksichtigen, daß sich die Teilnehmer möglicherweise in wirtschaftlich recht unterschiedlichen Situationen befinden. Gewöhnlich kommen zu Familientreffen Menschen zusammen, die nicht in so engem Kontakt miteinander stehen wie jene, mit denen man Jahrestage feiert oder Urlaub macht. Alle sollten sich im klaren sein, was sie wollen, und Toleranz für andere Lebensstile aufbringen. Vielleicht muß man das Familientreffen in kleinerem Rahmen ansetzen, wenn manche nicht kommen wollen. Dann läßt sich ein kleineres Fest mit jenen planen, die wirklich teilnehmen möchten. Oder man kann immer wieder ein größeres Familientreffen anregen, wenn Verwandte zu anderen Gelegenheiten zusammenkommen. Die Fähigkeit von Ritualen, Beziehungen zu definieren, Veränderungen zu ermöglichen und Überzeugungen auszudrücken, kommt bei Familientreffen mit all ihren Aspekten ins Spiel. Wenn Familientreffen gut verlaufen, können sie einen Sinn für Identität und Verbundenheit vermitteln zusammen mit dem Gefühl, sich auf sehr vertrautem Terrain zu bewegen, das sich von jedem anderen Beisammensein unterscheidet.

Besonders sorgfältige Planung ist nötig, wenn es in der Verwandtschaft Brüche oder Parteibildungen gegeben hat. Es gibt vielleicht Mittel und Wege, schon durch die Planung kleine Verschiebungen der Bündnisse innerhalb der Familie und der Sichtweise zu bewirken, die die Menschen voneinander haben. Mit Bedacht sollte die Wahl auf einen neutralen Ort fallen, der nicht für ganz bestimmte Seiten der Familie bequemer oder bedeutungsvoller ist; auch sollte das Treffen nicht im Haus einer Familie stattfinden, das nicht als offen und für alle zugänglich gilt. Sorgen Sie für ein buntes Angebot von Aktivitäten, die teils in kleineren oder größeren Gruppen stattfinden können und teils alle Versammelten einbeziehen. Das kann ihnen das Gefühl geben, selbst in der Hand zu haben, wieviel Kontakt sie mit dem Familienklan haben wollen.

Denken Sie bei der Einladung über die beste Art nach, den Kontakt herzustellen. Sollte man Briefe mit den Namen verschiedener Generationen in der Familie verschicken? Sollten gewisse Familienmitglieder, die eine zentrale Rolle spielen, anrufen? Ist es am besten, bei der Einladung auf die besonderen Fähigkeiten oder das geschichtliche Wissen der Betreffenden hinzuweisen, das sie in das Treffen einbringen könnten – und sie auf diese Weise wissen zu lassen, wieviel gerade *ihre* Anwesenheit bedeuten würde? Wichtig ist auch, Möglichkeiten vorzusehen, wie Sie in Erfahrung bringen, welche Ansichten und Ideen die Beteiligten zur Gestaltung des Treffens haben. Wenn einige nicht kommen können oder wollen, erinnern Sie beim Familientreffen mit einem Trinkspruch an sie oder bitten Sie sie, Photos zu schicken, die für die anderen ausgelegt werden. Vielleicht möchten sie auch einen Gruß senden, der dann verlesen wird.

Eine bewegende Schilderung der Vorbereitungen zu einem der größten Familientreffen des Landes gibt Dorothy Spruill Redford in ihrem Buch *Somerset Homecoming: Recovering a Lost Heritage* (Doubleday, 1988). Angeregt durch Alex Haleys *Roots* und um ihrer Tochter etwas über die Familiengeschichte erzählen zu können, verfolgte Dorothy Redford, eine Afro-Amerikanerin aus North Carolina, ihren Familienstammbaum bis zu einer Plantage namens Somerset Place zurück. Sie sammelte Informationen über einundzwanzig verschiedene Linien der Familie, die aus den Vorfahren auf dieser Plantage hervorgegangen waren und teilweise noch in der unmittelbaren Umgebung lebten. Als sie die Teile dieses Puzzles zusammenfügte, stellte sie überrascht fest, wie wenig die einzelnen über ihre Vorfahren, die Sklaven gewesen waren, und über deren Leben wußten. Die Heimatgeschichte räumte ihnen natürlich keinen Verdienst am Gedeihen des Staates North Carolina ein. Und doch wären der Bundesstaat und das ganze Land ohne sie niemals imstande gewesen, die Leistungen zu vollbringen, die sie erreicht hatten. Sie wollte ein gewisses Schamgefühl über die Vergangenheit umwandeln in Stolz über den Beitrag, den die Sklaven zu ihrem Land geleistet hatten. Sie dachte an ein großes Familientreffen auf der Plantage. Monatelang sprach sie in Kirchen über ihr Vorhaben, besuchte Nachfahren zu Hause und sprach mit den Leuten, die Somerset Place als Nationalpark leiteten. Doch nur wenige zeigten Interesse. Schließlich griffen Zeitungen wie die *Washington Post* und *USA Today* ihre Geschichte auf. Nun wurden die Leute neugierig. Schließlich kamen zweitausend Nachfahren der Sklaven von Somerset Place zum Familientreffen. Auch die Nachfahren einiger Sklavenhalter kamen. D. Redford beschreibt ihre Gefühle am Ende dieses Tages:

> Das Bedürfnis, irgendwo hinzugehören. Darum geht es im Grunde. Nicht nur mein Bedürfnis, sondern das Bedürfnis unseres ganzen Volkes, dessen Schicksal uns so lang aus der Hand genommen war und das immer noch um seine Identität ringt, um ein Gefühl für seinen Platz in einer Gesellschaft, die wir nicht gestaltet haben. Am Anfang, als wir gegen unseren Willen auf diesen Kontinent gebracht wurden, lag unsere Stärke in uns selbst, in unseren Bindungen zueinander. Irgendwo unterwegs ist dieses Selbstgefühl verlorengegangen, ist das Band zerrissen. Meine Reise, die an diesem Tag ihren Höhepunkt erreichte, war eine Wiedervereinigung im wahrsten Sinne des Wortes.[5]

Gedanken zur Planung eines Familientreffens
Hier sind einige Fragen, die den Anfang zur Planung eines Familientreffens erleichtern:

- Welche Familienereignisse stehen bevor, die einen Anlaß bieten könnten, ein Familientreffen zu organisieren (z. B. Hochzeit, Taufe, Urlaub, in dem sich ohnehin einige Angehörige treffen)?
- Wie können Sie Verwandte am besten ansprechen, um sie zu ermuntern, einen Teil der Verantwortung mit zu übernehmen?
- In welcher Jahreszeit ist es für die Beteiligten am einfachsten, zusammenzukommen?
- Welche Fragen könnten Sie in eine einfache Liste an die Betei-

ligten aufnehmen, um ihre Vorstellungen über die Gestaltung des Treffens zu erfahren?
– Wie können Sie anschließend die gesammelten Informationen allen mitteilen?

Jahreszeitliche Feste

Beim ersten Schnee des Jahres liefen wir immer barfuß draußen ums Haus. Das machte großen Spaß, bis meine Schwester aufs College kam und in einem Wohnheim lebte. Es ist ein sehr langer Weg, ohne Schuhe um das ganze Wohnheim herumzulaufen.
Doug und Laura McDowell
vierzig und neununddreißig Jahre, Annandale, Virginia[6]

Zu den offensten Traditionen können jahreszeitliche Familienbräuche gehören. Viele Feiertage des externen Kalenders wie Erntedank, Weihnachten, *Chanukka*, Dreikönige und Ostern gehen auf uralte Feste jahreszeitlicher Veränderungen zurück. Manche Familien beziehen das Bewußtsein für den Kreislauf der Natur in die Gestaltung von Feiertagen ein, um so deren Bedeutung zu erhöhen. Weihnachten mag eine tiefere Bedeutung erhalten, wenn man es mit der Wintersonnwende verknüpft, oder das Erntedankfest kann auf anderer Ebene Wichtigkeit erlangen, wenn man es mit früheren Erntefesten in Verbindung bringt. In anderen Familien gibt es überlieferte jahreszeitliche Bräuche oder Aktivitäten im Freien, die ihnen Spaß gemacht haben und die sie Jahr für Jahr wiederholen. Sie stellen fest, daß sie eigene spirituelle Ausdrucksmöglichkeiten entwickeln, wenn sie in engem Kontakt zur Natur bleiben. Manche Familien haben jahreszeitliche Rituale bewußt im Bemühen entwickelt, vom religiös besetzten Charakter jener Feiertage wegzukommen, die an jahreszeitlichen Wendepunkten liegen. Michelle, die in einer irisch-katholischen Arbeiterfamilie mit neun Kindern aufgewachsen war, gefiel die Symbolik und der Prunk der römisch-katholischen Kirche, nicht aber einiges, das sie persönlich als Starrheit und mangelndes Bewußtsein für gegenwärtige soziale Probleme sah. Seit der Geburt ihrer Tochter Elaine vor einigen Jahren vermißte sie die kirchlichen Rituale noch mehr. Als Elaine größer wurde, fingen sie an, Frühlings- und Herbstausflüge zu unternehmen. Bei diesen Ausflügen wollte Michelle sich besonders Zeit nehmen, über die gegenseitige Abhängigkeit alles Lebenden nachzudenken, sie genau anzusehen und zu würdigen. Im Frühling nahmen sie sich einen Tag, um Pflanzenzwiebeln zu setzen, die Jungtiere in den Viehställen anzusehen und im Wald spazierenzugehen und Pflanzensprößlinge zu entdecken. Im Herbst gingen sie Äpfel auflesen (mit einer Pizza als Picknick) und machten zu Hause Apfelkuchen und Apfelbutter. Sie entwickelten eine eigene Art, den Kreislauf der Erde zu würdigen. Die Photos, die sie jedes Jahr von diesen Aktivitäten machen, sammeln sie in einem eigenen Buch. Wenn man es betrachtet, bemerkt man vor dem Hintergrund eines jeden Frühlings und Herbstes, wie sich die Familie im Laufe der Zeit verändert hat.

Ein Buch mit vielen Anregungen für Kinder, das Ihnen helfen kann zu überlegen, welche jahreszeitlichen Rituale Sie vielleicht entwickeln möchten, ist Byrd Baylords *I'm in Charge of Celebrations.*[7] Die Hauptperson entwickelt ein eigenes Neujahrsfest, wenn die weißen Tauben aus Mexiko zurückkommen und der Boden sich warm an den nackten Füßen anfühlt. Sie erzählt, warum sie einen »Regenbogenfeiertag« hat zum Gedenken an den Tag, an dem sie zum erstenmal einen doppelten Regenbogen am Himmel sah. Am Staubteufeltag wirbelt und tanzt sie herum und feiert die Trockenheit, den Staub und den Wind des Sommers im Südwesten. Das Buch gibt gute Anregungen, wie Sie etwas ritualisieren können, das in der Natur um Sie herum geschieht.

Bittersüße Veränderungen

Jedes Jahr sammelt Jolleen im Wald Dinge und benutzt sie für Dekorationen aller Art. Im Dezember zum Beispiel sammelt sie Tannengrün, rote Beeren und Tannenzapfen, und im Frühling hält sie nach den ersten Weidenkätzchen Ausschau. Im Oktober, wenn die Blätter fallen und die Wälder kahler werden, sucht sie Bittersüß, einen Strauch mit leuchtend gelben und orangenen Beeren, um die Zweige zu Hause in die Vase zu stellen. Diese Exkursionen erfuhren einige Wandlungen, als sie sich vor ein paar Jahren scheiden ließ. Im ersten Herbst, ein paar Monate nach der Trennung, ging sie gar nicht in den Wald. In alldem Trubel anderer Dinge, die zu erledigen waren, dem Unzug, der Trennungsvereinbarung, der Besuchsregelung für ihren Sohn, ging es einfach unter.

Im zweiten Jahr ging Jolleen wieder in die Wälder hinter ihrem früheren Haus, in dem ihr Ex-Mann immer noch wohnte. Sie holte die Bittersüßzweige desselben großen Strauches, von dem sie sie in den neun Jahren geschnitten hatte, die sie in diesem Haus gelebt hatte. Es hatte etwas Tröstliches, da diese Wälder ihr in den neun Jahren viel bedeutet hatten, und außerdem wußte sie genau, wo der Strauch zu finden war. Später, im Winter des zweiten Jahres nach ihrer Scheidung, durchstöberte sie die Wälder in der Umgebung ihrer neuen Wohnung nach Bittersüß. Sie fand zwei große Stellen und weiß nun, wo sie sie im dritten Jahr holen kann. Dieses Ritual nahm mit der Zeit eine andere Gestalt an und brachte die Veränderungen in Jolleens Leben zum Ausdruck. Zeitweise gab sie es auf, als sie ihre Kraft für einen wichtigen Umschwung brauchte. Anschließend nahm sie es wieder auf, allerdings in einer Form, die es eine Brücke zwischen zwei Orten schlagen ließ – zwischen ihrem früheren Zuhause und ihrem neuen. Als sie dann Bittersüß in den Wäldern bei ihrer neuen Wohnung fand, war das Ritual schließlich voll und ganz in ihr neues Leben eingegangen.

Ob Familien oder Einzelpersonen regelmäßig Familientreffen veranstalten oder jahreszeitliche Rituale feiern, ist ihnen überlassen. Familientreffen können ein wirkungsvolles Mittel sein, etwas über Verwandtschaftsbeziehungen und Familiengeschichte zu erfahren und zudem den größeren Zusammenhang zu sehen, warum Sie oder Ihre Familie manches so machen, wie Sie es tun. Jahreszeitliche Rituale können eine wichtige Alternative für Menschen sein, die schlichte Feste wünschen mit einem Hauch jenes Geheimnisvollen und Anregenden etablierter Feiertage, jedoch ohne die Konsumzwänge und kirchlichen Regeln, wie man sie feiern sollte. Familientreffen und jahreszeitliche Rituale sind im Datum beweglich und lassen sich beliebig während des Jahres in das Ritualleben der Familie oder des einzelnen einfügen. Und da sie zudem die größte Offenheit und Flexibilität besitzen, kann Ihre Familie sie auf eine Weise gestalten, die für Sie einzigartig ist.

Anders ist dies bei Feiertagen des externen Kalenders, die alljährlich zu festgesetzten Zeiten und Daten wiederkehren und häufig mit bestimmten Erwartungen an die Art der Geschenke, des Schenkens, der Dekoration, des Essens und anderer Feiertagsbräuche einhergehen. In Kapitel 10 befassen wir uns mit der Frage, wie wir im Hinblick auf Feiertagsrituale von unserer Familie, der Nachbarschaft, den Medien und den religiösen Institutionen sowohl Unterstützung als auch Zwänge erfahren können.

KAPITEL 10

FEIERTAGSRITUALE:
HEITER, SINNVOLL UND
TRADITIONSBEWUßT FEIERN

Weihnachten gestern und heute

Für Tania Cisneros war Weihnachten der Feiertag mit dem größten Zauber. An Heiligabend hängten sie, ihre beiden Brüder und ihre Schwester die roten Samtstrümpfe auf, die ihre Mutter Aristi für jedes Kind genäht und dessen Initialen sie mit weißer Angorawolle daraufgestickt hatte. Dann hörten sie noch einmal die Geschichte, wie der Weihnachtsmann in der Nacht durch den Kamin kommen, die Strümpfe füllen und den Baum, den er auf seinem Schlitten mitbrachte, aufstellen und schmücken würde. Bevor sie ins Bett gingen, schrieben sie ihm einen Zettel mit der Bitte, sein Rentier von ihnen zu grüßen oder sie doch bitte zu wecken, damit sie nur ein einziges Mal mit ihm gehen und den Nordpol sehen könnten. Sie legten den Zettel auf einen Teller, auf dem sie Milch und Kekse für ihn bereitstellten.

Um sechs Uhr morgens waren dann alle Kinder zusammengekauert mit ihrem Kopfkissen im Arm auf der Treppe zu finden. Sie hatten von den Eltern strikte Anweisung, nicht vor sieben Uhr nach unten zu gehen. Manchmal, meist kurz vor sieben, schlichen sie sich die Treppe hinunter ins Wohnzimmer, das sich über Nacht verwandelt hatte. In der Ecke, in der sonst der Schaukelstuhl stand, war nun ein großer Baum, geschmückt in den leuchtendsten Farben und umgeben von geheimnisvollen Päckchen. Die Strümpfe lagen bauchig und zum Bersten voll auf dem Boden. Nachdem sie ein paarmal an den Geschenken gerüttelt und geschüttelt hatten, luden Tania und ihre Geschwister sich noch mehr Kissen vom Sofa auf und schlichen sich ins Schlafzimmer ihrer Eltern. Sie stießen die Tür auf, schleuderten die Kissen alle auf einmal aufs Bett ihrer Eltern und riefen: »Fröhliche Weihnachten! Fröhliche Weihnachten! Der Weihnachtsmann war schon da – Zeit aufzustehen!« Die Eltern warfen die Kissen zurück, und alle liefen schnell ins Wohnzimmer, wo die Kinder ihre Strümpfe öffneten. Anschließend gingen sie in die Küche, um ihrem Vater Don beim Waffelnbacken zu helfen. Er war als Büchervertreter viel unterwegs, und dies war eine der wenigen Gelegenheiten, bei denen er morgens in der Küche stand und kochte.

Nach dem Frühstück zog ihr Vater eine Weihnachtsmannmütze auf und verteilte die Geschenke. Als erstes mußte jeder die Kärtchen oder Zettel vorlesen, die an vielen Päckchen hingen. Manche enthielten Hinweise auf den Inhalt des Pakets, auf anderen standen Gedichte und besondere Mitteilungen an den Empfänger des Geschenks. Und schließlich gab es noch die Liebeserklärungen, die Don jedes Jahr auf die Geschenke für ihre Mutter schrieb. Zwischen Don und Aristi ging es nicht immer ohne Reibereien ab – zum Teil deshalb, weil Don nicht viel zu Hause war und ihr kaum helfen konnte –, doch zu Weihnachten fand er alljährlich Gelegenheit, seiner Frau zu zeigen, wieviel ihm an ihr lag. Die Kinder beobachteten ihre Mutter, wenn sie die Karten still für sich las und sich ein sanftes Lächeln in ihrem Gesicht ausbreitete. Aristi und Don tauschten verstohlene Blicke aus, oder sie ging zu ihrem Mann hinüber und küßte ihn zärtlich. Tanias Familie verbrachte Stunden damit, langsam die Geschenke auszupacken und sich gegenseitig zu zeigen. Im Geben und Nehmen der Dinge, die sie füreinander ausgesucht oder gebastelt hatten, brachten sie die Beziehungen zum Ausdruck, die sie jeweils zueinander hatten. Dieser Tag zeigte symbolisch die Verbundenheit untereinander, die das ganze Jahr über bestand.

Tania ist heute erwachsen, verheiratet und hat drei Kinder. Vor fünf Jahren hatte ihr Vater Anfang Dezember einen Schlaganfall. Er kam sofort ins Krankenhaus. Er war zwar bei Bewußtsein, konnte aber weder sprechen noch sich bewegen. Wie es seine Art war, hatte er die Weihnachtsgeschenke für Tanias Mutter schon eingekauft und verpackt. Tania wußte, daß sie im Arbeitszimmer unter dem Gästebett lagen. Zum Erntedankfest hatte ihr Vater ihr die sorgfältig eingepackten Geschenke gezeigt, jedes mit der üblichen Liebeserklärung versehen, die er mühevoll geschrieben hatte, da er in den letzten Jahren an der Parkinsonschen Krankheit litt. Als sich die Familie an seinem Krankenbett versammelte, war klar, daß er nicht bis Weihnachten leben würde. Seine Kinder, mittlerweile alle erwachsen, fragten ihn, ob er wollte, daß ihre Mutter seine Geschenke öffnete. Er schien ihnen zu bedeuten, daß er das gerne hätte, also brachte die Familie am nächsten Tag die Geschenke mit ins Krankenhaus. Sie öffnete jedes einzelne voller Liebe, Zuneigung und Freude, wie sie es so manches Weihnachten zuvor getan hatte. Diesmal las sie jede »Liebeserklärung« von ihm laut vor. Tania schrieb: »Es brach uns das Herz, und doch war es irgendwie heilsam – es war eine angemessene und passende Art, den letzten Tag mit unserem Vater zu verbringen.«

Die Familie war nicht nur dort im Krankenzimmer am Bett ihres Vaters. Sie war umgeben von Erinnerungen und Nachklängen gemeinsam im Familienkreis verbrachter Feiertage vergangener Jahre. Allein die Liebeserklärungen vorzulesen und Geschenke auszupacken rief Assoziationen an viele Weihnachtsfeste der Familie wach. Und Tanias Eltern ließen die anderen offen teilhaben an ihren Jahren der Zweisamkeit und gaben allen Gelegenheit, Zeugen ihrer lebendigen Beziehung zu sein und sie zu würdigen.

Bei Tania zu Hause trägt nun ihr Mann jedes Jahr die Weihnachtsmannmütze und teilt die Geschenke aus. Sie erzählen die Geschichte der Reise des Weihnachtsmannes zu ihrem Haus. Ihre drei Kinder schreiben dem Weihnachtsmann und stellen ihm Milch und Kekse bereit. Tania und ihr Mann schreiben mit verstellter Handschrift Zettel mit einem »Dankeschön« vom Weihnachtsmann. Und auch sie, Eltern und Kinder, schreiben sich Kärtchen zu den Geschenken, die sie austauschen. Jedes Jahr erzählt Tania die Geschichte, wie ihr Vater ihrer Großmutter Kärtchen schrieb. Die Tradition lebt weiter fort.

Unsere lebhaftesten Erinnerungen beziehen sich häufig auf Feiertage. Manchmal verbinden sich mit ihnen die tiefsten Gefühlsinhalte der Familien. Wenn wir jene Teile unseres Rituallebens, die für uns gut waren, an die nächste Generation weitergeben, vermittelt es den Beteiligten ein Gefühl der Geborgenheit. Wenn Feiertage voller Spannungen und Konflikte verlaufen, können gerade die Beziehungen, die mit solchen Feiertagen gefeiert werden sollen, einfrieren. Warum ist das so? Was geschieht an Feiertagen mit der Sinnschöpfung der Familie?

Kultur und Gemeinschaft

Feiertage des externen Kalenders wie der Martin-Luther-King-Tag in den Vereinigten Staaten, der Valentinstag, der 4. Juli, der Tag der Arbeit, Weihnachten und Neujahr sind Feste, von denen jeder weiß, daß sie nur einmal im Jahr stattfinden. Die Menschen haben in der Regel einen freien Tag, und die Alltagsroutine ist gewöhnlich unterbrochen, da Schulen, Büros und Geschäfte geschlossen bleiben. Mit diesen Tagen gehen häufig auch festgelegte Traditionen der umgebenden Kultur einher, wie diese Feiertage zu begehen sind. Es kann eine festliche Stimmung schaffen, wenn man sieht, wie andere ihre Häuser schmücken, besondere Speisen oder Kleidung vorbereiten oder Pläne für die Feiertage schmieden. Es schafft Verbindungen über Haushalte hinweg, wenn die Menschen wissen, daß andere auf ähnliche Weise feiern wie sie selbst. In Bibliotheken, religiösen Zentren, Gemeindesälen, Theatern und Parks finden Veranstaltungen statt, die Familien Gelegenheit bieten, mit anderen zu feiern. Firmen und Schulen organisieren zu solchen Feiertagen vielleicht ebenfalls Feiern und Veranstaltungen wie Schulfeste und Büropartys.

Es kann aber auch sein, daß Familien sich stark unter Druck gesetzt fühlen, auf bestimmte Weise zu feiern. Die Medien können eindringliche Botschaften vermitteln, was man zu tun oder zu kaufen hat. Manche Feiertage können auch mit hohen Erwartungen einhergehen, geschürt von Bildern aus Fernsehen, Zeitschriften und Zeitungen, wie das familiäre Beisammensein aussehen und wie glücklich die Menschen zu solchen Zeiten sein sollten. Es mag sein, daß Familien sich gedrängt fühlen, mehr Geld auszugeben, als sie haben.

Feste Feiertage können auch bedeuten, daß Familien weniger

flexibel entscheiden können, wann und wie sie feiern. Wenn ein Kind zum Beispiel in zwei oder mehr Haushalten lebt, kann es zwischen den beiden Familien zu Konkurrenz kommen, bei wem das Kind am Erntedanktag oder an Silvester ist. Da Feiertage als eine Art Momentaufnahme der Familie im Gedächtnis bleiben, können sie auch zu Angelpunkten werden, die Menschen an familiäre Veränderungen erinnern. Sie können starke Gefühle oder Erinnerungen an Menschen wecken, die früher zur Familie gehört haben oder die nicht willens oder nicht in der Lage sind zu kommen.

Da es üblich ist, daß zu vielen solcher Feiertage die verschiedenen Generationen einer Familie zusammenkommen, bieten sie zudem die Möglichkeit, Bindungen wie auch Differenzen zwischen den Generationen ins Licht zu rücken. Es mag Erwartungen geben, bestimmte Ritualbräuche wie zum Beispiel Gottesdienste zu befolgen, die manchen in der Familie wichtig sind, anderen aber nicht. Eingefahrene Familienstrukturen verstärken sich vielleicht durch die größere Nähe, die an Feiertagen häufig herrscht. Alte ungelöste Probleme und Verluste treten leichter zutage. Feiertage enthalten viele sinnliche Elemente, da an ihnen auf Speisen, Aktivitäten, besondere Kleidung, Worte und Musik besonders Wert gelegt wird. Mit diesen visuellen und akustischen Elementen können Feiertagsaktivitäten intensive emotionale Erinnerungen wecken.

Manchmal kommt es auch zu Spannungen, wenn bestimmte Feiertage in einer Gesellschaft nicht gleichberechtigt anerkannt sind. Manche Feiertage sind gesetzlich verankert und auf den meisten gedruckten Kalendern zu finden. Bei anderen sind Familien dagegen darauf angewiesen, sie zu erklären und zu versuchen, einen Tag von ihren Alltagsverpflichtungen frei zu bekommen, um sie zu feiern. So feiern zum Beispiel nicht alle ethnischen Gruppen Weihnachten. Es gibt kulturelle und religiöse Traditionen, für die andere Feiertage wesentlich wichtiger sind. Im ›externen‹ Kalender der dominanten Kultur sind sie nicht vermerkt. Wenn Ihre Familie solche Feiertage hat, müssen Sie besondere Mühen aufwenden, sich Möglichkeiten zu schaffen, um sie zu begehen.

Kamele und Heu oder Milch und Kekse

Luis war fünf, als er mit seiner Familie von Puerto Rico nach Connecticut auswanderte. Er erinnert sich, wie seine Familie versuchte, am 6. Januar das Fest der heiligen drei Könige zu feiern. In vielen spanischsprachigen Ländern ist Dreikönige ein wesentlich wichtigeres Fest als Weihnachten. An diesem Tag tauscht man Geschenke aus und wünscht sich Ende Dezember und Anfang Januar einen ›glücklichen Dreikönigstag‹ statt frohe Weihnachten. Er feiert die Ankunft der heiligen drei Könige mit ihren Geschenken in Bethlehem beim neugeborenen Jesuskind. Der 6. Januar fiel auf einen Wochentag, so daß es für Luis' Familie keine Zeit zum Feiern gab, die von Schule und Arbeit frei war.

Besondere Lebensmittel, die sie brauchten, um traditionelle Gerichte aus Puerto Rico zu kochen, waren in den Läden nicht zu bekommen. Als Luis in der Schule zu erklären versuchte, daß er Heu und Wasser für die Kamele unter sein Bett gestellt hatte, verstanden ihn seine Klassenkameraden nicht, machten sich über ihn lustig und fragten, ob er Milch und Kekse für den Weihnachtsmann bereitgestellt habe. Die umgebende Kultur war so auf Weihnachten ausgerichtet, daß sie Sitten und Gebräuchen anderer Kulturen und religiöser Traditionen keine Unterstützung bot.

Es kann auch zu Konkurrenz zwischen verschiedenen Feiertagen kommen. Das ist zum Beispiel bei *Chanukka* der Fall, einem relativ untergeordneten jüdischen Feiertag. Da das Fest nahe an Weihnachten liegt, fühlen viele Familien sich genötigt, ähnliche Dinge zu unternehmen wie andere an Weihnachten, damit sich ihre Kinder nicht übergangen fühlen. Cherie Killer-Fox und ihr Mann Everette Fox fanden »die Amerikanisierung dieses Feiertages abstoßend, bei der sich alles nur noch um üppige Geschenke drehte«.[1] Sie beschlossen, bewußt jeden der acht *Chanukka*-Abende nach einem Thema zu gestalten, um sie von einer Kopie eines auf acht Abende ausgedehnten Weihnachtsfestes abzusetzen. So feiern sie mit ihren drei Kindern nun den Abend der selbstgemachten Geschenke, den Abend des Essens und des Feuers, den Musikabend, den Bücher- und Geschichtenabend und den *Zedaka*-Abend (Wohltätigkeitsabend). Jeden Abend stellen sie jüdische Lieder,

Spiele, Gerichte und Geschichten in den Mittelpunkt, so daß *Chanukka* nun wieder seine eigene Bedeutung erhalten kann.

In diesem Kapitel befassen wir uns mit den Möglichkeiten und Schwierigkeiten, die sich ergeben, wenn eine größere Gemeinschaft gemeinsame Feste teilt. Wenn Feiertage in vielen Haushalten zur gleichen Zeit begangen werden, können Familien daraus Unterstützung ziehen, weil es gemeinsame Sinnvorstellungen und Visionen sowie gemeinsame Aktivitäten und Sinnbilder gibt. Ein Feiertag, der in verschiedenen Teilen der Welt zur gleichen Zeit gefeiert wird, kann uns sogar helfen, Verbundenheit mit Millionen Menschen zu empfinden, denen wir niemals begegnen werden. Schwierigkeiten können entstehen, wenn die Feiertagsgestaltung streng vorgeschrieben ist oder kein Raum für viele verschiedene Feiertage vor dem jeweiligen kulturellen, religiösen und historischen Hintergrund der Menschen bleibt. Es kann auch zu Spannungen zwischen der religiösen Natur eines Feiertages und dem weltlichen Leben kommen.

In den Vereinigten Staaten sind gewöhnlich die einzigen religiösen Feiertage, an denen die Menschen arbeitsfrei bekommen, christliche Feiertage. Auch manche der weltlichen Feiertage wie zum Beispiel Neujahr sind eigentlich Teil des christlichen Kalenders. Wir feiern zum Beispiel Neujahr am 1. Januar statt im September, in den das jüdische Neujahrsfest, *Rosch Haschana*, meist fällt. Doch mindestens fünfzehn Prozent der Bevölkerung bekennt sich nicht zum christlichen Glauben, und viele, die sich als Christen bezeichnen, gehören keiner Kirche an. Die religiöse Gruppe, die am schnellsten wächst, sind die Moslems. Doch Daten wichtiger islamischer Feiertage wie zum Beispiel das dreitägige Fest zum Abschluß der Fastenzeit (am Ende des *Ramadan*, dem heiligen Fastenmonat) stehen nicht im Kalender, und nur wenige Menschen kennen islamische Feiertage. Viele weihnachtliche Symbole haben in unserer Kultur eine beherrschende Stellung erlangt wie zum Beispiel der Weihnachtsbaum, der Weihnachtsmann, das Christkind und die heilige Familie. Das war in den Vereinigten Staaten nicht immer so. Früher hatten wir einen vorwiegend weltlichen Kalender.

Der Festkalender in den frühen Anfängen der USA

Historisch besaßen die weißen Nordamerikaner einen Festkalender, der im Vergleich zu Westeuropa und England stark eingeschränkt war. Margaret Hall schrieb im achtzehnten Jahrhundert: Die Menschen in den USA »haben wenige Feiertage, und die wenigen, die sie haben, sind immer weniger gebräuchlich«.[2] Dagegen waren in vielen Ländern, aus denen die Menschen in die Vereinigten Staaten einwanderten, die Monate voll von Heiligenfesten, Feiertagen und althergebrachten Dorffesten. Besonders aufgrund des frühen Einflusses der Puritaner und der Quäker bestanden diese Feiertage jedoch in der Neuen Welt nicht fort. Die puritanische Regierung unter Cromwell verbot zum Beispiel in England 1642 Weihnachtsbäume und -festlichkeiten als »lärmend« und »heidnisch«: »Die Menschen sollten wie gewohnt arbeiten. Die Geschäfte sollten geöffnet bleiben. Jeder, der erwischt wurde, wie er eine Weihnachtskerze anzündete oder Weihnachtsgebäck aß, wurde bestraft. Ausrufer gingen umher und riefen ›Kein Weihnachten! Kein Weihnachten!‹«[3] In Massachusetts wurde 1659 ein Gesetz erlassen, das eine Reihe von Strafen festsetzte, wenn jemand Weihnachten feierte.

Staatliche Feiertage wie der 4. Juli waren allgemeiner verbreitet. Freudenfeuer, Ringkämpfe, Paraden, Ponyrennen und Wettläufe waren anläßlich der Feiern zum Tag der Unabhängigkeit ebenso zu finden wie zu den regelmäßigen Exerzierübungen der Bürgerwehren und zu Gerichtstagen.

Viele Gruppen nordamerikanischer Ureinwohner hatten eigene komplexe Festzyklen, die Jagd- und Pflanzzeremonien, Regentänze und Erntefeste umfaßten. Der vier- bis achttägige Grüner-Mais-Tanz der östlichen Waldlandindianer feierte die erste Maisernte des Sommers. Alle Vergehen der Vergangenheit wurden bei diesem Fest vergeben. Der Büffel-Tanz der *Plains*-Indianer sollte eine gute Jagd und den Kriegern visionäre Kraft sichern. Die *Pueblos* des Südwestens hatten religiöse Gemeinschaften wie die maskierten *Kachina*-Tänzer*, die mit ihren Tänzen um eine gute Ernte baten. Doch diese Sitten und Gebräuche haben kaum Eingang in

---

* *Kachina:* Ahnengeister, die durch Maskentänzer verkörpert werden

294

den offiziellen Kalender der Vereinigten Staaten gefunden. Die Kultur der Ureinwohner wurde schlechtgemacht und zerstört, anstatt sie zu respektieren und als etwas zu sehen, von dem man lernen konnte.

Es kann Spaß machen, mit der Familie manche dieser alten, historischen Feiertagsrituale wieder aufzugreifen, denn allzuoft nehmen wir einfach an, daß die heutige Art, Feste zu feiern, schon immer so gewesen sei. Janines drei Kinder waren ganz entsetzt, als sie erfuhren, daß Weihnachten in Massachusetts einmal verboten war. Stellen Sie sich nur einen Augenblick vor, wie es wäre, keinerlei Weihnachtsdekoration zu haben, keine Weihnachtsbaumverkäufer und über Weihnachten und Neujahr unserem ganz normalen Alltag nachzugehen. Sarah und Bill Langstons heranwachsende Söhne, die beide kürzlich eine Arbeit angenommen hatten, waren völlig fasziniert, als sie von der Geschichte des Tages der Arbeit erfuhren. Nachdem sie gehört hatten, daß dieser Feiertag eigentlich wichtige arbeitsrechtliche Errungenschaften und die weltweite Solidarität der Arbeiterschaft bekräftigen sollte, beschlossen sie, mit dem Tag mehr anzufangen als nur einen Tag Freizeit zu genießen. Zunächst lasen sie sich gegenseitig am Morgen des Tages der Arbeit etwas über dessen Geschichte vor.[4] Anschließend hatte der Ältere, Zachary, die Idee, seine Eltern nach ihren ersten Arbeitserfahrungen als Jugendliche zu fragen. Sie erfuhren, daß ihr Vater nach der Schule in einem Eiscafé gearbeitet hatte und dort Eisbecher füllte: Vanilleeis mit Malz sowie Schokoladen- und Vanilleeis mit Karamelsoße und Marshmallowsoße. Ihre Mutter erzählte von ihrem ersten Job beim Blaubeerpflücken. Sie saß dabei auf einem umgedrehten Eimer und streifte die Beeren in einen zweiten Eimer, der am Boden stand. Sie schilderte die einsame, aber friedliche Arbeit im Freien, am Rand eines kleinen Heidegebietes. Beide Eltern erzählten, wie es war, mehr Verantwortung zu übernehmen, Geld zu sparen und mit anderen bei der Arbeit auszukommen. Zachary und sein Bruder konnten sich ihre Eltern etwa in einer ähnlichen Lage vorstellen, in der sie sich nun selbst befanden. Sie unterhielten sich ein wenig darüber, was die Arbeit für sie bedeutete und was es hieß, nun mit zunehmendem Alter allmählich mehr Entscheidungen darüber zu treffen, was sie machen wollten.

Die Langstons machten sich schließlich auf, kauften Blaubeeren, Malz, Vanille- und Schokoladeneis, Karamel- und Marshmallowsoße und machten an jenem Abend zum Nachtisch Eisbecher zur Feier ihrer ersten Jobs. Der Tag der Arbeit wurde für diese Familie zum Anlaß, Verbundenheit zwischen den Generationen herzustellen und Verständnis für einen Teil der Geschichte der Arbeit in ihrem Land zu gewinnen. Den beiden jugendlichen Söhnen half es, die Veränderungen in ihrem eigenen Leben besser einzuordnen, als sie von ihren Eltern hörten, wie sie mit ähnlichen Veränderungen fertig geworden waren.

Feiertage in unserer Zeit

Der externe Kalender umfaßt heute weltliche und religiöse Feiertage. Zudem haben viele Feiertage wie zum Beispiel Weihnachten religiöse und weltliche Elemente. Manche weltlichen Feiertage besitzen für die Menschen kaum eine Bedeutung, da der ursprüngliche Sinn dieses Tages von ihrem Alltagsleben zu weit entfernt ist oder sie sich nicht die Zeit nehmen, über seine Bedeutung nachzudenken. Sie sind auch viel stärker als Alltagsrituale der Familientraditionen dem Druck der umgebenden Kultur ausgesetzt, wie sie zu begehen sind. Medien gehören zu den Wegen, auf denen dies stark vermittelt wird. Alle Familien müssen sich entscheiden, wie sie zum äußeren Kalender mit seinen idealisierten Vorbildern und kommerziellen Zwängen stehen, die Zeitungen, Zeitschriften, Film und Fernsehen verbreiten. Familien müssen ihre eigene Realität schaffen; eine, die sich von den aufpolierten Hochglanzbildern der Zeitschriften und den gestellten Fernsehbildern unterscheidet. Familien leben mit all den Vorbereitungen, dem Abwasch und Müll, die Feiertage mit sich bringen. In Bill Cosbys Show sehen wir sicher nie Menschen, die stundenlang spülen, und wir hören die Huxtables nie über die Gästeliste zur Sylvesterparty streiten! Die Kinder von heute, die in einer medienbestimmten Kultur aufwachsen, können leicht zu der Annahme gelangen, daß etwas mit den Feiertagen in ihrer eigenen Familie nicht stimmt, wenn sie nicht den Fernsehbildern entsprechen.

Zu den größeren Feiertagen gibt es im Fernsehen Sondersendungen und häufig Übertragungen von Paraden und Sportereignissen. Die Werbung im Fernsehen und in anderen Medien erweckt den Eindruck, daß es beim Feiertag eigentlich um das Einkaufserlebnis geht. Sehen Sie sich nur irgendeine größere Tageszeitung um Feiertage herum an, dann bekommen Sie einen Eindruck, wie Inhalte und Symbole der Feiertage zu Werbezwecken benutzt und manipuliert werden. Hier nur einige Beispiele aus der *Los Angeles Times* vom 22. November 1990 (Erntedankfest): »Zu den Feiertagen sagt ganz Los Angeles *Danke!* Greifen Sie zu: Marken-Mode um 70 % reduziert.« Oder sehen Sie sich den Weihnachtsmann an, der mit dem Telephonhörer in der Hand am Kopf einer Anzeige erklärt: »Der Weihnachtsmann liebt das Außergewöhnliche: Cooper Building. Er spart eine schöne Stange und Sie ebenfalls! Der Platz für Ihre Weihnachtseinkäufe!« Auf der nächsten Seite findet sich ein Füllhorn, aus dem eine Menge Möbel quillen; ein paar Pilgerväter stehen herum und versuchen, *Angles*-Möbel zu verkaufen. Und so weiter. Nach dem Erntedankfest bestand die ganze Zeitung zum größten Teil aus Sonderangeboten. Es kann das Wesen der Feiertagssymbole verwässern, wenn wir sie um uns herum ständig auf diese Weise benutzt sehen.

Jede Familie muß ihr eigenes Vehältnis zu den Möglichkeiten finden, die Medien und Technik uns heute bieten. Die Entwicklung von leichten Videokameras und von Computerprogrammen zur Ahnenforschung hat gewiß vielfältige neue Möglichkeiten eröffnet, die die Gestaltung von Ritualen bereichern. Andererseits sind die Medien so dynamisch und so sehr Bestandteil unseres Lebens, daß sie in den Mittelpunkt rücken können, ohne daß wir es merken.

Hier nun einige Vorschläge, die Ihre Familie im Umgang mit kommerziellen und medienbedingten Zwängen ausprobieren kann:

– Legen Sie im voraus eine Obergrenze fest, wieviel Sie für Geschenke ausgeben wollen. Halten Sie sich an diese Obergrenze, indem Sie nur diesen Geldbetrag mitnehmen, wenn Sie einkaufen gehen.

- Machen Sie Geschenke selbst. Nehmen Sie sich einige Nachmittage oder Abende Zeit, an denen Sie gemeinsam an Geschenken arbeiten können.
- Bitten Sie die Menschen, die Sie beschenken möchten, um eine Liste praktischer Dinge, die sie brauchen.
- Versuchen Sie es mit nur einem großen Einkaufsbummel, den Sie als Familienausflug ansetzen, bei dem Sie in verschiedenen Gruppen einkaufen gehen, sich dann zum Essen treffen und anschließend in anderen Gruppen weitergehen. Machen Sie sich einen Spaß daraus, Geschenke voreinander zu verbergen, indem Sie sie in größere Schachteln packen oder in Taschen anderer Geschäfte, in denen Sie *nicht* eingekauft haben.
- Besprechen Sie mit Ihren Kindern, was die Fernsehsendungen zu Feiertagen vermissen lassen.
- Sprechen Sie mit anderen Familien über die wahren Freuden und Leiden bei der Gestaltung von Feiertagen. Lassen Sie Ihre Kinder etwas über die Wirklichkeit aus der Perspektive anderer Familien hören.
- Sprechen Sie vorher ab, wieviel und auf welche Weise Fernseher, Videorekorder und Computer am Feiertag zum Einsatz kommen. Auf welche Weise unterstützen diese Geräte Ihr Beisammensein und inwiefern lenken sie davon ab?

Das neue Jahr auf neue Weise beginnen

In der Familie Munroe war am Neujahrstag seit Jahren offenes Haus. Sie luden Freunde und Nachbarn zu Essen, Spielen und Geselligkeit ein. Ursprünglich hatten sie es als Gelegenheit gesehen, Kontakte zu pflegen, Rückschau auf das vergangene Jahr zu halten und Pläne für die Zukunft zu machen. Als ihre drei Kinder zu Jugendlichen heranwuchsen und viel Sport trieben, fingen sie an, während Gäste im Haus waren, das Fernsehgerät einzuschalten und sich die Football-Pokalspiele um die *Rose Bowl*, die *Sugar Bowl* und die *Cotton Bowl* anzusehen. Nach und nach kamen auch ihre Freunde dazu, um sie sich mit ihnen anzuschauen, ihre favorisierte Mannschaft mit Johlen und Rufen anzufeuern und Wetten abzuschließen.

Nach ein paar Jahren merkten ihre Eltern, Bob und Dinah Munroe, daß sie sich auf ihr offenes Haus weder freuten noch Spaß daran hatten. Wenn ständig der Fernseher lief und alles sich auf die Football-Spiele konzentrierte, blieb nach ihrem Gefühl kaum noch Raum, sich miteinander zu unterhalten und eine beschaulichere Atmosphäre zu genießen.

Als Bob und Dinah ihre Kinder darauf ansprachen, waren sie aufrichtig überrascht über die Kritik, die ihre Eltern vorzubringen hatten. Im Laufe der Jahre war ihr Haus zu *dem* Treffpunkt am Neujahrstag geworden. Zunächst wollten die Jugendlichen von Änderungen nichts wissen. Monica, ihre älteste Tochter, meinte: »Wir finden es gut so. Warum geht ihr nicht einfach aus und macht etwas anderes, wenn euch hier zuviel los ist?« »Es ist auch unser Haus«, erinnerte ihre Mutter sie. Nach und nach einigten sie sich auf einen Kompromiß, der für jeden etwas enthielt. Die Kinder erklärten sich bereit, nur ein Pokalspiel anzusehen, und zwar eines, das erst am Spätnachmittag anfing. Sie beschlossen, den Tag im kleineren Kreis mit einem Brunch zu beginnen, zu dem sie nur ihre engsten Freunde einladen wollten. Jeder der drei Jugendlichen wollte einen Freund einladen und die Eltern zwei andere Ehepaare. Ihr fünfzehnjähriger Sohn, Russell, hatte eine Idee für den Brunch: Jeder sollte auf Kärtchen zwei oder drei Dinge schreiben, die ihm oder ihr im letzten Jahr besonders gefallen hatten. Das taten sie, ohne mit Namen zu unterschreiben oder Angaben zu machen, die auf den Schreiber hätten schließen lassen. Während des Brunchs legten sie die Kärtchen in einen Hut, mischten sie, und anschlie-ßend zog jeder eine Karte und las sie vor, während die anderen zu raten versuchten, wer sie geschrieben hatte. Das gab dem Tag den Grundtenor, über jeden einzelnen und über das vergangene Jahr nachzudenken. Der Tag gestaltete sich ausgewogener mit einer ruhigeren Phase in einer kleineren Gruppe und einer lebhafteren Phase im größeren Kreis. Das Fernsehen beherrschte nicht mehr den Tag, sondern war ein Beitrag zum Ablauf sinnvoller Gruppen-aktivitäten.

Wenn neue Technologien hinzukommen, sollten Sie im voraus überlegen, wie diese Ihre Aktivitäten unterstützen können, statt davon abzulenken. Die Familie Tep stellte fest, daß ihre Kinder und deren Cousins und Cousinen an Feiertagen nicht zusammenkamen, um etwas miteinander zu unternehmen, sondern daß sie sich nur stritten, wer als nächster welches Computerspiel spielen durfte. Sie entschlossen sich, die Computerspiele einzuschränken und nur noch während der letzten beiden Stunden des Tages zu erlauben, wenn der Tag sich dem Ende zuneigte und es draußen dunkel wurde. Sie stellten einen verbindlichen Plan auf, in den sich jeder für eine Spielzeit von zwanzig Minuten eintragen konnte, und legten neben dem Computer eine Eieruhr bereit.

Den weltlichen Kalender wiederentdecken

Es gibt in unserem Land viele weltliche Feiertage, die nur minimal ritualisiert sind. Nur wenige Menschen unternehmen zum Beispiel etwas am 14. Juni, dem Flaggentag, oder dem 19. September, dem Tag der Bürgerrechte. Diese Tage können jedoch von großer Bedeutung sein. Joanie Doughty, eine Lehrerin in einer Grundschule in Philadelphia, nahm den Flaggentag zum Anlaß, die Geschichte zu erzählen, wie Betsy Ross den ersten Entwurf für die Flagge der Vereinigten Staaten gemacht hatte, wie sich die Nationalflagge im Laufe der Zeit entwickelte und was die Symbole der Flagge heute bedeuten: fünfzig Sterne für die fünfzig Bundesstaaten und dreizehn Streifen für die dreizehn ursprünglichen Kolonien. Sie zeigte den Kindern auch Flaggen anderer Länder auf der ganzen Welt und bat sie zu überlegen, was deren Symbole und Farben ihnen sagten. Sie sprachen über die Frage, warum Nationen ursprünglich Flaggen geschaffen hatten. Die Kinder entwarfen anschließend eigene Flaggen zum Gedenken an Dinge in ihrem Leben. Soshana Coulter zeichnete einen Fußball, das Baumhaus, das sie mit ihrer Schwester und ihrem Bruder gebaut hatte und ihren Kassettenrekorder, den sie allein bedienen konnte. All das waren Dinge, die zu lernen ihr in den vergangenen Jahren wichtig gewesen war. Die Kinder lernten etwas über diesen Tag und seine Geschichte, wandten den Gedanken der symbolischen Repräsentation aber auch auf ihr eigenes Leben an.

Es gibt noch sehr viele andere, weniger bekannte weltliche Feiertage. Wenn Sie nach neuen Möglichkeiten Ausschau halten, mit Freunden und Familie etwas zu unternehmen, stellen Sie vielleicht fest, daß einer dieser Feiertage für Sie eine besondere Bedeutung

hat. Was ist zum Beispiel mit dem Gedenktag für Japano-Amerika-
ner (19. Februar), dem Panamerika-Tag (14. April), dem Tag des
Baumes (24. April), dem Internationalen Springfroschjubiläum
(Ende Mai), dem Hiroshima-Tag (6. August), dem Tag der amerikanischen Ureinwohner (Ende September) oder dem Welternäh-
rungstag (16. Oktober)?[5]

Vielleicht möchten Sie aber auch bekannte weltliche Feiertage
so umgestalten, daß sie mehr Bedeutung für Sie haben. Manche
Menschen in Georgia haben zum Beispiel versucht, den Gedenktag für gefallene Soldaten so umzugestalten, daß die Betonung auf
Frieden liegt, statt auf der Verherrlichung des Krieges mit Militär-
paraden und Musik. Sie beschäftigen sich an diesem Tag mit der
Frage, was Kriege wirklich erreicht haben und mit dem Leben von
Kindern in unserem Land, die einen Krieg miterlebt haben. Sie
haben mit Kindern aus Kambodscha, Vietnam, El Salvador, Nord-
irland und dem Libanon gesprochen und sie gebeten, ihre Geschichte zu erzählen.[6] Sie haben das Gefühl, daß dies dem ursprünglichen Sinn dieses Gedenktages näher kommt, an dem
während des Bürgerkrieges Frauen auf das Schlachtfeld von Shi-
loh gingen und Blumen auf die Gräber der Soldaten der Union wie
der Konföderierten streuten im Bemühen, die kriegführenden Par-
teien zu versöhnen.

Hier sind nun einige Fragen, die Ihnen helfen sollen, ein paar
Minuten über die weltlichen Feiertage nachzudenken, die in Ihrem
Leben eine Rolle spielen.

– Welche Bedeutung haben sie für Sie?
– In welchem Verhältnis stehen sie zu den weltlichen Feiertagen,
  die Ihre Umgebung feiert?
– Welche Aspekte dieser Feiertage möchten Sie an Ihre eigenen
  Kinder weitergeben?
– Welchen weltlichen Feiertagen würden Sie gerne mehr persön-
  liche Bedeutung verleihen? Wie könnten Sie das umsetzen?

Religiöse Feiertage

Manche Feiertage, die in Familien gefeiert werden, haben eine religiöse Bedeutung. Das kann für Familien verschiedene Auswirkungen haben, je nachdem, ob es innerhalb der Familie unterschiedliche Religionszugehörigkeiten oder unterschiedliche Grade der Religiosität gibt und wie die Umgebung auf verschiedene religiöse Traditionen reagiert. In einer konfessionellen Mischehe müssen die Ehepartner sich miteinander einigen, welche Feiertage sie begehen wollen. Manche Familien kombinieren die Feiertage beider Religionen und feiern alle; andere entschließen sich, nur die Feiertage einer Religion zu beachten, während in wieder anderen jeder die Feiertage seiner Religion für sich feiert.

Zwei Religionen und doppelte Feiertage

Als Rachels Mutter (eine Lutheranerin) ihren Vater (der jüdischen Glaubens war) heiratete, erklärte sie sich bereit, das Haus koscher zu halten, während er einwilligte, in seinem Haus auch christliche Feiertage zu feiern. Rachel erinnert sich an Feiertage in ihrer Kindheit, die eine ganz eigene Mischung dieser beiden Traditionen darstellten. Zu Weihnachten zum Beispiel saß ihr Vater immer im anderen Zimmer und sah fern, während sie und ihre Brüder mit ihrer Mutter den Baum schmückten. Wenn alles fertig war, kam ihr Vater heraus, bewunderte den Baum und hörte zu, wie ihre Mutter Geschichten von jedem einzelnen Teil des Baumschmucks erzählte, wo er hergekommen war und was er darstellte. Doch er selbst schmückte den Baum nie. Zum Essen gab es immer Truthahn, allerdings einen koscheren. Zwischen Essen und Nachtisch ließen sie immer einige Stunden vergehen, um zu vermeiden, daß sich Milchprodukte, die sich eventuell im Dessert befanden, mit Fleisch vermischten. Ihre Familie hatte einen Weg gefunden, alljährlich ihre unterschiedlichen Traditionen in vereinbarter Weise zu kombinieren. Damit blieb es zwar Rachel überlassen, als Erwachsene ihre eigenen religiösen Wertvorstellungen zu klären, doch sie fühlte sich von ihrer Mutter und ihrem Vater nie in eine bestimmte Richtung gedrängt. »Ich erlebte eine Ehe, in der der Respekt vor den Unterschieden an erster Stelle stand«, erklärte sie.

Der Wandel religiöser Überzeugungen brachte in der Familie O'Callaghan verschiedene Probleme mit sich. Die vier Kinder der O'Callaghans waren katholisch erzogen worden. Mit der Zeit entschlossen sich der älteste Sohn, Kevin, und die älteste Tochter, Bridget, nicht mehr in die Kirche zu gehen. Wenn die Familie kirchliche Feiertage beging, kam es zu mancherlei Spannungen. In einem Jahr, als Bridget und Kevin sich entschlossen, die Ostermette zu besuchen, fragten ihre Eltern ständig, warum sie dorthin gingen, wenn sie den Rest des Jahres nicht einmal in die Nähe einer Kirche kämen. In Jahren, in denen Kevin und Bridget nicht in die Messe gingen, hing über der Familie wie eine finstere Wolke das Gefühl, daß sie irgendwie keine richtige Familie mehr seien. Alle fühlten sich miserabel. Die Familie mußte zu einem Minimum gegenseitiger Akzeptanz der unterschiedlichen Glaubensansichten in ihrer Mitte kommen, statt die Streitfrage immer nur an Feiertagen zutage treten zu lassen. Als erstes beschlossen sie, daß Feiertage nicht der geeignete Zeitpunkt seien, ihre Einstellung zur Religion zu diskutieren. Sie nahmen sich vor und nach den Feiertagen Zeit, über Glaubensfragen zu sprechen. Als nächstes erklärten Kevin und Bridget, sie wollten das Gefühl haben, frei entscheiden zu können, ob sie aus Respekt vor der Familie mit ihnen die Messe besuchen wollten, ohne daß ihnen dies unbedingt als Änderung ihrer religiösen Überzeugungen ausgelegt werde; und sie wollten auch nicht daran erinnert werden, daß sie andere Male nicht in die Kirche gegangen waren, als ihre Eltern es gewollt hatten. Die Familie fand Wege, einen Teil der Spannungen, die an Feiertagen über unterschiedliche Glaubenseinstellungen auftraten, zu reduzieren.

Manchmal lebt eine Familie, die den gleichen Glauben hat, in einer Umgebung, deren Feiertage sich von ihren unterscheiden.

»Kann ich Ihnen heute einen fröhlichen Vatertag wünschen oder nicht?« Anastasia und Mike Ventura gehörten der griechisch-orthodoxen Kirche an. Sie lebten in einer vorwiegend römisch-katholischen Gegend. Aufgrund des für die griechisch-orthodoxe Kirche gültigen Kalenders fällt ihr Osterfest häufig auf einen anderen Sonntag als das katholische. In ihrer Nachbarschaft schien das niemand zu begreifen, und ihre beiden drei- und fünfjährigen Kinder verwirrte

es offenbar, daß sie Ostern nicht zusammen mit den übrigen Kindern in der Umgebung feierten. Mike und Anastasia beschlossen also, die Nachbarschaft an einigen ihrer Osterrituale teilhaben zu lassen, damit sie etwas über die griechisch-orthodoxen Sitten erführen. Sie öffneten ihr Haus für die Nachbarschaft und luden Kinder ein, mit ihnen Eier rot zu färben, ein typischer Bestandteil der griechisch-orthodoxen Feier. Sie brachten ihren Kindern einige der griechischen Segenssprüche bei, die Kinder über den Eiern austauschen. Anhand eines Kalenders zeigten sie ihnen, wie verschiedene Religionen die Monate und Tage unterschiedlich aufteilten. Die Kinder, unter ihnen auch der sechsjährige Dan, nahmen ihre Eier mit nach Hause und erzählten, was sie gelernt hatten.

Einige Monate später klingelte Dan an Anastasias und Mikes Haustür. Er wollte mit ihrem ältesten Sohn spielen. Es war Vatertag. Mike öffnete die Tür. »Hallo, Dan«, sagte Mike. Dan sah zu ihm auf. »Kann ich Ihnen einen fröhlichen Vatertag wünschen? Haben Sie den am gleichen Tag oder nicht?« Dan hatte es begriffen. Der Sechsjährige lernte, Unterschiede grundlegend zu respektieren.

Wenn es in Ihrer Familie unterschiedliche Religionszugehörigkeiten gibt, haben sich bei Ihnen vielleicht manche Verhaltensweisen eingespielt, mit denen Sie sich wohl fühlen oder auch nicht. Überlegen Sie, welche Feiertage mit religiöser Bedeutung Sie feiern.

– Inwiefern spiegeln sie den Glauben Ihrer Familie wider?
– Gibt es Unterschiede, wie einzelne Familienmitglieder je nach ihrem Glauben darin einbezogen sind? Werden andere Überzeugungen akzeptiert? Können Sie darüber sprechen?
– Welche religiösen Überzeugungen möchten Sie mit Ihren Feiertagen zum Ausdruck bringen?

Die Familie im Wandel

Wenn es in der Familie größere Veränderungen gegeben hat, können an Feiertagen Probleme mit der Familienzugehörigkeit und Loyalitätsverpflichtungen auftauchen, und es kann nötig sein, bestimmte ideale Wunschvorstellungen über die Familie aufzuarbeiten. Sie können in der Gestaltung des Rituals zutage treten und lassen sich gleichzeitig im Verlauf der Planung und Durchführung eines Rituals aufarbeiten.

Einen Feiertag in zwei Haushalten feiern

Als Sherry Stembridge und ihr Mann sich trennten, stellte sie fest, daß Feiertage eine äußerst desorientierende Wirkung hatten. Sie hatten an solchen Tagen immer etwas mit ihren zwei Kindern und mit anderen Familien ihres Bekanntenkreises unternommen. Symbolisch hatte sich das zum Beispiel in Familienphotos niedergeschlagen, die sie als Grußkarten zu Feiertagen verschickt hatten. Im ersten Herbst nach ihrer Trennung saß Sherry mit einem Photo in der Hand, das sie am Muttertag aufgenommen hatten; es zeigte sie vier ausgehfertig angezogen, um essen zu gehen. Sie hatte das Photo beiseitegelegt, um es vielleicht für Grußkarten zu verwenden. Nun hatte sie jedoch das Gefühl, dieses Bild nicht nehmen zu können, und da sie nicht wußte, was sie verschicken sollte, schrieb sie schließlich gar keine Karten. Zudem hatte in diesem Jahr Ed die Kinder für den ersten Teil der Weihnachtsferien und den Weihnachtstag. Er war derjenige gewesen, der gewöhnlich den Baum besorgt und aufgestellt hatte. Anschließend hatten sie ihn alle gemeinsam geschmückt. In diesem Jahr bat er sie um den Baumschmuck. Sherry fühlte sich nicht danach, für sich einen Baum aufzustellen, und außerdem besaß sie keinen Baumschmuck. So blieb das Haus ohne Weihnachtsdekoration. Auch finanziell war alles etwas knapp, da sie zwei Haushalte einrichten und Gebühren für die Vermittler und die Scheidung zahlen mußten. Und dennoch gab Sherry schließlich mehr für die Geschenke der Kinder aus, als sie sich leisten konnte, weil sie sich verantwortlich fühlte für den Trennungsschmerz, den die Kinder zeigten. Sie merkte, daß sie es ihnen mit übertriebenen Geschenken vergelten wollte.

Die Planung der Feiertage wurde schwieriger. Sie konnte nicht länger voraussetzen, wer da sein würde und wer was tun würde. Da sie und ihr Mann gemeinsam das Sorgerecht für ihre beiden Kinder hatten, wechselten sie sich jedes Jahr mit den Feiertagen ab. Ein Jahr hatte Ed die Kinder an Erntedank und Weihnachten und sie hatte sie an Silvester. Im nächsten Jahr war es umgekehrt. Das hieß, in einem Jahr konnte Sherry bei sich zu Hause am eigentlichen Feiertag mit ihrer Familie feiern, im nächsten Jahr konnte sie das nicht.

Sherry merkte, daß es die Stimmung des Feiertages sehr prägte, ob sie die Kinder hatte oder nicht. Wenn sie wußte, daß die Kinder am Erntedankfest nicht bei ihr sein würden, fiel es ihr schwerer, sich Gedanken über den Feiertag zu machen. Sie stellte auch fest, daß sie zusehen mußte, sich am Erntedankfest mit anderen zu verabreden; sonst saß sie zu Hause und grübelte über die Scheidung und die nachfolgenden Familienveränderungen. Im allgemeinen schienen Feiertage auch bei den Kindern Erinnerungen an Zeiten zu wecken, als die Familie noch beisammen war. Sie holten alte Photoalben heraus und sahen sich Bilder früherer Feiertage an, was Sherry ärgerte.

Das dritte Jahr nach Eds und Sherrys Trennung brachte das Faß zum Überlaufen. Ed hatte die Kinder über Weihnachten. Sherry sollte sie über Neujahr haben. Zunächst bat ihr ältester Sohn, seine Weihnachtsgeschenke von ihr mit zu seinem Vater nehmen zu dürfen, wo sie »richtig« Weihnachten feiern würden. Dann schickte Sherrys Mutter die Geschenke für die beiden Kinder zu ihrem Vater. Sherry hatte das Gefühl, daß ihre Mutter ihr immer noch die Schuld an der Scheidung gab und dies nur eine neue Art war, sie das spüren zu lassen. Dann erfuhr Sherry von den Kindern, daß ihr Flugzeug auf ihrem Rückflug von den Großeltern väterlicherseits am Silvesterabend nicht vor 22 Uhr landen würde. Sherry hatte angenommen, sie kämen nachmittags gegen fünf zu ihr, um die Zeit also, um die der Vater die Kinder gewöhnlich brachte. Sie hatte schon ein besonderes Essen für den Silvesterabend geplant. Da wußte Sherry, daß sie mit der Gestaltung der Feiertage auf dem falschen Weg waren.

Mit der Zeit entwickelten Ed und Sherry, unterstützt von Freunden und Verwandten, andere Strategien, mit zwei Familien in zwei

Haushalten zu feiern. Die Feiertage gestalteten sich nun fließender
für sie. In einem Jahr machte Sherry am Abend vor Erntedank ein
Festessen, da die Kinder am Erntedanktag nicht bei ihr waren. In
einem anderen Jahr feierten sie Weihnachten am Neujahrstag. Sie
und ihr ehemaliger Mann fingen an, die Besuchsregelungen für
die Kinder unmittelbarer miteinander zu planen. Sie nahmen auch
die genaue Zeit in den Plan auf, zu der die Kinder im jeweiligen
Haus eintreffen sollten. Sie sprachen die Reisen an Feiertagen und
im Urlaub zumindest so weit miteinander ab, daß die Kinder nicht
von einer Fahrt zurückkamen und sofort zur nächsten aufbrechen
mußten.

Sherry sprach mit ihren Eltern und bat sie, Karten oder Geschenke für die Kinder direkt zu ihr nach Hause zu schicken. Sie
gewöhnte sich auch an, weniger bewegliche Geschenke zu kaufen,
die sich nicht ohne weiteres auf Nimmerwiedersehen in den anderen Haushalt mitnehmen ließen. Sie gestaltete frühere Aspekte der
Feiertage so um, daß sie die Veränderungen der Familie widerspie-
gelten. Sie fing an, zu Weihnachten Photos zu verschicken, die nur
die Kinder zeigten. Sie kaufte jeden Dezember kleine Weihnachts-
bäumchen und setzte sie später in ihren Garten. So forderte sie für
sich das Recht wieder ein, mit einer veränderten Familie Feiertage
im Familienkreis zu feiern.

Familien können viele verschiedene Möglichkeiten finden, nach
einer Trennung und Scheidung mit Veränderungen umzugehen.
Sie hängen davon ab, wie frisch die Veränderung ist, wie viele Kinder da sind, wie alt sie sind, wieviel Konflikte mit der Trennung
verbunden waren und auf welche Unterstützung von außen sie
zurückgreifen können. Die Familie Saari feierte selbst nach dem
Auszug der Mutter noch einige Jahre lang an Feiertagen gemeinsam im Familienkreis. Sie kam in das Haus, in dem die Kinder zeitweise mit dem Vater lebten. In der Familie Corliss koordinierten
die getrennt lebenden Eltern immer ihre Weihnachtseinkäufe,
damit sie den Kindern nicht Geschenke doppelt machten. Bei den
Redford-Nichols gab es zwischen den Eltern so viele Spannungen,
daß sie ihre Pläne überhaupt nicht miteinander absprachen. Sie
wandten sich vielmehr jeder an ihren eigenen Freundes- und Familienkreis, ihnen bei der Gestaltung der Feiertage zu helfen.

Suchen Sie den Weg, die Feiertage umzugestalten, der Ihnen entspricht. Das Wichtigste ist, daß die Feier nicht unbeweglich, erstarrt, statisch und ungeeignet bleibt, die Veränderungen der Familie widerzuspiegeln. Feiertage sollten die Stärken und Möglichkeiten Ihrer gegenwärtigen Familie würdigen. Sie müssen ihre eigene Geschichte und Integrität entwickeln und dürfen nicht ständig dem gegenübergestellt werden, was früher in der Familie war. Es ist auch wichtig, die Kinder aus den Meinungsverschiedenheiten der Eltern herauszuhalten. Versuchen Sie, die Spannungen oder fortgesetzten Konflikte in Schranken zu halten, damit sie nicht unmittelbar in Feiertage hineinwirken. Kinder und Erwachsene brauchen eine geschützte Zeit und geschützten Raum, diese besonderen Feste zusammen zu genießen.

Wenn ein Elternteil fehlt: Aus den Augen, aber nicht aus dem Sinn Andere Probleme stellen sich, wenn nach einer Trennung oder Scheidung kaum noch Kontakt zwischen dem Kind und einem Elternteil besteht. Das Kind kann verletzt oder wütend reagieren, wenn der Vater oder die Mutter an einem Feiertag nichts von sich hören läßt. Dem Elternteil, der mit dem Kind lebt, bleibt es dann oft überlassen, sich mit den emotionalen Reaktionen auseinanderzusetzen. Vielleicht stellt das Kind sich in seiner Phantasie vor, der Feiertag wäre mit dem fehlenden Elternteil viel schöner. Oder es macht den Elternteil, bei dem es lebt, für die Tatsache verantwortlich, daß der andere nicht da ist.

Die starken Gefühle zu ignorieren, die mit dem Fehlen eines Elternteils an einem Feiertag verbunden sind, oder zu hoffen, daß sie sich legen, verstärkt beim Kind nur den Eindruck, daß es in seinem Ringen, mit seinen Gefühlen fertig zu werden, allein gelassen wird. Nach einer Trennung oder Scheidung haben Kinder oft das beherrschende Gefühl, die Kontrolle verloren zu haben. Kinder haben häufig den Eindruck, daß die Erwachsenen wichtige Entscheidungen über ihr Leben treffen, bei denen sie nichts mitzureden haben. Wenn ein Elternteil fehlt, sollten Sie den Kindern mit kleinen Dingen das Gefühl vermitteln, daß sie durchaus einen gewissen Einfluß haben.

Sie können sich mit Ihrem Kind hinsetzen und sich ein paar

Photos des fehlenden Elternteils ansehen und darüber sprechen, wie es wäre, Kontakt mit ihm zu haben. Dazu müssen Sie Ihre eigene Wut auf Ihren früheren Partner beiseite schieben und einfach nur auf die Gefühle Ihres Kindes hören. Sie können einem kleineren Kind helfen, ihm einen Brief zu schreiben. Das gibt Ihrem Kind eine strukturierte Form, sich auszudrücken. Ermöglichen Sie den Kontakt mit Verwandten des abwesenden Elternteils, wenn sie das Kind sehen möchten. Das kann einem Kind helfen, sich weniger abgeschnitten zu fühlen. Wenn es keinerlei Möglichkeit gibt, daß Ihre Kinder an Feiertagen wieder mit dem fehlenden Elternteil Kontakt aufnehmen, ist es am besten, offen darüber zu reden. Als alleinerziehende Mutter oder alleinerziehender Vater stellen Feiertage Sie vor eine besondere Herausforderung und können Gelegenheit bieten, die speziellen Stärken Ihrer Familie zu entdecken. Virginia Estes begann, am Erntedankfest ein Essen mit drei Familien auszurichten, in denen die Väter völlig verschwunden waren. Dieses Essen fand alljährlich statt, bis alle Kinder erwachsen waren. »Zuerst war es recht schwierig – wir kamen uns so komisch vor, fast wie behindert. In unserem dritten gemeinsamen Jahr sagte mein Sohn Terry, der damals vierzehn war: ›Ich bin nur froh, daß wir unsere Mütter haben‹, da wußten wir, daß es uns allen wieder richtig gutgehen würde!«

Der Elternteil, der das Sorgerecht hat, kann auch Kontakt mit dem abwesenden Elternteil aufnehmen, um einen gewissen Einfluß darauf zu gewinnen. Bill Wilson hatte mehrere Jahre lang das Gefühl, daß eine finstere Wolke über Weihnachten hing, weil sein Sohn Michael ständig auf einen Anruf seiner Mutter wartete, der jedoch nie kam. Also rief Bill zusammen mit Michael am nächsten Weihnachtsfest früh morgens seine frühere Frau selbst an, und sie wünschten ihr frohe Weihnachten. Es fiel ihm nicht leicht, aber es war besser als dazusitzen und zu warten, ob sie anrufen würde.

Eine neue Chance:
Die Verbindung mehrerer Familien durch Wiederheirat
Familien, die durch eine zweite Heirat entstehen, haben oft mit vielen Problemen zu kämpfen, die auch in Familien auftreten, in denen es zu einer Trennung oder Scheidung gekommen ist. Doch

neben den Problemen, mehrere Haushalte und geteilte Loyalitäts-
gefühle unter einen Hut zu bringen und sich mit Erinnerungen
und Inhalten früherer Feiertage auseinanderzusetzen, gibt es in
Familien, die durch eine erneute Heirat zustande kommen, noch
besondere Probleme. Es gilt mit neuen Verwandten Kontakte zu
knüpfen. Zudem besteht eine bereits vorhandene Geschichte, wie
Feiertage in der Familie abzulaufen haben. Diese schließt nicht nur
die Vorstellungen aus jeder Herkunftsfamilie ein, was einen ›schönen‹ Feiertag ausmacht, sondern auch lebendige Erinnerungen,
die die Kinder in sich tragen, wie ein Feiertag zu begehen ist. Besondere Speisen und Aktivitäten können für die Kinder von entscheidender Bedeutung sein, während Stiefvater oder -mutter sie
als fremd und unbehaglich empfinden und umgekehrt.

Glücklicherweise besitzen Feiertage ein hohes Potential, die
Heilung alter Wunden und das Knüpfen neuer Verbindungen zu
erleichtern. Die gleichen Handlungselemente, die uns nachhaltige
Erinnerungen an besondere Tage verschaffen und an die Art, wie
es immer war, ermöglichen es auch, wichtige neue Inhalte zu
entwickeln.

Vereinigung – darum geht es in Familien, die durch eine zweite
Ehe zusammenkommen. Eine Familie nahm sich in ihrem Bemühen, mit einer zweiten Eheschließung umzugehen, bewußt vor,
neue Beziehungen zu knüpfen und Feiertagen im Familienkreis
eine neue Geschichte zu geben. So machten sie zum Beispiel an
ihrem ersten gemeinsamen Erntedankfest große Dankeschönkar-
ten füreinander, indem sie die Buchstaben des Wortes »Danke« aus
Kartoffeln herausschnitzten und auf große, gefaltete Papierbögen
druckten. Kurz vor dem Essen ließen sie die Karten herumgehen,
und alle schrieben auf die Karte eines jeden, was sie an ihm oder ihr
gut fanden und wofür sie sich gegenseitig dankbar waren. Vor dem
Essen setzten sie sich an den Tisch und lasen die Karten laut vor.
Auf die Karte des damals fünfzehnjährigen Rand zum Beispiel
hatte seine neugewonnene achtjährige Stiefschwester Kerja geschrieben: »Danke für deine einfallsreichen Vorführungen und dafür, daß du alle so nett beim Spielen und anderen Dingen mitmachen läßt.« Auf diese Weise würdigten sie die Beziehungen, die in
kleinen Dingen zwischen ihnen heranwuchsen.

In anderen Familien, die durch eine zweite Heirat zusammengekommen sind, durfte jeder ein Lieblingsgericht nennen, das er am Feiertag gerne hätte, und es somit ermöglichen, Gerichte aus früheren Familien, in denen sie gelebt hatten, zu würdigen.

Wenn Sie daran arbeiten, Menschen, die durch eine zweite Heirat in eine Familie gekommen sind, zu einer Familie zu machen, sollten Sie andere Familienkonfigurationen respektieren, denen die Kinder angehören. Als Janines Kinder zum Beispiel zum Erntedankfest für jeden Platzdeckchen bastelten, machte ihre Tochter Natalya auch eines für ihren Vater mit einem Bild, wie er in Rhode Island auf seinem Fahrrad fährt. Sie schrieb dazu: »Dem besten Vater, den es geben kann!« und gab es ihm, damit er es am Feiertag benutzte. Als die Familie später Puzzles und Batikhemden machte, um sie am Feiertag zu verschenken, wollten die Kinder auch Geschenke für ihre Angehörigen in den anderen Haushalten basteln. Sie besorgten dazu T-Shirts in den passenden Größen und andere Materialien, da dies ihnen offenbar half, an beide Familien zu denken und sie zu würdigen. Anscheinend trug es auch dazu bei, daß die Kinder weniger Sorge hatten, einen Elternteil zu übergehen. Wenn Kinder etwas für den Elternteil basteln, der nicht da ist, kann es ihnen das Gefühl vermitteln, den anderen auf gewisse Weise einzubeziehen.

Wenn es zu einer zweiten Heirat kommt, nachdem die geschiedenen Ehepartner eine bestimmte Regelung für die Feiertage getroffen haben, können die anfänglichen Reaktionen und Veränderungen verblüffend und überraschend sein. Karen Parsons und ihre beiden Söhne, der zwölfjährige Jim und der fünfzehnjährige Jason, hatten das Erntedankfest seit ihrer Scheidung von John Parsons vor sieben Jahren immer bei Karens Eltern gefeiert. John hatte nie darum gebeten, die Kinder an Feiertagen bei sich zu haben, und hatte sie nur selten gesehen. Im Juli dieses Jahres ging John eine zweite Ehe ein. Im Oktober drängte er darauf, daß seine Söhne ihn zum Erntedankfest in seinem neuen Heim besuchten. »Ich hatte das Gefühl, es geht ihm um seine neue Frau – er will so tun, als wenn er jetzt ein ›Familienvater‹ wäre, aber wo war er denn in diesen sieben Jahren?« erklärte Karen. Jim und Jason weigerten sich, ihn am Erntedankfest zu besuchen, waren jedoch beide voller

Schuldgefühlte und Verlegenheit. Zu Weihnachten fing der Streit aufs neue an. Diesmal wußte Karen, daß sie und John besser darüber reden sollten. Da beide sehr wütend waren, vereinbarten sie, einen Berater hinzuzuziehen und eine neue Feiertagsregelung zu treffen. Sie nahmen drei Beratungsstunden, und anschließend gingen sie einzeln mit den Jungen jeweils zu einer Sitzung. Der Berater konzentrierte sich in den Sitzungen auf die frühere, gegenwärtige und zukünftige Gestaltung von Feiertagen. Zum erstenmal hatte jeder von ihnen Gelegenheit, offen über die Feiertage zu sprechen, an denen sie noch alle beisammen waren, und in sicherer Umgebung seiner Enttäuschung Ausdruck zu verleihen. Schließlich setzte sich der Berater mit den drei Erwachsenen zusammen, um als Vermittler an einer neuen Regelung mitzuwirken, der alle zustimmen konnten.

Die Gestaltung von Feiertagen rückt oftmals Änderungen in Beziehungen, die nach einer Scheidung oder zweiten Heirat notwendig werden, scharf ins Licht. Selbst gut eingespielte Besuchs- und Sorgerechtsregelungen werden dabei häufig in Frage gestellt und bedürfen der Überarbeitung, manchmal unter kurzfristiger fachlicher Anleitung. Denken Sie daran, daß es nach veränderten Beziehungen, die sich durch eine zweite Heirat ergeben, durchaus nötig sein kann, Feiertage über einige Jahre hinweg gemeinsam zu erleben, ehe alle sich dabei wirklich wohl fühlen.

Als Single oder Alleinlebender feiern

Für Menschen, die nicht mit anderen zusammenleben, können Feiertage Probleme mit sich bringen, die aus den Erwartungen der Umgebung erwachsen, daß man an solchen Tagen in der Familie oder in Gruppen feiert. Vielleicht erwartet auch Ihre Familie, daß Sie nach Hause kommen und sich den Vorhaben anschließen, die Ihre Verwandten planen, weil Sie keine eigene Familie haben. Bestimmte Feiertage sind zudem mit festen Sinnvorstellungen behaftet. Der Valentinstag vermittelt zum Beispiel die Botschaft, man müsse einen Liebsten haben, der an diesem Tag an einen denkt.

Doch gerade weil sie nicht so fest in eine Gruppe eingebunden sind, mit der sie zusammenleben, haben Singles häufig an Feiertagen größere Handlungsspielräume und andere Möglichkeiten,

Entscheidungen zu treffen. So können sie sich Angehörigen ihrer Herkunftsfamilie anschließen. Hier kann sich das Problem stellen, zuzusehen, daß die Feier im Familienkreis ihre gegenwärtige Identität in Teilen widerspiegelt. Reed Richter stammte aus einer traditionellen, praktizierenden jüdischen Familie. Zwar fühlte er sich geistig und ethnisch dem Judentum verbunden, doch brauchte er seine eigenen Rituale, um sein soziales Engagement zum Ausdruck zu bringen. Anfangs schenkten seine Eltern seinen Bitten, dem *Pessachseder* neue Elemente hinzuzufügen, keine Beachtung. Reed fiel auf, daß sein verheirateter Bruder, seine Schwägerin und ihre drei kleinen Kinder neue symbolische Handlungen in den Seder einbringen durften. Als er seine Eltern darauf ansprach, räumten sie ein, Reed weiter so behandelt zu haben, als ginge er noch aufs College und brächte die Vorstellungen »radikaler Studenten« mit nach Hause. Er konnte sich mit ihnen einigen, bei der Aufzählung der zehn Plagen während des *Pessachseders* seine Sorgen als erwachsener Mensch in bezug auf Obdachlosigkeit und Hunger vorzubringen.

Alleinlebende Menschen können auch mit anderen Singles feiern. Yvette Schutte machte es sich zur Tradition, vor dem Valentinstag eine Party zu geben, bei der die Gäste Grußkarten verfaßten. Sie trug eine Reihe einfacher Materialien zusammen und lud etwa zwanzig Freunde und Freundinnen zu sich ein, Karten zu basteln. Diese Karten schickten sie sich und anderen Freunden zum Valentinstag, an dem sie sich zur traditionellen Schokoladenparty trafen. In einem Jahr gab es Huhn in *Mole**, Schokoladenfondue und zum Nachtisch Schokoladenkuchen. Yvette erklärt: »Das ist auf jeden Fall besser als am Valentinstag zu Hause zu sitzen, Trübsal zu blasen und zu warten, ob jemand an mich denkt.«

Andere legen Wert darauf, an Feiertagen anderen ehrenamtlich zu helfen und ein soziales Netz zu schaffen, in das sie eingebunden sind. In der mittelgroßen Stadt, in der Bill Starr lebt, gab die Organisation *United Way* an größeren Feiertagen immer im Gemeindesaal Essen aus. Bill meldete sich freiwillig, vorher beim Einkaufen und Backen zu helfen und an den Feiertagen das Essen auszuteilen.

---

* *Mole:* mexikanische Sauce

313

Er hatte das Gefühl, den wahren Sinn vieler Feiertage für sich gefunden zu haben: anderen zu helfen.

Ein Mensch, der allein lebt, kann sich auch bewußt entscheiden, Feiertage allein zu feiern. Cheryl Nash, die früher Probleme mit dem Trinken hatte, gefiel es nicht, daß bei vielen Veranstaltungen an Silvester Trinken und Partys so sehr im Vordergrund standen. Sie zog es vor, zu Hause zu bleiben und gründlich über das vergangene Jahr und ihre Hoffnungen für das kommende Jahr nachzudenken. Sie ließ ihre Freunde wissen, daß sie sich bewußt entschieden hatte, das zu tun, was ihr wichtig war.

Andere Singles finden Möglichkeiten, an Feiertagen mit anderen Familien zusammenzusein. Lucille Aranyi fühlte sich bei ihrer Freundin Dana, ihrem Mann und ihren zwei Kindern herzlich willkommen. Sie wußten, sie konnten immer darauf zählen, daß Lucille zu Ostern Schokoladenhasen und zu *Halloween* »Hexentrank« mitbringen würde.

Photos auf dem Kaminsims: Feiertage und nicht akzeptierte Familien
Als Kay und ihre langjährige Partnerin Margaret anfangs zusammenlebten, feierten sie die Feiertage getrennt mit ihren jeweiligen Eltern und Verwandten. Sie fühlten sich noch nicht wohl bei dem Gedanken, ihren Familien zu sagen, daß sie ein Paar waren, und wollten sich noch nicht mit Problemen auseinandersetzen wie der Frage, wo sie schlafen sollten und wie andere respektieren würden, was sie einander bedeuteten. Diese Art, die Feiertage zu verbringen, war für beide sehr belastend. Kay merkte, daß es ihr schwerfiel, die Zeit in ihrer Familie wirklich zu genießen, wenn sie Margaret vermißte und ein ungutes Gefühl hatte, sie nicht einladen zu können. Margaret fürchtete, daß Kay ihrer Familie näherstünde als ihr, und hatte zudem den Eindruck, daß es ihnen wirklich an besonderen Gelegenheiten fehlte, ihre eigene Beziehung zu feiern, weil sie die Feiertage nicht gemeinsam verbrachten. Ständig gerieten sie in die Situation, ihre gegenseitigen Weihnachtsgeschenke im voraus auspacken zu müssen, ehe jede zu ihren Eltern aufbrach. Und wenn sie dann bei ihren Eltern waren, konnten sie nicht erzählen, was ihnen der neue Pullover oder das neue Schmuckstück bedeutete, die jede von der Freundin bekommen hatte. Oder sie

kamen erst nach dem Feiertag dazu, gemeinsam ein besonderes Essen zu zweit zu kochen.

Mit der Zeit erzählten beide ihren Familien, daß sie in einer lesbischen Beziehung lebten. Kays Eltern akzeptierten sie als Paar und zeigten es, indem sie von nun an beide zu Familienfeiern zu sich einluden. Margarets Familie dagegen zog sich von dem Paar zurück, nachdem sie von der Beziehung erfahren hatte, und Margaret sah sie seitdem nur noch selten. Die Feiertage verbrachten sie nun mehr und mehr in Kays Familie und Verwandtschaft.

Meist fühlten sie sich bei diesen Festen wohl, doch im Laufe der Jahre merkten sie, daß es bei Kays Eltern nach wie vor eine Menge Dinge gab, über die man nicht mit ihnen sprach, zum Beispiel darüber, Kinder zu haben, ein Haus zu kaufen, eine Lebensversicherung abzuschließen oder eine Altersvorsorge zu treffen. Auf subtile Weise gab man ihnen zu verstehen, daß eigentlich niemand erwartete, daß sie für den Rest ihres Lebens zusammenbleiben würden, und niemand sich vorstellen konnte, daß Margaret und Kay sich ähnliche Dinge wünschten wie viele andere Familien. Eines Tages machte Margaret Kay darauf aufmerksam, daß sich diese Tatsache symbolisch in den Familienphotos auf dem Kaminsims niederschlug. Kays Eltern hatten Bilder all ihrer erwachsenen Kinder mit deren Ehepartnern aufgestellt – außer von Kay und ihrer Partnerin. Margaret sprach auch an, daß sie allmählich den Eindruck gewann, ihre Feiertage verliefen unausgewogen, weil sie stärker von den Traditionen Kays und ihrer Familie geprägt waren. Sie ständig mit Kays Verwandtschaft zu verbringen brachte ihr zudem den schmerzlichen Bruch ihrer eigenen Herkunftsfamilie in Erinnerung.

Margaret wollte davon abkommen, vorwiegend mit Kays Eltern zu feiern, und mehr festliche Zeiten innerhalb der Paarbeziehung entwickeln, unter anderem indem sie Feiertage mit anderen Freundinnen zu Hause feierten. Zunächst fiel es Kay schwer, das zu verstehen, denn sie fühlte sich in ihrer Familie geborgen und wußte, daß sie und Margaret es zu schätzen wußten, wie ihre Familie sie angenommen hatte. Als sie und Margaret sich weiter darüber unterhielten, sah Kay jedoch ein, daß es sie als ungleich auswies, nie in ihrem eigenen Zuhause zu feiern, und daß sich das auch auf ihre eigene Entwicklung als Erwachsene auswirkte. Sie begriff auch allmählich, daß sie in ihrem Elternhaus unterschwellig als Paar anders behandelt wurden. Sie entschlossen sich zu einigen Maßnahmen. Als erstes ließen sie bei einer Feier zum Jahrestag ihrer Beziehung in ihrer Wohnung ein Photo von sich machen und rahmen. Das schenkten sie Kays Eltern für den Kaminsims. Sie beschlossen auch, bewußt Themen zur Sprache zu bringen, die andere bei ihnen nicht anschnitten. Sie hatten überlegt, ob sie ein Kind adoptieren sollten. Bei der nächsten Familienfeier sprachen sie über das Für und Wider eines solchen Entschlusses. Schließlich entschieden sie sich, Kays Eltern zu verstehen zu geben, daß sie einige Feiertage bei sich zu Hause feiern mußten. Während sie das in die Tat umsetzten, bemühte Margaret sich bewußt um Möglichkeiten, wieder Verbindung zu ihrer eigenen Feiertagsgeschichte aufzunehmen, indem sie Dinge aufgriff, die sie als junges Mädchen gerne getan hatte, zum Beispiel mit einer Gruppe abends von Haus zu Haus zu ziehen und Lieder zu singen. Sie schrieb auch wieder zu Feiertagen Grußkarten an ihre Angehörigen, obwohl sie von ihnen selten Karten bekam. Zu ihrer Überraschung erhielt sie von ihrer Mutter zu Chanukka eine Karte und später auch einen Anruf.

Kays Familie schloß sich nach und nach dem Weg an, den das Paar eingeschlagen hatte, und fragte sie, ob sie die Feiertage in ihrer Wohnung oder mit ihnen feiern wollten oder ob sie schon andere Pläne hätten. Dieses Paar fand Möglichkeiten, seine Verhaltensweisen an Feiertagen so umzugestalten, daß sie den sich wandelnden Bedürfnissen ihrer Beziehung entsprachen.

Hier nun einige Fragen, anhand derer Sie sich etwas Zeit nehmen und über religiöse und weltliche Feiertage des externen Kalenders nachdenken können. Lassen Sie die Feiertage im Laufe der letzten Jahre an Ihrem geistigen Auge vorüberziehen. Welche durchgängigen Verhaltensmuster erkennen Sie bei mehreren verschiedenen Feiertagen?

- Wie begehen Sie gewöhnlich Feiertage?
- Mit wem kommen Sie zusammen?
- Was ist für Sie an diesen Verhaltensmustern gut oder nicht gut?

- Was beobachten Sie bei anderen Menschen in ähnlichen Lebensumständen?
- Gibt es kleine Veränderungen, die Sie gerne in der Gestaltung Ihrer Feiertage vornehmen würden?

Feiern und Verluste

»Weihnachten war das Lieblingsfest meines Vaters. Jedes Jahr im Dezember verwandelte er sich von einem ernsthaften Geschäftsmann in ein kleines Kind. Seine Erregung steckte uns alle an. Wie soll ich jetzt ohne ihn Weihnachten feiern?« Mit diesen Worten sprach Mary Alice Lawrence ein Dilemma an, vor dem wir alle irgendwann im Leben einmal stehen: Wie können wir einen Feiertag begehen, nachdem ein geliebter Mensch gestorben ist? Unser eigenes Gefühl von Schmerz und Verlust kann besonders quälend werden, wenn in unserer Umgebung anscheinend alle am Feiertag glücklich sind.

Bei der Gestaltung von Feiertagsritualen nach dem Tod eines Angehörigen oder engen Freundes tauchen gewöhnlich zwei mögliche Verhaltensmuster auf, die über Jahre und sogar Generationen hinweg alle späteren Feiern prägen können.

»Alles wie gewohnt«

Viele Familien, die nach Möglichkeiten zu feiern suchen, wenn alle trauern, stellen die unausgesprochene ›Regel‹ auf, daß über ihren Verlust nicht gesprochen wird, besonders nicht an einem Feiertag. Sie versuchen tapfer zu feiern, als hätte es diesen Verlust nicht gegeben, und nach der Devise vorzugehen: »Alles wie gewohnt«.

In Andrea Simpsons Familie bildete sich ein solches Verhaltensmuster nach dem Tod ihrer elfjährigen Schwester heraus; Andrea war damals dreizehn. »Meine Schwester Marcia starb im März 1961, kurz vor Ostern. Meine Mutter war am Boden zerstört, aber von ihrer Erziehung her kannte sie nur eins: ›Die Zähne zusammenbeißen und Haltung bewahren‹. Mein Vater litt sehr, aber seine erste Sorge galt meiner Mutter. Als drei Wochen nach dem Tod meiner Schwester Ostern kam, feierten meine Eltern Ostern wie immer. Sie versteckten Eier und Süßigkeiten für mich und meinen Bruder, und keiner verlor ein Wort über Marcia. Ich erinnere mich, wie ich daran dachte, daß sie immer die meisten Süßigkeiten gefunden und sie mit uns geteilt hatte, aber es war, als gäbe es eine Regel, daß ich nichts darüber sagen dürfte, weil es meine Eltern zu sehr aufregen könnte. Meine Großeltern kamen Ostern zum Essen, wie sie es immer taten. Es war der einzige Feiertag, an dem wir alle zusammen waren. Ich hörte zufällig, wie meine Mutter zu meiner Großmutter sagte: ›Ich möchte, daß wir zu Ostern trotzdem wie alle Familien sind. Ich möchte, daß wir glücklich sind‹. Und so tat sie, was sie Ostern immer machte: Sie kochte drei besondere Gerichte, das Lieblingsgericht meines Bruders, meines und das von Marcia! Niemand sagte: ›Aber Marcia ist doch tot‹. Niemand sagte ein Wort. Wir aßen nur schweigend und taten, als sei alles beim alten. Im nächsten Jahr gab es Marcias Lieblingsgericht einfach nicht mehr, aber niemand verlor ein Wort darüber. Danach waren all unsere Feiertage wie abgestorben.«

In den folgenden Jahren wuchs vor jedem größeren Feiertag die Spannung in der Familie, aber niemand begriff, warum. Wie in so vielen Familien ließ der Wunsch, sich gegenseitig zu schonen, in Wirklichkeit jeden einzelnen im Schmerz um Marcias Tod isoliert und allein, und das besonders an Feiertagen. Da es verboten war, über Marcia zu sprechen und Geschichten über sie und ihren Platz in den Familienritualen zu ihren Lebzeiten zu erzählen, war die Familie von einer wichtigen Quelle des Trostes und der Verbundenheit ebenso abgeschnitten wie von der Möglichkeit, neue Freude miteinander zu erleben.

Wenn Feiertagsrituale in Ihrer Familie spannungsgeladen sind und Sie einen starren Ritualstil entwickelt haben, bei dem alles ohne ersichtlichen Grund an Feiertagen beim alten bleiben muß, kann es sein, daß ein Todesfall oder ein anderes schweres Trauma, über das nicht gesprochen werden darf, Ihre Feiern tiefgreifend beeinträchtigt hat. Ein solcher Verlust mag bereits viele Jahre zurückliegen. Vielleicht denken Sie einmal zurück und überlegen mit Ihrer Familie, wann sich die Feiertage geändert haben.

Zweiundzwanzig Jahre nach dem Tod ihrer Schwester beschloß Andrea Simpson, daß es an der Zeit sei, die Verhaltensmuster ihrer

Familie an Feiertagen zu ändern. Einfühlsam und vorsichtig organisierte sie ein Familientreffen lange vor Ostern. Zum Auftakt des Treffens dankte sie ihren Eltern für ihren Wunsch, die Familie vor dem Schmerz um Marcias Tod zu bewahren, und sprach dann über ihre eigenen Erinnerungen an Feiertage, als Marcia noch lebte. Sie holte Photos hervor, auf denen sie als Kinder Ostereier suchten, und sprach von Marcias Großzügigkeit. Schließlich gab sie ihrer Mutter eine schön gerahmte Abschrift von Marcias Lieblingsgericht. Zum erstenmal seit zweiundzwanzig Jahren trauerte die Familie offen und gemeinsam. Das Osterfest einige Wochen später gestaltete sich lebhaft und inhaltsreich. »Ostern ist ein Fest der Wiedergeburt und Auferstehung«, sagte Andreas Mutter. »Ich denke, das spüren wir jetzt wirklich.«

»Keine Feiertage mehr«
Andere Familien reagieren auf Todesfälle oder traumatische Erlebnisse, indem sie ganz aufhören, Feiertage zu begehen. Zum Erntedankfest, zu Weihnachten, zu Ostern oder anderen wichtigen Feiertagen im Familienkreis zusammenzukommen, nachdem ein geliebter Mensch gestorben ist, kann so schmerzlich und aufwühlend sein, daß einfach beschlossen wird, »Weihnachten abzuschaffen«, wie es uns eine Familie erzählte.

Als Patrick Dinsons Bruder im Juli Selbstmord beging, kam die Familie anfangs zusammen, um sich gegenseitig Trost zu spenden. Zu seiner Beerdigung flogen Angehörige aus vielen Teilen des Landes herüber, wie sie es sonst immer getan hatten, um im Haus von Patricks Mutter Erntedank zu feiern. Das Erntedankfest hatte ihnen alljährlich Anlaß zu einem Familientreffen geboten, an dem im Laufe der Jahre auch Schwiegersöhne, Schwiegertöchter und Enkelkinder teilgenommen hatten. Als in diesem Jahr der Oktober näherrückte, riefen die erwachsenen Geschwister einer nach dem anderen an und brachten Gründe vor, weshalb sie nicht zum Erntedankfest kommen könnten. Einer ging zu seinen Schwiegereltern, eine andere meinte, sie »sei mit Freunden zusammen«, eine dritte erklärte, sie könne es sich nicht leisten. Patricks Mutter beschloß, »dieses Jahr das Erntedankfest einfach auszusitzen«.

Es war das erstemal in der Familiengeschichte, daß sie an diesem

Feiertag nicht alle zusammenkamen. »Wirklich, es war zu schmerzlich – wie hätten wir feiern können? Ich war ziemlich erleichtert, daß keiner kam«, sagte Patrick. »Dann kam das Erntedankfest. Im Fernsehen zeigten sie die Parade, die Football-Spiele, die mein Bruder so geliebt hatte, liefen auf allen Kanälen, und Freunde, die ich anrief, waren damit beschäftigt, ihren Truthahn zu braten – überall um mich herum war Feiertag. Letzten Endes war es eigentlich schlimmer ohne meine Familie. Ich hatte das Gefühl, daß wir meinen Bruder *und* einander verloren hatten. Ich glaube, es wäre besser gewesen, wenn wir versucht hätten, zusammenzusein.«

Die Dinsons hatten auf den tragischen Tod des Bruders und Sohnes reagiert, indem sie »den Feiertag abschafften«. Da unsere Feiertagsrituale jedoch in einen größeren kulturellen Rahmen eingebettet sind und überall um uns herum stattfinden, hat der Entschluß, ihn für sich abzuschaffen, wie Patrick feststellen mußte, eine paradoxe Wirkung. Schließlich waren die Dinsons in doppelter Hinsicht in einer betrüblichen Lage, da jeder allein mit seinem Schmerz der Zuneigung und Hilfe beraubt wurde, die ihr jährliches Beisammensein ihnen gegeben hatte, und sich zugleich der Tatsache schmerzlich bewußt war, daß um sie herum überall gefeiert wurde.

Nach diesem Versuch, »das Erntedankfest abzuschaffen«, regte Patrick eine telephonische Konferenz mit seinen Geschwistern und seiner Mutter an. Er schilderte seine Erfahrung am Erntedanktag und fragte, ob sie in Erwägung ziehen möchten, zu Neujahr zusammenzukommen; alle waren dazu bereit. Als sie sich trafen, erzählte jeder von seiner anscheinend unabhängig von den anderen getroffenen Entscheidung, »das Erntedankfest abzuschaffen«. Am Neujahrstag zusammenzukommen und offen über ihren toten Bruder zu sprechen, durchbrach ein Tabu, das sich sehr schnell entwickelt hatte. Sie sprachen über das nächste Erntedankfest und wie sehr es sich ihrer Ansicht nach ohne ihn verändern würde, doch alle waren sich einig, daß das Beisammensein wichtig für sie sei.

Als Patrick seinen Rundruf machte, durchbrach er damit eine Tendenz, die sich schnell zu einer eingefleischten Familienreaktion hätte auswachsen können, sich wegen des schmerzlichen

Selbstmordes an größeren Feiertagen gegenseitig aus dem Weg zu gehen. Wir haben mit anderen Familien gesprochen, die nach dem Tod eines Angehörigen nie mehr zusammenkommen, um Feiertage gemeinsam zu feiern. Wenn sich in Ihrer Familie zu Feiertagen ein verkümmerter Ritualstil herausgebildet hat und Sie nicht wissen warum, finden Sie möglicherweise heraus, daß ein Todesfall, der vielleicht sogar schon eine Generation und länger zurückliegt, sich auf alle späteren Feiertagsrituale ausgewirkt hat. Ebenso wie Sie einschreiten können, wenn die Feiertagsgestaltung nach einem Todesfall starr und stereotyp geworden ist, können Sie auch ein reduziertes oder ausweichendes Verhaltensmuster zu Feiertagen ändern.

Wenn der Träger der Rituale stirbt

Wenn eine Familie den Träger ihrer Rituale verliert, also jenen Menschen, der dafür gesorgt hat, daß Feiertage auch gefeiert werden, stellt es sie vor besondere Probleme. Häufig spielte dieser Mensch, gewöhnlich ist es die Mutter oder eine Großmutter, eine wichtige Rolle für den Zusammenhalt der Familie. In den Wirren nach einem solchen Todesfall kann es zum Auseinanderfallen der Familienfeiern kommen, was das Gefühl des Verlustes nur noch verstärkt.

In der Familie Connegan entstand nach dem Tod der Großmutter Connegan, die die Ausrichtung der Rituale getragen hatte, ein heftiger, aber unterschwelliger Streit. Ihre erwachsenen Töchter erklärten jeweils, das Essen an Heiligabend finde bei ihnen zu Hause statt. Tanten, Onkel, Cousins und Cousinen riefen einander an und zeigten sich bestürzt über die Konkurrenz, die sie zwischen den Schwestern spürten. Das Beisammensein der gesamten größeren Familie an diesem Feiertag bröckelte auseinander, weil manche für die eine oder andere Seite Partei ergriffen und andere sich entschlossen, überhaupt nicht teilzunehmen. In dieser Familie traten nach dem Tod der Trägerin der Rituale bislang unausgesprochene Beziehungsprobleme der Eifersucht zwischen den Schwestern offen zutage. Der Machtkampf, wer nun das Sagen im größeren Familienkreis haben solle, überlagerte die frühere Bedeutung des Feiertages.

Wenn Ihre Familie sich auf einen Menschen verlassen hat, der für die Festtagsrituale sorgte, und er nun gestorben ist, ist es überaus wichtig, offen über die Bedeutung zu sprechen, die mit der Übernahme dieser Aufgabe verbunden ist. Bei den Verhandlungen über dieses Problem ist es sinnvoll, folgende Fragen zu berücksichtigen:

– Möchte jemand diese Position übernehmen?
– Was bedeutet das für die Beziehungen in der Familie?
– Gibt es Streit um diese Position? Sind diese Auseinandersetzungen in Wirklichkeit Metaphern für die Verlagerung von Macht und Einfluß innerhalb der Familie?
– Wie könnte es aussehen, wenn mehrere sich diese Aufgabe teilten?
– Wie lassen sich Änderungen vornehmen, die sowohl würdigen, was früher war, als auch den sich wandelnden Familienbeziehungen Rechnung tragen?

Es kann zwar gelegentlich schwierig sein, Fragen zur Gestaltung der Familienrituale zu diskutieren, doch ein Gespräch über zukünftige Feiertagsrituale kann es Ihnen ermöglichen, viele komplexe Beziehungsprobleme zu klären.

Einen Verlust überwinden: Heilen und Feiern
Einer der kompliziertesten und wichtigsten Aspekte von Ritualen liegt in ihrer Fähigkeit, Widersprüche aufzunehmen und zum Ausdruck zu bringen. Da viele von uns sich über diese Kraft der Rituale nicht im klaren sind, gehen wir mit Feiern meist so um, als könnten sie unseren Schmerz und unsere Trauer nicht aufgreifen. Tatsächlich kann jedoch jeder beliebige Feiertag Heilung und Feiern möglich machen. Der Ausgangspunkt ist das offene Eingeständnis, daß die Feiertage in diesem Jahr anders sein werden, da sie von einem Todesfall geprägt sind. Mit dieser Erklärung gegenüber Ihren Angehörigen und Freunden beugen Sie unmittelbar dem Verhaltensmuster vor, »alles wie gewohnt« laufen zu lassen. Wenn Sie darüber sprechen, inwiefern die Feier anders sein wird, schwieriger, schmerzlich und/oder traurig, können Sie sich schon

eine besondere Möglichkeit überlegen, den Menschen, den Sie verloren haben, zu ehren oder seiner zu gedenken und trotzdem am Feiertag zusammenzukommen. Das schafft eine Ausrichtung auf das weitere Leben und vermeidet das Verhaltensmuster, »den Feiertag abzuschaffen«.

Mit einem Verlust fertig zu werden und sich wieder dem Leben zuzuwenden ist eine Entwicklung, die Zeit und Raum braucht. Die Gestaltung Ihrer Feiertage kann ein Maßstab für den Fortschritt dieses Prozesses sein. Chin Woo fiel auf, daß nach dem Tod ihres Mannes ihre Art, das chinesische Neujahrsfest zu begehen, einen Spiegel lieferte, der ihr ihre jeweilige Art des Trauerns zeigte. »Im ersten Jahr blieb ich allein zu Hause. Ich konnte nicht mit meiner Familie beim Festessen zusammensein. Ich fühlte mich schuldig, zu feiern, wo er tot war. Im zweiten Jahr ging ich zu unserem Festessen, aber ich konnte nichts kochen. Ich hatte immer die Lieblingsgerichte meines Mannes gekocht – das konnte ich einfach nicht, also ging ich als Gast hin, fühlte mich aber sehr leer. Im dritten Jahr sagte ich meiner Tochter, ich würde eines der Lieblingsgerichte meines Mannes kochen. Beim Festessen erzählte ich meinen Enkeln von diesem besonderen Gericht, Hähnchen in Pergament. Mein Mann hatte das Rezept aus China mitgebracht, von seiner Mutter. Meine Enkelin fragte, ob sie es lernen könne. Da wußte ich, daß sein Andenken lebendig bleiben würde, und ich konnte das neue Jahr wirklich feiern.« Die Veränderungen, die Chin Woo schilderte, spiegeln ihren Heilungsprozeß nach dem Tod ihres Mannes wider. Wenn Sie feststellen, daß die Gestaltung der Feiertage nach einem schweren Verlust statisch und unwandelbar geworden ist, besteht die Wahrscheinlichkeit, daß der Heilungsprozeß bei Ihnen und Ihrer Familie keine Fortschritte macht.

Versuchen Sie, sich eine vorher festgesetzte Zeit, zum Beispiel eine Stunde am Abend oder Morgen des Feiertags, zu nehmen. Bitten Sie Ihre Angehörigen, sich ausdrücklich zusammenzusetzen, um Geschichten über frühere Feiertage auszutauschen, als der Verstorbene noch lebte. Erzählen Sie sich alle Geschichten, die Ihnen einfallen und die die Stellung dieses Menschen in Ihren Feiern hervorheben. Dabei werden Sie feststellen, daß Sie das Andenken dieses Menschen hochhalten und zugleich anerkennen, daß der Feiertag in diesem wie auch in den folgenden Jahren anders sein wird. Manche Familien bringen zu einem solchen Beisammensein bedeutungsvolle Symbole mit, die ihren Verlust auf eine Weise zum Ausdruck bringen, wie Worte es nicht vermögen. Eine schlichte Zeremonie, bei der diese Symbole von einem an den anderen weitergereicht werden, kann die Heilung erleichtern. Ein bestimmtes Symbol wie die Kerzenleuchter, die der verstorbenen Großmutter gehört haben, mögen so den Weg auf einen festlich gedeckten Tisch finden als bleibendes Andenken inmitten des Lebens, das weitergeht. Andere Familien schauen sich Photos oder Videofilme an, die sie an früheren Feiertagen gemacht haben.

Wahrscheinlich werden Sie dabei im einen Moment lachen und im nächsten weinen. So finden Momente der Heilung einen Ort in der Gestaltung Ihrer Feiertage.

Wir haben festgestellt, daß es Familien wieder möglich wird, wirklich zu feiern, wenn sie sich eine festgesetzte Zeit zu Beginn eines Feiertages nehmen, um gemeinsam ihren Verlust zu betrauern. Ihre Familie kann somit offen für die Veränderungen bleiben, die angesichts eines Verlustes nötig werden. Statt das Unmögliche zu versuchen und zu feiern, als hätte es keinen Todesfall gegeben, oder den Feiertag abzuschaffen, können Sie sich die Fähigkeit der Rituale erschließen, zu heilen und zu feiern.

Was man an Feiertagen nicht sagen sollte

Feiertagsrituale können ein starkes Gefühl der Verbundenheit und des Rückhalts in der Familie vermitteln. Häufig sind sie aber auch Zeiten, zu denen Menschen große familiäre Spannungen und Sorgen durchmachen, weil sie mit einer Kombination aus hohen Erwartungen, Extraarbeit, Erinnerungen an frühere Feiertage und seit langem bestehenden Beziehungsproblemen belastet sind, die früher nicht erfolgreich ausgeräumt wurden. An Feiertagen sind die größten Stärken und die empfindlichsten Stellen Ihrer Familie allgegenwärtig. Und was an Feiertagen geschieht, geht in den unauslöschlichen Bestand der Familienerinnerungen ein, der Jahr für Jahr wieder hervorgeholt wird.

Aus all diesen Gründen empfehlen wir, Feiertage *nicht* zum Anlaß zu nehmen, heiße Eisen mit Ihrer Familie anzupacken oder Neuigkeiten zu enthüllen, die sie möglicherweise aufregen könnten. Wenn Sie das tun, riskieren Sie, Brüche in der Familie zu provozieren oder Familienbeziehungen auf Eis zu legen, die flexibel bleiben müssen, um mit Meinungsverschiedenheiten und Veränderungen fertig zu werden. Das Weihnachtsessen ist entschieden nicht der geeignete Moment, eine bevorstehende Scheidung zu verkünden, den Entschluß bekanntzugeben, daß man 5000 Kilometer weit fortzieht, einen überraschenden beruflichen Wechsel vorhat oder eine Beziehung eingegangen ist, die Ihre Familie nur schwer akzeptieren kann.

»Tom und ich lassen uns scheiden«
Angela MacDougal kam ohne ihren Mann Tom zum Osteressen zu ihren Eltern. Als sie hereinkam, erklärte sie ihnen, Tom müsse arbeiten und käme nicht zum Essen.

Angela und Tom hatten vor vier Jahren prunkvoll katholisch geheiratet. Seit zwei Jahren hatten sie schwere Eheprobleme, ohne daß ihre Eltern davon wußten. Beide stammten aus Familien, in denen es noch nie eine Scheidung gegeben hatte und religiöse Vorbehalte gegen die Scheidung sehr stark waren.

Das Osterfest war in Angelas Familie schon seit ihrer Kindheit ein wichtiges Ereignis. Ihre Familie ging gemeinsam in die Ostermette und verbrachte den ganzen Tag zusammen bis zum abschließenden Festessen am Abend. Die Familie pflegte einen recht starren, pflichtgemäßen Ritualstil, und Angelas Vater reagierte äußerst wütend auf jegliche Abweichung.

In diesem Jahr hatte Angela angerufen, daß sie und Tom es nicht schaffen würden, zur Mette zu kommen, aber im Laufe des Tages nachkämen. In Wahrheit war Tom schon vor einigen Wochen ausgezogen, aber Angela hatte zuviel Angst gehabt, es ihrer Familie zu sagen. Besonders fürchtete sie sich vor ihrem Vater, der mit ihrer Entscheidung, Tom zu heiraten, nicht einverstanden gewesen war und sie nun, da war sie sich sicher, bestimmt nicht unterstützen würde. »Mein Vater hat uns immer gesagt: ›Du hast es dir eingebrockt, jetzt mußt du es auslöffeln‹, und er und meine Mutter stritten sich oft über Entscheidungen, die mein Bruder und ich in unserem Leben getroffen hatten.« Sie beschwor Tom, mit zum Osteressen zu ihren Eltern zu gehen, aber er weigerte sich.

Als Angela ohne Tom eintraf, lag die Spannung spürbar in der Luft. Angelas Mutter stellte viele Fragen, und ihr Vater kritisierte sie, weil sie nicht darauf bestanden habe, daß er sich an einem so wichtigen Tag von seiner Arbeit freimachte. Als ihr Vater sie angriff, kam ihre Mutter ihr zu Hilfe, ein altvertrautes Verhaltensmuster. Als schließlich alle gemeinsam am Tisch saßen und ihr Vater wieder eine Bemerkung über Toms Abwesenheit machte, platzte Angela heraus: »Tom und ich lassen uns scheiden!«

Alle am Tisch gingen in die Luft. Angelas Vater schrie sie an und gab ihr die Schuld, daß sie nicht fähig gewesen sei, ihren Mann glücklich zu machen. Ihre Mutter schrie den Vater an. Einer ihrer Brüder stürmte aus dem Zimmer und brüllte Angela an: »Du hast Vater das Herz gebrochen!« Niemand fiel es ein, ihr Hilfe anzubieten. Das Osteressen brach auseinander. Angela verließ das Haus und fühlte sich beschämt und sehr einsam.

Nach diesem schmerzlichen Osterfest weigerte Angelas Vater sich, mit ihr zu sprechen. Er verbot ihrer Mutter, weiter Umgang mit ihr zu haben, und sie gehorchte ihm viele Monate lang, bis sie anfing, sich heimlich mit Angela zu treffen. Diese Wendung verhärtete das in der Familie alteingefahrene Verhaltensmuster noch weiter, das Angela in einem schmerzlichen Dreieck zwischen ihren Eltern gefangen hielt. Das nächste Osterfest kam und ging, ohne daß Angela an der Feier teilnahm.

Als Familientherapeutinnen haben wir die Erfahrung gemacht, daß das, was in Angelas Familie geschehen ist, mehr oder weniger in vielen Familien passiert, wenn es während der Feiertagsrituale zu erschütternden Eröffnungen kommt, zumal wenn man sie ungeplant macht. Angelas Familie und besonders ihr Vater hätten zwar unter allen Umständen Schwierigkeiten gehabt, ihre Scheidung zu akzeptieren, doch die Eröffnung dieser Neuigkeit beim Osteressen machte die Lösung des Problems nur um so schwieriger. Statt es ihren Angehörigen einzeln zu sagen und dabei genügend Unterstützung zu sammeln, um es ihrem Vater mitzuteilen, brachte Angelas ungeplante Eröffnung alles zum Ausbruch, was in ihrer Familie an äußerst gestörten Verhaltensmustern vorhanden war. Statt diese schmerzlich krasse Veränderung in das Selbstverständnis einer »Familie ohne Scheidungen« integrieren zu können, fixierte sich die Familie in ihrer Erinnerung und Identität auf »das Osterfest, als Angela Vater das Herz brach«.

Wenn Sie vor einer wichtigen Veränderung Ihres Lebens stehen, die Sie Ihrer Familie mitteilen möchten, oder wenn Sie beschließen, ihnen ein lange gehütetes Geheimnis zu offenbaren, oder wenn Sie die Familienregeln über Tabus ändern wollen, dann braucht es langfristige Vorbereitungen. Der Versuch, mit mehreren gleichzeitig zu sprechen, die an einem Feiertag zusammengekommen sind, setzt Sie all den beziehungsmäßigen Gegenströmungen und Ängsten in Ihrer Familie aus, die mit Ihrem speziellen Problem möglicherweise kaum etwas zu tun haben, die aber allein durch die Andeutung von Meinungsverschiedenheiten und Veränderungen aktiviert werden. Wir empfehlen *nicht*, Jahr für Jahr sich und anderen an Feiertagen etwas vorzuspielen, denn das würde lediglich Entfremdung und Abstand hervorbringen. Wir möchten Ihnen jedoch raten, sich einen alltäglichen Zeitpunkt auszusuchen und nicht gerade einen Feiertag, um Ihrer Familie Neuigkeiten mitzuteilen, gegen die sie anfänglich vielleicht aufbegehren wird. Es ist nichts zu gewinnen, wenn Beziehungen erstarren, wie es so oft geschieht, wenn Feiertagsrituale sich fest mit Angst und Wut verbinden.

Gemeinschaften und Feiertage

Häufig prägen einzelne Gemeinschaften den Charakter des externen Festkalenders. Als Janine in den fünfziger Jahren aufwuchs, richteten ihre Lehrer in der Grundschule den Lehrplan weitgehend an größeren Feiertagen aus, darunter auch an religiösen. In den Wochen vor dem Veteranentag lernten die Kinder etwas über die verschiedenen Kriege; zum Erntedankfest bastelten sie Truthähne aus Tannenzapfen und nahmen die Geschichte der Pilgerväter durch. Über die amerikanischen Ureinwohner lernten sie nichts, obwohl einige Kinder in der Schule Indianer waren. Zu Weihnachten lernten sie alle möglichen christlichen Lieder, die zu allen Schulkonzerten gesungen wurden, während sich verschiedene Kinder als Maria und Joseph verkleideten. Niemand wunderte sich, wenn sie zu Ostern Osternestchen bastelten und Küken und Hasen ausschnitten, um sie ins Fenster zu hängen. Jüdische Feiertage wurden niemals erwähnt, obwohl auch jüdische Kinder die Schule besuchten. So lernten sie als Kinder, daß es im externen Kalender der Feiertage eine dominierende Tradition gab, statt vielfältiger kultureller und religiöser Traditionen.

Das gleiche Problem rückte auf anschauliche Weise ins Blickfeld, als Kyle und Mayra Suhas im Dezember 1990 mit ihren drei Kindern das Weiße Haus besuchten. Seit Jahren wird das Weiße Haus im Dezember geschmückt und der Öffentlichkeit zugänglich gemacht. In allen Räumen, auf allen Fluren und in den Gärten wurde Weihnachten – und nur Weihnachten – gefeiert. Es gab Weihnachtsbäume und Lebkuchenhäuser, Weihnachtskrippen und Weihnachtslieder. Es gab keine *Menora**, kein *Dreidel***, keinen *Kwanza*-Leuchter mit den sieben Armen für die sieben Tage des *Kwanza*festes. Es gab kein Symbol für das *Divali*-Fest***, für einzigartige Aspekte der griechisch-orthodoxen Kirche oder die Wintersonnwende. Es fehlte jegliche Würdigung der kulturellen Vielfalt an Feiertagen, die es in unserem Land gibt. Und das, obwohl sich hier eine gute Gelegenheit bot, Millionen Menschen auf nationaler Ebene zu zeigen, daß die Vielfalt unserer Kulturen und Völker ein einzigartiger und zentraler Bestandteil unseres Landes ist.

Spielräume für einen multikulturellen Kalender entwickeln
Es gibt Gemeinschaften, die sich um ein anderes Verhältnis zum externen Kalender bemüht haben. So gibt die University of Massachusetts alljährlich für alle Universitätsangehörigen einen Kalender heraus, der die wichtigsten Feiertage des Islam, Hinduismus, Konfuzianismus, Bahaismus, Sikh, Buddhismus und Judentums neben den christlichen aufführt. Die freien Tage an der Universität

---

* *Menora* (hier): der achtarmige Leuchter des *Chanukka*-Festes
** *Dreidel:* Würfel mit hebräischen Buchstaben statt Augen
*** *Divali*-Fest: indisches Lichterfest im Oktober/November

richten sich nach dem recht traditionellen externen Kalender. Doch nach diesem umfassenderen Kalender sind alle Mitglieder des Lehrkörpers gehalten, Studenten vom Unterricht zu befreien und Prüfungstermine umzulegen, soweit sie mit der Einhaltung ihrer jeweiligen religiösen Feiertage in Konflikt geraten.

Viele Schulen haben aufgehört, ihren Lehrplan nach den Feiertagen des traditionellen äußeren Kalenders auszurichten, und haben sich entschlossen, eine größere Bandbreite von Kulturen zu würdigen. Eltern und Gemeindemitglieder kommen hinzu und beteiligen sich an den Feiern des japanischen Kindertages oder des Geburtstages Buddhas. Im Dezember könnte eine Schule das breitangelegte Thema »Schenken« behandeln, das Raum für vielfältige Möglichkeiten bietet, über die verschiedenen Feiertage nachzudenken, die an den kürzesten Tagen des Jahres gefeiert werden. Die Mitarbeiter einer Stadtbibliothek baten üblicherweise Eltern und Kinder, Schmuck für den Weihnachtsbaum zu basteln, den sie alljährlich aufstellten. Als ihnen klar wurde, daß sie damit eine vorwiegend christliche Tradition würdigten, beschlossen sie, keinen Baum mehr in der Bibliothek aufzustellen. Statt dessen veranstalteten sie einen Bastelnachmittag für Familien, an dem sie nach Anregungen aus verschiedenen Büchern, die sie gelesen hatten, Schmuck herstellten. Dabei stellten sie auch Bücher vor, die sich mit vielen verschiedenen Winterfesten beschäftigten. Nach diesen Vorbildern fertigten sie Mobiles und Girlanden, mit denen sie die Bücherei in den Wintermonaten dekorierten.

Eine andere Stadt organisierte im Dezember ein Kultur- und Gemeindefest. Es gab verschiedene Musikgruppen, Essensstände und Handwerksstände. Die Menschen bastelten Symbole für das Auge Gottes, tanzten zu *Salsa*bands, verzierten Lebkuchen, knackten *Piñatas*, in denen winzige Geschenke aus aller Welt steckten, aßen Hähnchen in Erdnußsoße und *Nian Gao* (klebrigen Reiskuchen). Vergleichen Sie das mit Ihrer Einkaufszone, in der von November bis Weihnachten vermutlich ein Weihnachtsmann, ein gigantischer Weihnachtsbaum und überall rot-grüner Weihnachtsschmuck und Weihnachtslieder vom Band im Mittelpunkt stehen.

Gemeinschaften müssen sich im klaren sein, daß die öffentlichen Symbole, die sie an Feiertagen zur Schau stellen, der Gemeinschaft eine Botschaft vermitteln. Welche Feiertagssymbole sind in Ihrer Gemeinde zu finden? Was sagen sie über Ihre Gesellschaft aus? Welche Feiertage werden in Geschäften, Gemeindezentren, Zeitungen, Fernsehanstalten und Schulen gefördert? Welche Botschaften erhalten die Familien innerhalb der Gemeinde über den äußeren Kalender? Wie nehmen Ihre Kinder oder die Kinder Ihrer Freunde Ihrer Ansicht nach diese Botschaften in sich auf?

Alle Familien können die gemeinsamen Zielvorstellungen und Visionen nutzen, die sich ergeben können, wenn sie merken, daß sie für ihre verschiedenen Traditionen Unterstützung in ihrer Umgebung finden. Die Familie sollte sich bei der Sinnschöpfung nicht selbst überlassen bleiben. Wenn Sie meinen, daß Ihre Gemeinschaft einem beschränkten äußeren Kalender folgt, können Sie verschiedenes unternehmen. Sie können die Schulen bitten, eine größere Bandbreite von Traditionen zu würdigen. Sie können den Geschäftsinhabern mitteilen, daß Sie gerne mehr als nur einen Weihnachtsbaum im Laden sähen. Schreiben Sie an die Zeitung, an die Einkaufszentren, an die Regierung. Fragen Sie in Geschäften nach Karten, die mehr Feiertage und andere Arten von Familien darstellen. Fragen Sie Arbeitskollegen nach den Feiertagen, die sie feiern. Bringen Sie Gerichte aus Ihrem traditionellen Erbe mit und bitten Sie sie, das gleiche zu tun.

Feiertage Schritt für Schritt umgestalten

Feiertage unterscheiden sich von Alltagsritualen und Familientraditionen ebenso wie von Geburtstagen und Jahrestagen. Da sie die größere Gemeinschaft stärker einbeziehen, betreffen sie häufig einen größeren Personenkreis, Inhalte, die von den Medien, religiösen Gruppen und anderen Institutionen getragen werden, sowie die kulturelle und gesellschaftliche Geschichte. Es sind mehr Ebenen zu integrieren und zu verbinden, um lebendige, denkwürdige Feiertage zu schaffen. Wir möchten Ihnen hier eine tabellarische Übersicht an die Hand geben, die Ihnen helfen soll, über die verschiedenen Punkte nachzudenken, die in diesem Kapitel be-

Nachdenken über Feiertage	Sinnvoll: unbedingt einbeziehen; trägt zum Sinngehalt bei	Sinnentleert oder erzwungen: lenkt vom Feiertag ab	Unausgesprochen: muß besprochen werden	Kleine Änderungen: noch in diesem Jahr versuchen
Familientradition: ethnische, religiöse, kulturelle Symbole und symbolische Handlungen				
Besondere familiäre Veränderungen: Auswanderung, Verluste, Trauma, Mischehe, Hinzukommen und Weggang von Angehörigen				
Einfluß der Medien: Fernsehen, Presse, Radio, Video, Filme, Computerspiele				
Einfluß der umgebenden Kultur: Dekoration, Versammlungen, Musik, geschützte Zeit, geschützter Raum, gemeinsame Symbole und symbolische Handlungen				

handelt wurden, und sie auf Ihre eigenen Feiertage anzuwenden. Greifen Sie sich einen Feiertag heraus, und füllen Sie die Tabelle für ihn aus. Bitten Sie Ihre Angehörigen, das gleiche zu tun. Nehmen Sie diese Tabellen als Ausgangspunkt, die Gestaltung der Feiertage im Familienkreis zu diskutieren.

Im nächsten Kapitel befassen wir uns mit der letzten Art von Ritualen, jenen, die uns durch den Lebenslauf begleiten. Da Rituale des Lebenskreises häufig in einem öffentlicheren Rahmen gefeiert werden, empfinden Sie vielleicht hier ähnliche Zwänge der Umgebung, wie sie zu gestalten sind, wie es bei Feiertagen der Fall ist. Zugleich unterscheiden sie sich von Feiertagen insofern, als sie meist nur einmal im Leben vorkommen. Sie bieten nicht so viele Möglichkeiten der Umgestaltung wie die anderen drei Arten von Ritualen. Sorgfältige Planung ist bei Ritualen des Lebenskreises vielleicht sogar noch wichtiger als bei Alltagsritualen, Familientraditionen und Feiertagen, damit sie Ihre sich wandelnden Überzeugungen und Wertvorstellungen wirklich widerspiegeln.

KAPITEL 11

RITUALE DES LEBENSKREISES: NEUE LEBENSABSCHNITTE EINLEITEN UND BETONEN

Als Kerrie Post und Alan Goldberg beschlossen zu heiraten, entschieden sie sich, es heimlich zu tun. »Wir gehen einfach aufs Standesamt und sagen es allen hinterher. Es ist nicht das, was ich mir erträumt habe, aber es ist einfach zu schwierig, eine Hochzeit auszurichten«, erklärte Kerrie.

Kerrie und Alan sind ein Paar der neunziger Jahre. Kerrie ist Presbyterianerin und Alan ist Jude. Anfangs waren ihre beiden Familien gegen die Heirat, aber nach und nach akzeptierten sie ihren Entschluß. Doch jede Familie wollte, daß die Hochzeitszeremonie ihrer eigenen Religion entsprach.

Erschwerend kam hinzu, daß Kerries Eltern geschieden und nach wie vor wütend aufeinander sind. Kerrie wurde seit ihrem fünften Lebensjahr von ihrem Stiefvater erzogen. Sie betrachtet ihn als ihren »psychologischen« Vater. »Wenn ich heiraten würde, wer würde mich zum Traualtar führen?« fragte sie sich. »Meine Mutter möchte nicht einmal, daß mein Vater eingeladen wird! Es ist wirklich einfacher, es heimlich zu machen.«

Das Wesen der Lebenskreisrituale

Die Rituale, die von Anthropologen studiert und beschrieben werden, sind vorwiegend solche des Lebenskreises, jene Rituale, die Übergänge im Leben *vollziehen* und *markieren*. In allen Zeiten und Kulturen sind dies die Rituale der Geburt, der Adoleszenz, der Heirat und des Todes. Die tiefgreifenden und oftmals gefahrvollen

Veränderungen, die mit diesen Übergängen verbunden sind, werden durch Rituale, die uns mit unserer Vergangenheit, unseren kulturellen und religiösen Wurzeln, unserer potentiellen Zukunft und dem Wesen der uns allen gemeinsamen Menschlichkeit in Verbindung bringen, sicher und bewältigbar. Rituale des Lebenskreises sind häufig von heiligen Bedeutungen und mystischen Elementen durchdrungen.

Auf der ganzen Welt und zu allen Zeiten werden Menschen geboren und sterben. Sie alle erleben das Erwachen der Sexualität. Und die meisten gehen als Erwachsene dauerhafte Beziehungen ein, um eine neue Familie zu gründen und neue Generationen aufzuziehen. Solche Veränderungen sind ungemein kompliziert. Sie umfassen *gleichzeitig* Anfang und Ende. Oft müssen diese Veränderungen Schmerz und Freude aufnehmen und ausdrücken. Sie können grundlegend widerstreitende Überzeugungen über unser persönliches Dasein und unsere Beziehungen prägen und zum Ausdruck bringen. So ist es kein Wunder, daß jede Kultur Rituale entwickelt hat, um uns durch diese Übergänge des Lebenslaufes zu geleiten und sie zu feiern.[1]

Rituale des Lebenskreises ermöglichen einen Wandel auf verschiedenen Ebenen des Daseins. Die Stellung des einzelnen im Leben ändert sich zum Beispiel, wenn er oder sie eine Zeremonie durchläuft, die ihn vom Kind zum Jugendlichen macht oder vom Jugendlichen zum Erwachsenen. Eine Hochzeitszeremonie macht aus einem alleinstehenden einen verheirateten Erwachsenen. Dieses eine Ritual des Lebenskreises greift verschiedene grundlegende Veränderungen auf und bringt sie zum Ausdruck: den Verlust der Primärbeziehung zwischen Eltern und Kindern, die Zusammenführung eines neuen Paares und die Gründung einer neuen Familie sowie die Entstehung neuer Verwandtschaftsbeziehungen zwischen den verschwägerten Familien. Zeremonien der Namensgebung bei Neugeborenen feiern zugleich neues Leben, weisen den Eltern, Großeltern und Paten neue Rollen zu und nehmen das Kind in eine religiöse, ethnische oder spirituelle Gemeinschaft auf. Beisetzungen markieren den Verlust eines Menschen, feiern die Zeit seiner Existenz auf Erden und leiten den Prozeß der Trauer und Heilung ein, der es den Hinterbliebenen schließlich ermöglicht, ihr

Leben weiterzuleben. Wenn wir Rituale des Lebenskreises vorbereiten und vollziehen, erfährt unsere Selbstwahrnehmung und das gesamte Netzwerk unserer Beziehungen innerhalb der Familie, der weiteren Verwandtschaft und der Gemeinschaft eine Wandlung.

Rituale des Lebenskreises verwenden vertraute Symbole und symbolische Handlungen, um Veränderungen zu erleichtern, die uns ansonsten fremd wären. So ist zum Beispiel der Austausch von Ringen bei einer Trauung ein vertrauter Bestandteil unseres Bewußtseins, auch wenn wir noch nie zuvor verheiratet waren. Das Symbol des Rings und die symbolische Handlung, einen Ring an den Finger eines geliebten Menschen zu stecken, verbindet uns mit bindenden Beziehungen über Zeit und Ort hinweg. Die symbolische Handlung der Taufe verbindet christliche Eltern mit Millionen anderen Menschen auf der ganzen Welt, die an die Reinwaschung von der Erbsünde und an die Auferstehung glauben. Särge werden häufig mit Blumen geschmückt, einem Symbol für die Fortdauer des Lebens selbst angesichts des Todes.[2] Die vertraute symbolische Handlung, einen Sarg zu beerdigen, verbindet uns mit dem Kreislauf von Leben und Tod über die Jahrhunderte hinweg. Da Übergänge des Lebenskreises in der Regel nur einmal im Leben eines Menschen vorkommen, liefern Rituale, die tief in die Geschichte und die jeweilige Kultur eingebettet sind, dem einzelnen einen Wegweiser durch ein Gebiet, das für ihn Neuland ist.

Geweihte Zeit und geweihter Ort

In vielen Ritualen des Lebenskreises sind Zeit und Ort nicht nur wie in den meisten anderen Ritualen als besonders gekennzeichnet, sondern gelten sogar als geheiligt. Viele unserer Lebenskreisrituale finden in Kirchen, Synagogen, Tempeln, Moscheen oder an anderen geweihten Orten statt, wie zum Beispiel auf dem Friedhof. Oftmals bringt allein schon das Betreten solcher Orte uns mit Lebenskreisritualen durch die Jahrhunderte hinweg in Verbindung. Selbst wenn diese Rituale nicht an religiösen Weihestätten stattfinden, suchen die Menschen in der Regel mit Bedacht einen Ort aus, der mit einer Bedeutung behaftet ist, ein bestimmtes Haus, einen besonderen Park oder Wald.

Verschiedene Kulturen und Religionen beachten bei ihren diversen Lebenskreisritualen feste Zeitvorgaben. So findet die Taufe in vielen christlichen Denominationen in der frühen Kindheit statt; Mormonen dagegen geben den kleinen Kindern »den väterlichen Segen«, warten aber mit der Taufe, bis das Kind acht Jahre alt ist; in der griechisch-orthodoxen Kirche werden die Säuglinge getauft und erhalten symbolisch die Erstkommunion; wenn sie fünf Jahre alt sind, nehmen sie an einer besonderen Zeremonie teil, bei der die eigens für diesen Zweck aufbewahrten Kerzen der ersten Taufe verwendet werden. Jüdische Familien lassen ihre Jungen acht Tage nach der Geburt beschneiden, und orthodoxe Juden markieren den Übergang vom Kleinkind zum kleinen Jungen mit einem rituellen Haarschnitt im Alter von drei Jahren.[3] Auch wenn die Einzelheiten dieser Zeitvorgaben sich unterscheiden, ist ihnen doch die Vorstellung gemeinsam, daß es die Zeit auf besondere Weise zu kennzeichnen gilt, um Kleinkinder und Kinder in eine Familie, eine Religionsgemeinschaft oder eine sonstige Gemeinschaft aufzunehmen.

Viele Lebenskreisrituale betonen die Zeit zudem durch eine Einteilung in drei Phasen. In der ersten Phase finden besondere Vorbereitungen auf das Ritual statt. In dieser Vorbereitungszeit stellen der einzelne, die Familie und die ganze Gemeinschaft sich auf vielfältige Veränderungen ein. Alle in dieser Phase stattfindenden Vorbereitungen wie die Wahl des Ortes, an dem das Ritual vollzogen wird, die Einladung der Gäste, die Auswahl der Kleidung, die Festlegung der Speisen dienen als Signal, daß ein Wendepunkt im Leben bevorsteht. In traditionelleren Kulturen kann es sein, daß der Betreffende in dieser Phase fortgeschickt oder von der größeren Gemeinschaft abgesondert wird. Ein Beispiel für eine solche zeitliche Regelung in unserer Kultur ist die Sitte, die Braut am Hochzeitstag verborgen zu halten und erst auf dem Weg zum Traualtar in Erscheinung treten zu lassen. Diese Zeit kann dazu dienen, Wissen an den Betreffenden weiterzugeben, wie es bei Übergangsriten Heranwachsender der Fall ist. Wenn Sie an Lebenskreisrituale in Ihrem Leben denken, überlegen Sie, wie die Vorbereitungszeit sich auf die tatsächlichen Veränderungen ausgewirkt hat, die die einzelnen und die Beziehungen erfahren haben. Wenn Sie vor einem Lebenskreisritual stehen, denken Sie über Möglichkeiten nach, die Vorbereitungszeit zu nutzen, um die Veränderungen einzuleiten, die das Ritual mit sich bringt. Die Vorbereitungen auf eine Ruhestandsparty könnten sich zum Beispiel auch darauf erstrecken, einen Raum im Haus für die neuen Aktivitäten des zukünftigen Rentners herzurichten. Das ist ein tätiges Zeichen, daß das Leben bald anders sein wird.

Die zweite Phase besteht im eigentlichen Ritual, bei dem die Menschen sich in neuen Handlungen und Rollen erfahren, als Braut und Bräutigam bei einer Hochzeit, als Eltern und Paten bei einer Taufe und so fort. In dieser Phase finden Zeremonien statt, die uns von einer Rolle im Leben in eine andere hineinführen. Ein Kind wird zum Beispiel bei einer Konfirmation oder einer *Bar-Mizwa* zum verantwortlichen Mitglied einer Religionsgemeinschaft. Während des Rituals markiert die Zeit die Grenze, die wir zwischen normaler Zeit und besonderer ritueller Zeit überschreiten. Solche zeitlichen Grenzen innerhalb unserer Lebenskreisrituale vermitteln ein Gefühl der Geborgenheit und ermöglichen es uns, tiefe, innerste Gefühle zu äußern.

In der dritten Phase kehren die am Ritual Beteiligten schließlich in das normale Leben zurück.[4] Eine gewisse Zeit nach dem Lebenskreisritual ist meist dem Nachdenken über das Geschehen gewidmet. In unserer Kultur ist das häufig der Moment, in dem wir uns Photos oder Videos ansehen und Geschichten über das eigentliche Ritual erzählen. Diese Aktivitäten verankern die Veränderungen, die das Lebenskreisritual vollzogen hat, in unserem Bewußtsein.

Die universelle Weisheit, die Lebenskreisritualen im Umgang mit der Zeit innewohnt, wird besonders deutlich bei Bestattungsritualen. Häufig schreiben sie Zeiten intensiver Trauer vor, in denen die normalen Aktivitäten des Lebens zeitweise ausgesetzt sind, so zum Beispiel die sieben Tage des *Schiwa*-Sitzens im Judentum. Die Kultur Jamaikas verlangt eine Zeit von neun Tagen, betont durch das Ritual der Neun Nächte, das eine feierliche Totenwache umfaßt, in deren Mittelpunkt Geschichten über den Verstorbenen stehen. Ein großes gemeinsames Fischessen der Gemeinde symbolisiert Christi Vermehrung von Brot und Fisch, um die Massen zu speisen.[5] Diesen verschiedenen Zeitvorschriften für unmittelbare

Trauerrituale ist eine ungefähre Vorstellung gemeinsam, welche Zeit wir als Menschen brauchen, um den *anfänglichen* Schock eines Todesfalles zu überwinden und Möglichkeiten zu finden, den Trauernden zu helfen. Die Zeit erscheint als heilender Faktor für tiefgreifende Veränderungen durch Tod und Verlust auch in jenen Ritualen, die ein Jahr nach einem Todesfall stattfinden, zum Beispiel im katholischen Jahrgedächtnis oder dem Setzen des Grabsteins im Judentum, das das offizielle Ende der religiös vorgeschriebenen Trauerzeit symbolisiert. All diese Rituale verwenden die Zeit auf eine Weise, die dem Lebenden einen Blick auf den für uns alle geltenden Kreislauf von Leben und Tod eröffnet.

Lebenskreisrituale im Wandel

Während traditionelle Kulturen Geburt, Adoleszenz, Eheschließung und Tod nach wie vor mit bekannten und akzeptierten Ritualen markieren, bietet sich uns in unserer eigenen multikulturellen Gesellschaft mit ihren verschiedenen Familienformen ein völlig anderes Bild. Die Erhaltung und Entwicklung sinnvoller Rituale, die alle mit Wendepunkten des Lebens einhergehenden Veränderungen des einzelnen und der Beziehungen feiern und sichern, hinkt hinter der Geschwindigkeit des gesellschaftlichen und kulturellen Wandels her.

In Alans und Kerries Entschluß, auf eine feierliche Hochzeit zu verzichten, spiegeln sich viele jener Dilemmata wider, die zum Ende des zwanzigsten Jahrhunderts unsere Lebenskreisrituale belasten. An Kerries und Alans Geschichte lassen sich mehrere Probleme der Lebenskreisrituale ablesen. Zum Beispiel: Entspricht die übliche Hochzeitsfeier, wie sie in unserer Kultur besteht, tatsächlich den Lebensumständen? Was geschieht mit ihrem persönlichen und zwischenmenschlichen Bedürfnis nach sinnvollen Ritualen, wenn Menschen auf eine feierliche Hochzeit verzichten? Und schließlich, was können einzelne tun, um mit dem Mangel an vertrauten und akzeptierten Ritualen für jene Wendepunkte im Leben fertig zu werden, die sich neu herausgebildet haben oder erst neuerdings Beachtung finden?

Das traditionelle Hochzeitsritual entspricht nicht den Lebensumständen dieses Paares. Wie eine wachsende Zahl von Paaren entstammen Alan und Kerrie nicht dem gleichen religiösen und ethnischen Hintergrund. Eine presbyterianische oder eine jüdische Hochzeitszeremonie, die ihren Eltern entsprochen hätte, kommt für sie nicht in Frage. Da das Paar zutiefst spirituell war, konnte jedoch auch eine Hochzeit auf dem Standesamt eigentlich nicht genügen.

Die mit starken Aggressionen belastete Scheidung zwischen Kerries Eltern, die zweite Ehe ihrer Mutter und ihre enge Beziehung zu ihrem Stiefvater, all das machte neue Elemente in einem Hochzeitsritual erforderlich, das es zu entwickeln galt.

Zunächst dachten Alan und Kerrie zwar daran, heimlich zu heiraten, doch allmählich wurde ihnen klar, daß all die schwierigen Beziehungsprobleme, denen sie sich bei ihren Überlegungen zur Gestaltung der Hochzeit gegenübersahen, auch später noch existieren würden. Sie kamen klugerweise zu dem Schluß, daß allein der Verzicht auf dieses wichtige Lebenskreisritual diese Fragen nicht klären konnte und sie vielleicht sogar unter die Oberfläche drängen würde. Sie beschlossen, daß es für ihre Ehe besser wäre, einige dieser Fragen in Angriff zu nehmen, statt so zu tun, als gäbe es sie gar nicht. Mit diesem Entschluß verhinderten Alan und Kerrie, daß sie ihr gemeinsames Leben mit einem verkümmerten Ritualstil begannen, der ihre späteren Rituale und Beziehungen beeinträchtigt hätte.

Als erstes suchten sie einen Pfarrer und einen Rabbi, die bereit waren, in einer gemeinsamen Zeremonie eine Mischehe zu schließen. Sie trafen sich mehrmals mit dem Geistlichen, der ihnen den Rat gab, herauszufinden, auf welche Symbole und Worte ihre beiden Familien bei der Zeremonie besonderen Wert legten. Das gab Anstoß zu einem sehr wichtigen Dialog auf verschiedenen Ebenen. Jeder von ihnen sprach zunächst mit seinen Eltern. Diese Gespräche machten beiden die religiösen Inhalte und Überzeugungen im Leben ihrer Eltern und Großeltern deutlicher. Zudem regten sie zwischen Alan und Kerrie eine Diskussion über ihre Mischehe und die Frage an, wie sie ihre unterschiedlichen Hintergründe bewältigen wollten. Indem sie erfuhren, was ihren Eltern wichtig war, lernten beide mehr über das Erbe des anderen. Zwar waren sie selbst keine praktizierenden Gläubigen, doch keiner von ihnen wollte konvertieren. Sie kamen überein, sich um Respekt vor ihren Unterschieden zu bemühen. Sie machten sich klar, daß sie noch keinerlei Vorstellung hatten, wie sie ihre Kinder erziehen wollten, versprachen sich aber, später die Hilfe einer Eheberatung in Anspruch zu nehmen, falls dies ein Problem werden sollte, das sie alleine nicht lösen könnten. Und vor allem beschlossen sie, ihre Kinder niemals in Auseinandersetzungen über Religion hineinzuziehen. Obwohl sie noch nicht vollständig abschätzen konnten, wie sie später über diese Dinge denken und empfinden würden, schufen Alan und Kerrie eine Situation, in der sie ihre unterschiedlichen religiösen Überzeugungen offen thematisieren konnten, statt sie unter den Teppich zu kehren.

Kerrie besuchte ihre Großmutter, die mit ihrer Heirat immer noch nicht einverstanden war. In aller Ruhe schilderte sie ihr den Prozeß, den Alan und sie durchmachten. Sie gab ihrer Großmutter zu verstehen, daß sie ihre Entscheidung respektieren würde, aber dennoch hoffte, sie käme zu ihrer Hochzeit. Zum Abschluß dieses Gesprächs bat sie ihre Großmutter, ob sie eines ihrer Schmuckstücke bei der Trauung tragen dürfe. Zwar war ihre Großmutter immer noch nicht bereit, zur Hochzeit zu kommen, aber sie ging wortlos aus dem Zimmer und kam mit einer Brosche zurück, die sie von ihrer Mutter bekommen und bei ihrer eigenen Hochzeit getragen hatte. Als sie diese Brosche Kerrie schweigend gab, drückte sie symbolisch aus, daß sie sie weiter lieben würde, auch wenn sie mit ihrer Mischehe nicht einverstanden sein konnte. Indem sie Kerrie eine Brosche gab, die von einer Generation an die nächste übergegangen und von den Frauen der Familie bei der Hochzeit getragen worden war, erkannte sie symbolisch an, daß Kerrie bald eine verheiratete Frau sein sollte, die die Verbindung zu ihrer Herkunftsfamilie aufrechterhalten würde.

Während Alan und Kerrie die Frage der Religion klärten, nahm Kerrie auch die Beziehung zu ihrem Vater in Angriff. Mit Unterstützung einer Familientherapeutin sprach Kerrie jeweils mit ihrer Mutter und ihrem Vater und sagte ihnen, wie wichtig es ihr sei, daß sie eine Möglichkeit fänden, ihre Verbitterung während der Hochzeit zu überwinden. Sie beschloß auch, alleine zum Traualtar zu gehen, da die symbolische Handlung, »übergeben zu werden«, ihr eigentlich nicht entsprach.

Sie und Alan planten in ihre Hochzeitszeremonie einen Teil ein, in dem sie ihren Eltern, auch Kerries Vater und Stiefvater, für die Rolle danken wollten, die jeder einzelne gespielt hatte, sie an diesen Punkt in ihrem Leben zu bringen. Sie beschlossen, diese kurze symbolische Handlung, die jeden Elternteil würdigte und zugleich die Familienverhältnisse bejahte, aus denen Kerrie kam, mit der Bitte um ihre bleibende Unterstützung in der Zukunft abzuschließen.

Die Beziehungsarbeit, die Alan und Kerrie leisteten, nahm sieben Monate in Anspruch. »Es waren die wertvollsten sieben Monate meines bisherigen Lebens«, erklärte Kerrie. »Wir hatten eine richtige Hochzeit, eine, die ausdrückte, wer wir sind und wer unsere Familien sind. Ich kann nicht umhin zu denken, daß wir auf diese Weise stärker in die Ehe gehen.«

Bei Ihren Überlegungen zu Lebenskreisritualen möchten Sie vielleicht bedenken, ob das für diesen Übergang bestehende Ritual Ihrer Situation entspricht. Es macht wenig Sinn, die Formalitäten eines pflichtgemäßen Rituals zu absolvieren, das Ihre besonderen Lebensumstände nicht zum Ausdruck bringt. Meist dürfte ein Ritual, das Sie selbst entwickeln, viele Elemente enthalten, die für den speziellen Lebensübergang, wie er in der jeweiligen Kultur existiert, üblich sind, und darüber hinaus einige neue Aspekte, die Ihre besonderen Umstände ausdrücken.

Die Hochzeit eines Paares, das zum zweitenmal heiratet, muß zum Beispiel Elemente enthalten, die auch bei der ersten Hochzeit vorhanden sind (zum Beispiel das Ehegelöbnis des Paares vor Zeugen), braucht jedoch darüber hinaus auch Bestandteile, die den Realitäten dieser Eheschließung gerecht werden. Wenn ein Paar, das eine zweite Ehe plant, Kinder aus erster Ehe hat, muß die Zeremonie dieses komplexe Beziehungsgeflecht bestätigen. Als die verwitwete Sophia Gentry den geschiedenen Gordon Becker heiratete, brachten beide zwei Kinder aus erster Ehe mit. Bei der Trauung versprach Sophia Gordons Kindern, sie immer als Kinder mit zwei Familien zu respektieren, und Gordon versprach Sophias Kindern, ihnen immer zu helfen, das Andenken an ihren Vater zu würdigen. Mit diesen kurzen Gelöbnissen an ihre Kinder, die sie an ihre Eheversprechen anschlossen, markierten und begannen sie den komplexen Übergang, eine neue Familie zu werden.

Wie bereits oben geschildert, konnte Evans Tochter Jennifer, als sie dreizehn wurde, wegen ihrer Lernbehinderung keine *Bar-Mizwa* als Übergangsritus feiern. Statt auf einen solchen Übergangsritus in ihrem Leben völlig zu verzichten, wartete die Familie, bis sie neunzehn wurde, und schuf ein Ritual, das wirklich ihr Erwachsenwerden markierte.

Als Sherry und Bruce Callahan ihr erstes Kind bekamen, planten sie eine Taufe, die bis auf einen zusätzlichen Aspekt ganz so war wie all diese Rituale. Sherry hatte ihr Kind durch künstliche Befruchtung mit dem Samen eines Spenders empfangen. Sie beschlossen schon vor der Geburt des Kindes, die künstliche Befruchtung nicht zum Geheimnis zu machen, von dem manche in der Familie wußten und andere nicht. Sie wollten auch mit ihrem Kind darüber ohne weiteres sprechen können, wenn die Zeit reif war, und es nicht zum Tabuthema werden lassen. Nach der eigentlichen christlichen Taufe hielt Bruce eine kurze Ansprache, in der er dem anonymen Spender dankte, ihnen zu dem kostbaren Geschenk ihres Kindes verholfen zu haben. »Ich hatte solche Angst, diese Worte auszusprechen, aber nachdem ich es gesagt hatte, war jede Scham, die ich vorher verspürt hatte, verflogen«, erklärte Bruce.

Wenn Sie sich Gedanken über zukünftige Lebenskreisrituale machen, sollten Sie sich vielleicht fragen, wie dieser spezielle Übergang in Ihrer Familie und Ihrer ethnischen und religiösen Gemeinschaft gemeinhin markiert wird. Vergleichen Sie zunächst die Inhalte, die in diesen Ritualen zum Ausdruck kommen, mit den Erfordernissen Ihrer besonderen Lebensumstände:

- Welche Symbole und symbolischen Handlungen werden allgemein verwendet, um diesen Wendepunkt im Leben zu kennzeichnen und zu vollziehen?
- Entsprechen diese Symbole und symbolischen Handlungen Ihren Lebensumständen? Wenn nicht, welche Symbole und symbolischen Handlungen könnten Ihre besondere Lage besser zum Ausdruck bringen?

- Welche Abstriche oder Ergänzungen müßten Sie bei diesem Ritual machen, damit es Ihren Bedürfnissen und denen Ihrer Familie wirklich entspricht?
- Entspricht der für dieses Ritual gewählte Zeitpunkt Ihren Lebensumständen? Möchten Sie einen Zeitpunkt wählen, der mit dem Jahrestag eines früheren Rituals zusammenfällt, oder möchten Sie im Gegenteil bewußt vermeiden, dieses Ritual mit anderen wichtigen Anlässen zu verknüpfen?
- Entspricht der für dieses Ritual gewählte Ort Ihren Lebensumständen? Wenn Sie zum Beispiel religiös oder spirituell sind, kann eine Weihestätte der geeignete Ort sein. Es kann auch besondere Gründe geben, das Ritual bei Ihnen zu Hause oder an einem anderen für Sie bedeutungsvollen Ort abzuhalten.
- Welche Beziehungsfragen bedürfen der Klärung, damit dieses Lebenskreisritual eine wirkliche Gefühlsbasis hat?

Feiern und Heilen in Lebenskreisritualen

Lebenskreisrituale erschließen die gesamte Bandbreite, auf der Rituale für uns wirken können: Gestaltung von Beziehungen, Wandel, Heilung, Glaube und Feiern. Die Veränderung unserer Stellung im Leben und der Ausdruck von Überzeugungen sind häufig die offensichtlichsten Aspekte dieser Rituale. Inwieweit sie Veränderungen in unseren Beziehungen bewirken, wird uns oftmals erst lange nach dem eigentlichen Ritual deutlich, wenn wir nicht gerade wie Alan und Kerrie bewußt vor diesem Ritual an den Beziehungen arbeiten. Auf subtilste Weise können diese Rituale auch im Rahmen der Feier eine Heilung fördern. Häufig kommt sie durch spontane symbolische Handlungen zustande, die sich während eines Lebenskreisrituals ergeben. Judy Davis schildert eine *Bar-Mizwa*, bei der der Vater seinem Sohn einen Gebetsschal und ein Gebetbuch überreichte, die dem verstorbenen Großvater des Jungen gehört hatten. Diese religiösen Gegenstände waren seit fünf Generationen in der Familie. Die Übergabe dieser wichtigen religiösen und familiären Symbole war geplant, nicht jedoch die Worte des Vaters. Vor versammelter Gemeinde sagte er seinem

Sohn, was sein Großvater ihm seiner Ansicht nach gewünscht hätte: »Lebe dein Leben in vollen Zügen! Tu, was du für richtig hältst! Was mein Vater mir vor allen Dingen gegeben hat, war das Gefühl, immer geliebt zu werden, immer gut zu sein – und wenn ich dir etwas geben könnte, dann dies.«[6] Indem er diese Symbole übergab und diese Worte sprach, würdigte er das Andenken an den Großvater und an frühere Generationen, und die Feier verband sich in einem bedeutungsvollen Moment mit einer Heilung.

Da Lebenskreisrituale uns tendenziell mit dem grundlegenden Kreislauf von Leben und Tod in Verbindung bringen, ist es nicht überraschend, daß bei diesen Feiern spontan heilende Momente entstehen. Sie können ein Ritual des Lebenskreises auch so planen, daß es heilende Aspekte enthält. Das mag vor allem wichtig sein, wenn ein früherer Verlust einen anstehenden Lebensübergang verhindert.

Joanie macht einen Abschluß

Joanie und Jeralynn Thompson waren eineiige Zwillinge, die eine sehr enge, liebevolle Beziehung zueinander hatten. Sie gingen zusammen aufs selbe College und wollten gemeinsam den Abschluß machen. Im ersten Studienjahr bekam Jeralynn Leukämie und starb noch im selben Jahr. Während ihrer Krankheit sprach Jeralynn mit Joanie und sagte ihr, wie wichtig es sei, daß Joanie weiter aufs College ginge und den Abschluß mache. Joanie ging nach dem Begräbnis ihrer Schwester wieder zur Schule, sah sich aber nicht imstande, zu studieren. Auf Drängen ihrer Freunde ließ sie sich für ein Jahr beurlauben, um bei ihrer Familie zu bleiben und den schrecklichen Verlust ihrer Schwester zu verarbeiten. Aus einem Jahr wurden zwei und aus zweien wurden drei. Schließlich bestand ihre Familie darauf, daß sie wieder aufs College ging. Dort absolvierte sie alle Kurse, war aber nach wie vor nicht in der Lage, ihre Abschlußarbeit zu schreiben. So konnte sie den Abschluß im Juni nicht machen. »Ich weiß nicht, wie ich ohne Jeralynn graduieren soll. Das heißt dann, daß sie wirklich fort ist«, sagte sie zu ihrer Mutter. Allmählich begriff die Mutter, was Joanie davon abhielt, den Abschluß zu machen, und so unterhielt sie sich mit ihr, wie sie Jeralynns Leben würdigen und dennoch Joanies Eintritt ins Er-

344

wachsenenleben mit dem Collegeabschluß feiern könnten. Zusammen faßten sie einen Plan, und Joanie machte rechtzeitig ihre Abschlußarbeit fertig, um im folgenden Dezember die Abschlußprüfung zu absolvieren.

Sie planten eine besondere Feier zwei Tage vor Joanies Graduierung. Sie luden Verwandte und enge Freunde ein, baten sie, Symbole für Jeralynn mitzubringen und offen über sie zu sprechen. In einer bewegenden Zeremonie sprachen viele aus, was Jeralynn ihrer Ansicht nach für Joanie gewünscht hätte. Eine Tante machte einen Videofilm, der keine Menschen zeigte, sondern Orte, die die beiden Schwestern gemocht hatten. Am Ende sagte sie Joanie: »Diese Orte gehören dir immer noch.« Joanies Vater brachte Photos von verschiedenen Haustieren mit, die die Zwillinge zusammen aufgezogen hatten, und erklärte in allen Einzelheiten, was Jeralynn diesen Tieren gegeben hatte und was Joanie ihnen anderes gegeben hatte. In einer fünfminütigen Ansprache rückte er die besonderen Stärken und Gaben jeder der beiden jungen Frauen ins Licht und gab Joanie die Freiheit, ein eigener Mensch zu sein. Die Anwesenden betrauerten offen und umfassend den Verlust Jeralynns und umarmten Joanie dafür, daß sie die Schule abschloß und ihr Leben weiterlebte.

Einige Monate später sprach Joanie, die mittlerweile eine Stellung als Lehrerin angenommen hatte, über diese Feier und ihren Collegeabschluß. »Sie haben mir alle geholfen, das College abzuschließen. Wenn wir nicht zuerst unsere Gedenkfeier gemacht hätten, weiß ich, daß ich mich am Tag meiner Collegeentlassung ständig gefragt hätte, wie meine Familie Jeralynns Tod empfindet. So war alles ganz offen. Wir konnten zusammen traurig sein, und wir konnten am Tag meiner Abschlußfeier zusammen glücklich sein. Der Collegeabschluß wird *commencement* (Neubeginn) genannt; ein Abschluß, der in Wirklichkeit ein Anfang ist, und das war es für mich. Ich vermisse meine Schwester sehr – sie wird mir immer fehlen. Meine Familie und meine Freunde haben mir geholfen, den nächsten Schritt in meinem Leben zu tun, und Jeralynns Geist war ganz nah bei mir.«

Wenn ein besonders schwerer Verlust Sie oder Ihre Familie zu hindern scheint, weiterzuleben und die anstehenden Lebenskreis-

rituale zu vollziehen, möchten Sie vielleicht auch über Möglichkeiten nachdenken, vor oder während des Rituals eine besondere
Gedenkfeier abzuhalten. Da Rituale zwiespältige Realitäten aufnehmen und gleichzeitig Freude und Schmerz zum Ausdruck
bringen können, können Sie heilende Momente in die Feier eines
Lebenskreisrituals einbeziehen. Überlegen Sie, welche Symbole
oder kurzen Worte eine solche Heilung ermöglichen könnten.
Häufig kann schon ein schlichter Trinkspruch, verbunden mit
Ihrer Ansicht, was ein verstorbener Angehöriger oder Freund sich
für diesen Lebensübergang gewünscht hätte, Trost spenden und einem Lebenskreisritual größere Tiefe vermitteln.

Wenn Lebenskreisrituale ›schiefgehen‹

»Unsere Hochzeit war die Hölle!«

Als Mary und Frank McAllister zur Paartherapie kamen, hatten sie
sich bereits viermal getrennt. Offenbar konnten sie weder zusam-
menfinden noch sich voneinander lösen. Ihre vierzehnjährige Ehe
war geprägt von Zeiten heftiger Auseinandersetzungen, die mit
ruhigen, aber weitgehend distanzierten Phasen abwechselten. »Es
hat zwischen uns nie gestimmt, von Anfang an nicht«, erzählte
Mary. Ihre Therapeutin beschloß, sich nach ihrer Hochzeit zu er-
kundigen, jenem Lebenskreisritual, das den »Anfang« markierte.

»Unsere Hochzeit war die Hölle!« meinte Frank. Sie erzählten,
daß Mary damals schwanger war und ihr Vater einfach verlangt
hatte, daß sie heirateten. »Der Priester sagte, wir müßten uns zur
Gemeinde umdrehen, wenn wir die Gelübde sprächen, und da
saßen seine Eltern und meine Eltern und starrten uns an – ich habe
mich so geschämt. Ich fand es einfach gräßlich.«

Ihr erstes Lebenskreisritual als Paar, ihre Hochzeit, kam in einem
Kontext von Scham und Einschüchterung zustande. Als ihr Kind
mit Gehirnlähmung zur Welt kam, beschlossen sie, es nicht christlich taufen zu lassen. »Ich konnte einfach nicht noch einmal in
diese Kirche zu einer dieser Veranstaltungen gehen – ich war sicher, unsere Familien dachten, wir hätten bekommen, was wir ver-
dienten«, erzählte Mary. Hier führte eine pflichtgemäße Hochzeit

zu einem unterbrochenen Ritualstil, und die McAllisters begannen ein Leben mit wenig Spaß und viel Streit.

Lebenskreisrituale können aus den unterschiedlichsten Gründen ›schiefgehen‹. Scham kann den eigentlichen Sinn des Rituals verzerren, wie es bei den McAllisters der Fall war. Der Mensch oder die Beziehung, für die das Ritual gedacht ist, können im Trubel der aufwendigen Vorbereitungen untergehen. Ein traumatisches Erlebnis, das kurz vor einem wichtigen Lebensübergang eintritt, kann das Ritual überschatten oder stören. Ohnehin gestörte Familienbeziehungen können ein Ritual beherrschen. Oder es verläuft unausgewogen und spiegelt lediglich die Wünsche und Bedürfnisse eines Teils der Familie wider.

Da Lebenskreisrituale mitwirken, unser Selbstverständnis und unsere zentralen Beziehungen zu verändern, kann es dauerhafte und tiefgreifende Auswirkungen haben, wenn sie schiefgehen. Viele Familien können den Bruch von Beziehungen und schmerzliche, ungelöste Konflikte auf die Vorgänge bei Lebenskreisritualen zurückverfolgen. Wenn man sich mit Schmerz und Enttäuschung an ein Lebenskreisritual erinnert, gestalten sich nachfolgende Rituale wie Geburtstage, Jahrestage und Feiertage häufig in einem unterbrochenen oder verkümmerten Ritualstil.

»Opa starb am Tag von Ginas Schulabschluß«
Gina Torini war die erste in ihrer Familie, die die High School absolvierte. Ihre gesamte Verwandtschaft war vor zwanzig Jahren aus Italien in die Vereinigten Staaten eingewandert. Als der Tag ihres Schulabschlusses näherrückte, herrschte große Aufregung. Alle hatten anscheinend das Gefühl, dieser Abschluß gelte Gina und ihrer ganzen Familie, da er ihren Erfolg im neuen Land kennzeichnete. Ihre Eltern planten eine aufwendige Party, um diesen Übergangsritus für ihre Tochter und sich selbst zu markieren.

Zwei Tage vor der Abschlußfeier erlitt Ginas Großvater einen schweren Herzanfall. Er starb am Morgen der Abschlußfeier. Natürlich sagten sie alle Festlichkeiten ab. Viele Monate später ging Gina alleine zur Schule und holte ihr Zeugnis ab. In der Familie wurde ihr Schulabschluß nie mehr erwähnt.

Ginas Geschichte ist nicht ungewöhnlich. Eine schwere Krankheit oder ein Todesfall unmittelbar vor oder nach einem wichtigen Lebenskreisritual bringen häufig die zentrale Bedeutung solcher Übergänge zum Scheitern. Ginas Schulabschluß ging im Schmerz und Schock der Familie unter und erfuhr auch im nachhinein keine Würdigung. Statt Fortschritte in ihrem Leben zu machen und wie geplant aufs College zu gehen, blieb Gina zu Hause. Wenn Ihre eigene Familie oder einer Ihrer Angehörigen steckengeblieben zu sein scheint und keine Fortschritte im Leben macht, sollten Sie vielleicht frühere Lebenskreisrituale daraufhin überprüfen, ob ein bestimmtes Ritual schiefgelaufen ist. Überlegen Sie, inwiefern sich das auf die Entwicklung Ihrer Familie ausgewirkt haben könnte.

Ein ›verunglücktes‹ Lebenskreisritual nachholen

Wenn Sie feststellen, daß eines Ihrer wichtigen Lebenskreisrituale ›schiefgegangen‹ ist, möchten Sie vielleicht in Erwägung ziehen, es nachzuholen. Es kann sich dabei um eine neue Hochzeitszeremonie handeln, um eine Konfirmation, ein *Bar-Mizwa*, einen Schul- oder Studienabschluß im späteren Leben oder um einen Gedenkgottesdienst viele Jahre nach einem nicht betrauerten Tod. Lebenskreisrituale nachzuholen kann Beziehungen erneuern und langjährigen Schmerz und Leid heilen.

Brett begräbt seinen Vater

Brett Atkins war elf Jahre alt, als sein Vater an Krebs starb. Da seine Mutter und seine Großeltern fanden, daß er zu jung sei, am Begräbnis teilzunehmen, blieb er während der Beerdigung bei Nachbarn. Nach der Beisetzung kamen alle wieder nach Hause. »Es gab viel zu essen. Es war wie bei einer Party. Die Leute saßen herum und unterhielten sich über meinen Vater. Ich war einfach sicher, daß er jeden Moment hereinkommen würde, und wurde immer wütender, als er nicht kam.«

Nach diesem verwirrenden Erlebnis machte Brett seinen Vater mehr und mehr zum Mittelpunkt seines Lebens. Er nahm alle Photos seines Vaters aus dem Familienalbum und stellte sie in seinem Zimmer auf. Allmählich verwandelte sich sein Zimmer in einen Schrein für seinen Vater. Die Lehrer beklagten sich bei seiner

Mutter, daß er in allen Schulaufsätzen seinen Vater idealisiere. Sie versuchte, mit ihm über die Vorgänge zu sprechen, doch er weigerte sich.

Als Brett achtzehn war, hängte er alle Bilder seines Vaters ab. Zunächst war seine Mutter erleichtert, doch bald geriet er in Schwierigkeiten. Schließlich wurde er kurz vor der Abschlußprüfung verhaftet, weil er Marihuana mit in die Schule gebracht hatte. Es ist nicht überraschend, daß Brett vor dem ersten Lebenskreisritual, das er ohne seinen Vater erleben sollte, in Schwierigkeiten geriet. An diesem Punkt beschloß Bretts Mutter, einen Familientherapeuten hinzuzuziehen. In der Therapie arbeitete Brett das Bild seines Vaters, seinen Tod und seine Beerdigung und sein eigenes Verhalten nach der Beisetzung auf. Die Therapeutin riet Brett, mehr über seinen Vater in Erfahrung zu bringen, indem er mit verschiedenen Angehörigen sprach. Zunächst regte seine Mutter sich darüber auf, doch bald merkte sie, daß ihr Sohn zum erstenmal seit Jahren ruhiger wurde und einen lebenstüchtigen Eindruck machte. Brett erfuhr nach und nach, daß sein Vater ein menschliches Wesen mit vielen guten Seiten und manchen Schwächen war. Als er eine Menge Material über seinen Vater zusammengetragen hatte, leitete die Therapeutin ihn an, eine neue Trauerfeier abzuhalten, an der er teilnehmen konnte. Brett sprach mit seiner Mutter und erklärte ihr, was er vorhatte. Er beschloß, die Zeremonie auf den Jahrestag der Beerdigung seines Vaters zu legen, an der er nicht hatte teilnehmen dürfen. Er sprach mit dem Seelsorger der Familie, der die Beisetzung seines Vaters zelebriert hatte, und bat ihn um Hilfe. Mit Unterstützung seiner Mutter wandte er sich an seine Verwandten und bat sie, an einem Gedenkgottesdienst für seinen Vater teilzunehmen.

Bei der Trauerfeier las Brett einen Brief vor, den er an seinen Vater geschrieben hatte. Darin ging er auf viele Einzelheiten ein, die er in Gesprächen mit Verwandten über ihn erfahren hatte, gute und weniger gute Dinge. Er sprach mit Zuneigung und Humor von seinem Vater und gab Anekdoten wieder, die er kürzlich erst gehört hatte. Er schloß seinen Brief mit den Worten: »Ich vermisse dich. Ich erinnere mich an den Sommer, in dem du mir Fahrradfahren beigebracht hast. Heute kann ich Auto fahren. Ich wünschte, du wärst hier und könntest mich fahren sehen. Ich erinnere mich, wie wir eine Campingtour gemacht haben, bei der ich mich verirrt habe und du mich wiedergefunden hast. Ich habe mich wieder verirrt, als du gestorben bist. Jetzt muß ich dich gehen lassen und mich selbst finden. Ich werde dich immer lieben.« Nach dem Gottesdienst gingen Brett und seine Mutter zum erstenmal zusammen auf den Friedhof. Nachdem Brett dieses entscheidende Lebenskreisritual, das er vorher verpaßt hatte, nachgeholt hatte, ging er wieder zur Schule und machte seine Abschlußprüfung.

Lebenskreisrituale nachzuholen erfordert oft eine gewisse Zeit der Arbeit an Beziehungen und an Aspekten Ihres Lebens, die erstarrt sind, seit ein Ritual ›schiefgegangen‹ ist. Es hat keinen Sinn, eine zweite Hochzeitsfeier zu veranstalten, die nur die Schwierigkeiten der ersten wiederholt. Wenn ein Lebenskreisritual zum Abbruch von Beziehungen geführt hat, müssen Sie sorgsam daran arbeiten, den Weg zu neuen Beziehungen zu ebnen und sie herzustellen. Es mag zwar letztlich Ihr Ziel sein, ein Lebenskreisritual nachzuholen, doch der Weg dahin ist mit Bedacht und Umsicht zu verfolgen. Lebenskreisrituale sind nicht bloß losgelöste Ereignisse. Sie sind Teil eines fortlaufenden Wandlungsprozesses des einzelnen und der Beziehungen, eines Prozesses, der vor, während und nach dem eigentlichen Ritual stattfindet.

Nehmen Sie sich etwas Zeit, über die wichtigsten Lebenskreisrituale nachzudenken, die Ihr Leben geprägt haben:

– Wurde das Ritual Ihren Erwartungen weitgehend gerecht oder war es für Sie in wichtigen Punkten enttäuschend? Hat diese Enttäuschung sich weit über das Ritual hinaus erhalten?
– Hat das Ritual die Entwicklung der Beziehungen gefördert oder sind bestimmte Beziehungen erstarrt oder abgerissen?
– Können Sie über das Ritual sprechen oder ist es zum Tabuthema geworden?
– Gibt es ein Lebenskreisritual, das Sie gerne nachholen würden? Versuchen Sie sich in allen Details auszumalen, wie es diesmal anders aussehen sollte. An welchen Beziehungen und Problemen müßten Sie arbeiten, um ein sinnvolles Ritual zu schaffen?
– Gibt es einen Bestandteil eines Lebenskreisrituals, den Sie gerne

noch einmal vollziehen würden? Zum Beispiel könnten Sie Ihre Ehegelübde noch einmal erneuern wollen, ohne eine neue Hochzeitsfeier zu veranstalten.

Wenn Lebenskreisrituale trivialisiert werden

Lebenskreisrituale haben die Fähigkeit, uns mit den heiligen und mysteriösen Aspekten des menschlichen Daseins in Verbindung zu bringen – Geburt, Wachstum, Sexualität, Liebe und Tod. Gleichzeitig sind sie wie alle Rituale in die jeweiligen gesellschaftlichen und kulturellen Wertvorstellungen eingebettet, die sie auch widerspiegeln. Wenn wir uns unsere Lebenskreisrituale ansehen, schauen wir vielleicht mehr als bei jeder anderen Kategorie von Ritualen in einen Spiegel, der uns zeigt, was uns als Gemeinschaft am wichtigsten ist.

In den achtziger Jahren erfuhren viele Lebenskreisrituale wie Hochzeiten oder Übergangsriten zur Adoleszenz wie *Bar-Mizwa* und Konfirmation und auch Schulabschlüsse eine Trivialisierung durch die Überbetonung materieller Werte. Populäre Schriften über Hochzeiten befaßten sich seitenlang mit teuren Kleidern, Essen, Lieferanten und Hochzeitsgirlanden, während sie jeden Hinweis auf die grundlegende Bedeutung einer solchen Bindung und die tiefgreifenden Veränderungen in den Familienbeziehungen unterließen, die eine Heirat eigentlich symbolisiert. In unserer Arbeit als Familientherapeutinnen haben wir erlebt, wie gut gestellte Familien sich für eine Hochzeit verschuldeten und arme Familien sich abrackerten, die drei- bis vierhundert Dollar und mehr zusammenzubekommen, um die Ausgaben zu decken, die mit einem High-School-Abschluß verbunden sind. Wenn die finanziellen Kosten die beabsichtigte Bedeutung eines Lebenskreisrituals überschatten, ist mit unserem Ritualleben auf kultureller Ebene etwas sehr schiefgegangen.

Veränderungen in unseren eigenen Wertvorstellungen spiegeln sich möglicherweise in einem Lebenskreisritual nicht angemessen wider, das somit ein leeres Gefühl in uns hinterläßt. So haben zum Beispiel viele Menschen weniger intensive Bindungen an die offizielle Religion, und das macht Beisetzungsrituale weniger vertraut und weniger inhaltsreich. Das Beisetzungsritual, dessen Sinn es ist, das nun beendete Leben zu feiern, Trost zu spenden und den Hinterbliebenen Heilung zu bieten, vermag dies möglicherweise nicht mehr zu leisten. Cathryn Morehouse sprach mit uns in deutlichen Worten über die Beerdigung ihres Vaters. »Der Pfarrer kannte Vater eigentlich kaum. Er unterhielt sich ein wenig mit jedem von uns und schrieb anschließend seinen Nachruf, der so abgedroschen klang. Seine Worte verstörten mich so, daß ich keinerlei Trost darin fand.«

Lebenskreisrituale können auch ihrer spirituellen, emotionalen und entwicklungsfördernden Kräfte beraubt werden, wenn sie Industriezweigen anheimfallen, die unsere persönlichen Entscheidungen beherrschen. Wenn *Bar-Mizwas* zu »Partys« verkommen, wie sie von Beraterfirmen zu allen Anlässen ausgerichtet werden, und eine Beerdigung so aussieht, daß die Teilnehmer sich auf einem Video einen Leichnam ansehen, dann müssen wir innehalten und uns fragen, was wir mit unseren Lebenskreisritualen wirklich zum Ausdruck bringen wollen.

Wenn Sie feststellen, daß die ›Inszenierung‹ Sie mehr in Anspruch nimmt als das Wesen eines wichtigen Lebenskreisrituals, so kann es sein, daß dies als Ablenkung von schwierigen inneren oder beziehungsbezogenen Problemen dient, die das bevorstehende Ritual aufwirft. Als Sally Masterson zum Beispiel heiratete, steckten ihre Eltern mitten in einer bitteren Scheidung. Statt sich direkt mit den vielen Problemen zu befassen, die die Familie erschütterten, stürzten Sally und ihre Mutter sich in die Vorbereitungen für eine aufwendige Hochzeit, die Sallys Vater schließlich 50 000 Dollar kostete. Fest entschlossen, bei seiner Tochter als großzügig zu gelten, nahm ihr Vater jeden Vorschlag ihrer Mutter auf und machte ihn sogar noch kostspieliger. Kleider, Blumen und Essen waren äußerlich exquisit, doch alle spürten die gewaltigen, unausgesprochenen Spannungen. Zehn Jahre später meinte Sally: »Meine Eltern haben versucht, das Richtige zu tun. Leider geriet meine Hochzeit in ihren Konflikt hinein. Ich denke, es war für uns alle besonders schwierig, zu einer Zeit an eine eheliche Verbindung zu denken, als die langjährige Ehe meiner Eltern gerade in die Brüche ging. Es war eine ziemliche Schau, aber es hatte nichts mit mir und meinem Mann zu tun.«

Wenn Sie vor einem besonderen Lebenskreisritual stehen, sollten Sie sich vielleicht etwas Zeit nehmen, sich auf die Wertvorstellungen zu besinnen, die Sie und Ihre Familie in diesem Ritual ausdrücken möchten.

- Welche Werte sind das?
- Woher kommen sie? Aus Ihrem tiefsten Inneren? Aus Ihrer Familie? Aus Ihrer ethnischen oder religiösen Gemeinschaft?
- Welche Zwänge erleben Sie, dieses Ritual in Übereinstimmung mit kommerziellen Wertvorstellungen auszurichten?
- Auf welche Weise könnten Auseinandersetzungen innerhalb der Familie die Werte überschatten, die Sie mit diesem Ritual ausdrücken möchten?

Unerwartete Wendepunkte: Neue Rituale des Lebenskreises entwickeln

Es gibt viele wichtige Übergänge im Leben, für die unsere Kultur keine vertrauten und akzeptierten Rituale vorsieht. Vielleicht haben Sie oder Menschen, die Ihnen nahestehen, schon selbst solche Veränderungen erlebt. Zu den Wendepunkten des Lebens, die häufig ohne besondere Kennzeichnung vonstatten gehen, gehören die Scheidung, das Ende einer unehelichen Beziehung, Adoption, das Eingehen einer festen gleichgeschlechtlichen Beziehung, das Verlassen des Elternhauses (vor allem, wenn ein Behinderter auszieht, von dem man bislang nicht angenommen hat, daß er oder sie das Elternhaus verläßt), Fehlgeburten und die Menopause. Möglicherweise gibt es in Ihrem Leben noch andere Veränderungen, für die keine Rituale bestehen, die den Übergang erleichtern. Vielleicht stehen Sie auch kurz vor einem solchen Wendepunkt. Da Lebenskreisrituale es uns ermöglichen, unsere Selbstwahrnehmung und unsere Beziehungen so umzugestalten, wie die Änderungen des Lebens es erfordern, kann das Fehlen solcher Rituale den Wandel erschweren.

Zum Glück leben wir in einer Zeit, in der viele Menschen angefangen haben, über die Entwicklung neuer Rituale für Wendepunkte des Lebens nachzudenken, die bislang nicht gekennzeichnet und gefeiert wurden. Das Wissen über die Schaffung von Lebenskreisritualen liegt nicht mehr allein bei religiösen Institutionen. Gesellschaftliche Bewegungen und Selbsthilfegruppen haben erkannt, wie wichtig es ist, neue Lebenskreisrituale zu entwickeln wie Hochzeiten gleichgeschlechtlicher Paare, Feiern zur Menopause oder Zeremonien zum Verlust einer Schwangerschaft. Einzelne und Paare haben ihre eigenen Scheidungsrituale geschaffen, um das Ende einer Ehe zu kennzeichnen und Freunde und Verwandte aufzufordern, Trost zu spenden.

Die »Ausweihungsfeier«

Als Candice Meyers Mann Brent sie plötzlich wegen einer anderen Frau verließ, war sie am Boden zerstört. Sie waren seit sechs Jahren verheiratet und hatten erst kürzlich davon gesprochen, ein Kind zu bekommen. Ohne Candices Wissen hatte ihr Mann schon seit über einem Jahr an eine Trennung gedacht. Nachdem er sie verlassen hatte, strebte er sehr bald eine Scheidung an.

Candice zog sich nach der Trennung von all ihren Freunden und Verwandten zurück. Sie geriet immer mehr in die Isolation und nahm an keinerlei Familienfeiern mehr teil. Als sie merkte, wie deprimiert sie geworden war, beschloß sie, sich in Therapie zu begeben. In ihren Sitzungen mit Evan begann Candice, die vielen Verluste aufzuarbeiten, die mit ihrer Scheidung verbunden waren: ihr Mann, das erhoffte Kind und all ihre früheren reichen Beziehungen zu Freunden und Verwandten.

Candice schämte sich, daß ihr Mann sie verlassen hatte, und hörte auf, jemanden zu sich einzuladen. Gäste zu haben und allein als Gastgeberin aufzutreten schien ihre Verlassenheit noch zu unterstreichen. Das stand in scharfem Kontrast zu ihrem früheren Leben mit Brent, als ihr Heim aktiver Mittelpunkt ihres Freundes- und Familienkreises war. Sie nannte ihr Haus »ihre Einsamkeit und ihre Erinnerungen« und beschloß, den schwierigen Prozeß der Veränderung, den ihre Scheidung notwendig gemacht hatte, mit dem Kauf einiger neuer Möbel einzuleiten.

Als sie ihre Wohnung nach ihrem Geschmack statt nach dem ihres ehemaligen Mannes umgestaltete, bemerkte Candice, daß es ihr immer noch schwerfiel, an Gäste auch nur zu denken. »Ich fühle mich in meinem eigenen Haus wie eine seltsame Gefangene. Aber ich bin nicht eingesperrt – andere Menschen sind ausgesperrt.«

Evan legte nach und nach die Grundlagen für ein Lebenskreisritual, das Candices Scheidung markieren und ihr den Übergang in ein neues Leben als alleinstehende Frau erleichtern sollte. Da Candice das Gefühl hatte, sie habe »die Menschen ausgesperrt«, kamen sie und ihre Therapeutin überein, daß ein neues Schloß an der Haustür ein notwendiges Symbol für viele Veränderungen sei. Candice willigte ein, sich ein neues Schloß zu kaufen, sich eine Woche lang jeden Tag eine Stunde mit diesem Schloß hinzusetzen und sich zu fragen: »Was würde es kosten, dieses neue Schloß an meiner Tür anzubringen – ein Schloß, das ich Freunden und Verwandten öffnen könnte?«

Als Candice über diese Frage nachdachte, durchlebte sie viele Gefühle. Zunächst war sie sehr traurig und erinnerte sich an all die guten Zeiten mit ihrem Mann, ihrer Familie und ihren Freunden. Nach ein paar Tagen wurde sie jedoch sehr wütend über die Art, in der Brent sie behandelt hatte. Es war das erstemal, daß ihr klar wurde, wie betrogen und wütend sie sich fühlte. Nach diesem Wutgefühl begann sie, ihr Leben wieder für sich einzufordern. Sie beschloß ein besonderes Ritual zu entwickeln, das sie eine »Ausweihungsfeier« nannte. Es hatte den Zweck, ihr neues Leben und ihre Offenheit für Freunde und Verwandte zu verkünden. Sie sagte: »Die Leute machen gewöhnlich Einweihungsfeiern, wenn sie in eine neue Wohnung ziehen. Ich ziehe in eine neue Phase meines Lebens ein. Ich möchte meine Scheidung mit etwas Humor markieren und eine ›Ausweihungsfeier‹ veranstalten.« Sie entwarf eine Einladung, in der es hieß: »Einladung zur Ausweihungsparty meiner Wohnung. Bitte bringt Geschenke mit, die sich für die hübsche Wohnung einer alleinstehenden Frau eignen – ich muß dieses ›seine Sachen, ihre Sachen‹ loswerden!« Kurz vor der Party beauftragte sie einen Schlosser, das neue Schloß an ihrer Haustür anzubringen.[7]

Lebenskreisrituale für neu entstandene oder neuerdings erst akzeptierte Lebensübergänge verwenden viele Elemente, die bei geläufigeren Ritualen üblich sind: Symbole und symbolische Handlungen; eine versammelte Gemeinschaft, die Zeuge des Übergangs im Leben wird und ihn öffentlich unterstützt; Dokumente oder Zertifikate, die die besondere Veränderung festhalten. Auf diese Weise können neue Lebenskreisrituale uns mit der universellen Tatsache des Wandels im menschlichen Leben in Verbindung setzen. Die besonderen Symbole und symbolischen Handlungen, die man für neu geschaffene Rituale wählt, können die Einzigartigkeit oder Andersartigkeit dieses speziellen Wendepunkts im Leben zum Ausdruck bringen. Candice nahm zum Beispiel ein neues Schloß als Symbol, daß sie nun allein die Verantwortung für ihr Leben trug. Die »Ausweihungsfeier« war als symbolische Handlung ein offenes Bekenntnis zu ihrer Scheidung und eine Bitte um Unterstützung. Ihre Vorbereitung auf das Ritual in der Therapie wie auch während der täglichen Zeit, die sie mit dem Schloß in der Hand dasaß, ähnelte der Vorbereitung auf alle größeren Lebenskreisrituale. Die Einladung, die sie kreativ verfaßte, wurde zum ›Dokument‹, mit dem sie ihre Scheidung verkündete. Freunde und Verwandte kamen zusammen, um ihren Wandel zu bezeugen und zu feiern, wie sie es bei jedem anderen Lebenskreisritual getan hätten.

Das Elternhaus verlassen: Eine häufig unbeachtete Lebenswende
Es gehört mit zu den wichtigsten Veränderungen in der Familie, wenn ein Kind das Elternhaus verläßt. Wenn Ihr Kind bereit ist, auszuziehen, müssen Sie sich Gedanken machen, wie Sie ihm die ›Erlaubnis‹ geben, zu gehen. Alle eingespielten Beziehungen in Ihrer Familie erfahren dabei eine Veränderung. Eltern, die einem Kind auf eine Weise nahegestanden haben, die die Zeit des Paares für sich auf ein Minimum reduziert hat, müssen ihre Beziehung zueinander überprüfen. Alleinerziehende Eltern, die sich auf ein Kind gestützt haben, müssen sich neue Möglichkeiten erschließen. Und Eltern wie Kinder sind gefordert, miteinander ein Verhältnis von Erwachsenem zu Erwachsenem zu entwickeln.[8]
Wie viele Wendepunkte im Leben ist der Auszug eines Kindes

aus dem Elternhaus ein Ereignis, das mit zutiefst gemischten Gefühlen einhergeht: mit Freude und Stolz auf Erreichtes, mit Angst vor dem Kommenden, mit Trauer über den Verlust der Beziehungen in ihrer bisherigen Form, mit gespannter Erwartung, wie das Leben sich von nun an gestalten wird. Es erscheint einfacher, im Zorn als mit Trauer zu gehen. Wir haben als Familientherapeutinnen jedoch die Erfahrung gemacht, daß junge Menschen, die im Zorn von zu Hause fortgehen, länger brauchen, um die Loslösung vom Elternhaus zu bewältigen, und vielleicht mehrmals zurückkommen und wieder gehen. Sie tragen Probleme aus ihrer Herkunftsfamilie in spätere Beziehungen hinein. Für das Verlassen des Elternhauses ein Abschiedsritual zu schaffen, dessen Symbole und symbolische Handlungen viele widersprüchliche Fragen aufgreifen, kann diesen Übergang für alle Beteiligten erleichtern.

Der Übergang, das Elternhaus zu verlassen, kann noch erschwert werden, wenn dieser Schritt unerwartet kommt, zum Beispiel wenn ein Behinderter, von dem man es nie erwartet hat, zu Hause auszieht oder wenn ein jüngeres Kind beim Wechsel des Sorgerechts das Haus verläßt.

Schenken: Ein Abschiedsritual vom Elternhaus

Karen Berry, eine zweiundzwanzigjährige, geistig behinderte junge Frau, lebte zu Hause bei ihren Eltern und ihrem zwanzigjährigen Bruder Andrew. Als Karen geboren wurde, waren ihre Eltern fest entschlossen, sie zu Hause großzuziehen und nie in ein Heim zu geben. Sie konnten sich nicht vorstellen, daß sie je in der Lage wäre, das Elternhaus zu verlassen und in einer Gemeinschaft zu leben. Als Karen heranwuchs, wurden jedoch nach und nach Wohngemeinschaften für Behinderte eingerichtet. Die Berrys waren immer noch skeptisch und gingen einfach davon aus, daß Karen bei ihnen bliebe.

Als Karen zum Teenager heranwuchs, machten ihre Eltern sich Sorgen, daß sie sexuell mißbraucht werden könnte. Andrew wurde zu ihrem Beschützer. Er gab viele eigene Interessen auf, um sie zu Veranstaltungen ihrer Sonderschule zu begleiten. Er gab auch jeden Gedanken auf, aufs College zu gehen.

Als Karen zwanzig wurde, drängte die Schule die Berrys, sie in einer Wohngruppe leben zu lassen. Jedesmal schienen die Eltern fast bereit, zuzustimmen, jedoch gab es dann zu Hause regelmäßig zwischen ihnen und Karen Streit, der sie überzeugte, daß sie noch nicht soweit war, auszuziehen.

Als die Eltern mit Evan über ihr Dilemma sprachen, schien deutlich zu werden, daß die Familie kurz davor stand, Karen aus dem Haus zu lassen, sich aber offenbar auf eine Weise festgefahren hatte, die verhinderte, daß sie wirklich auszog. Die Eltern waren sich einig, daß Karen in die Wohngruppe ziehen sollte. Ihnen gefiel das Heim und das Personal, aber sie waren nicht imstande, sich auf ein Datum für ihren Auszug festzulegen.

Evan sprach mit ihnen über all die Probleme, die immer auftauchen, wenn ein Kind das Elternhaus verläßt. Sie brachte sie auf die Idee, für Karen ein Abschiedsritual zu entwickeln, um diesen wichtigen Übergang zu markieren und für alle zu erleichtern.

Die Eltern und Andrew sollten Karen Geschenke machen, die sie mit in ihr neues Zuhause nehmen konnte. Es sollten keine gekauften Geschenke sein, sondern etwas, das ihnen gehörte und das Karen ihrer Ansicht nach auf ihrem Weg helfen konnte. Karen sollte ihrerseits Geschenke für ihre Mutter, ihren Vater und Andrew aussuchen, Dinge, die ihr gehörten und die ihrer Ansicht nach bei ihnen bleiben sollten, wenn sie auszog.

Zwei Wochen lang bereitete die Familie im geheimen ihre Geschenke vor. In diesen beiden Wochen hörten die Auseinandersetzungen auf, und die Eltern einigten sich mit Karen auf einen Tag, an dem sie in die Wohngruppe ziehen sollte, etwas, das sie vorher nicht geschafft hatten. Wie bei allen Lebenskreisritualen diente diese Vorbereitungszeit als Signal für die bevorstehenden Veränderungen.

Schließlich vollzog die Familie das Ritual des Schenkens und Nehmens. Karens Vater überreichte ihr als erster seine Gabe. Es war ein seltsam geformtes Paket, das, wie sich herausstellte, seine Lieblingspfanne enthielt. In der Familie gab es ein allwöchentliches Sonntagsfrühstücksritual, bei dem er Pfannkuchen backte. Als Karen in der Schule kochen lernte, hatte sie seine Pfanne benutzen wollen, doch ihr Vater hatte Angst gehabt, sie könne sie ruinieren. Nun gab er ihr die Pfanne und sagte, er wolle ihr beibringen, für

die Mitbewohner in ihrem neuen Zuhause Pfannkuchen zu bak-
ken. Mit diesem einen Geschenk erkannte er ihre Entwicklung an,
ihre Bereitschaft, in den nächsten Lebensabschnitt einzutreten,
und die Veränderungen, die sich im alten wöchentlichen Ritual der
Familie ergeben würden.

Karens Mutter gab ihr zwei kleine Schachteln. Die erste enthielt eine angebrochene Flasche Parfüm. In der zweiten war ein
Paar Ohrringe. Karen hatte bislang weder Parfüm benutzen noch
Schmuck tragen dürfen. Als Teenager hatte sie sich gerne ins
Zimmer ihrer Mutter geschlichen und ihr Parfüm benutzt, nur
um später Schelte zu beziehen, wenn sie in eine Duftwolke ge-
hüllt am Abendessenstisch erschienen war. »Ich glaube, du bist
jetzt alt genug dafür«, erklärte ihre Mutter. »Diese Ohrringe
haben meiner Mutter gehört. Sie gab sie mir, als ich von Zuhause
fortging, und jetzt gebe ich sie dir.« Ihr Geschenk bestätigte Karen
als angehende junge Frau und verband die drei Frauengeneratio-
nen ihrer Familie. Karen weinte still in sich hinein und dankte
ihrer Mutter.

Andrews Geschenk ließ die Stimmung völlig umschlagen. Er
gab Karen eine Schachtel Vogelfutter. Da Karen nun auszog, hatte
er kurzentschlossen Pläne gemacht, aufs College zu gehen. Er besaß einen Sittich, der versorgt sein wollte, und er hatte die Erlaubnis der Wohngruppe eingeholt, daß Karen den Vogel mitbringen
durfte. Dieses Geschenk symbolisierte eine neue Verantwortung
für Karen, da, während Karen heranwuchs, immer nur Andrew für
den Vogel gesorgt hatte. Frau Berry stieß einen Seufzer der Er-
leichterung aus, daß nun auch der Sittich aus dem Haus kam.

Nachdem Karen ihre Geschenke in Empfang genommen hatte,
teilte sie ihre Geschenke aus. Ihrer Mutter gab sie ihren Lieblings-
teddybär, den sie seit ihrer Kindheit mit ins Bett genommen hatte.
»Ich kann in meinem neuen Zuhause nicht damit schlafen – bitte
bewahre ihn für mich auf.« Dieses Geschenk zeugte von ihrer eigenen Einsicht, nun erwachsen zu werden, und zeigte, daß sie wußte,
was in ihrer neuen Umgebung angemessen war. Ihrem Vater gab
sie ein Photo, das bei einem Besuch in ihrem neuen Zuhause
aufgenommen war und sie mit vier jungen Männern an einem
Tisch zeigte. »Das sind meine neuen Freunde«, erklärte sie. Dieses

Geschenk sprach direkt die Ängste der Familie an, sie aus ihrem Schutz zu entlassen. Schließlich gab sie Andrew ihren Radiowekker, ein heißgeliebtes Gerät, das sie einmal zu Weihnachten bekommen hatte. Sie sah ihren Bruder an und sagte: »Komm nicht zu spät zur Schule!« Sie wählte ein Geschenk, das die vielen Veränderungen symbolisierte, die der Familie bevorstanden.

Nach diesem sehr bewegenden Abschiedsritual, bei dem die einzelnen Familienmitglieder mit ihren Geschenken unendlich viel ausdrückten, zog Karen in die Wohngruppe, und Andrew ging aufs College. Wie die meisten jungen Erwachsenen, die von zu Hause fortgehen, besuchten sie ihre Eltern an Feiertagen und zu besonderen Anlässen.[9]

Sie können dieses Ritual des ›Schenkens‹ in abgewandelter Form in Ihrer Familie einsetzen, wenn ein Kind auszieht. Wir haben Familien erlebt, die inmitten erbitterter Änderungen der Sorgerechtsregelung mit diesem Ritual dem Abschied eine völlig andere Bedeutung verliehen haben. Manche Familien entwickeln Abschiedsrituale, in deren Mittelpunkt ein Album steht, das das bisherige Leben des jungen Menschen zeigt und leere Seiten für die zukünftigen Lebenserfahrungen enthält. Andere haben zum Auszug aus dem Elternhaus besondere Dokumente aufgesetzt, die diesen Wendepunkt markierten. Die Familie Gable stellte ihrem Sohn Joseph ein »Zertifikat zum Verlassen des Elternhauses« aus, das all seine Leistungen als junger Erwachsener aufzählte und ihn für »reif für das Leben in der Außenwelt« erklärte. Sie rahmten dieses Dokument ein, und Joseph hängte es in seiner ersten Wohnung auf. In diesen Ritualen drückt sich die Erlaubnis aus, fortzugehen, und die Bestätigung, daß es weiterhin tiefe Bindungen geben wird; sie verlangen von den Familienangehörigen sorgfältige Überlegungen, damit ihre Symbole zum Ausdruck bringen, was Beziehungen in der Vergangenheit bedeutet haben und was sie in Zukunft bedeuten werden.

Wenn Sie zur Zeit in Ihrem Leben größere Veränderungen durchmachen oder erwarten, für die es keine vertrauten oder akzeptierten Lebenskreisrituale gibt, oder wenn Sie den Eindruck haben, daß eine wichtige Veränderung in der Vergangenheit ohne besondere Kennzeichnung vonstatten gegangen und immer noch unverarbeitet ist, sollten Sie vielleicht überlegen, ein neues Ritual zu schaffen:

- Welche Veränderung erleben Sie gerade oder erwarten Sie bald? (Es kann sich auch um eine Veränderung handeln, die vor geraumer Zeit stattgefunden hat, wie zum Beispiel eine Fehlgeburt, für die es aber kein Ritual gab, das Ihnen den Umgang mit dem Verlust erleichtert hätte.)
- Welche Aspekte berührt diese Veränderung bei Ihnen und in Ihren Beziehungen?
- Wie würden Sie diese Veränderung am liebsten kenntlich machen?
- Welche Symbole und symbolischen Handlungen sind dazu erforderlich?
- Welche Menschen hätten Sie gerne als Zeugen für diese Wende in Ihrem Leben?
- Was würden Sie in ein Dokument oder Zertifikat schreiben, das diese Veränderung kennzeichnet?

Lebenskreisrituale erleichtern uns den Weg durchs Leben. Sie prägen unsere Beziehungen, helfen unsere Verluste zu heilen, bringen unsere tiefsten Überzeugungen zum Ausdruck und feiern unser Dasein. Sie verkünden und schaffen Veränderungen. Die Macht der Lebenskreisrituale ist uns allen zugänglich. Sie und Ihre Familie können Lebenskreisrituale schaffen, die voller Bedeutung sind. Achten Sie bei der Planung darauf, einige Aspekte des Rituals offen und ungeplant zu lassen, da sich in diesen Teilen die Magie der Rituale entfaltet: in unerwartet geknüpften Beziehungen, in einem neuen Selbstverständnis, in der Heilung von Verlusten während kurzer Gedenkminuten und im Ausdruck innerster Werte.

KAPITEL 12

RITUALE LEBENDIG ERHALTEN: NEUE WEGE ENTDECKEN

Während Sie dieses Buch gelesen haben, sind Ihnen sicher viele Rituale Ihrer Kindheit eingefallen, und Sie haben über die Rituale in Ihrem Erwachsenenleben nachgedacht. Vielleicht erinnern Sie sich an manche Ihrer Rituale als bereichernd und befriedigend; manche waren vielleicht getrübt durch Traurigkeit, Zorn oder Bedauern; und vielleicht gab es auch frustrierende Momente, wenn Sie an alte Rituale dachten, bei denen jeder in der Familie aufrichtig wünschte, sie würden sich ändern. Ob Sie nun an Feiertagsrituale aus einer Zeit gedacht haben, als Sie noch jünger waren, oder aber an das gestrige Abendessen im Familienkreis, so haben Sie vermutlich auch überlegt, wie Sie Ihr Ritualleben heute und in Zukunft gestalten möchten.

Wie Sie nicht zum ›Boß‹ der Rituale werden: andere einbeziehen

Wenn Sie einerseits gespannt darauf sind, alte Rituale wiederzubeleben oder völlig neue zu entwickeln, andererseits dieses Buch aber gelesen haben, ohne daß Ihre Familie oder Ihr Freundeskreis es ebenfalls getan hätte, laufen Sie Gefahr, zum ›Boß‹ der Rituale zu werden. Ob dies der Fall ist, erkennen Sie, wenn *alle* Ideen zu Ritualen von Ihnen kommen und Sie an Planung und Ablauf der Rituale stärker beteiligt sind als alle anderen. Um diese belastende und undankbare Rolle zu vermeiden, sollten Sie Ihr Interesse mit Ihrem Ehepartner, Ihren Kindern, Ihren Verwandten und Freunden auf eine Weise teilen, die sie zum Mitmachen einlädt.

»Der Truthahn ist meine Sache!«
Jedes Jahr nach Neujahr brach Cora Mathison vor Erschöpfung zusammen. Die Feiertage waren vorüber, und sie brauchte den ganzen Januar, um sich davon zu erholen. Als Cora von der Zeit zwischen dem Erntedankfest und Neujahr erzählte, war es durchaus nicht verwunderlich, daß sie eine Erholungspause brauchte. Am Erntedankfest, an Heiligabend und an Weihnachten richtete sie jeweils ein Essen für dreißig Personen und mehr aus, und an Neujahr veranstaltete sie ein offenes Haus für alle Nachbarn, lehnte aber jegliche Hilfe ihrer Familie ab.

Cora stammte aus einer Familie, die weder Feiertage noch Geburtstage oder sonstige Rituale gefeiert hatte. Selbst das tägliche Essen verlief wie ein einziger Ringkampf. Während ihrer ganzen Kindheit hatten ihre Eltern sich ständig erbittert gestritten und schließlich, als sie fünfzehn war, scheiden lassen. »Sie konnten ihren Streit nicht einmal ruhenlassen, um uns Kindern ein Weihnachtsfest auszurichten – ich war fest entschlossen, daß es einmal anders werden sollte, wenn ich eine eigene Familie hätte«, erklärte Cora. Und anders war es tatsächlich! Cora verfiel ins andere Extrem, feierte Feiertage mit allem Aufwand, Geburtstagspartys mit allem Drum und Dran, und Jahrestage wurden zu denkwürdigen Ereignissen. Als ihre Schwiegermutter ihr in einem Jahr anbot, zu Weihnachten den Truthahn zu braten, fuhr Cora sie an: »Der Truthahn ist meine Sache!« und brach in Tränen aus. Als sie darüber nachdachte, was sie gesagt hatte, und über den ganzen Schmerz und Zorn, den sie dabei empfand, wurde ihr allmählich klar, daß irgend etwas ganz und gar nicht in Ordnung war. »Ich wollte alle Rituale in der Hand haben, es war, als könnte ich niemand anderem trauen, auch nur einen Finger dabei zu rühren. Ich hatte zuviel Angst, wenn ich nicht alles selber mache, würden die Rituale verschwinden und ich würde meine Kindheit noch einmal durchleben.«

Cora setzte sich mit ihrem Mann und ihren Kindern zusammen und erzählte ihnen die Geschichte ihrer Kindheit, die sie noch nie in allen Einzelheiten gehört hatten. Sie sagte ihnen, wie es war, anderen Kindern bei Geburtstagsfeiern zuzusehen und selbst nie Geburtstag zu feiern. Sie erzählte ihnen von dem Jahr, als ihre Mutter zum Erntedankfest einen Hackbraten machte,»nicht weil wir uns einen Truthahn nicht leisten konnten, sondern nur um sich an meinem Vater zu rächen«. Und sie sagte ihnen, daß sie erschöpft sei und all ihre Rituale für sie auf traurige Weise unbefriedigend seien.

Und dann erfuhr sie zum erstenmal, wie ihr Mann und ihre Kinder die Feiertage und Familienfeste inzwischen erlebten.»Ich wünsche mir schon lange, daß wir mit alledem aufhören, es schlichter gestalten, aber ich wußte nicht, wie ich es dir sagen sollte«, sagte ihr Mann.»Es hat sich so verselbständigt – jedes Jahr mehr und mehr, aber dir schien das alles so wichtig zu sein.« Coras Kinder gaben ihr zu verstehen, daß sie gerne ihre Vorstellungen einbezogen wüßten, vor allem zu ihren Geburtstagen. Alle sagten ihr, daß sie sich in vielen Dingen gerne beteiligen wollten, *Familienrituale* und nicht, wie ihr Sohn es nannte,»Mamas Rituale« zu gestalten. Und so machte sich die Familie daran, in der Gestaltung ihrer Rituale völlig neue Wege zu gehen. Als das nächste Erntedankfest näherrückte, besprachen sie, wer welche Aufgaben übernehmen sollte. Sie reduzierten die Gästeliste auf ihre unmittelbare Familie und die Schwiegereltern. Sie beschlossen, sich morgens in Manhattan die jährliche *Macy's Parade* anzusehen, die von nun an ein ganz neuer Bestandteil ihrer Feier wurde. Drei Wochen vor dem Erntedankfest rief Cora ihre Schwiegermutter an und bat sie, den Truthahn zu machen.

Während Cora in ihrer Familie zum ›Boß‹ der Rituale wurde, weil sie in ihrer Kindheit schmerzliche Erfahrungen gemacht hatte, kann man jedoch in diese Rolle auch allzuleicht verfallen, wenn man diejenige ist, die mehr über Rituale weiß oder mehr Interesse daran zeigt als andere Familienangehörige. Wenn Sie aus einer Familie kommen, in der nur eine Person für die Familienrituale zuständig war, wird Ihnen diese Rolle durchaus vertraut vorkommen und es wird Ihnen nur allzuleicht fallen, Sie zu übernehmen. In Coras Familie bedurfte es einer Krise, dieses Muster zu ändern. Sie können daran arbeiten, *bevor* es zu einer Krise kommt und Sie erschöpft und wütend sind.

Denken Sie daran, daß es immer unterschiedliche Grade der Bereitschaft und Beteiligung geben wird, sich Gedanken über Familienrituale zu machen, sie zu entwickeln und sich auf sie einzulassen. Gespräche über Rituale sollten in einer Atmosphäre stattfinden, die vom Interesse und der Bereitschaft geprägt ist, den Standpunkt eines jeden herauszufinden und zu hören. Zur Flexibilität Ihres Ritualstils gehört es unter anderem, Raum für jene zu schaffen, die vielleicht weniger Begeisterung aufbringen als Sie.

Rituale unter die Lupe nehmen: Photos und Geschichten

Eine harmlose Möglichkeit, andere in ein Gespräch über Rituale zu ziehen, ist es, Photos oder Videos früherer Rituale herauszuholen und offen darüber zu sprechen, woran sich jeder erinnert, was einzelnen bei diesem Fest gefiel, was befriedigend verlief, was eine Bereicherung darstellte. Wenn die anderen sich erst einmal an die positiven Seiten eines Ereignisses erinnern, ist es sicherer, auch Dinge anzusprechen, die sie vielleicht als unbefriedigend oder unbehaglich empfunden haben. Wenn Sie allein für die Gestaltung von Ritualen zuständig waren, mag es schwierig für Sie sein, Klagen zu hören; versuchen Sie, ihnen mit Offenheit zu begegnen. Wenn Sie es vermeiden möchten, zum ›Boß‹ der Rituale zu werden, müssen Sie sich dagegen wappnen, die Verantwortung für alle Veränderungen zu übernehmen, die andere möglicherweise wünschen. Nehmen Sie sich Zeit, jedes Familienmitglied oder jeden engen Freund zu fragen, was sie oder er zu tun bereit ist, um das nächste Ritual befriedigender zu gestalten. Denken Sie daran, daß kleine Veränderungen in der Regel wirkungsvoller sind. Wenn die anderen erst einmal ein Gefühl für ihre eigene erfolgreiche Beteiligung an der Gestaltung eines Rituals bekommen haben, werden sie auch mehr tun wollen.

Wenn manche der Photos von Ihren Festen nicht nur Porträts sind, sondern die Beteiligten in Aktion zeigen, haben Sie Gelegenheit zu sehen, wie Ihre Familie Rituale gestaltet. Wenn Sie auf Weihnachtsphotos aus zwölf Jahren immer sehen, wie Mutter das Essen serviert, Vater das Fleisch schneidet, die Kinder den Baum schmücken und Onkel Jim vor dem Fernsehen schläft, dürften Ihnen wohl manche Ideen kommen, was sich ändern könnte und wer diese Änderungen bewirken kann.

Erzählen und Zuhören: Geschichten über Rituale
Sich etwas Zeit zu nehmen und über frühere Rituale zu erzählen ist eine weitere Möglichkeit, andere in Überlegungen über Rituale einzubeziehen und letztlich zu einer stärkeren Beteiligung anzuregen. Die Familie Luggard setzt sich alljährlich am Neujahrstag zusammen, und jeder erzählt eine Geschichte von seinem Lieblingsritual im vergangenen Jahr und sagt, was daran gut war. Dieses Geschichtenerzählen führt ganz selbstverständlich zu einem Gespräch darüber, was sie erhalten und was sie ändern möchten. Die Scalas erzählen immer bei Geburtstagsfeiern Geschichten von früheren Geburtstagen und stellen so für die Familie ein Gefühl für gemeinsame Rituale her.

Gerald Golden hatte den Eindruck, daß seine Familie von sinnvollen Ritualen völlig abgekommen war. Viele Familienangehörige waren weggezogen, und sie trafen sich nur noch selten. Er beschloß, kurze Geschichten von früheren Ritualen seiner Eltern und Großeltern auf Tonband aufzunehmen. Diese Bänder kopierte er und schickte sie seinen Geschwistern, Cousinen und Cousins. Drei Monate später rief sein Vetter Jonathan ihn an und schlug vor, sie sollten ein Familientreffen organisieren. Gerald hatte in der Tat schon früher an ein Familientreffen gedacht, meinte jedoch, die anderen hätten daran kein Interesse, und wollte die Organisation auch nicht alleine übernehmen. Da seine Bänder mit Geschichten bei vielen Verwandten Interesse geweckt hatten, war es nun viel einfacher, ein Familientreffen zu veranstalten.

Als Sara Ogden den Eindruck gewann, daß die Gestaltung und Erhaltung des familiären Rituallebens allzusehr auf ihr lastete, organisierte sie einen Nachmittag unter dem Motto »Die lustigsten Momente unserer Familiengeschichte an Geburtstagen, Jahrestagen, Feiertagen, im Urlaub und zu anderen wichtigen Anlässen«, und bat ihren Mann und ihre vier Kinder, Parodien zu ihren Ritualen aufzuführen. In ihrem eigenen Sketch machte sie sich über sich selbst lustig, wie sie herumwirbelte, um dafür zu sorgen, daß bei einem Ritual »einfach alles stimmt«. Ihre Kinder parodierten den alljährlichen »Familienstreit am Abend vor dem Urlaub«. Ihr Mann, George, spielte in schnellem Kostümwechsel sich und seine Frau und fing hervorragend ihre Begeisterung und seine zynische Haltung zu Familienritualen ein – ein Muster, das sich im Laufe der Jahre verstärkt hatte. Die Parodien führten zu einem offenen Gespräch über ihre Differenzen und zum erstenmal zu einer Auseinandersetzung mit Georges Kindheitserfahrungen in einer Alkoholikerfamilie mit äußerst schmerzlichen Ritualen. Das eingefahrene Muster, bei dem Sara die »Ritualveranstalterin, Stimmungsmacherin und den Boß« und George den »widerstrebenden Gast« spielte, begann sich zu verändern.

Jacqueline LaBray setzte das Geschichtenerzählen kreativ ein, um von ihrer allzu zentralen Rolle in all ihren Familienritualen wegzukommen. Am Ende eines Muttertages, an dem sie wieder einmal verantwortlich gewesen war, eine Feier für ihre Mutter, ihre Schwiegermutter, ihre Großmutter und sich selbst auszurichten, bat sie ihren Mann und ihre beiden Kinder, jeweils eine Geschichte zu erzählen, wie er oder sie sich den Muttertag im nächsten Jahr vorstelle. Etwas verwirrt gab jeder eine kurze Schilderung, die den Muttertag etwa so beschrieb, wie er bei ihnen immer verlief. Als Jacqueline an die Reihe kam, erzählte sie die Geschichte ihres nächsten Muttertages und schilderte einen Tag, an dem sie nur für ihre Mutter ein besonderes Frühstück machte, während ihr Mann seine Mutter zum Mittagessen ausführte und rechtzeitig nach Hause kam, um mit Hilfe seiner Kinder abends ein Überraschungsessen für sie herzurichten. Ihre Familie begriff, was sie mit dieser Zukunftsvision sagen wollte. Sie können diese Methode auch bei anderen Ritualen anwenden, um herauszufinden, wie die verschiedenen Mitglieder Ihrer Familie sich ein zukünftiges Ritual vorstellen. Das kann leicht ein Gespräch anregen, was gut läuft und mit welchen Veränderungen andere gerne experimentieren würden.

Rituale Schritt für Schritt wiederbeleben

Nachdem Sie nun über vier Ritualtypen gelesen haben (Alltagsrituale, Familientraditionen, Feiertage und Lebenskreisrituale), über fünf Funktionen von Ritualen (Beziehungen, Wandel, Heilen, Glauben und Feiern), sechs Ritualstile (verkümmerter, unterbrochener, starrer, pflichtgemäßer, unausgewogener und flexibler) und über all die Einsatzmöglichkeiten von Symbolen, symbolischen Handlungen, Zeit und Ort in der Gestaltung von Ritualen, denken Sie vielleicht, sie müßten sich daran machen, *all* Ihre Rituale anhand umfangreicher Listen und Tabellen umzugestalten. Oder Sie haben das Gefühl, hinsichtlich der Rituale gibt es so viel zu tun, daß es einfach zu viel ist. Statt dieser beiden Richtungen möchten wir Ihnen vorschlagen, die Wiederbelebung Ihrer Rituale langsam anzugehen. Denken Sie daran, daß es nicht das Ziel ist, eine Unmenge, sondern sinnvolle Rituale zu haben. Wenn Sie sich nur ein Ritual aussuchen und mit Möglichkeiten experimentieren, es für sich und die Menschen, die Ihnen nahestehen, zu einem bereichernden und befriedigenden Ereignis zu machen, eröffnen sich Ihnen viele Wege zu anderen Ritualen in Ihrem Leben.

Einen Ritualtyp herausgreifen

Ein guter Ansatzpunkt, Ihre Rituale zu erneuern, ist es, über die vier Ritualtypen nachzudenken. Dabei entdecken Sie wahrscheinlich, daß eine Kategorie – zum Beispiel die Alltagsrituale – Sie mehr interessiert als die anderen. Möglicherweise ist einer der vier Ritualtypen durchgehend der unbefriedigendere oder enttäuschendere. Oder ein bestimmter Ritualtyp, zum Beispiel ein Feiertag, steht kurz bevor. Vielleicht haben Sie in sechs Monaten ein wichtiges Lebenskreisritual, das Sie in Gedanken sehr beschäftigt.

Wenn Sie sich auf einen der vier Ritualtypen konzentrieren, können Sie sich ein Ritual innerhalb dieser Kategorie aussuchen, mit dem Sie sich besonders beschäftigen möchten. So könnten Sie zum Beispiel aus der großen Gruppe der Alltagsrituale die Begrüßung und den Abschied herausnehmen, weil Sie meinen, daß Sie und Ihr Partner sich damit mehr befassen sollten, oder Sie könnten zu dem Schluß kommen, daß all Ihre Familientraditionen bis auf den Urlaub befriedigend verlaufen. Wenn Sie über alle Rituale Ihres Lebens nachdenken, kann es sein, daß Sie am liebsten mit einem Ritual experimentieren möchten, das in Ihrem Leben fehlt. Viele Familien, die zu beschäftigt sind und während der Woche meist keine Zeit haben, zuammen zu essen, beschließen, es am Wochenende mit einem gemeinsamen Abendessen oder Brunch zu versuchen. Dadurch entdecken sie häufig, was Familien vor ein oder zwei Generationen am Sonntagsessen so wichtig fanden, oder sie entdecken völlig neue Wege, zusammenzusein. Abe und Vera Connelly stellten fest, daß sie im Laufe der Jahre ihren Hochzeitstag völlig vernachlässigt hatten, denn sie hatten an Heiligabend geheiratet und waren immer zu sehr mit Weihnachten beschäftigt gewesen. Sie konnten sich gar nicht vorstellen, wie sie ihren Hochzeitstag feiern sollten, ohne viele eingespielte Weihnachtstraditionen fallenzulassen, die ihre Kinder und ihre Verwandtschaft ebenfalls betrafen. Sie beschlossen, dieses fehlende Ritual versuchsweise auf den ersten Sonntag nach Weihnachten zu verlegen und es zu zweit zu feiern, indem sie unter anderem auf den Campus des örtlichen Colleges gingen, auf dem sie sich zum erstenmal begegnet waren.

Ritualstile überprüfen

Wenn Sie über die Rituale Ihres Lebens nachdenken, stellen Sie vermutlich fest, daß Sie unterschiedliche Ritualstile für die vier verschiedenen Ritualtypen haben. Sie merken zum Beispiel, daß Ihre Alltagsrituale und unmittelbaren Familientraditionen recht flexibel sind, während sich Ihre Feiertage aufgrund des Drucks aus der Verwandtschaft unausgewogen gestalten. Oder Sie sind mit der Flexibilität Ihrer Alltagsrituale, Traditionen und Feiertage zufrieden, aber Ihre Lebenskreisrituale, zu denen viele Verwandte zusammenkommen müßten, haben völlig aufgehört, weil es in der Familie Konflikte und Brüche gegeben hat.

Bei Ihren Überlegungen, wie Sie Ihren Ritualstil angehen möchten, kommen Sie vielleicht zu dem Schluß, daß ein bestimmter Ritualtyp für Sie und Ihre Familie mehr Möglichkeiten bietet, einige der vordringlicheren Probleme in Zusammenhang mit Ihrem

Ritualstil in Angriff zu nehmen. Sie könnten zum Beispiel beschließen, einen unausgewogenen Ritualstil am besten zu ändern, indem Sie Feiertage auf eine Weise begehen, die der Art Ihres Partners entspricht. Oder Sie haben den Eindruck, Ihre Alltagsrituale sind durch die beruflichen und schulischen Ansprüche allzu beliebig und sporadisch geworden.

Sie können anhand der ersten unten abgebildeten Tabelle entscheiden, worauf Sie Ihre Aufmerksamkeit richten möchten. Notieren Sie in den einzelnen Feldern, wie Sie Ihren Ritualstil und den Ihrer Familie in den vier Ritualtypen sehen. Fragen Sie andere Angehörige um ihre Meinung und vergleichen Sie ihre Antworten mit Ihren eigenen. Verläuft Ihr Abendessen so verkümmert, daß sich den einzelnen in Ihrer Familie keine Gelegenheit bietet, jeden Tag Kontakt zueinander herzustellen? Hat ein Todesfall in der Familie die Gestaltung der Feiertage unterbrochen? Da der Ritualstil häufig wichtige Dimensionen Ihrer Familiengeschichte und Ihrer gegenwärtigen Beziehungen widerspiegelt, kann sich die Arbeit an einem Ritual auch positiv auf andere Bereiche Ihres Lebens auswirken. Fragen und Gespräche über den Ritualstil und die vier Ritualtypen können Ihnen helfen zu entscheiden, wo Sie anfangen sollten.

Die Funktionen von Ritualen überprüfen

Sie können sich auch einen bestimmten Ritualtyp herausgreifen, um gründlich zu überlegen, welche Funktionen Rituale Ihrer Ansicht nach für Sie erfüllen sollten. Würde eine andere Gestaltung des allabendlichen Essens Beziehungen in Ihrem Leben verbessern? Würde es die bevorstehende Veränderung im Leben Ihrer Eltern erleichtern, wenn Sie den Rückzug Ihres Vaters aus dem Berufsleben mit einem besonderen Ritual markieren würden? Könnte es eine zerbrochene Freundschaft heilen, wenn Sie gemeinsam ein Versöhnungsritual entwickelten? Können Sie sich eine befriedigendere Art vorstellen, Ihren Kindern in einem Gutenachtritual Ihre Überzeugungen zu vermitteln? Läßt sich die Feier eines wesentlichen Aspekts Ihres Familienlebens am besten in einem Familientreffen ausdrücken?

Sie können sich anhand der zweiten unten abgebildeten Tabelle

zum Sinn von Ritualen fragen, welche Funktionen die vier Ritualtypen in Ihrem Leben erfüllen. Denken Sie daran, daß jedes einzelne Ritual vielfältigen Funktionen wirkungsvoll dienen kann,
auch solchen, an die Sie gar nicht gedacht haben. Ein Gutenachtritual kann herzliche Beziehungen zwischen einem Vater und seinen Kindern ermöglichen, während es zugleich Gelegenheit bietet, Überzeugungen zum Ausdruck zu bringen und auszutauschen
und Veränderungen in den wachsenden Fähigkeiten eines Kindes
anzuerkennen. Ein *Pessachseder* kann die Freiheit feiern, Verwandte
und Freunde zusammenbringen, religiöse Überzeugungen ausdrücken und durch das Andenken an Verstorbene Verluste heilen.
Wenn Sie mit dieser Tabelle arbeiten, notieren Sie in den jeweiligen Feldern, welche Wirkung Ihre Rituale zur Zeit für Sie haben
und welche Wirkung sie in Zukunft für Sie haben sollten. Fragen
Sie Ihre Angehörigen und Freunde nach ihren Vorstellungen.
Vielleicht stellen Sie fest, daß es ein bestimmtes Ritual gibt, für das
Sie eine Funktion entwickeln möchten, die bislang fehlt. Sie könnten zum Beispiel entdecken, daß Ihr Weihnachtsfest es den Beteiligten zwar ermöglicht, ihre innersten religiösen Überzeugungen
auszudrücken, daß die einzelnen sich aber zu fern und fremd
bleiben. Sie können jetzt schon anfangen, über Möglichkeiten
nachzudenken und zu sprechen, beim nächsten Weihnachtsfest
tiefere Beziehungen möglich zu machen. Oder Sie stellen bei der
Planung eines Rituals zur Begrüßung eines Babys fest, daß Sie
gerne einen kurzen Augenblick einplanen würden, um einen Verwandten zu würdigen, der krank ist und nicht dabeisein kann, und
so die Fähigkeit der Rituale zu nutzen, Beziehungen zu knüpfen
und aufrechtzuerhalten. Über die Funktionen von Ritualen und
die vier Ritualtypen nachzudenken kann Ihnen Anhaltspunkte
liefern, wo Sie ansetzen möchten.

Über Lebensabschnitte nachdenken
Wenn Sie sich für ein bestimmtes Ritual entschieden haben, das
Sie näher ins Auge fassen möchten, sollten Sie über den Lebensab-
schnitt nachdenken, in dem Sie und Ihre Familie sich befinden, und
über die Frage, wie er sich auf ein bestimmtes Ritual auswirkt.[1] Wie
Sie beim Lesen dieses Buches sicher festgestellt haben, haben Ri-

371

Ritualstile überprüfen

Ritualstil

Ritualtyp	verkümmert	unterbrochen	starr	pflichtgemäß	unausgewogen	flexibel
Alltagsrituale						
1. Begrüßung und Abschied						
2. Gutenachtrituale						
3. Mahlzeiten						
4. Wöchentliche Rituale						
Traditionen						
1. Geburtstage						
2. Jahrestage						
3. Urlaub						
4. Familientreffen						
5. Jahreszeitliche Feste						
6. Sonstiges						
Feiertagsrituale						
1. Religiöse Feiertage						
2. Religiöse und weltliche Feiertage						
3. Weltliche Feiertage						
Lebenskreisrituale						
1. Geburt eines Kindes						
2. Übergangsriten in die Adoleszenz						
3. Hochzeiten						
4. Beerdigungen, Gedenkfeiern						
5. Neue Ereignisse des Lebenskreises						

Ritualfunktionen prüfen

Ritualtyp	Ritualfunktion					
	Beziehungsarbeit	Wandel	Heilen	Glauben	Feiern
Alltagsrituale 1. Begrüßung und Abschied 2. Gutenachtrituale 3. Mahlzeiten 4. Wöchentliche Rituale					
Traditionen 1. Geburtstage 2. Jahrestage 3. Urlaub 4. Familientreffen 5. Jahreszeitliche Feste 5. Sonstiges					
Feiertagsrituale 1. Religiöse Feiertage 2. Religiöse und weltliche Feiertage 3. Weltliche Feiertage					
Lebenskreisrituale 1. Geburt eines Kindes 2. Übergangsriten in die Adoleszenz 3. Hochzeiten 4. Beerdigungen, Gedenkfeiern 5. Neue Ereignisse des Lebenskreises					

tuale eine völlig andere Erscheinung und Atmosphäre, wenn Sie frisch verheiratet sind und sich überlegen, bei wessen Familie Sie Ostern feiern, oder wenn Sie gerade erst geschieden sind und mit Sorgerechts- und Besuchsregelungen fertig werden müssen, die sich auf Alltagsrituale, Geburtstagsfeiern, Urlaub und Feiertage auswirken. Die Gestaltung und Teilnahme an Ritualen verläuft völlig anders, wenn Sie als Single weit entfernt von allen Verwandten leben und sich um einen Freundeskreis bemühen, mit dem Sie Rituale gestalten können, oder wenn Sie als Familie, die in zweiter Ehe zusammenlebt, versuchen, in all Ihren Ritualen einerseits die Vergangenheit zu würdigen und andererseits neue Beziehungen in der gegenwärtigen Familienzusammensetzung zu knüpfen.

Probleme des jeweiligen Lebensabschnitts wirken sich unmittelbar auf die Teilnahme an Ritualen aus. Wenn Sie zum Beispiel Jugendliche in der Familie haben, kann es eine Phase geben, in der diese Teenager weniger an Familienritualen teilnehmen. Oder sie fangen an, Ihrer Familie neue Grenzen zu setzen, indem Sie Freunde und Freundinnen zu Ritualen mit nach Hause bringen, die bislang im »engsten Familienkreis« gefeiert wurden. Wenn Sie Eltern haben, die allmählich alt werden, verändern sich Ihre Rituale natürlich, und zwar unter anderem bezüglich der Frage, wo sie stattfinden und wer die Vorbereitungen übernimmt. Vielleicht beschließen Sie auch, wenn Ihre Eltern und andere Verwandte älter werden, daß es an der Zeit ist, sie im Rahmen Ihrer Rituale gezielt nach Geschichten oder Ihrem Leben zu befragen.

Nur sehr wenige Personen oder Familien lassen sich eindeutig einem bestimmten Lebensabschnitt zuordnen. Es kann sein, daß Ihre Familie gleichzeitig mit einer Scheidung, mit Jugendlichen und alternden Eltern fertig werden muß; Dinge, die bereits einzeln gesehen tiefgreifende Auswirkungen auf Ihre Rituale haben können. Wenn diese oder andere Lebensabschnitte alle zusammenfallen, mag Ihr Ritualleben zunächst etwas chaotisch erscheinen. Wichtig ist dann, daran zu denken, daß Rituale Ihnen und den Menschen, die Ihnen nahestehen, einen ruhenden Pol, einen Anker bieten können, wenn Sie starke Veränderungen durchmachen. Mitch Wilder, eine seit kurzem alleinerziehende Mutter zweier heranwachsender Töchter, erklärte:»Das wöchentliche Sonntagabendessen, das wir allwöchentlich mit meinen Töchtern und meinem Vater machen, gibt uns allen ein Gefühl der Verbundenheit, trotz der Veränderungen. Mein Vater wird langsam alt, und wenn er sich nicht danach fühlt, auszugehen, nehmen wir das Essen mit in seine Wohnung. Meine Kinder arbeiten nach der Schule und gehen in der Woche häufig mit ihren Freundinnen aus, aber der Sonntagabend ist uns heilig.«

Rituale mit schmerzlichen Erinnerungen

Bei der Arbeit mit diesem Buch sind Sie vielleicht auf schmerzliche Erinnerungen an Rituale Ihrer Kindheit und Ihrer Familie gestoßen. Da Rituale ein Gefühl der Kontinuität über die Zeit hinweg möglich machen, können sie nur allzuleicht Assoziationen an leidvolle Teile unserer Vergangenheit wecken. Wenn Sie aus einer Familie stammen, die von Alkoholismus, Drogenmißbrauch oder Mißhandlungen zerrissen war, erinnern Sie sich vielleicht an Geburtstagsfeiern, die abgesagt wurden, an Erntedankfeste, die verdorben wurden, oder an Abendessen, die von Gewalt geprägt waren. Heftige Ehezwistigkeiten, aufreibende Auseinandersetzungen zwischen Eltern und Kind oder der zornige Bruch mit Verwandten haben vielleicht die Familienrituale überschattet oder untergraben. Da Rituale uns häufig als verdichtete Dramen der Vorgänge in unserer Familie präsent sind, können solche Erinnerungen sich selbst dann störend auswirken, wenn Sie sich um einen völlig neuen Weg bemühen, Rituale für sich zu gestalten. Wir haben mit Menschen gesprochen, die als Erwachsene fast alle Rituale aufgegeben haben, weil sie die Erinnerungen, die die heutigen Rituale in ihnen wachriefen, als zu schmerzlich empfanden. Wenn Sie anfangen, Ihre Rituale wiederzubeleben, und feststellen, daß es äußerst schwierige Dinge aus Ihrer Herkunftsfamilie aufrührt, sollten Sie vielleicht einen Therapeuten zu Rate ziehen, oder wenn Sie bereits in Therapie sind, möchten Sie vielleicht mit Ihrem Therapeuten manches davon besprechen. Vielleicht möchten Sie auch ein Gespräch über Rituale in einer Selbsthilfegruppe führen, in der Sie vermutlich viele Freunde finden, die sich ebenfalls mit leidvollen

Erinnerungen an Rituale herumschlagen. In einer sicheren Umgebung können selbst äußerst beunruhigende Erinnerungen an vergangene Rituale zu einer Chance werden, an der Sie wachsen können.

Wenn Sie überlegen, wie Sie nun mit den Ritualen in Ihrem Leben weiter umgehen wollen, und es unglückliche Erinnerungen an frühere Rituale gibt, dann suchen Sie sich für den Anfang nicht gleich das schwierigste Ritual aus. Wenn der Familienurlaub in Ihrer Kindheit von heftigem Streit erfüllt war, tun Sie wahrscheinlich besser daran, mit einem weniger belasteten Ritual anzufangen. Wenn Ihre Verwandtschaft vor drei Jahren wortlos und verletzt das Weihnachtsfest verlassen hat, versuchen Sie nicht, die Beziehungen wiederherzustellen, indem Sie alle zu Weihnachten einladen. Nehmen Sie sich die Zeit, die Sie brauchen, um über frühere Rituale nachzudenken, und lassen Sie jene, mit denen Sie Ihre Rituale teilen, wissen, wenn bestimmte Rituale schmerzliche Erinnerungen in Ihnen wecken. Und bemühen Sie sich zu normalen Zeiten und nicht zu rituellen Anlässen um eine Versöhnung in gestörten Beziehungen.

Denken Sie daran, daß Rituale die Fähigkeit besitzen, Widersprüche aufzugreifen und zum Ausdruck zu bringen. Wenn Sie zum Beispiel auf spielerische Weise an einer anderen Geburtstagsfeier arbeiten, als Sie sie als Kind haben konnten, möchten Sie vielleicht einen Moment einplanen, der Ihnen bewußt hilft, über das nachzudenken, was früher war, und den Weg in die Gegenwart zu finden. Als Karen Gorlin feststellte, daß das Erntedankfest, Weihnachten und andere Feiertage besonders schwer zu feiern waren, weil ihre alkoholabhängige Mutter sich bei jedem Fest betrunken hatte, ergänzte sie ihre Rituale um einen kleinen, intimen Bestandteil. Bevor die Familie sich am Feiertag gemeinsam zum Essen an den Tisch setzt, geht sie allein an ihren Lieblingsplatz im Haus. Für eine Viertelstunde nimmt sie eine leere Whiskyflasche heraus und denkt daran, wie diese Rituale für sie als Kind waren. Wenn die Viertelstunde vorbei ist, legt sie die Flasche weg und kann sich ganz ihrem heutigen Ritualleben widmen. »Im Laufe der Jahre, die ich es so gemacht habe, hat sich die Bedeutung der Scotchflasche verändert«, erklärte Karen. »Zuerst enthielt sie meine

Wut und schien mich von völlig unsinnigen Streitereien mit meinem Mann und meinen Kindern abzuhalten, die immer an Feiertagen entstanden. Später schien sie meinen Kummer zu enthalten, daß die Dinge waren, wie sie eben waren, als ich ein Kind war. Als ich mich neulich für meine Viertelstunde hinsetzte, merkte ich, daß mich der Wunsch erfüllte zu begreifen, was hinter dem Leid meiner Mutter stand.«

Alle zu Wort kommen lassen

Die beste Quelle, aus der sich sinnvolle Rituale schaffen lassen, ist natürlich die eigene Erfahrung jedes einzelnen mit bestimmten Ritualen. Diese Erfahrung zu erschließen kann Ihnen helfen, unbefriedigende Rituale zu ändern, und es kann den Unterschied ausmachen zwischen Ritualen, die nur von einer Person bestimmt sind, und solchen, die alle als »ihre« empfinden.

Eine gute Möglichkeit sicherzustellen, daß jeder in der Gestaltung und Umgestaltung von Ritualen zu Wort kommt, ist es, alle Beteiligten nach einem Ritual zu bitten, die drei besten und die drei schlechtesten Aspekte aufzuschreiben, die jeder in diesem Ritual erlebt hat.[2] Die drei besten Dinge können Teile des Rituals sein, die Sie unbedingt erhalten und wiederholen möchten, es können aber auch Dinge sein, die nie wieder vorkommen können, die Sie aber in Ihrer Erinnerung bewahren und hochhalten möchten. Die drei schlechtesten Dinge sind jene Teile des Rituals, die sich wirklich ändern müssen und die Sie nie wieder erleben wollen. Ihre Reaktionen kurz nach dem Ritual aufzuschreiben erhält die Unmittelbarkeit und Intensität lebendig, die ein Ritual umgibt, und reduziert unnötige Konflikte. Die Ansichten eines jeden, vom kleinsten Kind bis zum ältesten Erwachsenen, werden als gleichwertig respektiert. Wenn es sich um ein jährlich wiederkehrendes Ritual handelt, legen Sie diese Kommentare in einer Schachtel beiseite, ohne darüber zu sprechen. Die Symbolik des Vorgangs, daß jeder seine innersten Ansichten über ein bestimmtes Ritual aufschreibt und dann eine Weile beiseite legt, zeigt in Wort und Tat, daß alle daran beteiligt sind und daß es in Ordnung ist, sich etwas Zeit zu nehmen, ehe man zusammen überlegt, was als nächstes geschehen sollte. Sechs oder acht Wochen, bevor dieses bestimmte Ritual wiederkehrt, nehmen Sie diese schriftlichen Reaktionen wieder hervor und lesen sie allen laut vor. Manches, was Sie in diesem ›Nachritual‹ aufgeschrieben haben, scheint nun vielleicht nicht mehr wichtig. Wütende Momente lassen sich im Laufe der Zeit mit etwas Humor nehmen. Die Punkte, die weiterhin von Bedeutung sind, können die Grundlage bilden, auf der Sie diesmal das Ritual planen. Wenn Sie miteinander sprechen, werden Sie feststellen, was jeder von Ihnen erhalten und fortführen möchte, was einer Änderung bedarf, um die sich wandelnden Realitäten besser zum Ausdruck zu bringen, und was völlig verschwinden sollte. Wenn Sie dies einige Jahre lang gemacht haben, dürften Ihre Rituale den wirklichen Wünschen eines jeden immer näherkommen.

Wenn Sie tägliche oder wöchentliche Rituale unter die Lupe nehmen möchten, können Sie die besten und schlechtesten Aspekte über mehrere Tage oder eine ganze Woche in Folge sammeln und einen Zeitpunkt vereinbaren, wann Sie sich die Notizen gemeinsam ansehen. Seien Sie nicht allzu überrascht, wenn das ›Schlechteste‹ eines Tages – zum Beispiel vor dem Fernseher essen, wenn Sie sich eigentlich mit Ihrem Ehepartner unterhalten wollen – sich an einem anderen Tag als das ›Beste‹ erweist; nämlich dann, wenn Sie von der Arbeit viel zu ausgelaugt sind, um sich noch zu unterhalten. Solche Schwankungen können Ihnen helfen, Ihre Alltagsrituale so abzustimmen, daß sie Ihren Lebensumständen wirklich entsprechen.

Gewisse Rituale unseres Lebens können über Jahre hinweg befriedigend verlaufen, und dann wirken sie allmählich starr und pflichtgemäß. Der Grund liegt häufig in der Tatsache, daß wir den entwicklungsbedingten Veränderungen in allen drei Generationen zuwenig Aufmerksamkeit geschenkt haben. Wir können uns weiterhin ständig sagen, »das ist ein wunderschönes Ritual«, weil es das früher einmal war. Das ›Nachritual‹ des Reflektierens oder Ihre eigene Abwandlung davon kann Ihnen helfen, sich über die Bedürfnisse eines jeden auf dem laufenden zu halten. Manchmal kann eine scheinbar kleine Beschwerde Bände über die Vorgänge in der Familie sprechen, so zum Beispiel als der fünfzehnjährige

Seth Allenby schrieb, das Schlimmste an Ostern sei die Tatsache, daß er am Kindertisch sitzen müsse, wo er sein Leben lang gesessen habe. »Zu hören, was Seth zu sagen hatte, und ihm dieses Jahr Ostern am Erwachsenentisch einen Platz zu decken, zeigte mir, daß sich in meiner Familie vieles änderte. Mein Ältester wurde erwachsen, und die anderen waren nicht weit hinter ihm zurück«, erklärte Marsha, Seths Mutter. »Für meinen Mann und mich begann eine andere Phase unserer Ehe, und, das Schwierigste von allem, meine Eltern wurden alt. Solange Seth am Kindertisch saß, mußte ich über all das nicht nachdenken, obwohl es direkt vor meiner Nase passierte.«

Vielleicht entdecken Sie auch, daß das ›Beste‹ des einen für den anderen das ›Schlechteste‹ ist. Sal Morano zum Beispiel liebte das große italienische Familientreffen an Heiligabend bei seinen Eltern. Seine Frau, Christina O'Connor, mit der er seit zwei Jahren verheiratet war, fühlte sich bei diesen Feiern nie sonderlich wohl. Sie waren ihr einfach zu fremd, da sie aus einer Familie kam, die an Heiligabend in die Weihnachtsmette ging und sich anschließend schlafen legte. Sie fühlte sich von Sals Familie ziemlich erdrückt, war aber zu scheu, das Thema anzusprechen. Die Möglichkeit, ihre Eindrücke von Weihnachten aufzuschreiben, eröffnete ihnen einen Weg, über ihre Differenzen zu sprechen. Als beide sich an ihrem eigenen Standpunkt festbissen, tauschten sie die Rollen. »Ich begriff allmählich, daß meine Familie wirklich nicht genug getan hatte, Christina das Gefühl zu vermitteln, daß sie willkommen war«, erklärte Sal, »und ich fing an, über manche Dinge nachzudenken, die ich tun konnte, um das zu ändern. So zum Beispiel, mich nicht mit meinen Brüdern abzusetzen, sobald wir zur Tür hereinkamen, oder meinem Vater zu sagen, daß es keine Witze mehr über Iren geben dürfe!« »Ich sah, wie wichtig dieses Beisammensein für ihn war, und wir fingen an, darüber zu sprechen, wie wir den Weihnachtstag ändern könnten, damit er den Seiten entsprach, die ich an diesem Feiertag brauchte, und die spirituelle Seite des Feiertages etwas mehr zur Geltung kam«, meinte Christina. Ihr Ritual gestaltete sich weniger unausgewogen und wurde flexibler.

Wenn das für Sie ›Beste‹ für einen anderen das ›Schlechteste‹ ist, versuchen Sie sich mit einer gewissen Offenheit auf ein Gespräch einzulassen. Denken Sie daran, sinnvolle Rituale sind meist nicht für alle Beteiligten gleich, und der Versuch, alle in ein Schema zu zwängen, heißt, einen starren Ritualstil zu pflegen. Bemühen Sie sich, Rituale zu entwickeln, die zumindest einige Elemente enthalten, die alle als befriedigend empfinden.

Rituale heute und morgen: Ein Ausblick

Die Rituale unseres Lebens tragen zu unserem sich im Lauf der Zeit wandelnden Selbstverständnis bei, während sie uns zugleich mit den Generationen verbinden, die vor uns kamen. Sie sind eine Brücke, die uns verbinden kann mit unserer Geschichte, unserem gegenwärtigen Leben, unseren stärksten Hoffnungen für unsere Kinder, Enkel und Urenkel. Sie können den Zugang zu Lebensformen und Überzeugungen eröffnen, die unsere eigenen bestätigen und zugleich doch völlig anders sind als sie.

Ihr gegenwärtiges Ritualleben ist ohne Zweifel dem Ihrer Eltern und Großeltern sehr ähnlich und zugleich auch völlig anders. Das Ritualleben der Kinder und Enkelkinder von heute wird, wenn sie einmal erwachsen sind, unserem eigenen ähnlich und zugleich völlig neuartig sein. Nehmen Sie sich einen Moment Zeit, sich ein Ritual in Ihrem Leben und dem Ihrer Familie in der Zukunft vorzustellen. Vielleicht denken Sie daran, wie es im nächsten Jahr aussieht, in fünf Jahren oder in fünfundzwanzig Jahren. Welche feinen Veränderungen werden sich Ihrer Ansicht nach ergeben? Welche großen Veränderungen? Und was wird ganz ähnlich aussehen wie heute? Gibt es Symbole und symbolische Handlungen, von denen Sie hoffen, daß sie weitergegeben werden und fortbestehen? Wie soll das geschehen? Wer soll das tun?

Vielleicht möchten Sie sich das Ritualleben Ihrer Familie und Ihrer Kultur in hundert Jahren vorstellen, einer Zeit, in der die Menschen immer noch Rituale haben werden. Wie vielleicht kein anderer Aspekt unseres Lebens verbinden uns unsere Rituale mit den universellen Aspekten der menschlichen Existenz und erlauben uns zugleich den Ausdruck unserer eigenen, einzigartigen

Persönlichkeit, Familie, ethnischen Gruppe und Kultur. Wir wünschen Ihnen, daß Sie in all Ihren Ritualen Sinn, Verbundenheit mit
jenen, die Sie lieben, und einen sicheren Weg durchs Leben finden
mögen.

DANKSAGUNG

Unsere berufliche Arbeit unter Einbeziehung von Ritualen begann mit einer produktiven Zusammenarbeit mit Richard Whiting, Ed. D. Er entwickelte mit uns viele der in unserem ersten Buch, *Rituals in Families and Family Therapy*, dargelegten Konzepte, die die Grundlage für unsere heutige Arbeit bilden. Richard Whiting ist ein kreativer und einfühlsamer Familientherapeut, dessen Kollegialität und Freundschaft unsere Arbeit beflügelt hat.

Wir möchten einigen Forschern und Forscherinnen auf dem Gebiet der Familienrituale danken, deren Arbeit uns nützliche Anregungen gegeben hat, zu ihnen zählen Dr. med. Steven J. Wolin; Dr. phil. Linda A. Bennett; Jane S. Jacobs, Ed. D.; Judith Davis, Ed. D.; und Dr. phil. Mary Whiteside. Wir danken auch Joan Laird, M.S.W., deren durchdachte Arbeit über Frauen und Rituale beigetragen hat, unsere Vorstellungen über Geschlecht und Ritual zu entwickeln.

Wir schätzen uns glücklich, daß Janet Goldstein von Harper Collins unser Manuskript lektoriert hat. Ihre Begeisterung über unsere Arbeit, ihr engagierter Einsatz für unsere Ideen, ihr Glaube, daß wir lernen könnten, unsere akademischen Schriften in eine Form zu übersetzen, die einem breiteren Publikum zugänglich ist, ihre hilfreiche Anleitung und ihr Feedback sowie ihre Bereitschaft, unsere Inhalte mit ihren eigenen Ritualen in Zusammenhang zu bringen, haben zur Entstehung unseres Buches beigetragen. Wir möchten auch Peternelle van Arsdale von HarperCollins danken, die uns bei all den vielen Kleinigkeiten in der Organisation unseres Manuskripts geholfen hat.

Wir danken unseren Kolleginnen und Freundinnen Jo-Ann Krestan, M. A., und Claudia Bepko, M.S.W., für ihre Bereitschaft, ihre Erfahrungen und Erkenntnisse mit uns zu teilen, und für ihre teilnahmsvolle Unterstützung bei der Veröffentlichung dieses Buches.

Besondere Anerkennung gilt auch Marie Mele, die dieses Buch für uns in Maschine geschrieben und all die Detektivarbeit geleistet hat, die für die

Abdruckrechte der Cartoons erforderlich ist, und die aufpaßte, daß Evan nie mit dem einzigen Exemplar eines Kapitels aus dem Haus ging! All dies bewältigte sie mit viel Humor, aufmunterndem Schulterklopfen, italienischen Rezepten und persönlicher Begeisterung für die Ideen unseres Buches.

Dieses Buch zu schreiben war uns nur durch die offenen und bewegenden Gespräche möglich, die wir mit vielen Einzelpersonen, Paaren und Familien in Therapiestunden, Seminaren und Workshops über Rituale geführt haben. Wir durften Zeugen und gelegentlich bescheidene Anleiterinnen jener mutigen Wege werden, die viele eingeschlagen haben, um für sich sinnvolle Rituale einzufordern. Ihre Veränderung, ihre Heilung und ihr Feiern – vermittelt durch Rituale – haben dieses Buch erst möglich gemacht.

Evan Imber-Black

Meine eigene Herkunftsfamilie vermittelte mir die erste Liebe zu Ritualen und brachte mich in eine Bahn, auf der Rituale häufig den Weg markiert haben. Innigen Dank schulde ich meinem verstorbenen Vater, Dr. Elmer M. Imber, für all die Jahre, die er mit mir am Sedertisch saß und bis spät in die Nacht sang; meiner Mutter, Dena Imber, die mich durch ihr Vorbild lehrte, mich liebevoll um all die nötigen Kleinigkeiten der Familienrituale zu kümmern; und meiner Schwester, Maryle Sue Mitchel, sowie meinem Bruder, Ariel Barak Imber, die als Kinder die Magie der Rituale für ihre kleine Schwester lebendig hielten. Viele Rituale in meinem Leben sehen heute äußerlich anders aus, doch das Wesentliche, das zu Hause seinen Anfang genommen hat, bleibt in ihnen lebendig. Der Wunsch, über Rituale nachzudenken und zu schreiben, hat mit euch allen begonnen.

Während der Arbeit an diesem Buch hatte ich das Glück, Unterstützung von liebevollen Freunden und Freundinnen zu haben. Zunächst möchte ich Betty Carter, M.S.W., danken, deren fachliche Kompetenz es mir ermöglicht hat, meine Arbeit sofort auf Generations- und Geschlechtsprobleme zu konzentrieren und auszudehnen. Ihre persönliche Freundschaft, Ansprechbarkeit und Fähigkeit, von einem Moment zum nächsten vom Persönlichen zum Fachlichen zum Politischen und wieder zurückzuspringen, hat mir die Arbeit an diesem Buch erleichtert, und die wunderbaren Feiertags- und Lebenskreisrituale, die unsere beiden Familien miteinander erlebt haben, haben meinen Begriff von sinnvollen Ritualen erweitert.

Während der Arbeit an diesem Buch traf ich mich wöchentlich im Rahmen einer klinischen Zusammenarbeit mit Familien, mit Peggy Papp, A.C.S.W. Peggys besondere Kreativität in der Arbeit mit Paaren und Familien hat mich ermutigt, kreativer über Rituale in der Familientherapie nachzudenken. Ihre großzügige, warmherzige Freundschaft hat mir durch ihr Beispiel eine spezielle Sicht von Kontinuität und Wandel der Rituale eröffnet.

Unmittelbar vor Beginn der Arbeit an diesem Buch entwickelte sich eine neue Freundschaft zwischen mir und Rosemarie Welter-Enderlin, M.S.W. Als Kodirektorin des Ausbildungsinstituts für Systematische Therapie und Beratung in der Schweiz konnte sie viele meiner Vorstellungen über die Kraft der Rituale in anderen Ländern bestätigen. Wir begegneten uns zu einer Zeit, als wir beide an einem Buch arbeiteten, und so konnten wir uns gegenseitig über den Atlantik hinweg mit Telephonaten, Briefen und herrlichen Besuchen helfen. Sie nahm mich herzlich in ihre eigenen Familienrituale auf, als sei ich ihre Schwester.

Ich möchte auch Monica McGoldrick, M.S.W., danken, deren Arbeit über ethnische Zugehörigkeit und Familie kontinuierlich zu meiner Arbeit an Ritualen beigetragen und meine Fähigkeit bereichert hat, die Vielfalt zu würdigen. Ihre herzliche Freundschaft und zuverlässige Unterstützung meiner Arbeit waren mir immer eine Stütze.

Besonderer Dank gilt meiner Mitautorin und lieben Freundin, Janine Roberts. Eine großzügigere, ausgeglichenere, offenere, warmherzigere, fürsorglichere und zur Gemeinschaftsarbeit besser geeignete Partnerin hätte ich mir nicht wünschen können. Janines Talente in der Gestaltung von Ritualen, die von symbolischer Bedeutung erfüllt sind und mehr Wert auf Beziehungen als auf Form legen, haben meine Sicht des Möglichen erweitert. Janine und ich sind so verschieden, wie wir es nur sein können, was unseren ethnischen und religiösen Hintergrund angeht, unsere Vorlieben für urbanes oder kleinstädtisches Leben, unseren Wunsch, die Freizeit am Kamin oder beim Ski-Langlauf zu verbringen, wieviel wir fernsehen und wieviel Toleranz wir für Einkaufszentren aufbringen. Im Laufe der Jahre unserer gemeinsamen Arbeit und vor allem während der Arbeit an diesem Buch bin ich immer dankbarer für die Tatsache geworden, daß wir Herz und Seele des Menschen ähnlich sehen, und für unsere Fähigkeit, unsere Differenzen zu nutzen und zu würdigen!

Schließlich wäre dieses Buch nicht zustande gekommen ohne die Liebe, Unterstützung und Ermutigung meiner Familie: meines Mannes Lascelles Black; meines Sohnes Jason; meiner Tochter Jennifer; und meiner Stieftochter Naomi. Ihr Interesse an meinen Ideen und ihr Wunsch, daß ich mir Zeit für die Arbeit an diesem Buch nehme, haben mir den Weg erleichtert. Meine Gespräche mit Lascelles über den Stellenwert heilender Rituale in seiner Arbeit mit Aids-Patienten und ihren Familien haben meine Vorstellungswelt erweitert. Seine Bereitschaft, sich mit mir auf das manchmal schwierige, manchmal anregende, aber immer inhaltsreiche Terrain der Gestaltung von Familienritualen in unserer im Hinblick auf ethnische Zugehörigkeit, Religion und Hautfarbe gemischten, in zweiter Ehe zusammenlebenden Familie zu begeben, hat mich in meinem Glauben an Rituale und in meinem Wunsch bestärkt, über sie für andere zu schreiben. Jasons und Jennifers humorvolle Sticheleien über Rituale haben mir geholfen, den nötigen Abstand zu wahren. Naomis Fähigkeit, sich zwischen den Ritualen ihrer beiden Familien hin-und herzubewegen, hat mich in meinem Glauben an die integrative Kraft der Rituale bestärkt. Während der Planung und Arbeit an diesem Buch schloß Naomi die Junior High School ab, Jennifer die High School und Jason das College, und Lascelles machte seinen Magisterabschluß in Sozialarbeit. Wir waren mit vielen Gründen gesegnet, gemeinsam Rituale zu feiern und zu schaffen.

Janine Roberts

Als wir in unserem Haus am Lake Killarney aufwuchsen, verkörperte unser Ritualleben alles, was wichtig war: Kreativität, Dinge mit unseren Händen zu machen, das Leben im Freien – und uns als aktive Familie zu begreifen, der an der Welt etwas lag. Von ganzem Herzen danke ich meiner Mutter und meinem Vater für die Vision, diese Umwelt zu erhalten und zu pflegen, und für die Unterstützung, die sie mir immer gegeben haben; ich danke meiner Schwester Tanya und meinen beiden Brüdern Kabir und Mark, die mir unzählige Stunden mit magischen Kinderritualen geschenkt haben, wenn wir zelteten und die drei Inseln und die Wälder unserer Umgebung erkunde-ten. In aufrichtigem Dank bin ich auch der Familie Litowitz verbunden, die mich später als Tochter bei sich aufnahm, mich einen völlig neuen Ritualstil lehrte und es mir damit möglich machte, tagtäglich die Unterschiede von einer Familie zur anderen zu würdigen.

Während der Arbeit an den Ideen und der Niederschrift dieses Buches fand ich Unterstützung in vielen beruflichen und persönlichen Beziehungen. Richard Whiting half mir in unserer mehr als zehnjährigen klinischen Arbeit mit sicherem Instinkt, mit und von Familien aus ihrem Ritualleben zu lernen. Seine aufmerksame Umsicht, seine Fürsorge und sein Humor haben meine Arbeit stark geprägt. Ron Frederickson war immer für mich da, freimütig, klug und einfühlsam. Er wird mir fehlen. Alisa Beaver und Gail Isenberg spürten auch die obskursten Quellen auf und erledigten manch mühselige Aufgabe mit Geschick und Witz.

Even Imber-Black war und ist jene Art von Partnerin in der gemeinsamen Arbeit, von der man immer träumt, die man jedoch nur selten findet. Ihr scharfer Verstand, ihr weitreichendes Einfühlungsvermögen und ihr verstän-diges Gespür für alle Möglichkeiten der Rituale erhellten die gesamte Arbeit an diesem Buch. Sie stand immer zur Verfügung, war großzügig mit ihrer Zeit und respektierte unser beider Stimme. Die vielfältige Bereicherung un-serer beruflichen und persönlichen Lebenswelten, die sie geboten und ge-prägt hat, wird mich für den Rest meines Lebens begleiten. Ich hätte mir keine bessere Partnerin wünschen könne. Mein Dank an sie übersteigt alle Worte.

Ohne die allgegenwärtige Hilfe der Tikos und von »Mutti«, der zweiten

Mutter unserer Familie, hätte ich diese Arbeit nicht schaffen können. Arleen Thomson gab mir mit unseren wöchentlichen Ritualen auf mancherlei Ebene Nahrung. Liliana Svers Ausflüge in ihre Vergangenheit, Gegenwart und Zukunft und ihre Wanderungen zwischen zwei Kulturen haben mich erneut gelehrt, die Dinge aus verschiedenen Perspektiven zu sehen und Phantasie als gemeinschaftliches Erlebnis zu begreifen, das Menschen über äußerst unterschiedliche Erfahrungen hinweg verbindet. Mit der Familie Li Chieh hier wie auch in China verbunden zu sein, ist mir eine große Ehre. Den Nachbarn der Putney Road sei Dank, daß sie ihren Alltag mit uns teilen.

All dies wäre nicht möglich gewesen ohne die ermutigenden Experimente mit neuen Ritualen, auf die meine neue Familie sich mit mir eingelassen hat. Mein Mann David McGill, meine Tochter Natalya Zoe und meine beiden Stiefkinder Jesse und Heather haben mir die zutiefst sinnschöpfenden Möglichkeiten der Rituale eröffnet. Davids multikulturelles Gespür und seine Bereitschaft, mit mir tatsächlich wie auch mit Fragen und Worten auf Reisen zu gehen, haben dieses Buch bereichert. Jesses, Heathers und Natalyas Kreativität und Phantasie lehren mich ständig neue Wege, die Welt zu sehen und zu begreifen. Natalyas beharrliche Fragen zu meiner Arbeit und ihre Gedichte und aufmunternden Zettel dieser letzten Zeit – zu finden in meiner Brieftasche, auf dem Drucker, auf meiner Zahnbürste – halfen mir, bis zum Ende durchzuhalten. Unsere neue Verwandtschaft, die uns alle so wohlwollend aufgenommen hat – vor allem Opa Don –, hat uns aufs beste gezeigt, was es heißt, eine Familie zu sein.

ANMERKUNG DER AUTORINNEN

Wir hoffen, daß dieses Buch Ihnen etwas sagen konnte. Unser eigenes Interesse an Ritualen ist noch längst nicht erschöpft. Wir würden uns freuen zu erfahren, wie Sie dieses Buch nutzen und welche Rituale Sie gestalten und umgestalten. Bitte schreiben Sie uns.

EVAN IMBER-BLACK, PH. D.
Department of Psychiatry
Albert Einstein College of Medicine
Bronx Municipal Hospital Center
Pelham Parkway South and Eastchester Road
Nurses Residence Bulding – Room 4N17
Bronx NY 10461
USA

JANINE ROBERTS, ED. D.
School, Consulting and Counseling Psychology Program
University of Massachusetts
460 Hills South
Amherst, MA 01003
USA

ANMERKUNGEN

Kapitel 1

1. In den Vereinigten Staaten leben mehr als 13 Prozent aller Kinder unter achtzehn Jahren in Stieffamilien. Ein Drittel aller Kinder, die in den achtziger Jahren geboren wurden, werden vor dem achtzehnten Lebensjahr mit einem Stiefelternteil leben. Bis zum Jahr 2030 wird in den Vereinigten Staaten die Altersgruppe der über Fünfundsechzigjährigen etwa 21 Prozent der Bevölkerung ausmachen. 1960 betrug ihr Anteil 9,3 Prozent. Frauen leben nach wie vor durchschnittlich sieben bis acht Jahre länger als Männer. (*Newsweek*, Winter/Frühjahr 1990, Sonderheft zur Familie des 21. Jahrhunderts, S. 24, 63.)

2. Tad Tuleja, *Curious Customs: The Stories Behind 296 Popular American Rituals*, New York, Harmony Books, 1987.

Kapitel 2

1. *New York Times*, 15. 7. 1991, S. B2.

2. Für eine bewegende Abhandlung von Ritualen, die die Genesung von politischem Terror fördern und unterstützen, siehe: Cecilia Kohen, »Political Traumas, Oppression and Rituals«, in: E. Imber-Black, J. Roberts und R. Whiting, Hrsg., *Rituals in Families and Family Therapy*, New York, W. W. Norton & Co, 1988.

3. Kontaktadresse des Clothesline Project: Cape Cod Women's Agenda, P. O. Box 822, Brewster, MA 02631, USA.

4. *Ms.*, Juli/August 1991, S. 95.

5. E. Imber-Black, »Ritual Themes in Families and Family Therapy«, in: E. Imber-Black et al., a.a.O. (s. Anm. 2).

6. Ebenda.

7. M. Selvini-Palazzoli, L. Boscolo, G. Cecchin und G. Prata, »A Ritualized Prescription in Family Therapy: Odd Days and Even Days«, *Journal of Family Counseling*, 4 (3) 1978, S. 3–9. Dieser Artikel beschreibt für den

Therapiegebrauch ein innovatives Eingreifen, das besonders hilfreich ist, wenn Kinder von Eltern widersprüchliche und konkurrierende Botschaften erhalten.

8. T. Tuleja, *Curious Customs: The Stories Behind 296 Popular American Rituals*, New York, Harmony Books, 1987.
9. Wir danken unserem Kollegen Richard Whiting für dieses kreative Ritual.

Kapitel 4

1. Judith Davis, »Mazel Tov: The Bar Mitzvah as a Multigenerational Ritual of Change and Continuity«, in: E. Imber-Black, J. Roberts und R. Whiting, Hrsg., *Rituals in Families and Family Therapy*, New York, W. W. Norton & Co, 1988, S. 177–208.
2. Die Chuppa war ursprünglich das Brautgemach. Später, als Trauungen unter freiem Himmel vollzogen wurden, bezeichnete die Chuppa einen vom Rest des Marktplatzes abgetrennten Bereich. Siehe Richard Siegel, Michael Strassfeld und Sharon Strassfield, Hrsg., *The Jewish Catalogue*, Bd. 1, Philadelphia, Jewish Publication Society of America, 1973. Wir danken Ariel B. Imber für seine hilfreichen Erklärungen zur Symbolik der Chuppa.
3. Jo Robinson und Jean Coppock Staeheli, *Unplug the Christmas Machine: How to Have the Christmas You've Always Wanted*, New York, Quill, 1982, S. 39.
4. »Middletown« ist die Stadt Muncie im US-Bundesstaat Indiana. Das dortige Familienleben ist seit den zwanziger Jahren Gegenstand intensiver Forschung. Siehe T. Caplow, H. Bahr, B. A. Chadwick, R. Hill und M. H. Williamson, *Middletown Families: Fifty Years of Change and Continuity*, Minneapolis, University of Minnesota Press, 1982, S. 230.
5. Robert L. Selman und Lynn H. Schulz, *Making a Friend in Youth: Developmental Theory and Pair Therapy*, Chicago, University of Chicago Press, 1990.
6. Sheila Alson, »Only My Favorite Mommy«, in: Nan B. Maglin und Nancy Schneidewind, Hrsg., *Women and Stepfamilies: Voices of Anger and Love*, Philadelphia, Temple University Press, 1989, S. 104.
7. Peter Steinglass, Linda A. Bennett, Steven J. Wolin und David Reiss, *The Alcoholic Family*, New York, Basic Books, 1987, S. 221, 243.
8. L. A. Bennett, S. J. Wolin, D. Reiss, M. Teitelbaum, »Couples at Risk for Transmission of Alcoholism: Protective Influences«, *Family Process*, 26/1987, S. 111–129.
9. Maymie R. Krythe, *All about Christmas*, New York, Harper & Brothers, 1954.
10. Jo Robinson und J. C. Staeheli, a.a.O. (s. Anm. 3), S. 39.

11. Tad Tuleja, *Curious Customs: The Stories Behind 296 Popular American Rituals*, New York, Harmony Books, 1987.
12. Wir danken unserem Kollegen Dr. Richard Whiting, der als erster eine Tabelle in dieser Form entwickelt hat.

Kapitel 5

1. E. Imber-Black, »Idiosyncratic Life Cycle Transitions and Therapeutic Rituals«, in: E. A. Carter und M. McGoldrick, Hrsg., *The Changing Family Life Cycle: A Framework for Family Therapy*, New York, Gardner Press, 1988.
2. Eine bewegende und sehr anschauliche Übersicht mit Erklärungen zu Symbolen und symbolischen Handlungen in Ritualen aus aller Welt findet sich in: David Cohen, *The Circle of Life: Rituals from the Human Family Album*, San Francisco, HarperCollins, 1991.

Kapitel 6

1. J. Roberts, »Rituals and Trainees«, in: E. Imber-Black, J. Roberts und R. Whiting, Hrsg., *Rituals in Families and Family Therapy*, New York, W. W. Norton & Co, 1988, S. 397.
2. M. Whiteside, »Ritual Performance in Early Remarriage«, in: E. Imber Black et al., a.a.O. (s. Anm. 1). Dieser Aufsatz schildert eine faszinierende Forschungsarbeit. Mary Whiteside besuchte wiederholt mehrere Familien, in denen die Eltern gerade ein zweite Ehe eingegangen waren, um detailliert herauszufinden, auf welche Weise Rituale zur Integration verschiedener familiärer Hintergründe beitragen.
3. S. Lieberman, *Let's Celebrate: Creating New Family Traditions*, New York, The Putnam Publishing Group, 1984. Dieses Buch enthält viele kreative Ideen für Familienrituale und ist aufgebaut als ein, wie der Autor es nennt, »Rezeptbuch« für Familien, »die sich überall bemühen, einige sehr altmodische Werte im Kontext neumodischer Lebensstile zu erhalten« (S. 18).

Kapitel 7

1. Tad Tuleja, *Curious Customs: The Stories Behind 296 Popular American Rituals*, New York, Harmony Books, 1987, S. 26.
2. Linda Rannells Lewis, *Birthdays*, Boston, Little, Brown & Co, 1976.
3. Theodore C. Humphrey und T. Lin, *We Gather Together: Food and Festival in American Life*, Ann Arbor, University of Michigan Press, 1988, S. 22.
4. S. J. Zeitlin, A. J. Kotlin und H. Cutting-Baker, Hrsg., *A Celebration of American Family Folklore: Tales and Traditions from the Smithsonian Family Folklore Collection*, New York, Pantheon Books, 1982, S. 178 f.

5. Letty Cottin Pogrebin, »Celebration Friendship: Ceremonies for a ›Relationship Without Rules‹, *Ms.*, Dezember 1986, S. 48–51, 77 f.
6. Ideen zur Gestaltung eines Halbgeburtstags finden sich in der Zeitschrift *Highlights for Children*, Juni 1989. Unter anderem wird dort vorgeschlagen, eine Hälfte der Einladung an einem Tag und die andere Hälfte am nächsten Tag zu verschicken und Spiele zu veranstalten, die sich in »Hälften« spielen lassen. Die Halbgeburtstagsfeier wird ansonsten behandelt wie ein Nichtgeburtstag.
7. S. J. Zeitlin et al., a.a.O. (s. Anm. 4), S. 179.
8. Doug Whynott, *Contact Magazine*, Amherst, Massachusetts, Frühj. 1989, S. 38 f.
9. S. J. Zeitlin et al., a.a.O. (s. Anm. 4), S. 180.
10. *To Celebrate: Reshaping Holidays and Rites of Passage*, Ellenwood, Georgia, Alternatives Press, 1987, S. 210.

Kapitel 8
1. *To Celebrate: Reshaping Holidays and Rites of Passage*, Ellenwood, Georgia, Alternatives Press, 1987, S. 200.
2. David Feinstein und Peg E. Mayo, *Rituals for Living and Dying*, New York, HarperCollins, 1990, S. 169 ff.
3. Laura Markowitz, »Homosexuality: Are We Still in the Dark?«, *The Family Therapy Networker*, Jan./Febr. 1991, S. 27–35.

Kapitel 9
1. Mary Whiteside, »Creation of Identity Through Ritual Performance in Early Remarriage«, in: E. Imber-Black, J. Roberts und R. Whiting, Hrsg., *Rituals in Families and Family Therapy*, New York, W. W. Norton & Co, 1988, S. 276.
2. S. J. Zeitlin, A. J. Kotlin und H. Cutting-Baker, Hrsg., *A Celebration of American Family Folklore: Tales and Traditions from the Smithsonian Family Folklore Collection*, New York, Pantheon Books, 1982, S. 180 f.
3. Hervorragende Anregungen, wie mündliche Überlieferungen sich sammeln lassen, finden sich im letzten Kapitel des Buches von S. J. Zeitlin et al., a.a.O. (s. Anm. 2).
4. »A Reunion of Recipes«, Broschüre von *Better Homes and Gardens*, 1988.
5. Dorothy Spruill Redford und Michael D'Orso, *Somerset Homecoming: Recovering a Lost Heritage*, New York, Doubleday, 1988, S. 236.
6. S. J. Zeitlin et al., a.a.O. (s. Anm. 2), S. 172.
7. Byrd Baylor, *I'm in Charge of Celebrations*, New York, Charles Scribner's Sons, 1986.

Kapitel 10

1. *Boston Globe Magazine,* November 1990.
2. Jack Larkin, *The Reshaping of Everyday Life, 1790–1840,* New York, Harper & Row, 1988, S. 271.
3. Edna Barth, *Holly, Reindeer and Colored Lights,* New York, Clarion Books, 1971, S. 18 f.
4. Siehe Susan Mumm, *Rituals for a New Age: Alternative Weddings, Funerals, Holidays etc.,* Ann Arbor/Michigan, Quantum Leap Publishing and Distributing, 1987, die einen guten Abriß zur Geschichte des Tags der Arbeit bietet.
5. Eine vollständigere Liste der weltlichen Feiertage findet sich in: Alice van Straalen, *The Book of Holidays Around the World,* New York, E. P. Dutton, 1986. Eine weitere, preiswerte Quelle ist der alljährlich von UNICEF herausgegebene Kalender. Er führt alle gesetzlichen Feiertage der UN-Mitgliedsländer auf sowie die wichtigsten Feiertage der großen Weltreligionen. Jeder Kalender beschreibt zudem einige Feiertage und gibt weitere Quellen an. Schreiben Sie an: UNICEF Deutschland, Höninger Weg 104, D-5000 Köln 51.
6. *To Celebrate: Reshaping Holidays and Rites of Passage,* Ellenwood, Georgia, Alternatives Press, 1987.

Kapitel 11

1. Siehe David Cohen und David Van Biema, *The Circle of Life: Rituals from the Human Family Album,* San Francisco, HarperCollins, 1991. Dieser schöne Band enthält Photos von Lebenskreisritualen in Kulturen der ganzen Welt. Er macht die gemeinsamen Elemente der Lebenskreisrituale sichtbar.
2. Ebenda, S. 223. Das Kapitel über Beisetzungsrituale liefert Belege, daß die Menschen schon seit mindestens dreißigtausend Jahren Blumen auf die Gräber geliebter Verstorbener gelegt haben.
3. Ebenda. Siehe vor allem das Kapitel über »Initiation und Adoleszenz«, das Beschreibungen vieler Rituale in traditionellen Kulturen enthält, die die Initianden vor dem eigentlichen Ritual eine Zeitlang von der Gemeinschaft absondern.
4. Arnold Van Gennep, *Les rites de passage,* Paris 1909; dt.: *Übergangsriten,* Frankfurt/M, 1986. Der Anthropologe Van Gennep beschreibt diese drei zeitlichen Phasen als *Separation,* der Zeit, in der besondere Vorbereitungen getroffen werden und neues Wissen weitergegeben wird; *Schwellen- oder Übergangsphase,* also das eigentliche Ritual, das Veränderungen vollzieht; und *Reaggregation* oder Reintegration, bei der die Betreffenden mit neuem Status in die Gemeinschaft zurückkehren.
5. Wir danken Lascelles Black für seine Beschreibung dieses jamaikanischen Beisetzungsrituals.

6. Siehe J. Davis, »Mazel Tov: The Bar Mitzvah as a Multigenerational Ritual of Change and Continuity«, in: E. Imber-Black, J. Roberts und R. Whiting, Hrsg., *Rituals in Families and Family Therapy*, New York, W. W. Norton & Co, 1988; der Beitrag schildert, wie vier sehr unterschiedliche Familien die Bar-Mizwa und die Veränderungen erleben, die dieses Ritual für das Kind, die Familie und die Gemeinde mit sich bringt.
7. E. Imber-Black, »Normative and Therapeutic Rituals in Couples' Therapy«, in: E. Imber-Black et al., a.a.O. (s. Anm. 6).
8. Siehe P. G. McCollough und S. K. Rutenberg, »Launching Children and Moving On«, in: B. Carter und M. McGoldrick, Hrsg., *The Changing Family Life Cycle: A Framework for Family Therapy*, Boston, Allyn & Bacon, 1988; das Buch enthält eine umfassende Schilderung der Herausforderungen, die das Verlassen des Elternhauses für den einzelnen und die Beziehungen mit sich bringt.
9. E. Imber-Black, »Idiosyncratic Life Cycle Transitions and Therapeutic Rituals«, in: B. Carter und M. McGoldrick, a.a.O. (s. Anm. 8).

Kapitel 12

1. Eine klare und umfassende Erörterung des familiären Lebenszyklus unter Berücksichtigung schichtspezifischer Abweichungen findet sich in B. Carter und M. McGoldrick, Hrsg., *The Changing Family Life Cycle: A Framework for Family Therapy*, Boston, Allyn & Bacon, 1988.
2. Wir danken Gina O'Connell Higgens, Ed. D., die uns das Bewertungsinstrument ihrer Familie zum Weihnachtsritual, dem die hier vorgestellten Ideen nachempfunden sind, zur Verfügung gestellt hat.

LITERATURHINWEISE

Ahrendt, Joachim; Jariv, Nathan
Fest und Feiern im Judentum: Beschneidung – Bar-Mizwa – Hochzeit. Video-
film mit Begleittext. VHS, 27 Min. Stuttgart: Calwer-Verlag, 1987
Birsl, Ursula; Bons, Joachim; Halfmann, Frank; Seidl, Thomas
Das Fest der Arbeit. Die Geschichte der Göttinger Maifeiern. Göttingen:
Sovec-Verlag, 1990
Boscolo, Luigi; Cecchin, Gianfranco; Hoffmann, Lynn; Penn, Peggy
*Familientherapie – Systemtherapie: Das Mailänder Modell. Theorie, Praxis und
Konversation.* Dortmund: Modernes Lernen, 1990
Cohen, David; Van Biema, David
The Circle of Life: Rituals from the Human Family Album. San Francisco:
HarperCollins, 1991
Cunningham, Nancy Brady
Feeding the Spirit: How to Create Your Own Rites, Festivals and Celebrations.
San José, Calif.: Resource Publications, 1988
Dyer, Wayne W.
Feiertage und Ferien als neuer Lebensimpuls. München: mvg, 1990
Feinstein, David; Mayo, Peg E.
Rituals for Living and Dying. New York: HarperCollins, 1990
Forbes, Leslie
Die schönsten Feste in aller Welt. Eine kulinarische Reise rund um die Erde.
München: Heyne, 1992
Grove, David J.; Panzer, B. I.
Metaphern und Symbole in der Psychotherapie. Freiburg: Verlag für ange-
wandte Kinesiologie, 1992
Hertle, Valentin v.; Saller, Margot; Sauer, Ralph (Hrsg.)
Spuren entdecken. Zum Umgang mit Symbolen. München: Kösel-Verlag, 1987
Imber-Black, Evan
*Familien und größere Systeme im Gestrüpp der Institutionen. Ein Leitfaden für
Therapeuten.* Heidelberg: Carl-Auer-Systeme, 1990

Imber-Black, Evan; Roberts, Janine; Whiting, Richard (Hrsg.)
Rituals in Families and Family Therapy. New York: W. W. Norton, 1988
Kircher, Nora; Kircher, Bertram (Hrsg.)
Familienfeste von A–Z. Das praktische Lexikon für das ganze Jahr. Freiburg: Herder, 1992
Lurker, Manfred
Die Botschaft der Symbole. In Mythen, Kulturen und Religionen. München: Kösel, 1990
Mack, Cornelia
Weihnachten feiern in Familie und Gemeinde. Ein Werkbuch. Stuttgart: ABC-Team Brunnen-Verlag, 1992
Müller-Hiestand, Ursula
Feste und Bräuche im Jahreslauf. Mit Kindern feiern, gestalten und werken. Aarau: AT-Verlag, 1992
Richter, Klemens
Feste und Brauchtum im Kirchenjahr. Lebendiger Glaube in Zeichen und Symbolen. Freiburg: Herder, 1993
Schulte, Ria
Das schöne Buch der Familientage, Festtage und Feiertage. Mit immerwährendem Kalender. Rastatt: Hestia, 1987
Soeffner, Hans
Die Ordnung der Rituale. Auslegung des Alltags. Frankfurt a. M.: Suhrkamp, 1992
Thiele, Johannes (Hrsg.)
Hausbuch der Feste und Bräuche. München: Südwest, 1993
Tuleja, Tad
Curious Customs: The Stories Behind 296 Popular American Rituals. New York: Harmony Books, 1987
Uyldert, Millie; Springmann, Baldur; Lentz, Andreas; La Chapelle, Dolores; Bauer, Wolfgang
Weihnachten neu erleben. Alte Bräuche, neue Formen. Wege und Anregungen zum Feiern. Saarbrücken: Neue Erde, 1990
Vossen, Rüdiger
Weihnachtsbräuche in aller Welt. Wegweiser zur Völkerkunde No. 33. Hamburg: Christians-Verlag, 1991
Vossen, Rüdiger; Kelm, Antje; Dietze, Katharina
Ostereier, Osterbräuche. Vom Symbol des Lebens zum Konsumartikel. Hamburg: Christians-Verlag, 5. erw. Aufl. 1991
Woll, Johanna; Merzenich, Margret; Götz, Theo (Hrsg.)
Alte Festbräuche im Jahreslauf. Stuttgart: Ulmer Verlag, 1991
Vries, S. Ph. de
Jüdische Riten und Symbole. Wiesbaden: Fourier, 6. Aufl. 1990

SACHREGISTER